普通高等教育跨境电子商务方向系列教材

跨境电商概论

第2版

主　编　周志丹　徐　方

副主编　唐先锋

参　编　李旭帅　董国辉

机械工业出版社

本书从跨境电商与国际贸易、我国跨境电商的发展、出口跨境电商、进口跨境电商、跨境电商物流、跨境电商通关与商检、跨境电商生态体系、跨境电商规则体系、从跨境电商到数字贸易等多个方面全景式介绍了跨境电商，还分别从出口、进口、物流、金融、外综平台等角度编纂了10个跨境电商企业的典型案例。

本书可作为高校跨境电子商务专业及相关专业的导论课、基础课，以及高校开设公选课的教材，也可供从事跨境电商管理及对跨境电商感兴趣的读者阅读。

图书在版编目（CIP）数据

跨境电商概论 / 周志丹，徐方主编 . —2 版 . —北京：机械工业出版社，2022.6（2023.6 重印）

普通高等教育跨境电子商务方向系列教材

ISBN 978-7-111-70946-6

Ⅰ . ①跨…　Ⅱ . ①周… ②徐…　Ⅲ . ①电子商务 – 高等学校 – 教材　Ⅳ . ① F713.36

中国版本图书馆 CIP 数据核字（2022）第 097718 号

机械工业出版社（北京市百万庄大街 22 号　邮政编码 100037）

策划编辑：常爱艳　　　　责任编辑：常爱艳　刘　静

责任校对：张亚楠　王　延　封面设计：鞠　杨

责任印制：常天培

北京机工印刷厂有限公司印刷

2023 年 6 月第 2 版第 2 次印刷

184mm × 260mm • 21 印张 • 479 千字

标准书号：ISBN 978-7-111-70946-6

定价：59.80 元

电话服务　　　　　　　　　　　网络服务

客服电话：010-88361066　　　机　工　官　网：www.cmpbook.com

　　　　　010-88379833　　　机　工　官　博：weibo.com/cmp1952

　　　　　010-68326294　　　金　　书　　网：www.golden-book.com

封底无防伪标均为盗版　　　机工教育服务网：www.cmpedu.com

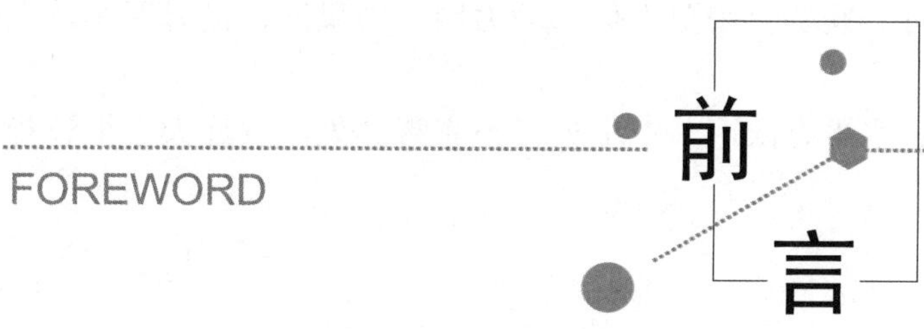

前言

FOREWORD

跨境电商是外贸新业态新模式。习近平主席在2020年第三届中国国际进口博览会开幕式上指出，中国将推动跨境电商等新业态新模式加快发展。浙江省人民政府在《浙江跨境电子商务高质量发展行动计划》（期限为2021年—2023年）中指出，将把跨境电商打造成为浙江省参与双循环的新动力、开展制度创新的新引擎和稳外贸的重要支柱。

在跨境电商产业快速发展的同时，我国高校的跨境电子商务专业建设也有了可喜的进步。2019年12月，浙江万里学院、浙江外国语学院、广东科技学院、杭州师范大学钱江学院、云南师范大学商学院（现昆明城市学院）、长春财经学院、武汉学院，成为全国首批设立跨境电子商务本科专业的高校。2020年12月，中国传媒大学等42所本科高校也增设了跨境电子商务专业。

2020年12月，以跨境电商为特色的浙江万里学院电子商务专业获批全国一流本科专业建设点。在2020年软科大学专业排行榜中，浙江外国语学院、浙江万里学院的跨境电子商务专业被评为A+类专业。

本书与第1版相比，做了较大的修改：对第1版中的第二章与第三章进行了合并；对进口跨境电商和出口跨境电商的案例做了重新选择，并对其中的内容做了更新；在“跨境电商物流”一章中重点对海外仓做了详细分析；增加了“跨境电商通关与商检”“从跨境电商到数字贸易”两章；在“跨境电商案例分析”一章中增加了四个企业案例，并对第1版中保留的案例进行了更新。

本书是浙江万里学院新文科研究与改革实践项目“面向新文科的跨境电商政产学研协同育人机制创新与实践”的阶段性成果，亦是宁波市跨境电子商务学院建设的成果之一。

本书是校企合作的成果体现，由宁波市跨境电子商务学院常务副院长、浙江万里学院教授周志丹，宁波易创创业服务有限公司副总经理徐方共同担任主编，由周志丹统稿。本书由唐先锋担任副主编，李旭帅、董国辉担任参编。

感谢宁波市商务局党组副书记、副局长陈利珍，跨境电商处处长林维忠，宁波市跨境电子商务促进中心主任陈洁等对本书的指导。感谢宁波市教育局一级调研员胡赤弟、浙江万里学院副校长马建荣对跨境电商的一贯支持。感谢乐歌、豪雅、遨森、发现物流、跨境堡、慈溪优品馆、井贝、盈世、通拓科技、世贸通等相关企业提供的案例。

书中还有一些资料来源于亿邦动力网、雨果网、亿恩网等，在此对相关贡献者一并表示感谢。

由于编者水平有限，书中难免有不完善之处，欢迎大家批评指正，以帮助我们修订相关内容。

周志丹

2022 年 7 月于宁波

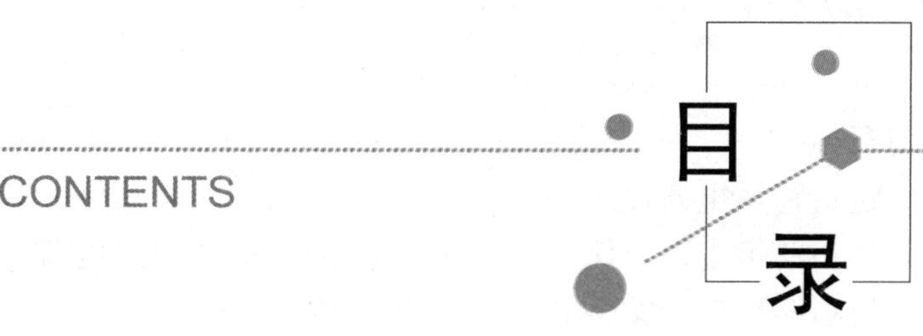

目录 CONTENTS

第一章　跨境电商与国际贸易

引　例

近年来，国际贸易摩擦加剧，新冠肺炎疫情暴发，国际贸易格局出现了诸多新变化，贸易形态更加多样化。跨境电商、数字服务贸易等数字化贸易蓬勃发展，尤其在贸易数字化方面，中国的表现更加突出。

疫情促进了互联网、大数据与传统外贸产业相结合，提高了交易撮合、报关和通关的线上化水平，并通过大数据分析促进了外贸企业精准营销、定制化设计。同时，传统货物贸易数字化发展带来跨境电商等贸易新业态、新模式快速发展。据世界贸易组织（WTO）统计，2020年全球货物贸易总额下降了5.3%，但全球B2C跨境电商贸易额不降反升，从2018年的6500亿美元左右增长到2020年的约1万亿美元，年均增长约30%。其中，中国在全球跨境电商中处于领先地位，2020年贸易额为2800亿美元左右，占全球比重达28%左右。从结构上来看，发达国家在全球数字服务贸易中占据突出优势。2020年，发达经济体、发展中经济体和转型经济体数字服务贸易出口的全球占比分别为76.1%、22.6%和1.3%。

这些数据是按国际贸易相关统计指标统计的吗？数据是按什么分类的呢？什么是跨境电商？它的分类、模式又是什么？要回答好这些问题，我们需要掌握一些跨境电商与国际贸易的知识。

本章学习目标

（1）了解国际贸易相关基础知识。

（2）掌握跨境电商的概念、分类、交易模式、主要平台。

（3）了解跨境电商是外贸的新业态新模式。

（4）认识中美贸易摩擦下的我国跨境电商。

第一节　国际贸易基础

一、国际贸易的基本概念

1. 国际贸易与对外贸易

国际贸易（international trade）是指世界各个国家（或地区）之间商品和劳务的交换活动。它是各国（或地区）在国际分工的基础上相互联系的主要形式。国际贸易是由各国（或地区）的对外贸易构成的，是世界各国（或地区）对外贸易的总和。因此，国际贸易通常也被称作世界贸易。

对外贸易（foreign trade）是指一国（或地区）与其他国家（或地区）之间所进行的商品与劳务的交换活动，通常简称“外贸”。某些岛国如英国、日本等也称对外贸易为海外贸易。

五年来，中国货物贸易进出口总额从2016年的3.7万亿美元增至2020年的4.7万亿美元，保持全球第一；服务贸易稳居全球第二。据联合国贸发会议（UNCTAD）统计，中国货物出口占国际市场份额由2015年的13.7%提升至2020年的14.7%。中国货物进口占国际市场份额创历史最高水平，比重由2015年的10.0%提升至2020年的11.5%，以自身超大规模市场成为全球经贸的“稳定器”。

2. 国际贸易的分类

(1) 按商品移动的方向划分

1）进口贸易。进口贸易（import trade）是指将其他国家（或地区）的商品或劳务引进到本国（或地区）市场进行销售。

2）出口贸易。出口贸易（export trade）是指将本国（或地区）的商品或劳务输出到国（或地区）外市场进行销售。

进口贸易和出口贸易是相对的，同一笔交易，对于卖方而言，就是出口贸易，对于买方而言，就是进口贸易。

3）过境贸易。过境贸易（transit trade）是指A国（或地区）的商品经过C国（或地区）境内运至B国（或地区）市场销售，对C国（或地区）而言就是过境贸易。C国（或地区）要对此批货物进行海关监管，但是这种贸易对C国（或地区）来说，既不是进口也不是出口，仅仅是商品过境而已。

4）转口贸易。转口贸易又称中转贸易（intermediary trade），是指进出口生意，不是在生产国（或地区）与消费国（或地区）之间直接进行，而是由中转国（或地区）分别与生产国（或地区）和消费国（或地区）发生贸易。

转口贸易和过境贸易的区别在于，商品的所有权在转口贸易中先从生产国（或地区）出口者那里转到第三国（或地区）商人手中，再转到最终消费该商品的进口商人手中。而在过境贸易中，商品所有权无须向第三国（或地区）商人转移。

(2) 按交易对象的形态划分

1）有形贸易。有形贸易（visible trade）也叫货物贸易，是指传统的实物商品的进出口活动。例如，机器、设备、家具、原材料等都是有实物形态的商品，这些商品的进出口称为有形贸易。

2）无形贸易。无形贸易（invisible trade）是指没有实物形态的技术和服务的进出口。例如，运输、保险、金融、旅游、文化娱乐、法律服务、咨询等的提供和接受即为无形贸易。无形贸易又分为服务贸易和技术贸易。

服务贸易又称劳务贸易，是指国（或地区）与国（或地区）之间互相提供服务的经济交换活动。服务贸易有广义与狭义之分，狭义的服务贸易是指一国（或地区）以提供直接服务活动形式满足另一国（或地区）某种需要以取得报酬的活动。广义的服务贸易既包括有形的活动，也包括服务提供者与使用者在没有直接接触下交易的无形活动。服务贸易一般情况下都是指广义的。

服务贸易是国际贸易的重要组成部分。近 10 年来，全球服务贸易平均增速高于货物贸易增速。世界贸易组织预测，2040 年服务贸易在国际贸易占比将由目前的 22% 提升至 33% 以上。2021 年 1 月—9 月中国服务贸易的出口类别分布如图 1-1 所示，进口类别分布如图 1-2 所示。

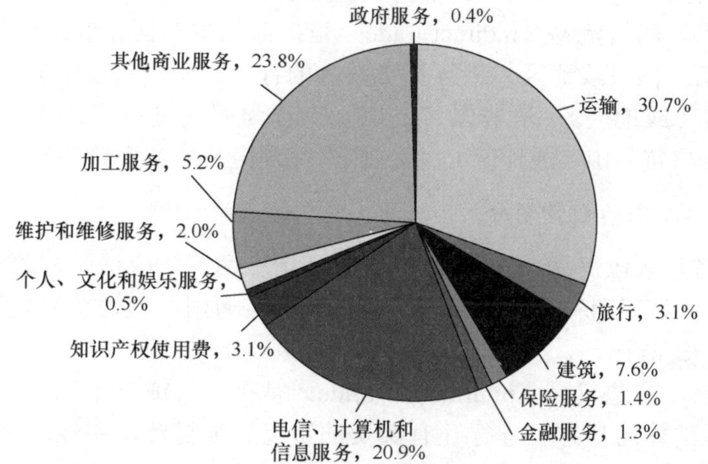

图 1-1　2021 年 1 月—9 月中国服务贸易出口类别分布

（资料来源：商务部《中国对外贸易形势报告》，2021 年秋季）

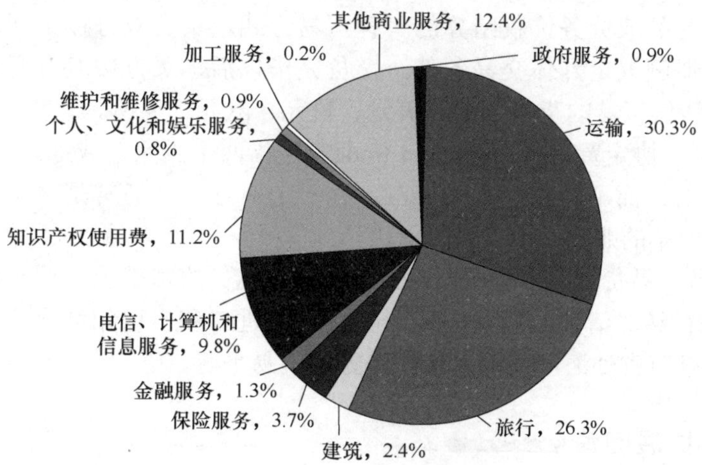

图 1-2　2021 年 1 月—9 月中国服务贸易进口类别分布

（资料来源：商务部《中国对外贸易形势报告》，2021 年秋季）

技术贸易是指国（或地区）与国（或地区）之间，按照一般商业条件，向对方出售或从对方购买软件技术使用权的一种国际贸易行为，一般以纯技术的使用权为主要交易标的。

技术服务和咨询是国际技术贸易实践中常见的方式。

(3) 按贸易内容划分

按贸易内容划分，国际贸易可分为服务贸易、加工贸易、商品贸易和一般贸易。

(4) 按是否有第三国参加划分

1）直接贸易。直接贸易（direct trade）是指商品生产国（或地区）与商品消费国（或地区）不通过第三国（或地区）进行买卖商品的行为。贸易的出口国（或地区）方面称为直接出口，进口国（或地区）方面称为直接进口。

2）间接贸易。间接贸易（indirect trade）是指商品生产国（或地区）与商品消费国（或地区）通过第三国（或地区）进行买卖商品的行为。间接贸易中的生产国（或地区）称为间接出口国（或地区），消费国（或地区）称为间接进口国（或地区），而第三国（或地区）则是转口贸易国（或地区），第三国（或地区）所从事的就是转口贸易。

(5) 按贸易参加国的数量划分

1）双边贸易。双边贸易（bilateral trade）是指在两国（或地区）政府之间签订的贸易条约或协定的贸易规则和调节机制下进行的贸易。有时，双边贸易也泛指两国（或地区）间的贸易往来。

2）多边贸易。多边贸易（multilateral trade）是指三个或三个以上的国家（或地区）通过协议在多边结算的基础上进行互有买卖的贸易。很显然，在经济全球化的趋势下，多边贸易更为普遍。

(6) 按清偿方式的不同划分

1）现汇贸易。现汇贸易（cash trade）又称自由结汇贸易（free-liquidation trade），是用国际货币进行商品或劳务价款结算的一种贸易方式。买卖双方按国际市场价格水平议价，按国际贸易惯例议定具体交易条件。交货完毕以后，买方按双方商定的国际货币付款。当今能作为清偿工具的货币主要有美元、日元、欧元、英镑。

2）协定贸易。协定贸易（agreement trade）是指两个国家（或地区）签订贸易协定，通过记账方式交易，而不是直接动用外汇，在一定时期内（通常是一年）进行结算。贸易差额结转到下一年的账户。

3）易货贸易。易货贸易（barter trade）是指在换货的基础上，把等值的出口货物和进口货物直接进行结算清偿的贸易方式。其特点是进口和出口相结合，贸易双方均有进有出，这样既可以节省外汇，又可以保持双方的贸易平衡。

扩展阅读

世界最大自贸区 RCEP 正式生效启航

《区域全面经济伙伴关系协定》(RCEP) 现有15个成员国，包括中国、日本、韩国、澳大利亚、新西兰5国以及东盟10国，从人口数量、经济体量、贸易总额三方面看，均占全球总量的约30%。RCEP于2022年1月1日正式生效实施。

RCEP的生效实施，标志着全球人口最多、经贸规模最大、最具发展潜力的自由贸易区正式落地，充分体现了各方共同维护多边主义和自由贸易的信心和决心，将为区域乃至全球贸易投资增长、经济复苏和繁荣发展做出重要贡献。RCEP将通过实施原产地累积规则、简化海关程序、推动投资贸易自由化便利化等，助力区域经济一体化建设，打造东亚经贸合作主平台，推动形成统一的生产基地和产品市场。

作为世界上最大的自贸区，RCEP生效后，已核准成员国之间90%以上的货物贸易将最终实现零关税。据统计，到2030年，RCEP有望带动成员国出口净增加5190亿美元，国民收入净增加1860亿美元。RCEP生效后，中国近30%出口可以实现零关税待遇，涵盖中国1.4万亿美元的贸易额。

3．国际贸易相关统计指标

(1) 贸易额和贸易量

1）贸易额（value of trade）是用货币表示的贸易的金额，是反映一国（或地区）贸易规模的重要经济指标。各国（或地区）一般都用本国（或地区）货币表示，国际上多数国家用美元表示。贸易额可分为对外贸易额和国际贸易额。

对外贸易额是一个国家（或地区）在一定时期内的进口总额与出口总额的总和。国际贸易额是世界各国出口额的总和。

2020年中国货物进出口总额达321 557亿元，比2019年增长1.9%。其中：出口179 326亿元，增长4.0%；进口142 231亿元，下降0.7%。货物进出口顺差为37 095亿元，比2019年增加7976亿元。全年服务进出口总额达45 643亿元，比2019年下降15.7%。其中：服务出口19 357亿元，下降1.1%；服务进口26 286亿元，下降24.0%。服务进出口逆差为6929亿元。

2）贸易量就是剔除了价格变动影响之后的贸易额，贸易量使得不同时期的贸易规模可以进行比较。

贸易量（quantum of trade）是指以不变价格的计算反映一国（或地区）贸易规模的指标。由于国际金融市场上货币价格时常波动，各国（或地区）的物价也不稳定，因此单纯用货币价格表示的国际贸易额不能确切地反映出贸易的实际规模，剔除了价格波动影响的贸易量更符合实际的贸易规模。其计算公式为

$$\text{进（出）口贸易量} = \frac{\text{进（出）口额}}{\text{进（出）口价格指数}} \times 100$$

(2) 贸易差额

贸易差额（balance of trade）是指一个国家在一定时期内（通常为一年）出口总额与进口总额之间的差额；它是衡量一国对外贸易状况乃至国家经济状况、国际收支状况好坏的重要指标。

贸易顺差（favorable balance of trade），中国也称它为出超（excess of export over import），表示一定时期的出口额大于进口额。

贸易逆差（unfavorable balance of trade），中国也称它为入超（excess of import over export）、赤字，表示一定时期的出口额小于进口额。

贸易平衡是指一定时期的出口额等于进口额。

一般认为，贸易顺差可以推进经济增长、增加就业，因此各国无不追求贸易顺差。但是，大量的顺差往往会导致贸易纠纷。例如日美汽车贸易大战等。

中国国家外汇管理局的数据显示，2021 年 11 月，我国国际收支口径的国际货物和服务贸易顺差为 2879 亿元。其中，货物贸易顺差为 3202 亿元，服务贸易逆差为 323 亿元。按美元计值，2021 年 11 月，我国国际收支口径的国际货物和服务贸易顺差为 450 亿美元。

(3) 贸易商品结构（composition of trade）

贸易商品结构是指一定时期内某地区各大类商品或某种商品在整个国际贸易中的构成，即各大类商品或某种商品的贸易额与整个贸易额的比值，以比重表示。贸易商品结构可以反映出某地区的经济发展水平、产业结构状况和科技发展水平。

(4) 贸易条件

贸易条件（terms of trade）表示出口一单位商品能够换回多少单位进口商品，是出口商品价格与进口商品价格的比较关系。很显然，换回的进口商品多，为有利，称为贸易条件好转；换回的外国商品少，为不利，称为贸易条件恶化。贸易条件在不同时期的变化通常用贸易条件指数来表示，其计算公式是

$$\text{贸易条件指数（假定基期的贸易条件指数为 100）}=\frac{\text{出口价格指数}}{\text{进口价格指数}}\times 100$$

报告期的贸易条件指数 >100，说明贸易条件较基期改善。

报告期的贸易条件指数 <100，说明贸易条件较基期恶化。

(5) 贸易的地理方向

1）对外贸易地理方向（direction of foreign trade）是指一国对外贸易的地区分布和国别分布的状况，通常以它们在该国进出口总额或进口总额、出口总额中的比重来表示。它可以反映一国与其他国家或区域集团之间经济贸易联系的紧密程度。例如，2018 年我国葡萄酒进口总量排名前十名的来源国分别为：法国、澳大利亚、智利、意大利、西班牙、美国、南非、新西兰、阿根廷和德国。

2）国际贸易地理方向（direction of international trade）是指国际贸易的地区分布和商品流向，通常用它们的出口额（或进口额）占世界出口贸易总额（或进口贸易总额）的比重来表示。例如，2018 年世界商品出口前十位的国家是中国、德国、美国、日本、法国、韩国、荷兰、意大利、俄罗斯、英国。2018 年世界商品进口前十位的国家是美国、中国、德国、日本、英国、法国、荷兰、韩国、印度、意大利。

(6) 对外贸易依存度

对外贸易依存度（foreign dependence degree）是指一国进出口总额占其国内生产总值或国民生产总值的比重，反映一国对外开放的程度和对世界市场的依赖程度。它可以分

为出口依存度和进口依存度。其计算公式为

$$对外贸易依存度=\frac{出口额+进口额}{国内生产总值（或国民生产总值）}$$

扩展阅读

中国的主要贸易伙伴

2020 年，中国对前三大贸易伙伴东盟、欧盟、美国的进出口额分别为 4.7 万亿元、4.5 万亿元、4.1 万亿元，如图 1-3 所示。

东盟首次成为中国第一大贸易伙伴，中国对东盟、欧盟、美国进出口分别增长 7%、5.3% 和 8.8%。中国对“一带一路”沿线国家进出口 9.4 万亿元，占进出口总额的 29.1%。

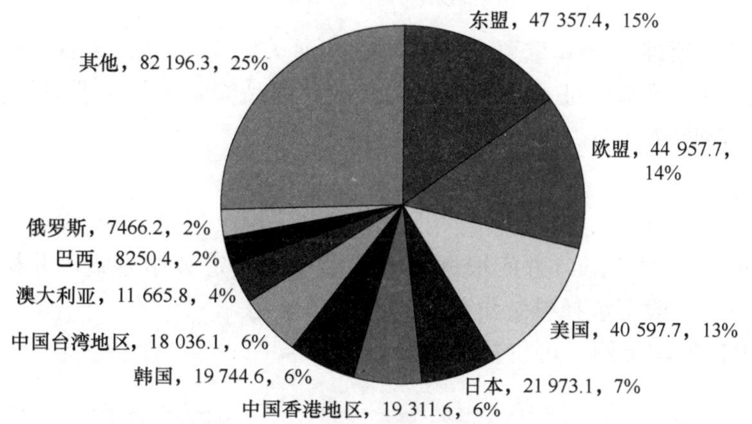

图 1-3　2020 年中国进出口额（单位：亿元）及占比

（资料来源：商务部《中国对外贸易形势报告》2021 年春季）

二、外贸出口和进口流程

1．出口

外贸出口流程通常是外贸出口工作人员在出口工作中所进行的一系列活动的有序组合。主要包括报价、订货、付款、包装、通关及备货装运等活动。

(1) 报价

国际贸易一般是由产品的询价、报价开始。其中，对于出口产品的报价主要包括产品的质量等级、产品的规格型号、产品是否有特殊包装要求、所购产品量的多少、交货期的要求、产品的运输方式、产品的材质等内容。比较常用的报价方式有 EXW（工厂交货）、FOB（船上交货）、CFR（成本加运费）、CIF（成本、保险费加运费）等形式。

(2) 订货

贸易双方就报价达成意向后，买方企业正式订货并就一些相关事项与卖方企业进行协商，双方协商认可后，需要签订购货合同。在签订购货合同过程中，贸易双方主要对商品名称、规格型号、数量、价格、包装、产地、装运期、付款条件、结算方式、索赔、仲裁等内容进行确认。

(3) 付款

比较常用的国际付款方式有三种，即信用证、汇付和托收。

(4) 包装

根据货物的不同，出口方可以选择不同的包装形式（如纸箱、木箱、编织袋等），包装要符合目的国的相关法规要求。

(5) 通关

通关手续极为烦琐又极其重要，如不能顺利通关则无法完成交易。属于法定检验的出口商品须办出口商品检验证书，其中我国进出口商品检验工作主要有接受报验、抽样、检验、签发证书等四个环节。

(6) 备货装运

在货物装船过程中，出口方应根据货物的多少来决定装船方式，并根据购货合同所定的险种来投保，一般可选择整装集装箱、拼装集装箱。

图 1-4 为出口流程示例，可供参考。

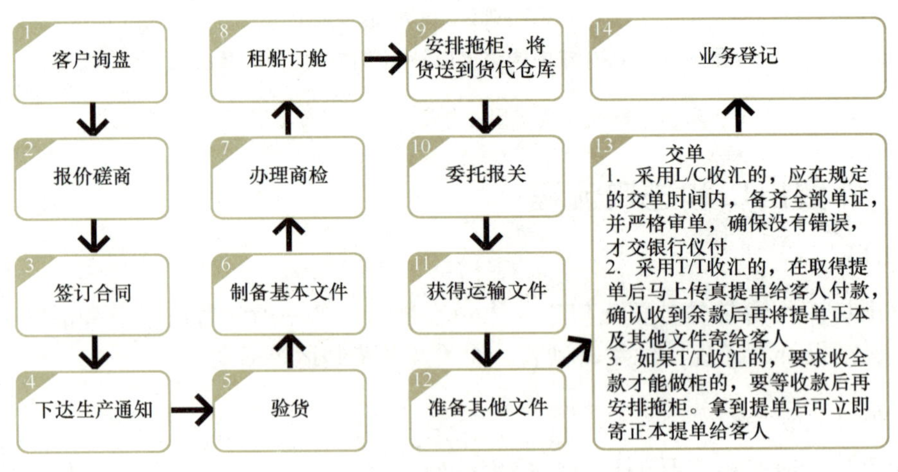

图 1-4 出口流程示例

2. 进口

一笔进口交易大体上可分为三个阶段：① 交易前的准备阶段；② 对外洽谈阶段；③ 履行合同阶段。在 FOB（装运港船上交货，指定装运港）术语成交、信用证方式结算下，进口流程示例如图 1-5 所示。

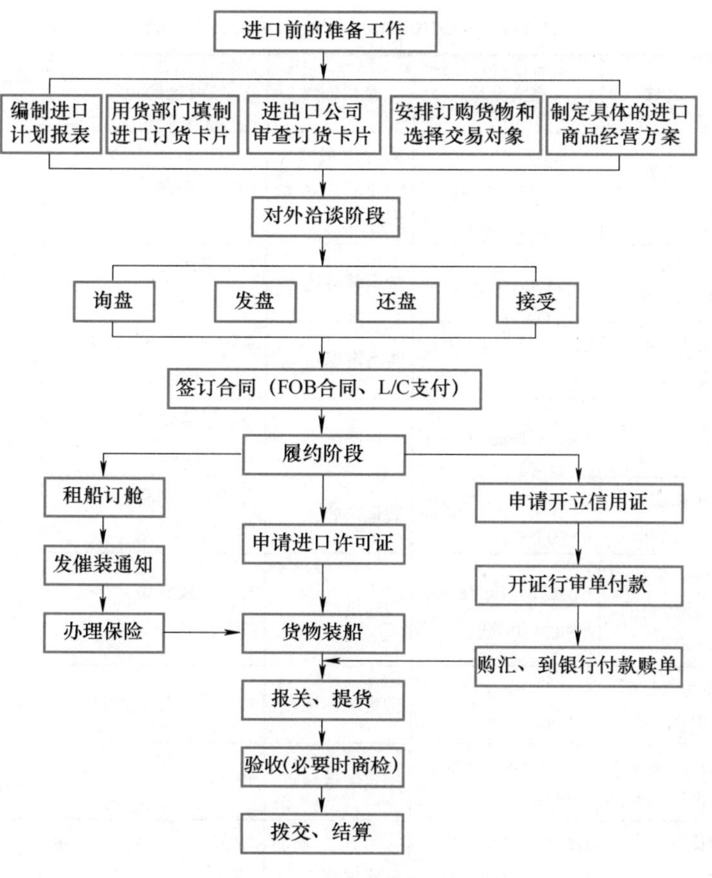

图 1-5　进口流程示例

扩展阅读

贸易术语

在长期的国际贸易实践中，买卖双方逐渐把某些和价格密切相关的贸易条件与价格直接联系在一起，形成了若干报价的方式。每一种方式都规定了买卖双方在某些贸易条件中应履行的义务。用来说明这种义务的术语，称为贸易术语。

贸易术语是国际贸易价格条款中必不可少的内容。在报价中使用贸易术语，可明确双方在货物交接方面各自应承担的责任、费用和风险，说明商品的价格构成，从而简化交易磋商的手续，缩短成交时间。由于规定贸易术语的国际惯例对买卖双方应该承担的义务做了完整而确切的解释，因而避免了由于对合同条款的理解不一致而在履约中可能产生的某些争议。

贸易术语所表示的贸易条件主要分两个方面：① 说明商品的价格构成，是否包括成本以外的主要从属费用，即运费和保险；② 确定交货条件，即说明买卖双方在交接货物方面彼此所承担的责任、费用和风险的划分。常用的贸易术语解释是 Incoterms 2020，见表 1-1。

表 1-1 Incoterms 2020 的贸易术语解释

序号	贸易术语	中文名称	英文全称	交货地点	风险的转移	出口清关	运输费用	保险费用	进口清关
1	EXW	工厂交货（指定地点）	Ex Works (place)	卖方指定地点（如工厂、仓库等）	买方收货时	买方	买方	买方	买方
2	FCA	货交承运人（指定交货地点）	Free Carrier (place)	指定装运地点	货交承运人（买方指定）	卖方	买方	买方	买方
3	FAS	船边交货（指定装运港）	Free along Ship (port)	装运港船边	货物在装运港船边时（买方指定）	卖方	买方	买方	买方
4	FOB	船上交货（指定装运港）	Free on Board (port)	装运港船上	货物装载到船上时（买方指定）	卖方	买方	买方	买方
5	CFR	成本加运费（指定目的港）	Cost and Freight (port)	装运港船上	货物装载到船上时（卖方指定）	卖方	卖方	买方	买方
6	CIF	成本保险费和运费（指定目的港）	Cost,Insurance and Freight (port)	装运港船上	货物装载到船上时（卖方指定）	卖方	卖方	卖方	买方
7	CPT	成本运费付至（指定目的地）	Carriage Paid to (place)	指定装运地点	货交承运人（卖方指定）	卖方	卖方	买方	买方
8	CIP	运费保险费付至（指定目的地）	Carriage & Insurance Paid (place)	指定装运地点	货交承运人（卖方指定）	卖方	卖方	卖方	买方
9	DPU	卸货地交货（指定目的地）	Delivered at Place Unloaded (place)	买方所在地的指定地点	装在运输工具上的货物（卸货后）交给买方	卖方	卖方	卖方	买方
10	DAP	目的地交货（指定目的地）	Delivered at Place (place)	买方所在地的指定地点	装在运输工具上的货物（不用卸货）交给买方	卖方	卖方	卖方	买方
11	DDP	完税后交货（指定目的地）	Delivered Duty Paid (place)	买方所在地的指定地点	卖方清关，装在运输工具上的货物（不用卸货）交给买方	卖方	卖方	卖方	卖方

第二节 跨境电商概述

一、跨境电商的概念

跨境电子商务，简称为跨境电商，是交易主体属于不同关境，通过电子商务平台交易、支付结算并通过跨境物流配送完成交易的一种商务模式。2019 年 1 月 1 日正式施行的《中华人民共和国电子商务法》中，对电子商务的定义是：通过互联网等信息网络销售商品或者提供服务的经营活动。有关跨境电商，不同研究机构从不同角度给出的定义大致如下：

其一认为，跨境电商是指分属不同关境的交易主体，通过电子商务平台达成交易、进行支付结算，并通过跨境物流送达商品、完成交易的一种国际商业活动。

其二认为，跨境电商是指分属不同国家 / 关区的交易主体在电商平台上达成交易及其后续活动，通过互联网、突破传统外贸销售模式所受到的制约，将产品直接销售给全球商家或者消费者的活动。

在我国最初并没有跨境电商的说法，大多数人只是把它归为外贸的一种形式，包含进口和出口两部分，2008 年，随着国际环境的变化，尤其是 2008 年全球金融危机对国内出口的影响，我国外贸企业的电子商务应用出现了新的契机。一方面，国际市场需求萎缩，持续增加的贸易摩擦对我国出口贸易造成严重的冲击，另一方面，中国劳动、土地、能源等生产要素成本上升，人民币持续升值。在这种情况下，传统外贸集装箱式的大额交易逐渐被小批量、多批次、快速发货的贸易订单所取代。

二、跨境电商的类型

1．按照进出口方向分

跨境电商依据进出口货物流向可分为出口跨境电商和进口跨境电商。出口跨境电商其实就是有专门的平台允许全球各个国家的商家入驻，将自己手里拥有的资源发布到平台，然后展示给全球买家，买家找到自己需要的商品之后下单，卖家发货。其模式和国内的电商平台在本质上基本一样，主要区别是跨境物流和跨境支付。但是和国内电商平台相比，出口跨境电商面对的消费者更多、更广泛，是面向全球商家招商入驻。

进口跨境电商的运作方式有：① 境内下单，国际运输直达境内。消费者购买境外商品，境外商品通过国际运输直达境内消费者。② 境内下单，商家海外采购。消费者境内下单，订单达到一定数量后，商家在海外采购，通过国际物流直达保税区，报关后经过国内物流送达消费者。③ 境内下单备货模式。境外商品入境暂存保税区，消费者购买后，以个人包裹形式通过国内物流送达境内消费者。

无论是进口还是出口，跨境电商都需要解决三个流程问题：① 信息流，卖家在网上发布信息，消费者通过互联网搜索需要的产品和服务信息；② 产品流，消费者网上下单，卖家通过物流将产品送达；③ 资金流，消费者通过第三方支付方式，及时、安全地付款，卖家收汇结汇。这三方面也是所有交易的必需流程。

2．按照交易主体分

跨境电商按照交易主体类型可分为 B2B 跨境电商、B2C 跨境电商、C2C 跨境电商三种，在后文“跨境电商的交易模式”中将对它们逐一介绍。

1）B2B 跨境电商或平台。代表性企业有敦煌网、中国制造网、阿里巴巴国际站、环球资源网。

2）B2C 跨境电商或平台。代表性企业有亚马逊（Amazon）、亿贝（eBay）、全球速卖通（AliExpress）、Wish、Lazada、兰亭集势、米兰网、大龙网。

3）C2C 跨境电商或平台。代表性企业有全球速卖通、亿贝（eBay）。

B2C 跨境电商出口平台在推动跨境电商交易方面发挥着不可或缺的作用，平台通过集聚中小电商获得规模效应，通过流程化服务降低中小电商成本，成为推进中小企业对外出口的重要渠道。目前全球B2C跨境电商出口市场上，全球速卖通和亚马逊两个主要的头部平台是主要参与者。亚马逊业务以电商业务较为成熟的欧美市场为主，全球速卖通则通过灵活的市场策略在俄罗斯、欧洲、拉美等区域占据一定的优势。虽然我国跨境电商出口平台在海外业务竞争中商业运营方式更加灵活，但由于相关中小企业的产品和营销原因，也存在不少问题。主要表现在对外出口的产品同质化情况比较严重，集中在3C消费电子产品和服饰服装上，贴牌产品较多，品牌营销不足，同时对于知识产权的认知不到位，遭遇侵权投诉等。

3．按照服务类型分

1）信息服务平台。代表性企业有阿里巴巴国际站、环球资源网、中国制造网。会员费是平台的主要收入来源，然后是增值服务费，增值服务包括竞价排名、点击付费及展位推广服务等。

2）在线交易平台。代表性企业有敦煌网、全球速卖通、易宝、米兰网、大龙网。这种服务类型已逐渐成为跨境电商中的主流模式，增值服务费包括收取佣金费以及展示费用。

3）外贸综合服务平台。外贸综合服务平台是指以整合各类环节服务为基础，然后统一投放给中小外贸企业，主要服务包括融资、通关、退税以及物流、保险等外贸必需环节，盈利也来自服务的批发和零售。主要代表企业有宁波世贸通、阿里巴巴一达通、中建材、上海东浩兰生、江苏跨境等。

4．按照平台运营方式分

1）第三方开放平台。平台型电商通过搭建线上商城，并整合物流、支付、运营等服务资源，吸引商家入驻平台。盈利模式是通过收取商家佣金及增值服务佣金盈利。代表性企业有全球速卖通、敦煌网、环球资源网、阿里巴巴国际站。

2）自营型平台。自营型电商搭建线上平台并整合供应商资源，通过较低的进货价格采购商品，再以较高的售价出售商品。盈利模式是通过赚取商品差价盈利。代表性企业有兰亭集势、米兰网、大龙网。

3）综合型（自营+平台）平台。自身既是平台，有第三方卖家入驻，同时也销售自营产品获取利润。如亚马逊。2019年，亚马逊第三方卖家成交总额（GMV）占总GMV比重达到了60%左右，其余为其自营产品GMV。

4）跨境电商代运营服务商。服务提供商不直接参与电子商务买卖过程，仅为从事跨境电商的中小企业提供不同的服务，如市场研究、营销平台建设、海外营销解决方案等服务。服务提供商可提供一站式电子商务解决方案，并能帮助外贸企业建立定制的个性化电子商务平台。盈利模式是通过赚取企业支付的服务费用盈利。代表性企业有四海商舟、锐意企创。

三、跨境电商的交易模式

跨境电商的交易模式分主要有B2B跨境电商、B2C跨境电商和C2C跨境电商三种，此外还有M2C跨境、B2B2C跨境等模式。

1．**B2B 跨境电商**

B2B 是 business-to-business 的缩写，是指商业对商业，或者说是企业间的电子商务，即企业与企业之间通过互联网进行产品、服务及信息的交换，完成商务交易的过程。B2B 跨境是指分属不同关境的企业对企业，通过电商平台达成交易、进行支付结算，并通过跨境物流送达商品、完成交易的一种国际商业活动。

B2B 跨境兴起于海上运输、通信技术的进步和信息技术和互联网的普及等三次重要的变革。特别是基于网络的信息、数据交换降低了成本，使得企业不再是一对一开展贸易，可以借用平台迅速地获得订单，开展交易，结算资金，形成了便利的一对多、信息集中交换的模式，大大提升了交易的效率。

2．**B2C 跨境电商**

B2C 是 business-to-customer 的缩写，是指企业通过互联网直接面向消费者销售产品和服务的商业零售模式。B2C 跨境是指分属不同关境的企业直接面向消费个人开展在线销售产品和服务，通过电商平台达成交易、进行支付结算，并通过跨境物流送达商品、完成交易的一种国际商业活动。

随着大量第三方在线平台的建立，跨境电商的交易门槛大幅降低，越来越多的零售商甚至消费者直接参与到网上购买和销售过程，从而缩短了供应链，减少了中间环节，优势更加明显，B2C 模式的使用次数和范围显著增加，甚至出现了不同国家消费者之间少量商品互通有无的 C2C 模式，以及工厂直接到消费者的 M2C 模式。

3．**C2C 跨境电商**

C2C 是 customer-to-customer 的缩写，是指通过第三方交易平台实现个人对个人的电子交易活动。C2C 跨境是指分属不同关境的个人卖方对个人买方开展在线销售产品和服务，由个人卖家通过第三方电商平台发布产品和服务信息，个人买方进行筛选，最终通过电商平台达成交易、进行支付结算，并通过跨境物流送达商品、完成交易的一种国际商业活动。

C2C 模式的特点是大众化交易，早期的亿贝属于 C2C 平台，而一度非常流行的海淘代购，也是典型的 C2C 模式。2008 年的三鹿奶粉事件导致了我国整个乳制品产业危机，2012 年后随着人民币不断升值、进口类跨境电商平台海淘急剧升温，以奶粉、纸尿裤等母婴类产品为开端，国内消费者购买海外商品的欲望越来越强，迅速形成了所谓“代购”“海淘” C2C 市场，在一定程度上促进了我国跨境进口电商的发展。

2020 年新冠肺炎疫情的蔓延持续助推线上消费习惯的转变，互联网数字化进程加速。在经济双循环发展的基调下，我国跨境电商市场规模将继续保持高速增长态势。据海关统计，2020 年通过海关跨境电商管理平台验放进出口清单 24.5 亿票，同比增长 63.3%。跨境电商进出口 1.69 万亿元，增长 31.1%。跨境电商已经经历了起步期、成长期、发展期三个阶段，正式进入成熟期。2020 年，在疫情反复和全球贸易萎缩的背景下，我国成为全球唯一实现货物贸易正增长的主要经济体，2020 年我国全年进出口总值超过 32 万亿元。随着以国内大循环为主体、国内国际双循环相互促进的新发展格局加快形成，2021 年我国跨境电商市场规模继续保持高速增长态势。

四、跨境电商的特点与优势

1. 跨境电商的特点

跨境电商是基于网络发展起来的。网络空间相对于物理空间来说是一个新空间，是一个由数字组成的虚拟但客观存在的世界。网络空间独特的价值标准和行为模式深刻地影响着跨境电商，使其不同于传统的交易方式，呈现如下特点：

(1) 多边化、网状结构

传统的国际贸易主要表现为两国之间的双边贸易，即使有多边贸易，也是通过多个双边贸易实现的，呈线状结构。跨境电商则可以通过一国的交易平台，实现其他国家间的直接贸易，与贸易过程相关的信息流、商流、物流、资金流逐步由传统的双边向多边演进，呈现网状结构。

(2) 直接化、效率高

传统的国际贸易主要由一国的进/出口商通过另一国的出/进口商集中进/出口大批量货物，然后通过境内流通企业经过多级分销，最后到达有进/出口需求的企业或者消费者，进出口环节多、时间长、成本高。而跨境电商可以通过电子商务交易与服务平台，实现多国企业之间、企业与最终消费者之间的直接交易，进出口环节少、时间短、成本低、效率高。

(3) 小批量、高频度

跨境电商通过电子商务交易与服务平台，实现多国企业之间、企业与最终消费者之间的直接交易，由于是单个企业之间或单个企业与单个消费者之间的交易，相对于传统贸易而言，大多是小批量，甚至是单件，而且一般是即时按需采购、销售和消费，相对于传统贸易而言，交易的次数和频率高。

(4) 数字化、监管难

随着信息网络技术的深化应用，数字化产品（如游戏、软件、影视作品等）的品类和贸易量快速增长，且通过跨境电商进行销售或消费的趋势日趋明显。而传统应用于实物产品或服务的国际贸易监管模式已经不适用于新型的跨境电商交易，尤其是数字化产品的跨境贸易，更是没有纳入海关等政府有关部门的有效监管、统计和关税收缴范围。

2. 跨境电商的优势

随着互联网、物联网等基础设施的完善和全球性物流网络的构建，跨境电商的交易规模日益扩大。网经社电子商务研究中心与网经社跨境电商平台共同发布的《2020年度中国跨境电商市场数据报告》显示，2020年中国跨境电商市场规模达12.5万亿元，同比增长19.04%，预计2021年市场规模将达14.6万亿元。跨境电商作为贸易新业态，得益于一系列制度支持和改革创新，正成长为推动我国外贸增长的新动能。

(1) 能适应国际贸易的最新发展趋势

2008年美国金融危机后，消费者收入增长趋缓，开始直接通过网络购买外国价低质优的商品，而部分海外进口商出于缓解资金链压力和控制资金风险的考虑，也倾向于将大额采购转变为小额采购、长期采购转变为短期采购，单笔订单的金额明显减小，大部分不超过 3 万美元，传统集装箱式的大额交易正逐渐被小批量、多批次的碎片化进出口贸易取代。

(2) 有效降低产品价格

跨境电商的产品仅需经过工厂、在线平台、海外商人即可到达消费者，外贸净利润可能达到传统贸易的数倍。未来外贸链条还可以更简化，产品从工厂经过在线平台可以直接到国外消费者手中。原来的中间成本一部分变成生产商的利润，一部分成为电子商务平台的佣金，剩下的则成为消费者获得的价格优惠。如果跨境电商企业能采用集中采购备货模式，那比起单笔邮寄来，还能大大降低商品采购和物流成本。

(3) 上下游多属现代服务业

与之相关联的物流配送、电子支付、电子认证、IT 服务、网络营销等，都属于现代服务业内容。即使是最为传统的快递、物流配送，也建立在信息技术业务系统之上，不仅商品本身已经基于条码进行了物品编码，而且消费者可以在电商平台实时查询、跟踪商品流通过程，并通过网银或第三方电子支付平台进行支付。

(4) 以消费者为主导

跨境进口电商主要是为消费者提供在国内买不到的产品，带来贸易增量。跨境电商平台让全球同类产品同台亮相，性价比成为消费者购买决策的重要因素。这是一种以消费者为导向、强调个性化的交易方式，消费者拥有更大的选择自由，不受地域限制。以“订单投票”，已成为跨境电商的发展趋势。

扩展阅读

跨境出口电商掌门人如何看待品牌

敦煌网首席执行官（CEO）王树彤：跨境电商必须从制造 OEM[⊖]模式开始走向设计和创造，然后逐渐发展成为品牌。卖家可以有自己的设计和品牌，甚至研发。工匠精神是中国制造重要的突破点，回归质量、服务和价格三个标准。

海尔小家电 HotOEM CEO 杨华：无论电商的能力有多强，如果只停留在低端的组装、抄袭阶段，永远不可能实现真正的转型。只看销售和流通端是不行的，好的产品才是电商的本质，抄是没有前途的。

英思特科技咨询创始人王建华：好的产品不只是有好的设计就可以成功，需要与好的供应链、产品技术和生产制造相结合。企业应通过“资金＋资源”相结合的方式，服务于跨境出口的卖家端和工厂端。

亿贝大卖家盛世网络创始人 Simon：只卖便宜货所获取的用户是没有价值的，但如果你的产品质量和性价比都不错，用户是会记住你的。当店铺开始积累到一定数量的粉丝用户后，就能迅速形成新产品开发的反应链。

⊖ OEM 为 original equipment manufacturer 的缩写，直译为原始设备制造商，俗称代工（生产）。

亿贝林奕彰：深耕一个垂直领域做小众高端品牌。从垂直领域去建立品牌，风险更低，所以卖家可以先从单一产品开始，然后慢慢做大。

有棵树董事长肖四清：未来跨境电商要守住自己的阵地，要形成企业品质和构筑商品品质体系，就必须要根据自己的强项做好自己的特色。我国企业应当做好跨境电商业务链条上原材料商、加工厂、品牌商、渠道商和仓储物流商中的后两者。

ESG中国区负责人陈婷婷：品牌的成功需要做到五点：专业细致的市场调研及产品定位；坚持品牌化道路；选择好对的平台；跟随平台及市场的趋势；选择好对的合作伙伴。电商离不开本地化，这一点做不好无疑会增加转化成本。

五、跨境电商平台分类

1．我国出口跨境电商平台

出口跨境电商平台可以分为B2B平台、B2C平台两类。

（1）B2B平台

这类平台又称为信息服务平台。跨境电商B2B是大多中小企业的首选模式。数据显示，我国跨境电商B2B交易规模从2008年的2.9万亿元逐年增长到2019年的26.3万亿元，2020年受新冠肺炎疫情影响，有所下降。

典型代表：中国制造网、阿里巴巴国际站、环球资源网。

（2）B2C平台

B2C类跨境电商市场正在逐渐发展，且在我国整体跨境电商市场交易规模中的占比不断升高。在未来，B2C类跨境电商市场将会迎来大规模增长。

典型代表：全球速卖通、兰亭集势、敦煌网、DX、米兰网、大龙网等。

（3）独立站

独立站，顾名思义就是具有独立域名的网站。独立站是仅经营自主品牌，个人卖家及第三方供应商无法入驻的独立电商网站。第三方平台和独立站在基础侧及运营侧区别显著：第三方平台适合于有较强的标品研发能力，或新入局跨境电商的企业；独立站则更适合想要打造自主品牌、拥有互联网思维的非标品企业。

第三方平台重在进行卖家和顾客之间的交易，主要分为开放为主的平台、自营为主的平台。开放为主的平台通常采用“淘宝”模式，核心在于发展入驻卖家的自主网络效应。基于自身的高知名度及流量，建设平台和维护交易安全，确保交易的公平合理性，从而收取佣金。该类平台巨头聚集效应明显，对中小企业的包容性相对较高，代表企业有亚马逊、亿贝、全球速卖通等。自营为主平台通常采用“京东”模式，侧重点在于发展平台自身的供应链服务。不同于开放为主的平台，自营为主的平台采用买断式为主的采购模式，并通过严选合作供应商，达到提高库存周转效率的目的。该类平台增长空间较大，对于入驻品牌的筛选要求相对较高，代表企业有DX等。

第三方平台与独立站对比如图1-6所示。

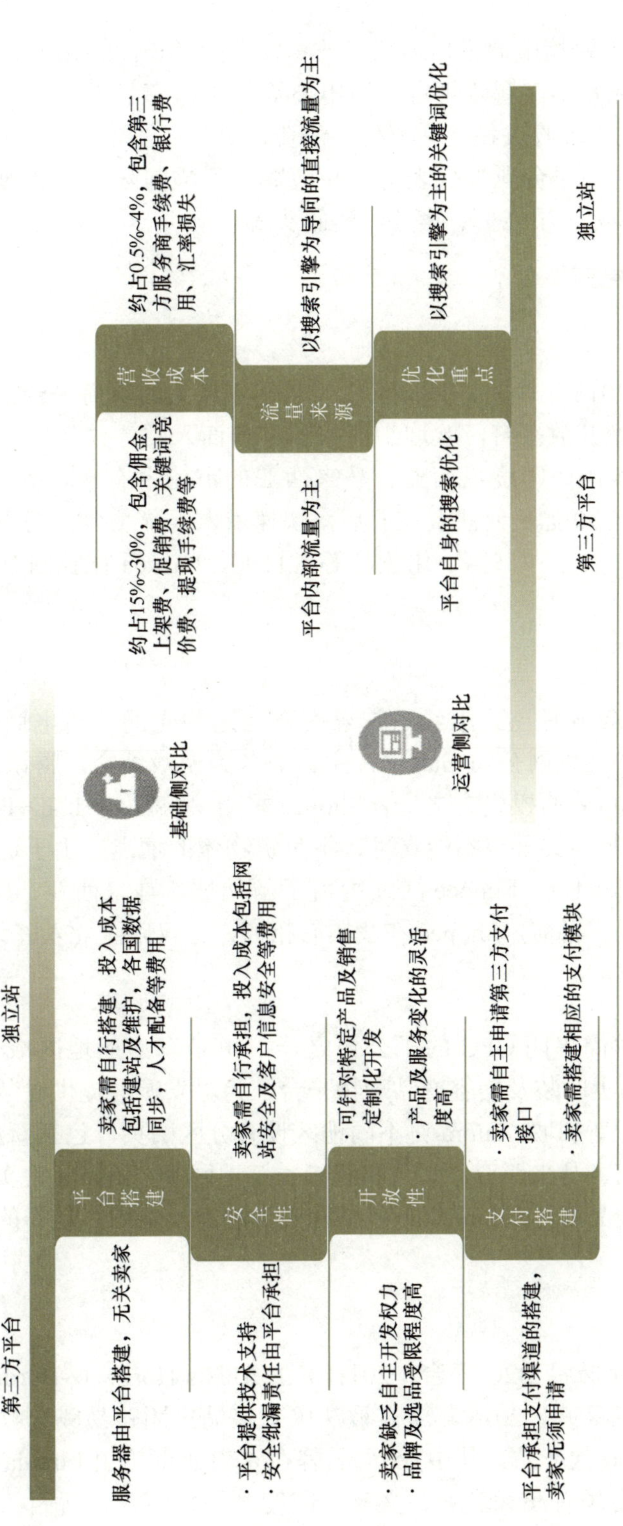

图 1-6 第三方平台与独立站对比

（资料来源：亿欧智库）

2．我国进口跨境电商平台

自2014年开始，跨境电商进口迎来一波爆发性的增长，2016年“四八新政”标志着跨境电商进口走向洗牌年。新政规定跨境电商零售进口商品不再按“个人物品”征收行邮税，而是按“货物”征收关税、增值税、消费税等。

我国进口跨境电商平台典型代表有考拉海购、天猫国际、唯品国际、京东国际、亚马逊海外购、苏宁国际、小红书、蜜芽、洋码头等。

3．东南亚跨境电商平台

（1）Lazada

Lazada成立于2012年3月，目前已成为东南亚最大的电商平台。最初它采用自营模式，2013年开始兼做开放平台，欢迎小商家和零售商入驻，并且在物流与支付上做重度投资。目前，它在泰国、印度尼西亚、马来西亚的市场占有率均列第一。2016年4月，Lazada获得阿里巴巴10亿美元注资控股后，快速引入天猫平台上的中国品牌商。平台上主要销售电子产品、衣服、书籍、化妆品等。目前，Lazada在我国有招商，但仅限企业入驻。

（2）Shopee

Shopee于2015年6月正式上线，是东南亚地区领先的移动电商平台，Shopee的母公司是东南亚最大的互联网公司Garena，主营业务为游戏社交，腾讯公司是Garena的早期投资者，也是Shopee的投资方之一。Shopee采用“移动+社交+P2P”模式，解决了Carousell、Gumtree等同类平台不能支付、不负责物流的痛点。由于亿贝与亚马逊等大平台对东南亚市场无暇顾及，Shopee陆续覆盖了新加坡、马来西亚、印度尼西亚、泰国、菲律宾、越南等市场。目前，Shopee在我国有招商，但仅限企业入驻。

（3）Zalora

Zalora是全球时尚集团GFG的子公司之一，也是东南亚地区成长最迅速的电商之一。Zalora是一个网上时装及美容产品购物平台，为男女顾客提供时装、饰物、鞋履及化妆护肤品。总部位于新加坡，Zalora对不同地区设有分区网页，包括新加坡、印度尼西亚、菲律宾、泰国、越南、马来西亚、文莱和我国香港地区等。Zalora售卖国际品牌，各个分区网页也会售卖本地品牌。Zalora旗下包括在澳大利亚及新西兰运作的网上时装购物平台The Iconic。

（4）Luxola

Luxola是一家化妆品B2C平台，2011年由Alexis Horowitz-Burdick创立于新加坡，主打护肤品和化妆品品牌，2015年7月被法国奢侈品集团路易威登收购。该网站目前销售250个品牌约4000款产品。其中65个品牌在东南亚市场由Luxola独家在线销售。目前，该网站服务的市场有澳大利亚、文莱、印度、马来西亚、新西兰、菲律宾和我国香港地区等。

4．北美跨境电商平台

（1）Walmart

作为全球最大的零售商，Walmart（沃尔玛）的零售业务遍布全球 28 个国家，布局电商一直是沃尔玛在中国市场的一个战略。从控股 1 号店，到上线自己的 App，沃尔玛一直将电商作为实体门店的一个补充和延伸，从而提升客户的购物体验。目前，沃尔玛 App 上“全球 e 购”频道提供 200 多个来自美国、英国、日本、韩国、澳大利亚等全球知名产地的食品、保健品、个护化妆和母婴商品。目前，Walmart 在我国有招商，仅限企业入驻。

（2）Newegg

Newegg（新蛋网）于 2001 年成立，总部位于美国洛杉矶，是美国领先的计算机、消费电子、通信产品的网上超市。新蛋网聚集约 4000 个卖家和超过 2500 万个客户群。最初销售消费类电子产品和 IT 产品，目前已经扩大到全品类，品种类高达 55 000 种，吸引了 18 ～ 35 岁的富裕和熟悉互联网的男性。而且女性消费者也在快速增长。Newegg 在我国有招商，仅限企业入驻。

（3）Bestbuy

由于线下业务的衰落，Bestbuy（百思买）逐渐将目光放到了线上，于 2011 年进军网络市场。其网站聚集了 100 多个卖家，每年有 10 亿次的访问量。目前，其线上的跨境业务主要在北美国家，包括加拿大和墨西哥，网站提供英语、法语、西班牙语三种语言服务。与其他电商平台不同的是，只有被邀请的卖家才可以入驻 Bestbuy 平台，并且产品可以出现在百思买门店销售，但其产品仅局限于消费类电子产品。

（4）Overstock

Overstock 是美国知名在线购物网站，成立于 1999 年，经销各类商品，包括名牌时尚时装、珠宝、电器、家用百货、影音产品等。公司使用 overstock.com（美国）以及其短域名 o.co（国际）的平台来销售产品，同时还架设了 o.info 网站用来作为产品点评和提供购买指导。其跨境业务覆盖美洲、欧洲、亚太、中东、非洲的上百个国家和地区，包括提供至我国的货运服务。

（5）Staples

Staples（史泰博）是全球卓越的办公用品公司，创建于 1986 年，目前在全球拥有 2000 多家办公用品超市和仓储分销中心，业务涉及 20 多个国家和地区。随着电子商务的快速发展，Staples 也迅速展开了自己的线上业务，主要通过建立分站和本地化运营的方式打入国外在线市场。它于 2004 年来到我国，后来还推出了 Staples 中国官网，主要经营纸张、耗材、文具、设备、日常用品等十大类数万种办公用品。

（6）Neiman Marcus

Neiman Marcus（尼曼）是以经营奢侈品为主的连锁高端百货商店，已有 100 多年的发展历史。公司总部位于美国得克萨斯州的达拉斯，能进入该百货商品的品牌都是各个行业中顶级的。其在线零售业务也于近几年做得风生水起，商品可运至全球100多个国家和地区。该公司于2012年12月正式启动中国线上销售网站，提供中文、英文两种语言服务，产品包括服装、鞋包、配饰、儿童用品、家居用品等。

（7）J C Penny

J C Penny（杰西潘尼）也是由线下走到线上的典范，公司创立于1902年，迄今为止在全美设有1200多家大型服装商场，是美国最大的连锁百货商店、目录邮购和电子商务零售商之一，主要销售男装、女装、童装、珠宝、鞋类、饰品和家居用品等。所有业务都由其自有配送网络提供全面支持，该配送网络是美国集成化程度最高的服装配送网络之一。其跨境业务覆盖美洲、欧洲、亚太、中东、非洲的近50个国家，目前也提供直运我国的服务。

5．南美跨境电商平台

（1）MercadoLibre

1999年MercadoLibre（MELI）于阿根廷成立，现在已经成为拉美人网购的主流平台。最初，MercadoLibre模仿的是亿贝拍卖模式，但随着发展，它的模式越来越类似亚马逊。现在MercadoLibre对拉美市场的影响力比亚马逊更大。亿贝现与其合作，为卖家提供全新的拉美销售渠道。它现拥有1.6亿个用户，覆盖南美洲10多个国家，包括巴西、墨西哥、智利、哥伦比亚、阿根廷等。

（2）MercadoLivre

MercadoLivre（魅卡多网）是巴西本土最大的C2C平台，相当于我国的淘宝。利用好这个平台有利于了解巴西各类物价指数、消费趋势、付款习惯等市场信息。它聚集了超过52 000个卖家和5020万个注册用户，访问量位列全球前50。其市场范围覆盖巴西、阿根廷、智利、哥伦比亚、哥斯达黎加、厄瓜多尔、墨西哥、巴拿马、秘鲁、多米尼加、巴拉圭、委内瑞拉和葡萄牙等国家和地区。

（3）Linio

Linio成立于2012年，主要针对拉美市场，覆盖了墨西哥、哥伦比亚、秘鲁、委内瑞拉、智利、阿根廷、巴拿马和厄瓜多尔等国家。同东南亚的电商Lazada类似，Linio是德国电子商务集团Rocket Internet SE旗下的子公司，其发展战略是在新兴市场国家复制发达国家的电子商务模式。目前，Linio在我国有招商，仅限企业入驻。

6．欧洲跨境电商平台

（1）Cdiscount

Cdiscount为法国购物网站，拥有1600万个买家，平台经销范围涉及文化产品、食品、IT产品等众多品类，商品远销南美洲、欧洲、非洲等地。目前，Cdiscount的国际业务主要分布在哥伦比亚、科特迪瓦、厄瓜多尔、泰国及越南等。2015年年底，为对标亚马逊法国，Cdiscount 新增 4000 个品类扩充食品频道。目前，Cdiscount 在我国有招商，仅限企业入驻。

（2）BingaBinga

BingaBinga 是面向英国以及欧洲中高端人群的购物平台。平台品类主要包括床上用品和亚麻织物、装饰物、墙面艺术、钟表、灯具、蜡烛、烹饪和用餐、首饰饰品类、户外用品类以及定制类选品。BingaBinga 聚集品质优良的店铺和极富特色的产品，物品有新意，懂创新，有品位，很精致，符合英国人的审美，能给购买者一种全新的体验。店主不仅可以在网上经营自己的品牌，还能参加网络社区交流，进行线下聚会。目前，BingaBinga 在我国有招商，个人、企业均可入驻。

（3）La Redoute

La Redoute（乐都特）创建于 1837 年，是法国最大的时尚购物平台之一。它于 1995 年开始从事网络销售，现覆盖 120 多个国家，拥有 70 多个品牌，在世界各地拥有 1300 万个活跃客户。La Redoute 已经设计、研发和营销超过 30 000 种款式的产品，包括各类女装、男装、童装、配饰及家居产品。乐都特的中文官网已在我国上线，产品涵盖女装、男装、孕妇装、童装、配饰、鞋六大类，支持法国 1100 个城市货到付款。

（4）Vente-Privée

Vente-Privée 是法国最大的时尚电商之一，采用会员制限时特价抢购模式，堪称“闪购鼻祖”。其跨境业务主要分布在欧美地区，包括美国、英国、德国、荷兰、意大利、西班牙等国。该网站提供的产品包括服饰、鞋包、化妆品、婴儿用品、玩具、文具、食品、家居、计算机、电器、杂志、保险、门票，以及奢侈品。Vente-Prvée 能在仓储管理、库存积压、向供应商退货等方面把成本控制在极低的水平。我国的唯品会就是中国版的 Vente-Privée，它是由早年移居法国的温州商人洪晓波和国内温州商人沈亚两个人创办的。

（5）Mankind

Mankind 是一家专门销售男士护理用品的美妆电商网站，与 HQhair、BeautyExpert、Lookfantastic 一同被誉为“英国美妆电商四大家”。Mankind 提供各类护肤、护发、理容用品，热销品牌有倩碧（CLINIQUE）、伊索（AESOP）、美国队员（American Crew）等。Mankind 由于采用厂家直接订购、网站全球直邮的方式，价格便宜深受全球消费者的喜欢。Mankind 平台上的商品可运至大洋洲、北美洲、亚洲、南美洲、非洲多国，并几乎覆盖了整个欧洲地区。

（6）Otto

Otto（奥托）集团是来自德国领先的电子商务解决方案及服务的提供商，在全球综合 B2C 排名中，仅次于亚马逊排在第二位，同时也是全球最大在线服装、服饰和生活用品零售渠道商。其网店出售的商品多达上百万种。出售商品涵盖男女服饰、家用电器、家居用品、运动器材、计算机、电玩等。出售品牌范围极广，基本市面上看得到的品牌都可以在 Otto 的网店里找到。除此之外 Otto 还有其自供品牌，性价比非常高。

7．其他跨境电商平台

（1）Ozon

Ozon 是俄罗斯最大的 B2C 电商平台，成立于 1998 年，经营范围主要为书籍、电子产品、音乐和电影等。目前，Ozon 占据 20% 俄罗斯电商市场份额，常被称为“俄罗斯亚马逊”。Ozon 覆盖俄罗斯 130 个城市的 2100 个网点，货物运送范围覆盖 75% 的俄罗斯人口，Ozon 经营东欧最大的仓储设施，该仓储设施仅次于亚马逊的德国仓库。在支付方式上，其 80% 的销售都通过现金进行，信用卡支付仅占 10%。如今的 Ozon，就像当年的淘宝一样，很多中国卖家已经进驻此平台，未来十年目标是获取 80% 的俄罗斯电商市场份额。

（2）UMKA

UMKA 为俄语地区成长最快的电商公司之一，于 2016 年 6 月 18 日推出，是俄语地区排名百强的中国商品网上购物平台，在香港、莫斯科、圣彼得堡、阿拉木图、厦门、深圳设有公司及分支机构。消费者可以通过移动装置或计算机访问该平台，该平台依托强大完善的仓配物流体系和境外管理团队本土化的核心优势，为俄语区网民提供优质商品、多种支付、及时派送、退换货物、专业客服等高标准的本地化的购物体验。我国零售商通过 UMKA 平台渠道可以简单、直接接触到俄语区 10 多个国家约 3.5 亿名消费者。UMKA 平台上拥有大量产品，产品种类涵盖电子产品、家庭用品、影音器材、户外运动、汽车配件等。目前，UMKA 在我国有招商，仅限企业入驻。

（3）Rakuten

Rakuten（日本乐天）创办于 1997 年，目前已成为日本最大的电子商务网站之一，也是全球最大的网络公司之一。在美国市场，日本乐天斥资 2.5 亿美元收购了 Buy.com，在 2013 年公司更名为“乐天购物”（Rakuten.com Shopping）。日本乐天购物聚集了 3000 多个卖家，超过 8000 万个客户和 2300 万种产品。客户群年龄在 25 ～ 54 岁，男性和女性各占一半。Rakuten 最初专门从事计算机及电子产品销售，但它现在提供体育用品、健康和美容产品、家居和园艺产品、珠宝和玩具等。近些年来，日本乐天海外市场动作频频，从物流、支付、渠道、投资等全方位布局，范围遍及亚洲、欧洲和美洲。因此，对跨境电商和品牌商来说，日本乐天是一个不可忽视的在线大卖场。

（4）Mercari

Mercari 是一个日本很知名的 C2C 二手交易平台。2016 年 3 月，Mercari 进行了 7500 万美元的 D 轮融资，成为日本首个初创独角兽公司。也是在 2016 年，Mercari 成功打入美国，平台 App 应用曾一度在美国应用下载榜单中排在第三名。Mercari 活跃用户中家庭主妇偏多，消化最多的是闲置衣物，大到奢侈名品、3C 数码，小到牙膏和手办，Mercari 充分发挥了 C2C 模式下 SKU㊀丰富的天然优势，基本什么物品都能找到。

㊀ SKU 为 stock keeping unit 的简写，一般是指最小库存单位。

(5) Jumia

Jumia是尼日利亚最大的电子商务零售公司之一，于2012年在尼日利亚开始开展业务，现已成为尼日利亚最主要的网络购物平台之一。其目标是打造本土的“亚马逊”，出售电子产品、服装、冰箱等各类商品。Jumia致力于为客户创造更好的购物体验，保证整个过程快捷、安全和无压力。Jumia与万事达卡建立了合作关系，允许后者使用它的Internet Gateway Service，以让信用卡支付更加安全和便捷。除此之外，包括诺基亚、戴尔、英特尔等在内的科技巨头还向Jumia进行了直接授权，让它可以在某些情况下更改价格。目前，Jumia在我国有招商，仅限企业入驻。

(6) Gmarket

Gmarket是韩国最大的综合购物网站之一，在韩国在线零售市场销售总值方面排名第一，主要销售书籍、化妆品、计算机、家电、衣服等。2009年，亿贝花费了12亿美元收购Gmarket，2010年5月7日亿贝公司宣布，与韩国电子商务公司Gmarket组建合资公司，亿贝出资1000万美元，合资公司帮助Gmarket开拓日本与新加坡市场。

(7) Souq

Souq是中东最成功的电商平台之一，被称为“中东亚马逊”。该平台由叙利亚人Ronaldo Mouchawar创建于2006年，总部设立在阿拉伯联合酋长国。它拥有600万个用户，并且每月能达到1000万次的独立访问量，已经建立了自己的物流系统QExpress和支付系统PayFort。而且，Souq还推出了自己品牌的平板计算机。2017年3月，Souq被亚马逊收购，收购后Souq一直在独立运行，2019年4月，亚马逊开始将Souq整合进来，将Souq逐步取代。

(8) Tophatter

Tophatter是一家在线拍卖网站，平台最核心的销售模式是90s实时拍卖，也是目前在世界上最独特的销售模式之一，目前Tophatter有手机端，也有计算机端，手机端占了95%以上的流量。其重点招商品类主要是时尚类，如女装、女鞋、美容产品、美妆产品、家居和母婴产品。Tophatter的创始人Ashvin Kumar（CEO）和Chris Estreich（CTO），均毕业于斯坦福大学，公司总部在硅谷，2016年在上海成立。2018年，Tophatter日均成交订单量为15万个，活跃用户达2500万名，2020年，Tophatter活跃用户达3000万名，全面开放个人/企业卖家入驻。

第三节 跨境电商是外贸新业态新模式

2021年7月，国务院办公厅发布《关于加快发展外贸新业态新模式的意见》，明确指出跨境电商、市场采购、外贸综合服务企业、保税维修、离岸贸易、海外仓等6种外贸新业态新模式，其中跨境电商是当前发展速度最快、潜力最大、带动作用最强的外贸新业态。浙江省人民政府办公厅在《关于印发〈浙江跨境电子商务高质量发展行动计划〉的通知》（浙政办发〔2021〕32 号）中要把跨境电商打造成为浙江省参与双循环的新动力、开展制度创新的新引擎和稳外贸的重要支柱。

一、互联网 + 环境下国际贸易业务路径创新

跨境电商，本质上是电子商务技术和模式在国际贸易中的应用，改写了国际贸易的管理模式，精简了国际贸易的中间环节，缩短了国际贸易时间，提高了国际贸易效率，促进了世界范围内经济的发展，冲破了传统的时间、空间等因素限制，有力地推动了国际贸易的快速发展和持续提高。

传统国际贸易路径是：制造商（工厂）→出口商（贸易商）→进口商（海外采购商）→批发商（分销商）→零售商→消费者。一般情况下，制造商或出口商与消费者之间是没有信息交流的。而在“互联网 +”环境下，制造商通过出口企业或跨境电商企业，利用跨境电商平台将产品卖给消费者，如图 1-7 所示。这种模式下跨境电商企业和消费者可以通过互联网对产品质量和售后服务质量进行信息交流。同时，制造商也会直接通过跨境电商平台将产品卖给消费者，这就是所谓的 M2C 模式。

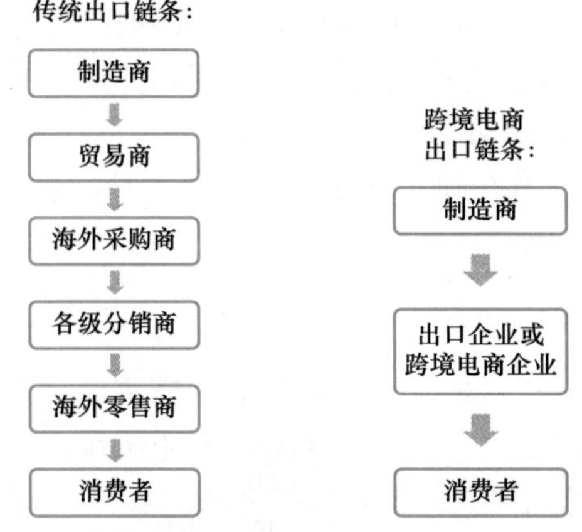

图 1-7　传统国际贸易与跨境电商出口链条对比

跨境电商既有传统国际贸易的基因，也带有电子商务的新兴血统。相较于传统的国际贸易，跨境电商通常具有信息获取成本低、支付便捷等优势；通过跨境电商这一载体，一国商品跨境交易减少了大量中间环节，提高了交易效率。跨境购销平台具有贸易效率高的优势，借助互联网平台，贸易可以突破时间和空间限制，供需方能随时随地进行商务交流、签订合同，工作效率大大提高。同时，双方贸易信息更新及时，内容全面，由于购销信息可以共享，中小企业间信息对称程度高。目前越来越多商户和平台关注跨境电商领域，行业有望沿 B2C 电商早期发展轨迹，进入快速增长期。

传统国际贸易与跨境电商的比较如图 1-8 所示。

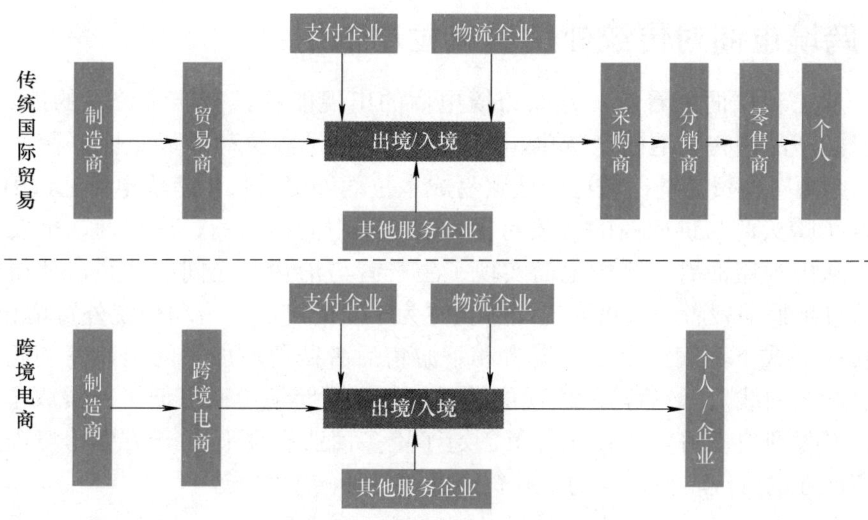

图 1-8　传统国际贸易与跨境电商的比较

常见电子商务专业名词

SEM：search engine marketing 的缩写，即搜索引擎营销。

EDM：electronic direct marketing 的缩写，即电子邮件营销。

CPS：cost per sale 的缩写，即每销售成本。

CPA：cost per action 的缩写，每次行动成本，即根据每个访问者对网络广告所采取的行动收费的定价模式。这里的“行动”包括形成一次交易、获得一个注册用户，或者对网络广告的一次点击等。

CPM：cost per mille 的缩写，即每千人成本。

CPC：cost per click 的缩写，即每点击成本。

ROI：return on investment 的缩写，即投资报酬率。

SEO：search engine optimization 的缩写，即搜索引擎优化。

转化率：conversion rate 的缩写，是指访问某一网站的访客中，转化的访客占全部访客的比例。

UV：unique vister 的缩写，即独立访客。

Google Ads：谷歌的关键词竞价广告。

Alexa：Alexa.com 是专门发布网站世界排名的网站，网站排名有综合排名和分类排名两种。

二跳率：由 99click 最先提出，网站页面展开后，用户在页面上产生的首次点击被称为“二跳”，二跳的次数即为“二跳量”，二跳量与浏览量的比值称为页面的二跳率。

跳出率：浏览了一个页面就离开的用户占一组页面或一个页面访问次数的百分比。

人均访问页面：页面访问量（page view，PV）总和除以 IP，至少人均访问页面超过 10 个才算是优质的用户。

二、跨境电商对传统外贸具有拉动作用

首先，从宏观层面来看，一方面跨境电商的出现能够打破传统贸易的地域性限制，真正实现一国产品销售渠道的全球化，通过拓展市场份额拉动外贸增长；另一方面跨境电商将大大缩短对外贸易链，通过降低贸易成本拉动外贸增长。跨境电商通过B2B、B2C等模式实现了购买商与供应商的直接对接，减除了中间出口商、进口商、批发商等多环节。其次，从中观层面看，跨境电商实现了生产者与消费者之间的联系，使得国内生产商既能够通过把握消费者需求进而出口种类更为丰富的产品，带动传统外贸增长；同时，也能避免传统模式下利润被上游研发者和下游售后者截留造成中间出口商利润微薄的弊端，拉平“微笑曲线”。最后，从微观层面看，一方面跨境电商降低了外贸成本，包括市场搜索费、开发研究费等，为传统外贸创造了更多商业机会；另一方面跨境电商也能有力带动外贸产业的升级转型，推动了外贸企业的创新转型发展。

三、跨境电商助力传统外贸转型发展

1）线上交易提高外贸企业自身的竞争力。与传统贸易模式相比，跨境电商在平台操作的每个步骤都呈现便捷、高效、成本低的优点，企业通过网络即可获得丰富的信息资源、搜索到适合的合作伙伴、线上实时交流、办理相关业务。所有的信息互通、凭单转换、支付交易等商业活动都在网上即刻实现，极大地缩短了交易时间，提高了效率，降低了企业成本，获得了更多利润。与传统贸易相比，跨境电商在信息交流、经济往来等方面作用巨大。

2）新型交易方式为企业实现全球交易带来机会。传统对外贸易面对全球市场萎缩以及商品交易量萎缩、交易规模萎缩的影响，国际贸易市场的竞争激烈程度增加。而跨境电商以批量小、次数多、频率高的特色，重新赢回市场，获得消费者青睐。跨境电商以其自身的优势，持续满足消费者个性化、多样化的消费需求，吸引更多的消费者采取网络购物形式，持续促进跨境贸易市场发展，进一步改善传统国际贸易的低迷走势。

3）新型网络操作方式助力外贸企业摆脱困境。与传统对外贸易实体的操作方式不同，跨境电商卖方通过网络向买方推销自己的产品或服务，企业借助电子商务平台直接迈向国际市场。企业产品的多样化、交易的多元化等不受任何限制，跨境电商扩大了国际贸易的交易范围。外贸企业一边根据自身需求采购产品，一边向世界推送自己的产品及服务。对于那些规模小、专业人员少又缺乏充足资金的传统小型外贸企业来说，跨境电商绝对是天赐良机。

四、跨境电商成为外贸新引擎

中国经济进入新常态阶段也成为共识。中国近几年传统外贸增长乏力，尤其是2015年，传统进口与出口均出现负增长，这与高速增长的跨境电商形成了显著反差。过去6年，中国出口贸易交易规模增长了26%，其中，跨境出口电商交易规模更是增长了超过300%，增速超过出口贸易总额的10倍。过去几年来，跨境电商对我国出口贸易的贡献，已经从“有力补充”，一跃成为“增长动力”。出口跨境电商中增长最快的是“机构和企

业用户”的在线商业采购，即 B2B 出口跨境电商。根据相关预测，全球线上商业采购市场 2027 年将达到约 21 万亿美元。事实上，B2B 出口跨境电商，是一个比面向 C 端个人消费者更有想象空间的市场。我国具备完善的制造业基础优势，为卖家发展 B2B 跨境电商提供了有利条件，而海外企业与机构客户商业采购线上化、电商化趋势明显，也为卖家不断带来新的增长机遇。

我国跨境电商交易规模与货物进出口总值比较如图 1-9 所示。随着消费升级和国家利好政策的密集出台，进口跨境电商高速增长。在经济双循环发展格局下，持续扩大进口跨境电商规模，有利于吸引境外消费回流，对国内消费市场起到补充作用。经济双循环发展格局的一个落脚点是扩大国内需求，将消费留在国内，进口跨境电商是推动双循环发展的重要推力。跨境电商行业趋势向进口转化，网购用户规模稳定增长。2020 年新冠肺炎疫情的暴发，使线上消费逐渐替代线下消费成为主流趋势。收入的提高使消费者对商品品质和品类的需求不断提升，而跨境运输网络的日益发达使跨境网购走向常态化。

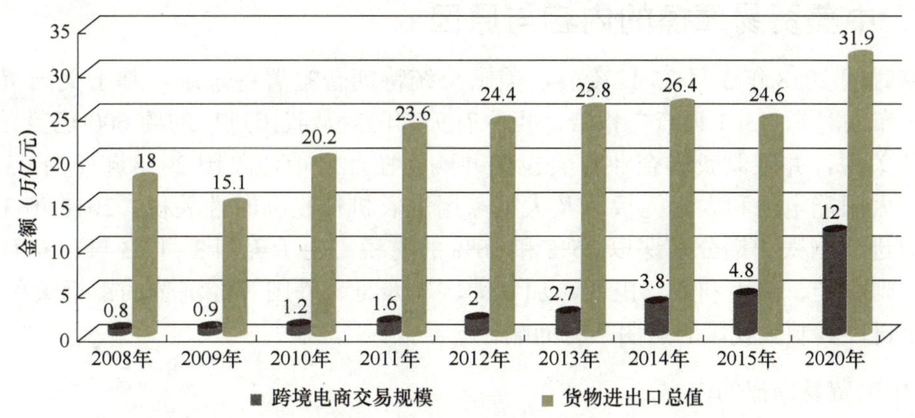

图 1-9　我国跨境电商交易规模与货物进出口总值比较

（资料来源：中国海关，《经济学人》，阿里研究院）

据《中国互联网发展报告（2021）》发布，截至 2020 年年底，我国网民规模为 9.89 亿人，互联网普及率达到 70.4%，特别是移动互联网用户总数超过 16 亿个，5G 网络用户数超过 1.6 亿个，约占全球 5G 总用户数的 89%。与之相对应的移动支付市场同样发展迅速，据普华永道统计，2019 年中国移动支付率高达 86%，高居全球第一，比排名第二的泰国高近 20 个百分点。这一庞大的网络用户群体，虽然并非 B2C 跨境电商出口服务对象，但它对中小企业和跨境电商零售出口平台提供了宝贵的内贸经验，促进了电商平台和与电商行业配套，包括物流配送、电子支付、电子认证和信息服务等产业在内的电子服务业的全面崛起。美国零售联合会（National Retail Federation，NRF）的数据显示，在全球零售企业 50 强中，具有电子商务平台属性的我国企业阿里巴巴等多家企业榜上有名。与其他国家和地区的零售企业相比，我国零售业头部以电子商务平台企业作为最为突出和重要的产业组织形态。这些平台不仅是我国电子商务的主要服务提供者，同时还集成了金融投资、战略营销、选品投放、物流支付等多种模块产品。与以往垂直式的供应链不同，电商平台以网状的产业组织形式将零售业原本分散的供应链进行了整合，促成了电子商务行业在我国的繁荣局面，成为信息时代经济增长的新引擎，也为我国跨境电商产业的发展打下了坚实的基础。

第四节　中美贸易摩擦与新冠肺炎疫情下的我国跨境电商

2018年9月24日，美国正式实施对从中国进口的约2000亿美元商品加征10%关税，并决定于2019年1月1日将加征税率提升至25%，同时美国政府声称如果中国对美国农民或工业采取报复行动，将立即实施第三阶段，即对2670亿美元的额外进口商品征收关税。中国政府相继进行了反制，并在同一天发表了《关于中美经贸摩擦的事实与中方立场》白皮书。由此，中美贸易摩擦不断升级。

一、中美贸易摩擦的内容与原因

北京时间2018年3月23日凌晨，美国总统特朗普签署备忘录，基于美国贸易代表办公室公布的对华“301调查”报告，指令有关部门对从我国进口的约600亿美元商品大规模加征关税，并限制我国企业对美投资并购。在此之前，美国2018年1月23日宣布将对进口太阳能电池和太阳能板以及大型家用洗衣机征收临时性关税，2018年3月8日宣布将对进口钢铁和铝分别课以25%和10%的重税。由于美国3月23日宣布暂时豁免对欧盟、阿根廷、澳大利亚、巴西、加拿大、墨西哥、韩国等经济体的钢铝关税至2018年5月1日，其制裁我国的意图不言而喻。

1．中美贸易摩擦的内容

301条款为美国《1974年贸易法》第301条的俗称。该条款授权美国贸易代表可对他国的“不合理或不公正贸易做法”发起调查，并可在调查结束后，建议美国总统实施单边制裁，包括撤销贸易优惠、征收报复性关税等，包括一般301条款、超级301条款、特别301条款。本轮“301调查”于2017年8月启动，调查重点为中国企业是否“涉嫌侵犯美国知识产权和强制美国企业做技术转让，以及美国企业是否被迫与中方合作伙伴分享先进技术”等议题。这属于特殊301条款，是美国继1991年4月、1991年10月、1994年6月、1999年4月、2010年10月之后第6次对我国动用301条款。301条款及其解释如图1-10所示。

作为还击，我国商务部在2018年3月23日7点发布针对美国进口钢铁和铝产品232措施的中止减让产品清单并征求公众意见，拟对自美进口的约30亿美元产品加征关税，以平衡因美国对进口钢铁和铝产品加征关税给中方利益造成的损失。

从领域看，我国对美国拟中止减税的领域为水果、猪肉这样的农产品及初级产品，而美国对我国加征税的领域不是我国更具比较优势的中低端制造，而是《中国制造2025》中计划主要发展的高科技产业，包括航空、新能源汽车、新材料等。这就不仅是贸易摩擦了，而是对我国经济发展的“围追堵截”。两方政策涉及的领域如图1-11所示。

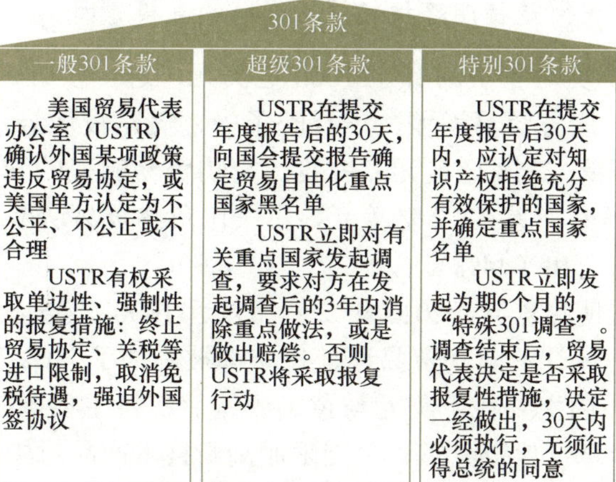

图 1-10　301 条款及其解释

（资料来源：恒大经济研究院）

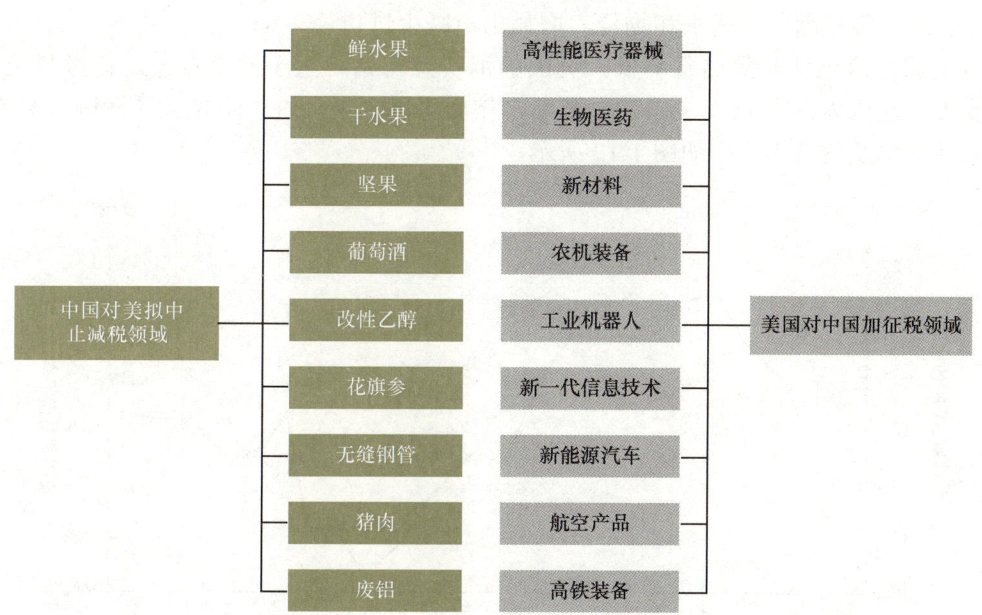

图 1-11　中美贸易摩擦的相关领域

（资料来源：恒大经济研究院）

2．中美贸易摩擦的原因

税改、贸易保护是特朗普竞选承诺的重要组成部分。在 2017 年推进税改后，2018 年特朗普把贸易保护作为重要议题。此次挑起中美贸易摩擦，直接目的在于以中美贸易严重失衡迫使我国进一步对美开放市场，深层次目的在于试图重演 20 世纪 80 年代美日贸易战以遏制我国复兴。并且，2018 年是美国国会中期选举年，11 月美国将迎来国会中期选举，但在 5 月就将进入中期选举的密集投票期，特朗普也意图打"贸易保护牌"向选民拉票，以继续维持共和党在参众两院的优势地位并争取连任。

(1) 中美贸易严重失衡是特朗普挑起贸易摩擦的直接原因

美方要求我国降低美对华贸易赤字1000亿美元，进一步开放市场。中美贸易格局是我国货物贸易顺差、服务贸易逆差，这反映了中、美比较优势。根据中方统计，2017年我国对美货物贸易顺差2758亿美元，占我国货物贸易顺差的65.3%；而据美方统计，2017年美国对华货物贸易逆差3752亿美元，占美国货物贸易逆差的46.3%，高于排第二位至第九位的8个国家之和（44%）。

中美贸易统计存在明显差异，2017年二者相差近1000亿美元。根据中国和美国统计工作组测算，美国官方统计的对华贸易逆差每年都被高估了20%左右。但中美贸易严重失衡责任不在我国，原因主要在于美元与黄金脱钩后保持主要国际货币地位、美国过度消费导致储蓄率低、全球价值链分工、美国限制高新技术产品对华出口等。

1）美元与黄金脱钩后美国创造了以发行美元获取其他国家资源和商品的模式。第二次世界大战后确立了以美元为中心的布雷顿森林体系，即美元与黄金挂钩、各国货币与美元挂钩。在美元与黄金挂钩时，美国经常账户失衡具有自我纠正机制，即逆差导致货币收缩，从而降低国内总需求和物价，增加出口减少进口。

2) 美国过度消费导致储蓄率低。美国的消费意愿始终大于储蓄意愿，在世界范围内的贸易赤字已成为常态；而中国的储蓄率常年处于高水平，进一步拉大了两国贸易差额。美国总储蓄率及贸易赤字率如图1-12所示。

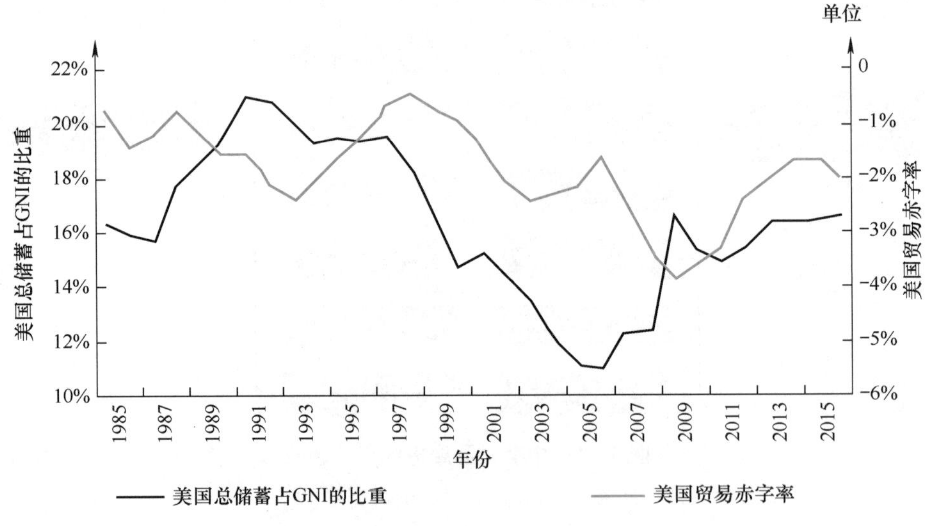

图1-12 美国总储蓄率及贸易赤字率

（资料来源：恒大经济研究院）

3）全球价值链分工决定中美贸易格局。现行贸易统计方法夸大贸易顺差。在经济全球化背景下，我国逐渐成为世界工厂，以加工组装方式向全球输出商品，虽然我国的利益只是加工组装的增加值，但当前贸易统计方法把出口商品全额计入。根据中国商务部2017年5月的《关于中美经贸关系的研究报告》，在全球价值链中，贸易顺差反映在中国，但利益顺差在美国，总体上双方互利共赢。据中方统计，我国货物贸易顺差的59%

来自外资企业，61% 来自加工贸易。我国从加工贸易中只赚取少量加工费，而美国从设计、零部件供应、营销等环节获益巨大。

早在 2012 年，时任世界贸易组织总干事的帕斯卡尔·拉米谈到，现行贸易统计方法只适合于过去出口产品完全产自同一个国家的时代。在生产全球化时代，这一统计方法的漏洞直接导致了美中贸易逆差被夸大。从全球价值链的角度来分析中美在双边贸易中的获益情况，更能全面客观地反映实际情况。根据中国科学院测算，2010 年—2013 年，以贸易增加值核算的中美贸易顺差比传统方式统计的中美贸易顺差要低 48% ～ 56%。

4）美国限制高新技术产品对华出口。农业、能源和高新技术行业是美国最具出口竞争力的行业，但是美国长期限制高新技术产品对华出口。有美国研究机构发现，如果美国放宽对华出口管制，对华贸易逆差可减少 35% 左右。

(2) 美国试图重演 20 世纪 80 年代美日贸易战以遏制我国复兴

2017 年，我国 GDP 达 12 万亿美元，相当于美国的 63%，并且我国经济增长率达 6.9%，远高于美国的 2.3%。如果按照 6% 左右的 GDP 增速再增长 10 年左右，即大约在 2027 年前后，我国有望取代美国成为世界第一大经济体。

在历史上，美国曾通过“贸易战”等手段成功打压日本。20 世纪 80 年代，美国贸易代表总计向日本发起了 24 例 301 条款案件调查，程序大多是美国提出改善贸易失衡的诉求，迫使日本政府做出让步和妥协，自愿限制出口、开放市场和提高对外直接投资等。日本先后签署了《1987 年日美半导体协议》《1989 年美日结构性障碍协议》，最后更是系统性地开放国内市场。通过 301 条款，美国成功地打开了日本的钢铁、电信、医药、半导体等市场，包括强迫日本于 1985 年签订《广场协议》和 1987 年签订《卢浮宫协议》，成功阻止日本挑战美国经济霸权，而日本应对失策导致日本资产价格泡沫破灭。

二、中美贸易摩擦对国际贸易的影响

1979 年中美建交以来，双边关系全面发展，经贸合作快速推进，已经形成了优势互补、利益交融、互利互惠的贸易格局。中美经贸关系本质上是互利共赢的，共同利益远大于分歧，合则两利，斗则俱伤。中美经贸关系稳定与否，不仅事关中美双方利益，也事关世界经济发展。

1．中美经贸合作具有全面性

1）中美互为重要的货物贸易伙伴。2017 年，美国是中国最大货物出口市场和第六大进口国，对美出口占我国总出口的 19%。中美双边货物贸易额达到 5837 亿美元，是 1979 年两国建交时的 233 倍。中国是美国出口增长最快的市场。据联合国统计，2017 年美国对华货物出口 1299 亿美元，比 2001 年增长了 557%，远高于美国对全球 112% 的出口增幅。美国出口总量中 62% 的大豆、25% 的飞机、17% 的汽车、15% 的集成电路和 14% 的棉花，都销到了中国市场。

2）服务贸易在双边经贸合作中的地位日益上升。据美方统计，中美双边服务贸易额从 2007 年的 249.4 亿美元增至 2017 年的 750.5 亿美元。其中，美对华服务出口额从

131.4 亿美元增至 576.3 亿美元，增长了 3.4 倍。美国是中国第二大服务贸易伙伴，中国是美国第二大服务出口市场。

3）中美之间投资规模巨大。截至 2017 年年底，美国对华直接投资累计超过 830 亿美元，在华美资企业约为 6.8 万家。中国对美投资存量约为 670 亿美元。另外，中国大量投资于美国金融资产，持有超过 1 万亿美元的美国国债，是持有美国国债最多的国家之一。

2．中美经贸合作具有互惠性

1）双边经贸合作为双方企业提供了巨大的市场机会。双方企业通过出口或投资，分享了对方的市场机会。2017 年，中国在中美货物贸易领域有 2700 多亿美元顺差。而美国在中美服务贸易领域有大额顺差，2016 年美对华服务贸易顺差约为 550 亿美元。还有不少美资企业通过对华投资而非出口方式进入中国市场。按照美国经济分析局的统计，2015 年美资企业在华销售额为 4814 亿美元，比中资企业在美 256 亿美元的销售额高出 4558 亿美元。因此，从利用对方市场机会的角度看，双方受益大体平衡。

2）双边经贸合作为两国创造了大量就业机会。据美中贸易全国委员会估算，2015 年对华出口和双向投资支持了美国 260 万个就业岗位。另据有关研究，自我国进口货物在美下游产业链创造约 400 万个就业岗位。由于中国劳动生产率低于美国，因此，据有关研究估算，对美货物出口为中国创造了大约 1750 万个就业岗位。考虑到两国人口总量差距，双方在就业岗位方面的受惠程度基本相当。

3）中美双边经贸合作助推两国产业结构升级，并为两国消费者提供了性价比更高的商品与服务，增加了消费者福利。中美两国分别是最大的发展中国家和发达国家，两国的资源禀赋、发展阶段、产业结构和国际分工地位不同。尽管双边经贸关系中竞争性在上升，但以互补性为主的基本格局并没有改变。从产业竞争力看，美国服务业竞争力强，在双边服务贸易领域有大额顺差。中国作为制造业大国，在货物贸易领域有大额顺差。从技术水平上看，美国企业在高新技术产业上具有强大的竞争力。如果美国政府取消或减少对华高新技术出口限制，美国高新技术产品在中国市场的份额可能会迅速扩大。中国对美出口产品仍以劳动密集型产品为主，尽管近年来中国出口结构不断升级，海关统计中“高新技术产品”出口占比约为 1/3，但大多数这类产品在中国的增值主要集中在劳动密集环节。从资源禀赋看，美国地大物博，中国为美国农产品和天然气等能源产品提供了巨大的市场空间。

3．贸易摩擦下的中美经贸

据中国海关统计，尽管美国对中国近 3700 亿美元产品实施额外关税，2019 年年底中国产品输美平均关税水平达到 21.0%，但经历 2018 年第四季度到 2019 年的下降后，2020 年第二季度起中国对美出口强劲反弹（第一季度下降主要受疫情影响），从第三季度起月均水平不仅恢复到 2018 年上半年即额外关税生效前水平，而且大大超过历史最高的 2018 年月均水平。2020 年全年对美出口比 2019 年增长 8.4%，大大超过对全球出口增幅（3.6%），仅比 2018 年水平低 5.6%，但下半年比 2018 年同期超出 5.1%。按照这一势头，无论美方是否取消额外关税，中国对美出口也将大概率创造历史新高。

从美国挑起贸易摩擦的 2018 年到 2020 年，中国对美贸易受到暂时影响，2020 年中美贸易总额为 5867.21 亿美元，比 2018 年的 6335.19 亿美元低 7.4%。占中国全球贸易比重从 14.2% 降至 12.6%，下降 1.6 个百分点。但这个缺口被对欧盟和东盟贸易的增长绰绰有余地抵消了。同期，东盟比重上升 2.2 个百分点，欧盟比重也上升了 1.0 个百分点。在中国对全球出口分布中，美国比重也下降 1.6 个百分点，欧盟（2020 年为欧盟 27 国 + 英国）比重则上升 1.5 个百分点，基本抵消；东盟比重更上升 2.5 个百分点。同期美国在中国进口市场的比重减少了 1.8 个百分点，东盟比重则增加 1.8 个百分点，也恰好抵消；欧盟比重也微增 0.3 个百分点。因此，美国发动对华贸易摩擦，不过是把自己部分地逐出中国市场。

4．美国挑起中美贸易摩擦不可持续

2021 年 7 月，中美双方就贸易摩擦中的经济问题进行了视频通话，在沟通过程中，美国放低姿态，承认中美双方在诸多领域需要进行合作。拜登政府没有想到的是，疫情给美国经济造成了巨大的损失，尤其是在贸易方面，由于疫情暂时停工，根本就毫无款项进入。为了挽回疫情对美国经济的损失，拜登政府通过“放水”的模式来对美国经济进行补救，不过这种方式存在一大风险，就是容易出现通货膨胀的问题。

截至 2021 年 6 月 10 日，美国财政赤字已经达到了 2.1 万亿美元，连续创下 2021 财年前 8 个月的增长新高。而美国财政部部长耶伦也在参议院拨款委员会的听证会上表示，美国或将在 8 月发生大规模的债务违约。同时耶伦也对拜登政府提出了警告，若在短时间内无法采取有效行动，那么美国很有可能会引发新一轮的金融危机，甚至可能危及美国的储蓄率继续下降，失业率连续上升。在这样的情况下，拜登政府不得不与中国加强联系，积极寻找新的出路，取消美国先前对中国的制裁政策，目的就是希望中方能够不计前嫌，帮助美方渡过难关。美国企业家在这次中美贸易摩擦中受到惨重的损失，尤其这次通货膨胀更是给他们的企业带来资金链上的沉重负担，很多美国企业也因为贸易摩擦而退出了中国市场。在这样的情况下，贸易摩擦再持续下去，恐怕很多美国企业都会举步维艰。

三、中美贸易摩擦对跨境电商的影响

继美国 2018 年 7 月 6 日对中方第一批 340 亿美元产品加征 25% 的关税生效后，第二批 160 亿美元产品同样加征 25% 的关税也于 8 月 23 日生效。这场由美国引发的贸易摩擦也已经扰乱了全球金融市场秩序，包括股票、货币以及从大豆到煤炭等全球商品的贸易。面对美国的威胁和不断关税加码，跨境电商行业会受到何种影响呢？

厦门欣维发实业有限公司 CEO 李佳松说：“我们一直都比较关注的是，中美贸易摩擦下的跨境出口贸易，除了人民币汇率的波动，此次公布的清单主要针对《中国制造 2025》战略行业，我们担心在将来贸易摩擦可能继续扩大，延续到其他行业和领域，进而对我们企业造成影响。我们担心更多的并不来自于直接的关税加征，而是中美贸易摩擦引起的其他间接因素的变化，比如汇率波动，跨境电商配套行业如物流、清关、仓储等环节效率的降低，以及海外电商平台的政策变化等。还有一种可能的变化便是，目标市场消费者的心理变化，贸易摩擦从政府的对抗层面扩大到民间，如商品抵制等，这会对我们的产品销量造成不利影响。”

跨知通创始人兼CEO高进军称：“零售全球化是不可逆转的趋势，中美贸易摩擦，对出口跨境电商而言，日用消费品的零售影响不会太大，但是对于美国海外仓备货的卖家而言，需要更加谨慎。贸易摩擦背景下，征税范围的扩大和消费税的起征会增加非常多的不确定性。从长远来看，这或许会倒逼跨境电商卖家从单纯售卖货物往品牌运营方向升级。”在他看来，相比目的国美国的进口而言，跨境在线零售的比例在美国的零售采购中比重比较小，对我国出口而言，出口跨境电商每年的增速为30%，但是对我国出口的总量而言，跨境出口的比重也比较小，依旧有非常大的发展空间。过去出口跨境电商的增长依靠互联网流量的红利，以及海量SKU产品的单纯售卖货物模式发展起来，贸易摩擦的推进，从长远来看，会加速这种模式的死亡和追求性价比的品牌电商的升级发展。从这个层面上来说，或许是好事，因为无论在任何年代，掌握核心技术的品牌商才是国际贸易中的赢家。

荟网创始人贺阳表示，如果贸易摩擦持续恶化，不仅仅是亚马逊卖家会走投无路，包括国内的淘宝、京东、1688、传统制造业都要出现不小的波动，因为国内制造厂商和贸易商的多数订单，还很依赖美国的消费。他说道，美国联邦最高法院宣布，所有线上零售商都需要与线下零售店一样对消费者征收消费税。征收消费税对于亚马逊、沃尔玛、亿贝等平台而言不会产生多少影响。虽说美国线上零售的发展较为迅速，但线下零售的体量远远超过线上零售规模，美国线下早已实施消费税的缴纳、征收，线上征收消费税其实并不会对消费者带来多大的影响。

扩展阅读

10位业内专家解读中美贸易摩擦对跨境电商的影响

一、影响较大派

（1）网经社电子商务研究中心主任曹磊认为：**首先，中美贸易摩擦对于跨境电商进口卖家影响很大。**从进口国家来看，美国的商品是当前最受我国跨境网购消费者青睐的商品之一。商务部反击征税的类目涉及的是跨境电商进口卖家，废铝、改性乙醇、无缝钢管都是大宗工业品，消费方为国内大型铝业企业、化工企业和工业企业。其他市场，如干果、葡萄酒，对于跨境电商进口卖家的影响也很大，对于从事进口生鲜、水果等类目的进口跨境电商来说是利空。举个最简单的例子，美国的车厘子来到我国，估计价格要比往年翻倍。另外，中美贸易摩擦会给我国的出口外贸以及跨境电商和物流相关行业带来一定的冲击。无论跨境进出口，只要上了中美提高关税的名单，成本都会大幅提高。跨境出口到美国的产品繁多，上榜单的产品范围大，对大规模布局美国海外仓和美国亚马逊等平台的电商杀伤力最强。

其次，跨境电商卖家要做到防患于未然。从事跨境电商的卖家，在海外销售，必然要遵守当地的相关法规政策，无论贸易限制措施是否实施，为了企业长远的发展，必须要做到防患于未然，比如加强自身产品竞争力。产品质量是基础，除此之外，在热衷于享受生活的当下，人们越来越追求外观、设计、情调、创意等产品附加值。另外，产品之上还有品牌，就算一款产品卖得再好，企业发展起来也不能只是卖货的渠道商，还是要依靠发展品牌来增强竞争力。再如要重视知识产权。此次美国限制贸易措施，也提到侵犯知识产权的问题，有一些卖家也曾收到过Wish、亚马逊等平台的“小红旗”，轻则产品被移除，重则封店，当地政府还会对企业进行惩罚。所以，企业想要健康发展，一定要重视知识产权，选品一定要避开容易侵犯知识产权的产品。

（2）通拓科技集团合伙人李鹏博认为：**美国征税对出口电商影响较大，“中国制造”优势受挑战**。一方面美国对我国商品大规模征收关税，这对于整个跨境电商来说影响还是非常大的。尤其是以美国市场为主的出口跨境电商，将面临高额的税负成本，这无疑会为“中国制造”的成本优势带来非常大的压力。另一个方面，因为目前很多大型的跨境电商企业并不是只做美国市场，还有欧洲等多个发达国家的市场，包括英国、德国、西班牙等，同时还包括近些年崛起的巴西、俄罗斯及东南亚等新兴市场。所以，对于大型综合出口跨境电商来说，特朗普政府的征税政策对它们影响有限，特朗普目前只是影响了这些大型跨境电商企业的美国业务。

（3）宁波新东方工贸有限公司总经理朱秋城认为：**美国征税对跨境零售电商将产生重要影响**。特朗普政府对我国商品加收关税政策肯定对跨境零售电商产生重要影响。

加之今年亚马逊对平台上卖家侵犯知识产权、刷单的处罚力度加大，这看似和这次征税关联不大，但市场还是有关联的。因为对于跨境电商零售来说，品牌化是近年来的重要趋势，没有核心竞争力的低利润卖家、产业链很容易被淘汰。2018年应该是跨境零售电商的真正的“洗牌”之年，加上这次的征税政策，让这个行业的“洗牌”速度加快，小微企业、低端产业必然面临更大挑战。

跨境电商未来将集成在资本密集型、资源密集型、人才密集型这样规模的品牌企业上，包括知识产权、产品利润率、供应链的效率等，只有真正有实力的企业才能在这个市场中生存下来，并取得长足的发展。

（4）亿达律师事务所董毅智律师认为：**贸易摩擦一定会对跨境电商造成深刻影响。**贸易摩擦一定会对跨境电商造成深刻影响，甚至是“生死劫”，跨境电商会成为最大的受害者。很多法律问题，包括关税壁垒、反垄断、各种贸易保护措施等，都会给跨境电商的发展造成障碍。具体措施还要看双方的应对，这是国家之间的策略，行业在此局中的力量微乎其微。

跨境电商企业一要紧跟政策，时刻关注，研究并及时制定应对措施。二要调整运营模式，包括品类、区域等，尽量化解风险。三要成立专业的团队，可以说这次贸易摩擦，让我们很多跨境电商企业感受到人才的缺乏。四要严格控制成本，做好“内功”，改变过去单一的发展模式。此次贸易摩擦也给我国跨境电商企业上了深刻的一课，要居安思危。

二、影响较小派

（1）敦煌网：**中美贸易摩擦对敦煌网小额数字贸易影响不大**。敦煌网创始人兼CEO王树彤表示，敦煌网的业态是碎片化、小额化的国际贸易，而本次中美贸易摩擦主要影响的是大额贸易，进一步看，对跨境数字贸易来说，小额订单几乎不受影响，关税只占国内跨境电商小额订单渠道成本的很小一部分，对渠道的影响非常有限。反而像沃尔玛这种类型的大渠道会增加进货成本，从而促使中小额贸易更加碎片化，从成本结构的分析来看，跨境这一块市场的优势始终存在。敦煌网这种跨境数字贸易模式，其目标受众也多分布在各个国家，影响较小。

根据目前美国贸易代表办公室提供的信息，对于特定的中国商品，美国征收25%关税，品类包括航空产品、高铁装备、新能源汽车、高科技产品等。敦煌网主营品类和中美贸易摩擦类也存在差异。对于我国企业来说，利用敦煌网这样的数字贸易平台能把订单更好地分布到全球市场，而不是集中在某一个国家，反而促使企业进一步思考更好地利用敦煌网这样的全球覆盖平台来部署业务。

企业更需要敦煌网这样的数字贸易平台走向全球市场。敦煌网的目标是“全球采、全球销”，不仅仅是针对中国产品走向全球，同时也布局全球市场，赋能各国中小企业通过敦煌网进入我国乃至全球市场，这是未来大家都希望看到的平衡性的贸易，敦煌网也立志于承担商界大使的形象，为全球中小企业赋能。

（2）跨境通：**中美贸易摩擦短期对跨境通影响甚微，中长期有促进作用**。跨境通发布公告称，根据相关信息，美国将征收关税的商品主要包括航空产品、高铁装备、新能源汽车和高科技产品等品类。公司对美销售的商品品类主要为3C产品、服装和家居产品等，品类重叠度很低。公司对美销售商品客单价远低于美国进口免税金额800美元的标准，此外，公司跨境贸易以国内直邮发出为主，有效避免了美国征税政策的影响。

从中长期来看，此次美国对我国部分进口商品征税将进一步提高美国本土零售公司的成本，征税政策将进一步凸显公司自主B2C渠道的成本优势，将为公司带来更多的商业机会。公司业务面向全球市场，区域市场具有很强的可替代性，公司将进一步加大对其他国家和地区的市场拓展力度。

（3）唯品会：**中美贸易摩擦对唯品会跨境电商业务暂无影响**。根据跨境电商综合税的征税原则，单从税务成本上来说，此次关税调整并未对公司跨境电商进口业务产生影响。一般贸易关税的加征，对于部分干果、坚果、酒类等商品的进口成本会有不同程度的提升，相对而言，跨境电商会成为消费者购买此类商品更好的渠道选择。

（4）思亿欧董事长何旭明认为：**美国对我国部分商品加收关税，对整个中国的出口来说不会有很大的影响**，涉及征税的我国商品规模达600亿美元，这个数字在中国货物贸易出口中占比较小。但是对于做B2B电商贸易的，刚好是工业机器人、新一代信息技术等领域的，又正好大部分客户都在美国的这类企业，可能影响会比较大。建议这类企业向全球多个国家及地区拓展业务，把风险降到最低。

（5）网经社电子商务研究中心B2B与跨境电商部主任张周平认为：**征税对出口跨境电商有所影响，海外仓受波及**。特别是大宗B2B贸易受到影响，集装箱形式的海运物流方式会受到冲击，目前市面上的各种海派渠道也在其中。海运快船以及海运FBA的模式有待进一步观察和考量。海外仓模式可能会受到波及，因为贸易壁垒，卖家在海外仓大批量备货会更加慎重。在欧洲税务问题频发的背景下，美国也来凑热闹，2018年海外仓处境尴尬。

当前，3C电子、纺织服装产业链为我国出口主要产品，为跨境电商出口构建优势。

美国电商市场是仅次于我国的全球第二大电商市场。跨境电商将替代我国传统出口模式，电商的无限展示性推动我国企业由制造端走向品牌端。对跨境电商卖家来说，市场将越来越考验精细化运营，将能提升的部分完善好就可以提高纯利润。做好产品、提升精细化运营，以不变应万变，这才是长久之道。

（6）西安邮电大学教授张鸿认为：**征税当前影响不大，如扩大征税范围则影响较大。**此次征收关税的主要产品是航空产品、高铁装备、新能源汽车和高科技产品等，而目前我国跨境电商出口商品大多为小 3C 产品，因此其实对出口跨境电商是没有太大直接影响的。

如果美国持续扩大征税的范围和规模，对跨境电商的影响是有的，而且对中美两国都会产生影响。很多人都在考虑大规模征税对我国的影响，但是我国制造成本优势是一直存在的，即便是在征收一定关税的情况下，我们的价格优势会依然存在。这种增加关税，只会增加美国人民的购买成本，降低其生活质量。这种状态会影响美国国民对政府和总统的满意程度，从而影响其执行该政策的决心。

我国应尽快发展像 eWTP（世界电子贸易平台）这样的我国主导的跨境电商平台，发展方式灵活的跨境零售，超越国界，按照共享共赢、互惠互利的原则，参与制定国际贸易游戏规则，为全球的中小企业服务，促进我国在国际贸易中掌握更大的主动性和话语权。

（7）河北省社会科学院刘勇认为：**征税给中美跨境电商发展带来了不确定性。**中美跨境电商交易成本将上升，美国进口商品价格很有可能会飙升，将增加我国电子设备、机械设备、服装制造、金属制品等产品出口美国市场的困难，导致跨境电商平台和出口企业销售额降低、利润减少。同时也会倒逼我国的跨境电商平台和跨境电商卖家在竞争压力增大的前提下提高竞争力和创造力，这也是我国产业转型升级的契机。

我国的跨境电商平台和跨境电商卖家应直面美国对华贸易政策调整带来的挑战和机遇，依托“一带一路”倡议，大力开拓美国以外的出口市场，减轻对美国的出口市场依赖。

（资料来源：https://www.cifnews.com/article/34062，2018-03-30）

四、跨境电商卖家应对中美贸易摩擦的主要措施

1．开发创新

一旦卖家制造创新出不被替代、独具市场竞争力的产品，不论关税政策如何调整，跨境电商卖家的目标市场、核心消费群体都会相对稳固，能够在不断变化的局势中站住脚。

2．减少成本支出，缓冲关税

我国仍是制造业大国，受中美关税的影响，美国消费者会倾向于向我国的工厂直接采购。那么，我国制造企业就可以控制供应链端的价格优势、减少中间经销商和跨境电商卖家的加价，这样来缓冲关税造成的影响。

3．缩减物流成本，抵充关税

在降低成本之后，还可以尝试缩减物流成本。对于跨境电商出口零售而言，卖家自己可以控制价格。假设美国需要征收 25% 的消费税，卖家在想维持买家购买成本不变的情况下，还能通过海外仓等方式缩减物流成本，降低利润率，保持市场份额并留住顾客。

介于目前错综复杂的中美环境和关税新政，跨境电商卖家目前虽受到的波及不大，但是形势不断变化，需要时刻关注中美两方的新动作和海外电商平台的政策，随时做出调整，以规避风险。

五、新冠肺炎疫情对跨境电商的影响及其应对

新冠肺炎疫情使得全球消费者的消费习惯发生重要转变。出于无接触的消费需求，更多的消费者将通过电商平台和数字化商超业务购买商品。在新冠肺炎疫情发生的 2020 年 3 月中旬至 4 月底，凯度集团（Kantar）的《全球新冠疫情消费者追踪报告》显示，38% 的消费者认为未来电商趋势将成为主流趋势。受经济下挫影响，调查中表示购物时“更加关注价格”的受访者比例也从 3 月底的 59% 上升到 68%。同时，超过 50% 的消费者表示在此期间吃得更健康，并尝试研究新的食谱。由此可见，全球消费习惯正在变得更倾向线上购买、更理性、更健康，因此，商家需要针对这一变化趋势给出积极应对。

2020 年，在疫情反复和全球贸易萎缩的背景下，我国成为全球唯一实现货物贸易正增长的经济体，随着以国内大循环为主体、国内国际双循环相互促进的新发展格局加快形成，2021 年我国跨境电商市场规模也继续保持了高速增长态势。

根据谷歌和德勤联合发布的《2021 中国跨境电商发展报告》，在全球疫情暴发且持续蔓延的大背景下，海外零售线上化趋势加速，不仅涌现了更多新的电商消费者，亦呈现购买品类多样化及可持续的趋势。2019 年—2020 年，欧美及亚太地区主要国家的电商整体零售额经历了 15% 以上的高速增长。疫情下线上渠道的增长主要由三类人群驱动。根据对消费者的调研，2020 年的线上消费者中，有 12% 的消费者是疫情发生之后首次来到线上购买的，即“网购练习生”，中低收入人群居多，偏好使用品牌官网，他们由于疫情的原因逐步培养起线上购物的习惯，并表示在疫情结束后愿意继续线上购买。另有 55% 的消费者拓展了此前在线上购买的品类，即“网购资优生”，他们整体年龄偏年轻，以中等收入人群为主，2020 年在线上买过 5 ～ 6 个子品类，品类覆盖度最高。西班牙受访者中有 65% 是“网购资优生”，显著高于其他国家。此外，有 32% 的消费者延续了其之前在线上购买的品类，即“网购保守派”。

随着消费者涌入线上，多个子品类的电商收获不同程度的线上红利，尤其是女装、男装、鞋服、计算机与手机等品类，对于跨境电商的赛道选择和目标客群定位有前瞻意义。疫情使得消费者在各个品类上的购买渠道不同程度地向线上迁移，且从根本上改变了他们的消费习惯。女装、男装、计算机与手机和鞋服是“网购练习生”在疫情期间来到线上购买最多的子品类，而对于在疫情前已有线上购物习惯的“网购资优生”而言，计算机与手机、男装和女装同样是他们线上购买新增最多的子品类。

后疫情时代，跨境电商的竞争已经从前端的销售竞争转移到后端供应链的较量。随着经济全球化程度的加深，企业要在全球市场、全球企业的竞争中获取优势，就必须整合全球资源，在全球范围内开展供应链上、中、下企业合作，协调运作过程，把产品的竞争形态从“企业与企业”转变为围绕核心企业打造的“供应链与供应链”之间的竞争。未来行业竞争的重点将会更加聚焦于供应链环节，在该环节取得优势的企业将引领跨境电商市场。各国边界的关闭和社交隔离促使更多消费者选择网上购物，而电商渠道也自

然而然成为消费者的首选。即便部分市场的实体商场已经恢复营业，消费者的线上购物热情也丝毫不减。

麦肯锡认为，线上购物的进程只会日渐加快，新冠肺炎疫情并不会阻挡其延续前10年的爆发式增长。此次疫情加快了全球线上品牌向D2C（直接面对消费者）模式的转型。这不仅能够帮助品牌有效应对后续实体店客流量的下降，还能在向电子商务零售转变的过程中帮助品牌保留身份和价值。各大市场的业绩差异凸显了多元化的重要性，这也为电商平台的未来指明了方向。依托电商平台，商家不仅能拓宽全球市场，还能分散风险。

习　题

一、填空题

1．国际贸易是指世界各个国家（或地区）之间 __________ 和 ___________ 的交换活动。

2．国际贸易按商品移动的方向划分出口贸易、_________、过境贸易、_________。

3．跨境电商是指交易主体属于不同关境，通过电子商务 _________、支付结算并通过跨境 ________ 完成交易的一种商务模式。

4．跨境电商按照服务类型可分为 _____________、在线交易平台和 ____________ 。

5．跨境电商按照平台运营方式类型可分为第三方开放平台、_____________、综合型平台和 ______________。

二、选择题

1．2018年世界商品出口第一位的国家是（　　）。

A．美国　　B．中国　　C．德国　　D．日本

2．跨境电商按平台运营方式分为四种，下列（　　）不属于自营型平台的代表。

A．兰亭集势　　B．米兰网　　C．大龙网　　D．神马汇

3．美国对中方第一批340亿美元产品加征25%的关税生效时间为（　　）。

A．2018年3月23日　　B．2018年7月6日

C．2018年9月24日　　D．2019年1月1日

4．下面（　　）不是北美跨境电商平台。

A．Amazon　　B．Walmart　　C．Rakuten　　D．Newegg

5．下面（　　）不属于6种外贸新业态新模式。

A．服务贸易　　B．外贸综合服务企业

C．离岸贸易　　D．跨境电商

三、判断题

1．跨境电商的交易模式主要有B2B跨境电商、B2C跨境电商和C2C跨境电商三种。（　　）

2．按贸易内容划分，国际贸易可分为服务贸易、加工贸易、商品贸易和易货贸易。（ ）

3．跨境电商是当前发展速度最快、潜力最大、带动作用最强的外贸新业态。（ ）

4．跨境电商有助于降低传统国际贸易的交易成本。（ ）

5．后疫情时代，跨境电商的竞争已经从前端的销售竞争转移到后端供应链的较量。（ ）

四、简答题

1．请列出五个我国典型的进口跨境电商平台。

2．请列出五个我国典型的 B2C 出口跨境电商平台。

3．简述独立站并与第三方平台的差异。

4．简述跨境电商卖家应对中美贸易摩擦的主要措施。

5．如何理解跨境电商是外贸新业态新模式？

第二章　我国跨境电商的发展

引　例

2020年新冠肺炎疫情的蔓延持续助推线上消费习惯的转变，电商渗透率进一步提升。在经济双循环发展的基调下，我国跨境电商市场规模将继续保持高速增长态势。跨境电商经历了起步期、成长期、发展期三个阶段，现正式进入了成熟期。这一时期，大型跨境电商开始整合供应链，同时跨境电商供应链各环节趋向融合。精细化运营成为主流，新零售、直播营销等创新模式持续渗透。

为支持跨境电商发展，国家不仅从制度和建设层面鼓励和规范，还先后出台相关扶持政策和补贴计划，惠及企业。具体来说，补贴政策涵盖土地（产业用地）、仓储及海外仓建设、物流、研发、订单、交易规模、项目建设、人才培养、商标、国家高新技术企业认定、展会等方面。

作为外贸的新业态新模式，跨境电商蓬勃发展，据海关统计，2020年通过海关跨境电子商务管理平台验放进出口清单24.5亿票，同比增长63.3%。跨境电商进出口1.69万亿元，增长31.1%。随着以国内大循环为主体、国内国际双循环相互促进的新发展格局加快形成，2021年我国跨境电商市场规模将继续保持高速增长态势。

为了推动全国跨境电商健康发展，政府出台了哪些政策？传统外贸企业为何要顺应跨境电商发展转型？该如何转型？带着这些问题，让我们来阅读此章内容。

本章学习目标

（1）认识和了解我国跨境电商的发展历程。
（2）理解跨境电商生态圈。
（3）了解我国跨境电商政策与跨境电商综合试验区。
（4）理解和掌握传统外贸企业转型跨境电商的动因与难点。

第一节　我国跨境电商的发展历程

一、起步期：线上展示，线下交易阶段（1999年—2003年）

这一时期又称为跨境电商1.0阶段，主要商业模式是网上展示、线下交易的外贸信息服务模式。在跨境电商1.0阶段，第三方平台的主要功能是为企业以及产品提供网络展示平台，并不在网络上开展交易。这一阶段以阿里巴巴为主导，此时的盈利模式主要是向进行信息展示的企业收取会员费（如年服务费）。在跨境电商1.0阶段发展过程中，逐渐衍生出竞价推广、咨询服务等为供应商提供一条龙信息流增值服务的模式。

在跨境电商1.0阶段，阿里巴巴国际站、环球资源网是典型的代表平台。其中，阿里巴巴成立于1999年，以网络信息服务为主，线下会议交易为辅，是中国最大的外贸信息黄页平台之一。环球资源网于1971年成立，前身为Asian Sources，是亚洲较早的提供贸易市场信息的平台，并于2000年4月28日在纳斯达克证券交易所上市，股权代码为GSOL。

在此期间还出现了中国制造网、韩国EC21网、Kelly Search等大量以供需信息交易为主的跨境电商平台。跨境电商1.0阶段虽然通过互联网解决了中国贸易信息面向世界买家的难题，但是依然无法完成在线交易，仅完成外贸电商产业链的信息流整合环节。

二、成长期：交易流程电子化阶段（2004年—2012年）

这个阶段又称为跨境电商2.0阶段，随着2004年敦煌网的上线，跨境电商平台开始摆脱纯信息黄页的身份，将线下交易、支付、物流等流程实现电子化，逐步搭建起在线交易平台。

相比于第一阶段，跨境电商2.0阶段更能体现电子商务的本质，它借助于电子商务平台，通过服务、资源整合有效打通上下游供应链，包括B2B和B2C两种模式。在跨境电商2.0阶段，B2B平台模式为跨境电商主流模式，通过直接对接中小企业商户实现产业链的进一步缩短，提升商品销售利润空间。2011年敦煌网宣布实现盈利，2012年持续盈利。

在跨境电商2.0阶段，第三方平台实现了营收的多元化，同时实现后向收费模式，将会员收费改以收取交易佣金为主，即按成交效果来收取百分点佣金。同时，还通过平台上的营销推广、支付服务、物流服务等获得增值收益。

三、发展期：全产业链服务在线化阶段（2013年—2017年）

2013年成为跨境电商重要转型年，跨境电商全产业链都出现了商业模式的变化。随着跨境电商的转型，跨境电商3.0“大时代”随之到来。

首先，跨境电商3.0阶段具有大型工厂上线、B类买家成规模、中大额订单比例提升、大型服务商加入和移动用户量暴发五方面特征。与此同时，跨境电商3.0服务全面升级，平台承载能力更强，全产业链服务在线化也是跨境电商3.0阶段的重要特征。

在跨境电商3.0阶段，用户群体由草根创业向工厂、外贸公司转变，且具有极强的生产设计管理能力。平台销售产品由网商、二手货源向一手货源好产品转变。

跨境电商3.0阶段，主要卖家群体正处于从传统外贸业务向跨境电商业务艰难转型的时期，生产模式由大生产线向柔性制造转变，对代运营和产业链配套服务需求较高。另外，跨境电商3.0阶段的主要平台模式也由C2C、B2C向B2B、M2B模式转变，批发商买家的中大额交易成为平台主要订单。

四、成熟期：全产业链生态融合阶段（2018 年至今）

这一时期称为跨境电商 4.0 阶段，在 2018 年至今的全球宏观经济环境变化中表现得比较明显。受到各种突发事件的影响，跨境电商面临的不确定性增加。主要的不确定性之一是中美贸易摩擦在 2018 年的出现，之二是 2020 年年初出现的新冠肺炎疫情全球大流行。疫情迫使世界主要经济体关闭边界，人员流动和物资出入频率降低，在很大程度上对全球贸易造成了严重冲击。

受疫情影响，人们的消费习惯发生了很大改变，更多人从线下消费转为线上消费。中美贸易摩擦并未对我国零售出口跨境电商产生大的影响，而新冠肺炎疫情则在一定程度上推动了跨境电商出口（特别是 B2C 模式）的增加。一方面，跨境电商将可以深入开拓新的市场，做大这一蛋糕的增量；另一方面，线上消费和零售将会带来丰富的数据资源，推动入驻平台企业开始数字化转型，带来更大的发展动能。例如，B2C 出口跨境电商平台通过吸纳全球各地的用户入驻，带动供应环节的扁平化，推动跨境电商出口与本地电商零售紧密的结合。

跨境电商 4.0 阶段，线上线下相结合，各大主流平台加大线下零售门店布局，大型跨境电商开始整合供应链，同时跨境电商供应链各环节趋向融合，精细化运营成为主流，新零售、直播营销等创新模式持续渗透。此阶段的代表性企业有考拉海购、苏宁国际、天猫国际等。

扩展阅读

影响我国跨境电商发展的重要事件有哪些？

全球互联网发展的重要事件影响、推动了我国跨境电商的高速发展，其时间轴如图 2-1 所示。

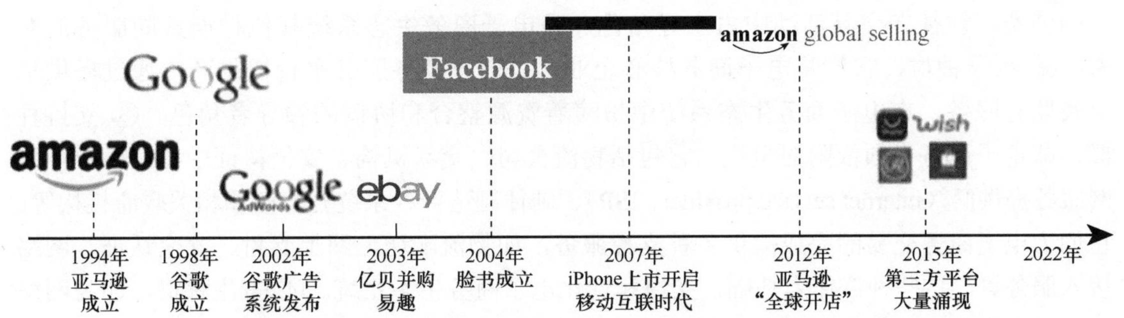

图 2-1　影响我国跨境电商发展的重要事件

（资料来源：跨境知道，https://www.ikjzd.com/articles/15139，2019-01-15）

第一个重要事件是 1994 年亚马逊的成立。

第二个重要事件是 1998 年谷歌的成立，以及 2002 年谷歌第一次正式推出了基于关键词排名的 AdWords 广告系统。

第三个值得一提的事件是，2003年亿贝通过并购易趣，正式进入我国市场。对我国的电子商务进行了启蒙，也促成了我国第一批跨境电商卖家的产生。

第四个重要事件是2004年脸书成立，开启了社交媒体的时代。2012年脸书发布了第一条信息流广告，标志着信息流广告时代的开启。

第五个重要事件是2007年iPhone的发布。这是互联网两个时代的分水岭：在iPhone之前，是传统的PC互联网时代；在iPhone之后，移动互联网的大幕迅速开启。

第六个重要事件是2012年亚马逊正式推出"全球开店"，同时开启亚马逊美国、加拿大、法国、德国、英国、意大利、西班牙七大站点的卖家招募。

第七个重要事件是2015年Wish等第三方平台蜂拥而至，在经历过野蛮生长之后，我国跨境电商开始朝着规范化、精准化和品牌化发展。这一切也反映出第三方平台积极调整政策，适应我国卖家以及海外市场的需求。

第二节 跨境电商生态圈

一、电子商务生态系统

电子商务生态系统是一系列关系密切的企业和组织机构，超越时间、功能和地理位置的界限，将互联网作为合作和沟通平台，通过虚拟企业、动态联盟等形式进行优势互补和资源共享，结合成的一个有机的生态系统。该系统内的各个成员各司其职、相互交织，形成完整的价值网络，物资流、信息流和资金流在价值网络内不断循环流动，共同组成一个多层次、多要素、多侧面的错综复杂的商业生态系统。

电子商务生态系统中的物种成员按其定位可以划分为以下几类：① 关键种群，即电子商务交易主体。它包括个体消费者与企业消费者两类，这类群体主要从事电子商务产品的消费，往往在交易活动中占主导角色，是电子商务生态系统其他种群共同服务的对象。② 领导种群，它们是电子商务核心企业，是电子商务服务平台提供商，通过提供平台及监管服务，在电子商务生态系统中扮演着资源整合和协调的领导者角色。③ 支持种群，即电子商务必须依附的组织。它包括物流公司、交易机构、安全认证中心，以及互联网服务提供商（internet service provider，ISP）、硬件制造商、系统开发商和相关政府机构等。它们为电子商务交易的完成提供各种支撑服务，如物流配送、网上支付、安全认证、网络接入服务等，这些种群作为基础，支撑和优化电子商务生态系统。④ 寄生种群，即为网络交易提供增值服务的提供商等，包括技术外包商、电子商务咨询服务商、网络营销服务商等。这类群体"寄生"于电子商务生态系统之上，与电子商务生态系统共存亡。

按成员在电子商务生态系统中的地位及特点，系统成员又可以分为四种类型：① 网络核心型企业，该类企业提供各种"平台"，促进系统与顾客的连接，促进整个生态系统改进生产率、增强稳定性，并有效地激发创新；② 支配主宰型企业，该类企业实施纵向或横向一体化，占据和控制网络的大部分节点；③ 坐收其利型企业，该类企业从网络中抽取尽可能多的价值，但不直接控制网络；④ 缝隙型企业，该类企业拥有使自己区别于网络其他成员的专业能力，并将自己独特的能力集中在某些业务上，利用其他企业提供的关键资源来开展经营活动。

二、跨境电商生态圈的组成

跨境电商生态圈除了包括卖家、买家、平台、结算支付等基本要素外，还应包括提供服务的制造企业、金融服务、技术服务、物流服务、代运营、产业园区、专业市场等，同时也包括教育培训、人才、网络基础设施、政策配套、市场准入、公共服务平台等环境建设。跨境电商产业链如图 2-2 所示，跨境电商产业链全景图谱如图 2-3 所示，我国出口跨境电商生态图谱如图 2-4 所示。

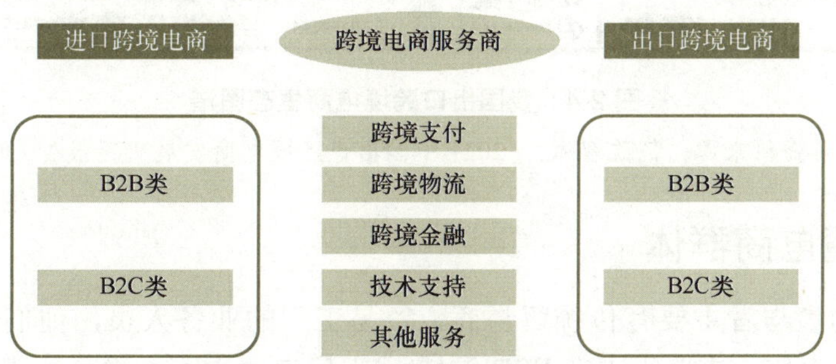

图 2-2　跨境电商产业链

（资料来源：前瞻产业研究院整理）

图 2-3　跨境电商产业链全景图谱

（资料来源：前瞻产业研究院整理）

图 2-4　我国出口跨境电商生态图谱

（资料来源：亿欧智库，《2021 中国出口跨境电商发展研究报告》）

三、跨境电商群体

跨境电商的参与者主要有传统贸易商、贸易工厂的业务人员，他们开展的跨境电商实际上是贸易线上化，主要集中在 B2B 领域；零售电商卖家、平台和服务商则是另两个主要角色。总体来说，跨境电商群体可分为买家群体、卖家群体和服务商群体。

1．买家群体

买家群体可以是普通消费者，也可以是采购服务商，也可能是品牌生产商，越来越多的大企业在小额采购的时候也会利用电商平台，而个人也可以进行跨国的采购或购买。

2．卖家群体

在线上，尽管对卖家的商业门槛有所降低，但是对商家的外贸经验、沟通能力、商品资源等方面仍然有一定的要求。由于我国出口贸易主要集中在长三角、珠三角和东南沿海，因此，我国跨境电商卖家也主要集中在这一区域。

3．服务商群体

服务商是跨境电商发展的关键参与者。在跨境电商流程中，由于涉及外贸报关报检流程、运输、支付结算、税务等环节，需要专业的服务商进行支持。

IaaS（infrastructure as a service），即“基础设施即服务”，是指把计算基础（服务器、网络技术、存储和数据中心空间）作为服务提供给客户。在 B2C 跨境电商业务中，IaaS 意味着平台为企业客户提供交易所需的数字化平台。在基础设施服务基本满足客户的情况下，B2C 跨境电商平台通过网络数字化服务的升级和迭代，逐渐开发出各种软件，强化平台功能，从而为客户提供超出基础设施的服务，被称为 PaaS（platform as a service），也称“平台即服务”。

在从 IaaS 到 PaaS 的过程中，平台提供的服务收入在整个运营的比重增加，成为交易佣金和信息费之外的其余收入，并且有超过佣金和信息服务费的趋势。其中亚马逊的 FBA 物流服务，以其生态为第三方卖家提供各种交易上的便利就是较早的增值服务。这种增值服务随后延伸到云服务和品牌营销上，并在不久后形成为中小企业提供成熟的数据分析和咨询等新增值业务。

第三节　跨境电商政策与跨境电商综合试验区

一、跨境电商政策分析

1．政策有力地促进了我国跨境电商的健康快速发展

跨境电商政策的变动对跨境电商的发展颇具影响，持续调整的跨境电商政策体现了国家对促进跨境电商健康发展的重视。然而跨境电商在交易模式、物流模式、支付模式等方面与传统国际贸易都有所不同，传统国际贸易政策促进机制与监管方式难以完全复用于跨境电商。我国跨境电商发展既有法律的保驾护航，也离不开政策的支持和调节，其目的在于为跨境电商发展营造一个公平竞争的生态环境。

2013 年，国务院办公厅正式下发《转发商务部等部门〈关于实施支持跨境电子商务零售出口有关政策的意见〉的通知》。2014 年到 2015 年，政策层面一直在释放跨境贸易利好。2014 年 7 月，海关总署的《关于跨境贸易电子商务进出境货物、物品有关监管事宜的公告》和《关于增列海关监管方式代码的公告》，即业内熟知的 56 号和 57 号文接连出台，从政策层面上承认了跨境电商，也同时认可了业内通行的保税模式，此举被外界认为明确了对跨境电商的监管框架；此前“6+1”跨境电商试点城市开放给予了跨境电商税收上的优惠政策，即通过跨境电商渠道购买的海外商品只需要缴纳行邮税，免去了一般进口贸易的“关税 + 增值税 + 消费税”。

2015 年 1 月，国家外汇管理局在全国范围开展支付机构跨境外汇支付业务试点。2015 年 4 月，国务院常务会议中关于降低进口产品关税试点、税制改革和恢复增设口岸免税店的相关政策，表明了政府促进消费回流国内的决心。这些都是明显的政策红利信号。国务院办公厅《关于促进跨境电子商务健康快速发展的指导意见》发布，指出支持跨境电商发展，利于合理增加进口。2015 年 6 月底前开展降低进口关税试点，逐步扩大降税商品范围。

2016 年 3 月 24 日，财政部、海关总署、国家税务总局共同发布了《关于跨境电子商务零售进口税收政策的通知》，《通知》中对跨境电商零售（企业对消费者，即 B2C）进口税收政策有关事项进行了明确规定，于 2016 年 4 月 8 日起施行。2016 年 4 月 6 日，海关总署发布了《关于跨境电子商务零售进出口商品有关监管事宜的公告》。2016 年 4 月 8 日，财政部、国家发展改革委等部门发布《关于公布〈跨境电子商务零售进口商品清单〉的公告》，以上简称“四八新政”。“四八新政”出台后，对跨境电商企业最大的阻碍在于将跨境电商进口归为一般贸易模式，《跨境电子商务零售进口商品清单》包括的1200多个税号商品中，有600多个税号需要满足前置审批条件来获取进口通关单。2016年5月25日，财政部宣布，经国务院批准，对《跨境电子商务零售进口商品清单》中规定的有关监管要求给予一年的过渡期，海关总署、质检总局已通知施行，实施不到两个月的“四八新政”被叫暂停。

2016年11月，商务部为稳妥推进跨境电商零售进口监管模式过渡，经有关部门同意，对跨境电商零售进口有关监管要求给予一年的过渡期，再进一步延长至2017年年底。2017年9月20日，国务院常务会议决定新建跨境电商综合试验区，将跨境电商监管过渡期政策延长至2018年年底。2018年11月21日，国务院常务会议决定从2019年1月1日起，延续实施跨境电商零售进口现行监管政策，对跨境电商零售进口商品不执行首次进口许可批件、注册或备案要求，而按个人自用进境物品监管。这是两年半以来，政府第三次延长跨境电商零售进口监管过渡期政策。

2019年3月，商务部提出要改革完善跨境电商等新业态扶持政策，积极培育贸易新业态新模式。2019年7月，李克强总理在国务院常务会议上提出了要部署完善跨境电商等新业态的促进政策。2020年4月，国务院常务会议指出，随着传统外贸受到疫情冲击，必须更大限度发挥跨境电商的独特优势。2021年5月，商务部在第五届全球跨境电子商务大会中指出，新冠肺炎疫情全球蔓延，“丝路电商”促进了“一带一路”相关国家间的商品贸易，成为助力世界各国经济复苏新引擎。2021年7月，中国跨境电商综合试验区建立了考核评估与退出机制，并于2021年组织开展综合试验区的首次考核评估，促进优胜劣汰。

2．我国跨境电商政策组合分析

1）政策目标组合：总目标是促进跨境电商的健康发展。

2）政策领域组合：按照政策在跨境电商生态中的不同作用领域，可分为试点政策、监管政策、税收政策、支付政策、外汇政策、物流政策、人才政策、信息化政策等。

3）政策主体组合：政策系统的核心部分，是负责政策制定、执行、监督与评估的中央或地方政府机构。

4）政策形式组合：国务院办公室及所属各部门发布的指导意见、批复等规范性文件、通知、公告等。

5）政策工具组合：环境型、供给型、需求型、评估型四类政策工具的组合通过“形—推—拉—评”的共同作用以推进跨境电商生态的健康发展。

3．我国跨境电商政策阶段分析

中央层面的跨境电商政策是指国务院及各部委提出的规范跨境电商行业秩序、促进跨境电商生态健康快速发展的系列政策总和。我国跨境电商核心政策自2013年发布以来，分别在2013年、2016年、2018年达到不同程度的高峰。结合我国跨境电商历年发展状况，可将跨境电商政策分为四个阶段。

（1）*初步探索阶段*（2012年）

2012年12月，海关总署设立上海、杭州、宁波、重庆、郑州五个城市为跨境贸易电商试点城市，标志着跨境贸易电商服务试点工作的全面启动。通过这些城市试点工作总结制定跨境贸易电商涉及的通关、结汇和退税等方面的管理办法及标准规范。

(2) 支持促进阶段（2013 年—2014 年）

国务院及其各部委正式发布关于支持跨境电商零售出口的相关政策，政府部门开始介入跨境电商生态系统并着重关注支付与监管环节，政策主要涉及跨境电商交易、跨境电商支付试点及开通相关业务申报等内容，支付机构、外汇机构正式成为跨境电商生态系统的组成部分。

(3) 规范推广阶段（2015 年—2017 年）

早期跨境电商生态中，跨境电商政策主要以规范跨境监管为主，但在跨境电商税收方面仍存在旧规则下由于行邮税而导致的税负不公等问题，在政策的规范推广阶段，我国以优化营商环境和强化跨境电商监管为目标，主要对跨境电商税收、跨境电商数字化建设和试点发展等方面进一步规范，从而促进我国跨境电商生态系统健康、快速发展。

(4) 全面发展阶段（2018 年至今）

随着《中华人民共和国电子商务法》2018 年 8 月 31 日通过，2019 年 1 月 1 日开始实施。我国跨境电商政策进入全面推进阶段，尤其在跨境电商监管、数字化创新、跨境电商物流等领域继续深入。这些政策涉及跨境电商的监管体制、海关税收、跨境支付、跨境物流、试点城市及信息化建设等多个方面。

4．跨境电商政策发文分析

(1) 多主体发文

目前跨境电商政策制定主要以海关总署、财政部、国家税务总局、商务部、国家发展改革委联合制定，国家邮政局、交通运输部、市场监管总局、药品监管局、工业和信息化部等部门协助，另外还涉及中共中央网络安全和信息化委员会办公室、国家密码管理局等机构。

(2) 发文形式

跨境电商政策的发文形式主要以通知与公告为主，这两类文本大多针对跨境电商的具体领域进行指导，具有广泛的知照性，与跨境电商企业最直接相关。“公告”是以跨境电商平台企业的支付及信息化系统、进出口商品监管事宜为主要内容，“通知”是以跨境电商税收政策为主要内容，“批复”有国务院关于设立跨境电商综合试验区的批复、国家外汇管理局综合司对支付机构开展跨境电商外汇支付业务试点的批复等，“函”具备沟通性与灵活性，在跨境电商综合试验区建设、跨境电商服务规范等方面具有探讨与参照作用，“指导意见”从宏观层面对跨境电商的发展加以指导，“意见”从微观层面对跨境电商的发展加以落实。

(3) 发文体系

跨境电商发文涉及多个环节，包括跨境电商外汇、支付、税收、物流及监管等领域。因此，国务院出台促进跨境电商发展的政策后，各领域也将出台相关政策加以落实与补充，进而完善跨境电商生态系统各环节的政策，形成与生态系统相对应的跨境电商政策垂直体系。目前跨境电商政策体系主要以跨境支付、税收、进出口监管为主，而在物流、人才、技术等领域的政策内容较为薄弱，政策体系结构仍需优化。中央层面跨境电商政策（或文件）见表 2-1。

表 2-1 中央层面跨境电商政策（或文件）

序号	政策（或文件）	主　体	年份
1	设立跨境贸易电子商务试点城市（上海、杭州、宁波、重庆、郑州）	海关总署	2012
2	转发商务部等部门《关于实施支持跨境电子商务零售出口有关政策的意见》的通知	国务院办公厅	2013
3	关于跨境电子商务零售出口税收政策的通知	财政部、国家税务总局	2013
4	关于支持跨境电子商务零售出口的指导意见	国家质检总局	2013
5	关于开展支付机构跨境电子商务外汇支付业务试点的通知	国家外汇管理局	2013
6	关于增列海关监管方式代码的公告（2014 年第 12 号）	海关总署	2014
7	关于跨境贸易电子商务进出境货物、物品有关监管事宜的公告（2014 年第 56 号）	海关总署	2014
8	关于增列海关监管方式代码的公告（2014 年第 57 号）	海关总署	2014
9	关于同意设立中国（杭州）跨境电子商务综合试验区的批复	国务院	2015
10	关于促进跨境电子商务健康快速发展的指导意见	国务院办公厅	2015
11	关于中国（杭州）跨境电子商务综合试验区出口货物有关税收政策的通知	财政部、国家税务总局	2015
12	跨境电子商务经营主体和商品备案管理工作规范	国家质检总局	2015
13	关于支持中国（杭州）跨境电子商务综合试验区发展的意见	国家质检总局	2015
14	关于加强跨境电子商务进出口消费品检验监管工作的指导意见	国家质检总局	2015
15	关于进一步发挥检验检疫职能作用促进跨境电子商务发展的意见	国家质检总局	2015
16	关于开展支付机构跨境外汇支付业务试点的通知	国家外汇管理局	2015
17	关于明确跨境电商进口商品完税价格有关问题的通知	海关总署	2016
18	关于执行跨境电商税收新政有关事宜的通知	海关总署	2016
19	关于同意在天津等 12 个城市设立跨境电子商务综合试验区的批复	国务院	2016
20	关于加强跨境电子商务网购保税进口监管工作的通知	海关总署	2016
21	海关总署关税征管司关于明确跨境电子商务零售进口统一版系统部分涉税功能操作的函	海关总署	2016
22	关于公布跨境电子商务零售进口商品清单的公告	财政部、国家发展改革委等 11 部门	2016
23	关于公布跨境电子商务零售进口商品清单（第二批）的公告	财政部、国家发展改革委等 13 部门	2016
24	关于跨境电子商务零售进口税收政策的通知	财政部、海关总署、国家税务总局	2016
25	关于跨境电子商务零售进出口商品有关监管事宜的公告	海关总署	2016
26	关于跨境电商零售进出口检验检疫信息化管理系统数据接入规范的公告	国家质检总局	2017

（续）

序号	政策（或文件）	主　　体	年份
27	关于复制推广跨境电子商务综合试验区探索形成的成熟经验做法的函	商务部、中央网信息办等 14 部门	2017
28	关于调整跨境电商零售进口商品清单的公告	财政部、国家发展改革委等 13 部门	2018
29	关于同意在北京等 22 个城市设立跨境电子商务综合试验区的批复	国务院	2018
30	关于跨境电子商务企业海关注册登记管理有关事宜的公告	海关总署	2018
31	关于跨境电子商务零售进出口商品有关监管事宜的公告	海关总署	2018
32	关于实时获取跨境电子商务平台企业支付相关原始数据接入有关事宜的公告	海关总署	2018
33	关于完善跨境电子商务零售进口税收政策的通知	财政部、海关总署、国家税务总局	2018
34	关于完善跨境电子商务零售进口监管有关工作的通知	商务部、国家发改委、财政部等六部门	2018
35	关于实时获取跨境电子商务平台企业支付相关原始数据有关事宜的公告	海关总署	2018
36	关于跨境电子商务综合试验区零售出口货物税收政策的通知	财政部、税务总局、商务部、海关总署	2018
37	关于修订跨境电子商务统一版信息化系统企业接入报文规范的公告	海关总署	2018
38	关于跨境电子商务统一版信息化系统企业接入事宜的公告	海关总署	2018
39	关于规范跨境电子商务支付企业登记管理的公告	海关总署	2018
40	中华人民共和国电子商务法	全国人大	2019
41	关于促进跨境电子商务寄递服务高质量发展的若干意见（暂行）	国家邮政局、商务部、海关总署	2019
42	关于跨境电子商务综合试验区零售出口企业所得税核定征收有关问题的公告	国家税务总局	2019
43	关于开展跨境电子商务企业对企业出口监管试点的公告（2020 年 75 号）	海关总署	2020
44	关于全面推广跨境电子商务出口商品退货监管措施有关事宜的公告	海关总署	2020
45	关于跨境电子商务零售进口商品退货有关监管事宜的公告	海关总署	2020
46	关于扩大跨境电商零售进口试点、严格落实监管要求的通知	商务部、国家发展改革委、财政部等六部门	2020
47	关于扩大跨境电子商务企业对企业出口监管试点范围的公告（2020 年第 92 号）	海关总署	2020
48	关于在全国海关复制推广跨境电子商务企业对企业出口监管试点的公告（2021 年第 47 号）	海关总署	2021

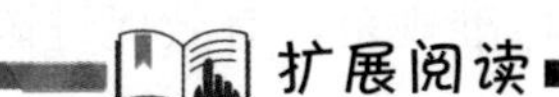
扩展阅读

《中华人民共和国电子商务法》对跨境电商的影响

2018 年 8 月 31 日，第十三届全国人大常委会第五次会议在北京召开，在会议上《中华人民共和国电子商务法》终于获得通过。新法一共七章 89 条，已于 2019 年 1 月 1 日正式实施。

1．跨境电商或将持证上岗

《中华人民共和国电子商务法》第十条规定："电子商务经营者应当依法办理市场主体登记。但是，个人销售自产农副产品、家庭手工业产品，个人利用自己的技能从事依法无须取得许可的便民劳务活动和零星小额交易活动，以及依照法律、行政法规不需要进行登记的除外。"此条款相关内容一经转发，引起无数代购人恐慌，各界将此点解读为：无论代购金额的大小，无论是在天猫、京东等平台上开店售卖还是在朋友圈发广告代购的，都需要申请营业执照。个人微信、朋友圈等相关的工具并不是真正意义上的电子商务平台，依照《中华人民共和国电子商务法》执行会有一定的难度，对于朋友圈的代购人要如何实行管理，这需要相关部门的监督。

2．奶粉及保健品进口审核更加严格

第三十八条规定："电子商务平台经营者知道或者应当知道平台内经营者销售的商品或者提供的服务不符合保障人身、财产安全的要求，或者有其他侵害消费者合法权益行为，未采取必要措施的，依法与该平台内经营者承担连带责任。"此条款主要是针对天猫、淘宝、京东等相关电子商务平台的。对于平台上在售的关乎健康的产品将会有更严格化的审查，这一点一是希望平台对所出售产品有更严苛的审核措施，二是明确指出一旦出现任何问题及纰漏，平台是需要承担责任与义务的。

二、跨境电商试点城市与跨境电商综合试验区

当前，我国跨境电商采用两种试点模式：跨境电商综合试验区（国务院牵头）+跨境电商试点城市（海关总署牵头）。两种试点模式均处于探索期，政策多由试点当地政府以自下而上探索，核心目的在于规范行业和提高行政效率。综合试验区是试点城市的升级版，地位高于试点城市。

1．跨境电商试点城市

2012年12月19日，海关总署在郑州召开了跨境贸易电商服务试点工作启动部署会，上海、重庆、杭州、宁波、郑州这五个试点城市成为承建单位，标志着跨境贸易电商服务试点工作的全面启动。这五个试点城市具有良好的经济和外贸基础，具备开展跨境电商服务试点的条件。通过先行先试，依托电子口岸建设机制和平台优势，实现外贸电商企业与口岸管理相关部门的业务协同与数据共享，能够解决制约跨境电商发展的瓶颈问题，优化通关监管模式，提高通关管理和服务水平。另外，通过这些城市试点工作总结制定跨境电商涉及的通关、结汇和退税等方面的管理办法及标准规范，有效促进国家跨境电商发展。

2014年7月，经国务院批准，深圳与广州一起成为第二批跨境电商试点城市，2015年10月21日，天津作为第八个全国跨境电商试点城市，2015年12月31日，福州、平潭获批跨境电商保税进口试点城市。至此，全国跨境电商保税进口试点城市扩容至10个。

应当注意的是，跨境电商试点城市与跨境电商综合试验区并不相同。2020年1月17

日，商务部等六部门进一步扩大跨境电商零售进口试点范围，将石家庄、秦皇岛、廊坊、太原、赤峰、抚顺、营口、珲春、牡丹江、黑河、徐州、南通、连云港、温州、绍兴、舟山、芜湖、安庆、泉州、九江、吉安、赣州、济南、烟台、潍坊、日照、临沂、洛阳、商丘、南阳、宜昌、襄阳、黄石、衡阳、岳阳、汕头、佛山、北海、钦州、崇左、泸州、遵义、安顺、德宏、红河、拉萨、西宁、海东、银川、乌鲁木齐等50个城市（地区）和海南全岛纳入跨境电商零售进口试点范围。

2021年3月18日，六部委（商务部、国家发展改革委、财政部、海关总署、税务总局、市场监管总局）发布《关于扩大跨境电商零售进口试点、严格落实监管要求的通知》，将跨境电商零售进口试点扩大至所有自贸试验区、跨境电商综合试验区、综合保税区、进口贸易促进创新示范区、保税物流中心（B型）所在城市（及区域）。

通知要求，今后相关城市（区域）经所在地海关确认符合监管要求后，即可按照《关于完善跨境电子商务零售进口监管有关工作的通知》（商财发〔2018〕486号）的要求，开展网购保税进口（海关监管方式代码1210）业务。各试点城市（区域）应切实承担本地区跨境电商零售进口政策试点工作的主体责任，严格落实监管要求规定，全面加强质量安全风险防控，及时查处在海关特殊监管区域外开展“网购保税＋线下自提”、二次销售等违规行为，确保试点工作顺利推进，共同促进行业规范、健康、持续发展。

2．跨境电商综合试验区

为了推动全国跨境电商健康发展，在先期开展全国跨境电商保税进口试点城市建设的基础上，2015年3月7日，国务院同意设立中国（杭州）跨境电商综合试验区。2016年1月6日，国务院常务会议决定，在宁波、天津、上海、重庆、合肥、郑州、广州、成都、大连、青岛、深圳、苏州12个城市新设一批跨境电商综合试验区，用新模式为外贸发展提供新支撑。

2018年8月7日，国务院发布《关于同意在北京等22个城市设立跨境电子商务综合试验区的批复》（国函〔2018〕93号），至此，我国跨境电商综合试验区已扩大到35个，这22个城市分别是北京、呼和浩特、沈阳、长春、哈尔滨、南京、南昌、武汉、长沙、南宁、海口、贵阳、昆明、西安、兰州、厦门、唐山、无锡、威海、珠海、东莞、义乌。

2019年12月24日，国务院发布《关于同意在石家庄等24个城市设立跨境电子商务综合试验区的批复》，包括石家庄、太原、赤峰、抚顺、珲春、绥芬河、徐州、南通、温州、绍兴、芜湖、福州、泉州、赣州、济南、烟台、洛阳、黄石、岳阳、汕头、佛山、泸州、海东、银川等24个城市。

2020年4月27日，国务院《关于同意在雄安新区等46个城市和地区设立跨境电子商务综合试验区的批复》发布，包括雄安新区、大同、满洲里、营口、盘锦、吉林、黑河、常州、连云港、淮安、盐城、宿迁、湖州、嘉兴、衢州、台州、丽水、安庆、漳州、莆田、龙岩、九江、东营、潍坊、临沂、南阳、宜昌、湘潭、郴州、梅州、惠州、中山、江门、湛江、茂名、肇庆、崇左、三亚、德阳、绵阳、遵义、德宏傣族景颇族自治州、延安、天水、西宁、乌鲁木齐等46个城市和地区。自此，我国跨境电商综合试验区已扩容到105个。

3．设立跨境电商综合试验区的目的

设立跨境电商综合试验区的目的是通过制度创新、管理创新、服务创新和协同发展，着力破解制约跨境电商发展中深层次的问题和体制性难题，打造跨境电商完整的产业链和生态链，逐步形成一套适应和引领跨境电商发展的管理制度和规则，形成推动我国跨境电商可复制、可推广的经验，支持跨境电商发展。跨境电商综合试验区最关键的一个字是“试”：解放思想、大胆地试。第二个词是“综合”：综合性是系统设计的考量，不是所谓的一项优惠政策，而是一种制度性的创新。

随着“综试区＋试点城市”齐头并进，跨境电商的政策红利也在不断加码催生行业大发展。

4．跨境电商综合试验区定位、目标各异

1）杭州。杭州跨境电商综合试验区是国内首个跨境电商综合试验区，杭州在其综合试验实施方案中提出，通过构建信息共享体系、金融服务体系、智能物流体系、电商信用体系、统计监测体系和风险防控体系，以及线上“单一窗口”平台和线下“综合园区”平台等“六体系两平台”，实现跨境电商信息流、资金流、货物流“三流合一”。这种“平台＋体系”的做法，也在其他综合试验区得到广泛借鉴，并且根据各地实际情况，平台和体系的数量有所微调。

2）郑州。郑州跨境电商综合试验区提出的主要任务是构建“三平台和七体系”，即在跨境电商交易、支付、物流、通关、退税、结汇等环节的技术标准、业务流程、监管模式和信息化建设等方面先行先试，建设“三平台七体系”。其中：“三平台”分别是指“单一窗口”综合服务平台、“综合园区”发展平台、人才培养和企业孵化平台；“七体系”包括信息共享体系、金融服务体系、智能物流体系、信用管理体系、质量安全体系、统计监测体系、风险防控体系。

3）宁波。宁波跨境电商综合试验区提出的主要任务是“建设三大平台、拓展四大服务功能、构建五大服务体系”。建设三大平台，包括跨境电商综合信息平台、跨境电商园区平台、跨境电商物流平台。拓展四大服务功能，包括可交易服务、快捷结算服务、便利商务服务、协同物流服务。构建五大服务体系。包括信息共享体系、风险防控体系、金融支撑体系、企业孵化体系、人才建设体系。

上述只是简单罗列几个跨境电商综合试验区的主要任务，由于各地区位和定位存在差异，在具体的发展目标上各地也颇有不同。例如，广州提出建设成为全国跨境电商中心城市和发展高地；郑州则希望建设成为建设进出口商品集疏交易示范区、对外贸易转型升级示范区、监管服务模式创新探索区、内外贸融合发展试验区；深圳提出，要深化深圳、香港之间的电商合作。值得注意的是，郑州、苏州、宁波、青岛等综合试验区的实施方案中都提出，希望能通过跨境电商的发展促进传统贸易转型升级，扩大内需市场，提升进出口。在多位分析人士看来，这也是各地如此重视跨境电商的原因之一。

而从综合试验区的实施方案来看，一个值得注意的趋势是，各地鼓励促进跨境电商出口要多于进口。以宁波为例，宁波在实施方案中提到，将实现跨境电商业务从企业对终端消费者（B2C）为主向企业对企业（B2B）和B2C并重转变，从进口为主向进出口

并举、以出口为主转变。郑州也提出，跨境电商综合试验区以促进产业发展为重点，以扩大出口作为主攻方向。合肥在实施方案中提出，以跨境电子商务 B2B 业务为重点，创新 B2B 业务进出口监管流程，引导 B2C 业务通关逐步转向 B2B 业务通关。

5．杭州综合试验区经验：创造七个全国“第一”，10 项创新制度全国推广

(1) 先行先试，制度创新为跨境破题

跨境电商属于新兴业态，国家层面定位为“先行先试”，杭州作为“先行先试”的试验田，在监管上没有成熟的模式可循。如何快速、规范地“跨境”，成为海关急需破解的课题。为此，杭州海关不断创新优化监管模式，保证了跨境电商在杭州的平稳起步。

杭州开园最早的跨境电商园区下城园区，首创跨境电商一般出口“清单核放、汇总申报”的通关模式，有效解决了通关难、结汇难、退税难等问题，该模式经国务院确认，成为跨境电商一般出口的全国标准通关模式。

杭州海关在杭州综合试验区不但首创了“清单核放、汇总申报”的通关模式，还创造了跨境电商海关监管领域的七个全国“第一”：

① 第一个使用跨境电商零售出口“清单核放、汇总申报”通关模式。

② 第一个开展跨境电商零售出口业务试点。

③ 第一个开展跨境电商直购进口业务试点。

④ 第一个开展跨境电商 B2B 出口业务试点。

⑤ 第一个将“单一窗口”、关检合作“三个一”“三互”要求应用于跨境电商监管。

⑥ 第一个形成契合跨境电商发展的完整监管方案《中国（杭州）跨境电商综合试验区海关监管方案》。

⑦ 第一个实现跨境电商进出境商品“7×24 小时”通关。

随着杭州各跨境电商园区业务量的快速成长，在海关总署的支持和指导下，杭州海关总结综合试验区“先行先试”经验，逐步形成了一套适应跨境电商业态特点、“可复制可推广”的海关监管制度措施。2016 年 4 月 26 日，海关总署下发通知，将杭州海关在实践中摸索出来的 10 项创新制度措施在全国新设的 12 个跨境电商综合试验区进行复制推广：

① 推行全程通关无纸化。

② 明确“三单”数据传输主体，统一传输标准。

③ 对 B2C 销售模式按照“B2B”通关。

④ 实行“简化申报、清单核放、汇总统计”。

⑤ 实行“税款担保、集中纳税、代扣代缴”。

⑥ 允许批量转关。

⑦ 创新退换货流程。

⑧ 有效管控风险。

⑨ 对接“单一窗口”平台，强化通关协作。

⑩ 实行大数据共享。

(2) 出圈的“杭州模式”，获10项创新成果

凭借自身先发优势，杭州综合试验区不断探索跨境电商综合试验区在制度、模式等多方面的创新，形成了跨境电商发展的“杭州模式”，为全国提供了可复制可推广的经验做法。

① 顶层设计架构全国复制。建成以“六大体系两大平台”为核心的适合跨境电商发展的政策体系和管理制度，并在全国104个新设的跨境电商综合试验区中进行复制。

② 数字化监管模式全国最全。推出三批113条制度创新清单，实施全国首个地方性跨境电商促进条例，打造“进口通关一体化服务平台”“商品质量安全风险监测系统”“跨境零售进口公共质保平台”，设立全国首个互联网法院跨境贸易法庭，率先开展跨境电商“小包出口”“直邮进口”“网购保税进口”、跨境B2B出口、特殊监管区出口，率先实现跨境电商B2B出口四种模式全覆盖，建立起覆盖跨境电商B2B和B2C的监管业务模式。

③ 数字化平台服务体系最完善。率先搭建全国首个跨境电商领域线上综合服务平台。

④ 政企联动产业数字化转型活力最优。每年推出促进互联网外贸发展专项行动，联合平台举办阿里巴巴国际站“双品出海”、全球速卖通“鲸锐商家”、亚马逊全球开店直采大会等品牌出海活动，引导15个跨境电商产业头部企业上线，推动13个线下园区数字化转型。

⑤ 跨境电商国际合作机制最健全。率先建设eWTP实验区，落地eWTP秘书处，上线全球首个eWTP公共服务平台，开展eWTP数字清关监管试点。整合38个国家（地区）的95个海外合作园区、合作中心、合作站点、海外仓资源，搭建跨境电商海外服务网络。

⑥ 率先打造跨境电商全球中心仓模式。依托杭州综合保税区，探索非保税货物与保税货物“同仓存储”、出口贸易与进口贸易“同仓调拨”、小额贸易与大宗贸易“同仓交割”、外贸与内贸“同仓一体”。

⑦ 率先推出跨境电商进出口退换货模式。成功走通保税出口包裹退换货业务、特殊区域跨境电商出口海外仓零售业务和9610模式下包机出口包裹退货业务。在全国率先推出跨境电商零售进口包裹退货新模式。

⑧ 先行先试跨境电商出口零售税收政策。2015年，杭州综合试验区提出“无票免税”政策，并得到国家有关部委的认可得以先行先试。2020年1月1日，杭州综合试验区走通跨境电商零售出口企业所得税核定征收全国首单。

⑨ 搭建全球领先跨境支付结算体系。支付宝、连连支付、网易支付、执御支付、珊瑚支付、亚联支付等全球知名跨境支付集聚，连连、PingPong成为全国最大的第三方跨境支付平台。

⑩ 率先建立多层次跨境电商人才培育模式。编制跨境电商人才标准和紧缺人才目录，获批全国首批跨境电商本科专业，组建全国首个跨境电商人才联盟，创新中国（杭州）跨境电商学院培育模式，开展覆盖领军人才、精英人才和实操人才的多层次培训。

杭州综合试验区通过几年的建设，已形成了跨境电商的发展生态，崛起了一批跨境电商年销售额过千万美元的大卖家。截至2020年年底，千万美元大卖家有139家，这是

杭州跨境电商发展的中坚力量。统计数据显示，杭州跨境电商网络零售出口额从2016年的58.24亿元增长到2020年的236.4亿元，增长3倍多，发展势头强劲。

第四节　传统外贸企业转型跨境电商之路

一、传统外贸企业转型跨境电商的背景

由于经济、人才、技术等方面的限制，中小企业在"出海"途中，往往遭遇开店难、运营难以及物流难等痛点，时间、人力和运营成本较高，属于重资产投入。跨境电商平台本质上为中小企业提供了以轻资产投入触达海外用户的链路。以全球速卖通平台为例，首先，该平台可以提供覆盖全球200多国家和地区的流量支持，降低了建立传统线下渠道、开设办事处、寻找代理或者合作伙伴、投放广告等开拓海外市场的成本，直接面对全球200多个国家和地区的买家。其次，通过提供综合信息平台，一站式解决物流问题、支付问题。现在通过支付宝，以及和大部分支付机构的合作，全球速卖通已经可以解决卖家资金回笼的问题。而通过菜鸟物流和各地本地合作伙伴的网络，快递覆盖的范围也在不断扩大。在物流方面，全球速卖通搭建起全品类、全链路的物流体系，能够提供从轻小件到30kg以上大型商品的物流解决方案，实现对跨境电商零售商品的全品类覆盖。在轻小件上，全球速卖通与菜鸟推出轻小件"合单"运输方式。根据大数据计算，对满足条件的相关订单所对应的商品进行合并，使其走更有效率优势的物流渠道，以此降低成本，提升客户体验。

针对2020年欧盟订单不断增加的情况，全球速卖通和菜鸟物流启动"欧洲提速"，在半年内完成中国到欧盟主要国家2kg以下跨境物流10日内到达，相比2019年提速一倍。在2～30kg区间的商品，海外仓成为降本提效的主要物流方式。全球速卖通通过在欧洲四国设立海外仓、在国内口岸周边设立"前置海外仓"（优选仓）等方式，确保供应链高效稳定和消费者体验优良。超过30kg的商品，通常是跨境零售电商物流的一个难点，此前没有成体系的解决方案。2020年9月全球速卖通开通全球首条大件物流专线，突破30kg以上商品物流难题，将单位体积运费降到原来的70%。

很多传统成熟"出海"品牌已经"出海"多年，对全球的某些区域形成了一定的覆盖。但受新冠肺炎疫情的影响，海外大量门店被迫关闭，海外市场传统销售体系面临重构，给企业的海外发展带来极大挑战。在这种背景下，海信等传统成熟"出海"品牌纷纷宣布与跨境电商开展合作，逐步由B2B向B2C业务扩展，从以客户为中心向以用户为中心渗透。此外，传统成熟"出海"品牌尽管对全球区域形成了部分覆盖，但受企业成本等因素所限，大多只能覆盖某些重点市场，对于其他区域比如人口较少的国家等则无法实现完全覆盖。

传统品牌通过深度结合跨境电商平台在电商服务、用户运营、品牌营销、物流平台和全生态体系的数字基建能力，有望实现更大范围的覆盖，甚至可以挖掘到很多长尾用户，将小需求变成大市场，挖掘海外市场增长的新亮点。

扩展阅读

中国品牌“出海”

案例1：2010年，一家中国数码配材代工厂发现，它们生产的数据线以10元人民币的单价卖给海外商家后，被贴上外国商标，在美国售价10美元。深受触动的工厂老板放弃做代工，自创品牌——绿联。该品牌的产品通过全球速卖通远销海外市场，成为海外知名的数码配材品牌。作为“世界工厂”，中国工厂曾经将出厂价控制到极致，到今天，这种工贸一体的运营模式自带成本竞争力，也成为中国企业的重要优势，尤其适合新品牌抢占市场份额。

案例2：宁波的五金工具出口商DEKO，以做贴牌加工贸易起家，于2015年入驻全球速卖通并创建了自己的品牌，当年“双11”，实现收入9992美元，2019年“双11”实现收入超过300万美元。通过跨境电商平台，DEKO在为消费者提供了极致性价比的同时，通过和消费者直接接触，快速改进产品的研发和设计，实现差异化。

二、传统外贸企业转型跨境电商的动因

1．内部动因

1）人力成本增加。我国传统外贸企业主要集中于东南沿海一带，以传统制造业为主，这类制造企业大都为劳动密集型企业，以廉价的劳动力成本为优势。虽然这种方式在一定时期内为我国外贸企业获得了一定的利润，但随着人力成本的增加，传统外贸企业逐渐感到入不敷出，而跨境电商可为企业省去参加展会到物流各个环节的人力成本和中间商成本，为传统外贸企业重获成本优势。

2）缺乏核心竞争力。核心竞争力是指一个企业在资源、产品、人力等所整合的竞争力。世界范围内的经济危机导致国际需求减少，外贸市场的竞争越发激烈，而传统外贸方式已无法为企业获得新的增长点，导致无法培养企业特有的核心竞争力。而跨境电商作为新兴的外贸交易模式，其市场还处于未饱和状态，可为培育企业核心竞争力提供有力的发展空间。

3）企业融资困难。随着舆论对传统外贸企业越发不看好，投资者对传统外贸行业的投资兴趣减少，导致传统外贸企业，特别是中小外贸企业融资越来越困难，而跨境电商的发展现处于暴发阶段，国家对其发展的投入也越来越大，其发展态势已经形成，人们对其投资的积极性也被调动了起来。

2．外部动因

1）传统外贸行业发展前景不明朗。我国传统外贸一般都有指定的卖家，订单都是大批量交易，其经营方式有着固定的程序，但随着订单日趋碎片化和顾客对产品附加值的要求越来越高，导致行业无法在国际竞争中占据良好的位置。自2010年以来，我国进出口外贸总额虽然在总量上有所提升，但其增速整体上呈下降趋势，未来发展形势依然严峻。

2）跨境电商行业发展趋于成熟，虽然外贸环境不太理想，但跨境电商的热度却只

增不减，同比增长率保持在30%左右。进口方面，以天猫国际和京东国际为首的跨境电商进口平台，为普通消费者提供了比传统外贸更为便捷的购买方式。出口方面，亚马逊、全球速卖通等网站发展迅速，也为我国传统外贸企业提供了销售产品的平台。此外，以邮政为主的国际物流，以支付宝、银联等为主的跨境支付行业的发展也均趋于成熟，跨境电商已然成为我国传统外贸企业所应注意并尝试的贸易方式。

3）"互联网+"计划的提出。"互联网+"是李克强总理在第十二届全国人大三次会议上提出的行动计划，其主要内容是将互联网与现代制造业相结合，促进电子商务的健康发展，引导互联网企业拓展国际市场。跨境电商是具有"互联网+外贸"性质的行业，跨境电商模式是遵循"互联网+"行动计划的发展模式，未来跨境电商企业的发展将更受国家的重视。

扩展阅读

中国消费者为什么去国外采购小商品？

2016年全国"两会"期间，海淘、代购的话题非常热，表面上看是中国的消费者去国外买各种各样小商品的现象，其实质是中国制造业面临的困境：一方面是大量的商品，而制造商、商场都说"东西卖不出去"；另一方面是供需错配，老百姓想买的东西，特别是一些消费能力较强的人在中国的市场上买不到他们喜欢的商品。2015年5月，国务院印发的《中国制造2025》指出，我国制造业正处在从产业链低端向高端"爬坡过坎"的关键性阶段，中国要把握新一轮产业的战略机遇，在"十三五"时期，我国制造业最终实现从"制造大国"向"制造强国"的质变。

首先，将智能制造定为主攻方向。积极推进高端制造业再升级，智能制造、网络制造日益成为生产方式变革的重要方向，跨领域、协同化、网络化的创新平台正在重组制造业创新体系。从流程制造、离散制造、智能装备和产品、智能制造新业态新模式、智能化管理、智能服务等方向推进，并从机器人智能装备开始突破。

其次，要用先进标准倒逼升级。对行业来说，要提升国际标准转化率，加快关键技术标准研制，加快标准更新，促进技术和产品创新，促进中国制造从中低端向中高端升级。对政府来说，要改进政府管理方式，采取新办法，让消费者自主选择，采取负面清单的管理办法，用先进标准倒逼"中国制造"升级，最终实现倒逼制造业提质升级。

最后，要发挥服务业提振作用。一是深化分工和合作，把高端服务元素坚实地嵌入制造业之中，通过生产性服务业促进制造业转型升级、推动竞争力提升。二是加强产业融合，强化生产性服务业对制造业的渗透与支撑，大力发展生产性服务业，并促进生产性服务业与制造业的融合与互动发展。三是推动产业集聚，打造一批生产性服务业集聚区或功能园区，以服务业集聚策动制造业升级。

三、传统外贸企业转型跨境电商的难点

1. 知识产权：中小企业的维权与侵权

我国中小企业在向境外提供大量廉价贴牌产品的同时，也存在着违规侵权的问题，

特别是在商标权领域。值得一提的是，这种侵权是双向的。中国的中小企业大量产品也存在被国外卖家侵权的行为。目前主要的跨境电商网站均设有知识产权侵权投诉机制，处理较为迅速。因此，我国跨境电商平台上的企业需要有自主品牌意识和IP保护意识，充分利用平台上的相关服务或者机制，一方面防止自身侵权行为发生，另一方面也要充分维护自己的知识产权品牌。在这一问题上，全球速卖通获得了来自阿里巴巴生态的支持。阿里巴巴的知识产权保护平台负责处理侵权投诉和维权申诉等方面的问题，并会不断进行迭代以适应环境变化。跨境电商的知识产权保护目前也是国际贸易谈判热点之一。

在2020年1月中美双方签署的《中美第一阶段经贸协议》第一章第五节中专门提到："为促进电子商务的发展，中国与美国应加强合作，共同并各自打击电子商务市场的侵权假冒行为。"正在谈判中的中日韩自贸区协定以及在2020年11月签署的《区域全面经济伙伴关系协定》（RCEP）谈判中，跨境电商的知识产权问题都是谈判重点。只有自己通过维权获得足够的知识和经验，才能为国家间的跨境电商知识产权谈判提供有效帮助。

2．清算、通关和仓储风险

B2C跨境电商结算往往通过第三方支付方式PayPal或者VISA、MasterCard等信用卡结算的方式完成。跨境电商结算，平台必须与世界各地的银行机构以及第三方支付机构建立联系。此外，由于B2C出口多属于小额商品交易，在各国通关时的免税和退税事宜也需要通过海关合作进行。各国的通关和物流成本各自不同。目前跨境电商零售平台物流多采取与当地物流部门合作进行，需要对整个物流链条进行改造，对于跨境电商平台来说投入成本较高。海外仓的仓储成本和风险也比较高，法律、安保和仓储质量控制很难得到有效保障，需要通过参加保险和大数据管理与反馈等方案降低成本风险。

目前各大跨境电商平台均采取在海外设立分公司和海外仓的方式强化管理，这一趋势在未来有加强的可能。

除了上述风险外，国际贸易中不可控的政治因素也对跨境电商交易产生越来越大的影响。上文中曾提到的中美贸易摩擦就是典型案例，此外欧盟的《通用数据保护条例》（GDPR）也对亚马逊等成熟的跨境电商在欧洲业务产生了冲击。这些问题需要平台供应链迅速做出反应，降低损失。同时还需要与保险公司合作，实现尽可能地补损。在某种程度上阿里巴巴eWTP的推出，本身也有助于推动私营部门与公共部门之间的协调，防止在交易和物流进程中出现风险。

3．产品选品不多，低端同质化情况严重

2018年我国出口跨境电商卖家品类分布中，3C电子产品、服装服饰、家居园艺和户外用品四个品类占全部出口总额的45.9%，其中仅3C电子产品占比就达到18.5%。在出口方向上，2018年中国出口跨境电商出口国家分布中，美国占据17.5%的市场份额。在中美贸易摩擦还没有出现根本性缓解的情况下，中国B2C跨境电商出口很容易受到市场各种不确定因素的影响而出现急涨急跌，为大量中小企业的经营带来风险。解决的方式是实施销售的多元化，增加产品选品种类，挖掘其余产品在相关市场销售增量等。全球速卖通推出选品工具及服务，如"数据纵横"等，是提升产品选品、推动多元化营销的重要策略之一。

4．数据安全与流动缺乏全球统一监管标准

B2C 跨境电商出口贸易涉及两方面数据，一方面是供应商的生产和管理数据，另一方面是消费者的支付数据，通常作为第三方平台的跨境电商可以全面掌握这两方面的数据。这里涉及数据安全和数据流通的问题，常常会受到客户和监管部门的关注。在全球范围内尚无统一的相关贸易规则或者跨境数据监管规则予以规范。欧盟的《通用数据保护条例》在一定程度上为国际数据监管提供了一个范本。

2019 年，G20 大阪峰会上发布了《大阪数字经济宣言》，标志着主要国家对于建立允许数据跨境自由流动的“数据流通圈”达成初步共识。目前，全球贸易体系面临着波折和动荡。尽管 WTO 下建立起了多边的电子商务谈判机制，但 WTO 当前面临功能失效的严峻挑战，区域经济一体化有可能取代 WTO 在未来一段时间内发挥规则制定和实施的作用。电子商务、知识产权和数据流动是各区域自贸区的重点话题。中国与西方国家在上述问题上的关注重点存在差异。中国更加关注跨境电商流程的规则制定，欧美则强调概念外延更加广泛的数字贸易和数字经济。跨境电商本质上还是线上和线下两种贸易方式结合的结果，数字贸易涉及的交易范围更加广泛，引发的贸易标准和监管流程更多（例如数字税的问题）。在建立全球的跨境电商或者数字贸易监管体系统一标准的问题上，各方还有很长的路要走。

四、传统外贸企业转型跨境电商的趋势

1．B2C 跨境电商平台为产品营销提供了更多便利

在一项哈佛大学与麦肯锡公司对全球 17 个国家的公司调研中发现，影响企业竞争优势的因素是多方面的，而各种因素所产生的竞争优势持续的时间也有巨大差异，其中，价格产生的竞争优势可以持续 60 天，广告不到 1 年，产品创新可以持续小于 2 年，渠道持续时间小于 4 年，但品牌却是可以持久的。中国企业要真正在国际产业链中占据高端地位，就必须实现从产品“出海”到品牌“出海”。借助跨境电商平台，中国企业有望创造新的品牌出海模式。

2．原生品牌通过跨境电商出口将会成为中国品牌出海新模式

相比于传统品牌借助跨境电商出口，基于跨境电商模式崛起的原生品牌将会成为中国品牌“出海”新模式。相关研究显示，基于跨境电商出口的原生品牌在短短数年时间里就产生了中国传统品牌在海外的影响力，比如成立于 2011 年的安克（ANKER）已连续两年上榜 WPP 和谷歌联合发布的“中国品牌出海 50 强”，这家消费电子企业从最初的单品类、线上渠道为主，主打成熟市场的品类品牌，已发展为多品类、全渠道、覆盖成熟市场和新兴市场的企业品牌。

3．跨境电商出口推动代工 / 贴牌转型为自主品牌出海

改革开放以来，我国很多企业通过代工的形式参与国际分工，通过加工贸易融入全球产业链，长期处于全球价值链“微笑曲线”的底端。以苹果公司的 iPhone 为例，虽然

绝大多数的成机源自我国出口，我国真正拥有的价值仅为手机出厂价格的3.3%。在全球价值链时代，品牌可谓价值链的利润分配者，我国制造的转型升级必须要摆脱低端的OEM、ODM㊀，走品牌化之路。

习 题

一、填空题

1．我国跨境电商经历了起步期、成长期、________三个阶段，现正式进入了________。

2．在跨境电商1.0阶段，______________、______________是典型的代表平台。

3．电子商务生态系统中的成员可分为网络核心型企业、______________、坐收其利型企业和__________。

4．我国跨境电商政策发文形式主要以_________与________为主，这两类文本大多针对跨境电商的具体领域进行指导。

5．2016年1月6日，国务院常务会议决定，在宁波、天津、上海、重庆、_______、郑州、广州、_________、大连、青岛、深圳、苏州12个城市新设一批跨境电商综合试验区。

二、选择题

1．创造七个全国“第一”、10项创新制度在全国推广的是（　　）综合试验区。

A．上海　B．杭州　C．深圳　D．天津

2．《中华人民共和国电子商务法》正式实施的时间是（　　）。

A．2018年9月1日　B．2018年12月18日

C．2019年1月1日　D．2020年1月1日

3．提出“建设三大平台、拓展四大服务功能、构建五大服务体系”的是（　　）综合试验区。

A．宁波　B．上海　C．杭州　D．深圳

4．下列不是跨境电商生态的主要群体是（　　）。

A．买家群体　B．卖家群体　C．服务商群体　D．监管机构

5．截至2020年年底，我国跨境电商综合试验区共有（　　）个。

A．46　B．59　C．88　D．105

三、判断题

1．买家群体可以是普通消费者，也可以是采购服务商，也可能是品牌生产商。（　　）

㊀ ODM为original design manufacturer的简写，直译为原始设计制造商。

2．2013 年成为跨境电商重要转型年，跨境电商全产业链都出现了商业模式的变化。这一阶段称为全产业链生态融合阶段。（ ）

3．跨境电商综合试验区最关键的一个字是“试”：解放思想、大胆地试。（ ）

4．传统国际贸易政策促进机制与监管方式可以完全复用于跨境电商。（ ）

5．跨境电商平台本质上为中小企业提供了以轻资产投入触达海外用户的链路。（ ）

四、简答题

1．简述跨境电商生态圈的组成。

2．简要分析我国跨境电商的政策组合。

3．简述设立跨境电商综合试验区的目的。

4．简述传统外贸企业转型跨境电商的外部动因。

5．说明一下传统外贸企业转型跨境电商面临的知识产权问题。

第三章 出口跨境电商

引例

2021 年 4 月 20 日，宁波乐歌股份 2020 年度报告显示，2020 年净利同比增长 244.7%。对于业绩大幅增长的原因，乐歌股份董秘朱伟在接受《证券日报》记者采访时表示，随着疫情的持续，消费品零售业务线下转线上趋势进一步加强，公司跨境电商、自建海外仓和跨国制造的早期国际化战略布局优势开始显现。同时，公司人体工学升降桌"宅经济"的产品特性，进一步催化了公司跨境电商业务的快速发展。公司产品线成功转型，优质行业工程 2B 客户不断切入，人体工学系列产品订单持续增加。网经社电子商务研究中心 B2B 与跨境电商部主任、高级分析师张周平告诉记者："受政策及发展环境利好驱动，在整体出口量稳定的情况下，出口跨境电商正在逐步取代一般贸易，成长性良好。"

出口跨境电商行业内公司发展迅速，不止于中国制造，未来更多是打造中国创造、中国品质、中国品牌。跨境出口电商的方式可以在国内做品牌、客户运营，直接面向欧美终端消费者，叠加中国优质供应链，竞争优势较强。未来是中国品牌出海的时代，也是中国出口跨境电商零售高速成长的时代。

本章学习目标

（1）了解我国出口跨境电商的现状。

（2）重点了解全球速卖通、亚马逊等出口跨境电商。

（3）了解亿贝、Wish、Lazada、Shopify。

（4）认识我国跨境电商创业的代表：敦煌网与兰亭集势。

第一节 出口跨境电商概述

出口跨境电商是指分属不同国家或地区（不同关境）的交易主体，利用互联网或移动互联网络，通过各智能终端，实现将主体所属的境内产品销售给境外企业或终端消费者的国际商业活动。其中包括终端消费者与商品销售者线上交易意向的达成，进而完成支付结算，并通过跨境物流送达商品等环节。

亿欧智库发布的《2021 中国出口跨境电商发展研究报告》，针对当前中国出口跨境电商行业现状、整体生态及创新趋势进行了详尽的研究。根据报告数据，我国出口跨境电商如日方升，2021 年整体交易规模达 7.73 万亿元，2023 年预计或将突破 9 万亿元。

1．出口跨境电商行业现状

报告指出，我国出口跨境电商从 1999 年至今，总共经历了四个阶段，分别是 1999 年—2003 年的平台信息化阶段、2004 年—2012 年的交易服务线上化阶段、2013 年—2018 年的全产业链服务在线化阶段、2019 至今的全产业链生态融合阶段。在第四阶段，内容营销、直播经济风起，行业打破单一环节，电商平台、卖家、服务商紧密合作。配套服务专业化，企业品牌意识不断增加，构建起全产业链生态圈。

我国出口跨境电商何以保持如此旺盛的发展势头？主要有五个层面的因素：消费者层面、供应链层面、宏观环境层面、企业层面、资本层面。

1）消费者层面。国外消费者购物习惯向线上转变，卖家的用户教育成本减少，线上获客难度降低。据统计，疫情冲击下，全球平均在线购物时长增长 47%。不同年龄段的消费者皆提高在线消费比例。

2）供应链层面。由于有效的疫情防控及较快的经济回暖，我国拥有稳定的外贸供应链优势。政府有效的疫情防控，为我国保持稳定的外贸供应链奠定了人力及物质基础。我国成为首个商品出口交易正向增长的国家。

3）宏观环境层面。国际国内大环境利好，为出口跨境电商走向世界提供良好条件。2020 年 11 月，我国正式签署 RCEP，大幅提升东亚经济一体化水平。国内提出多项出口政策，为出口跨境电商开辟绿色通道。

4）企业层面。传统外贸受冲击，为自救向出口跨境电商转型。与传统外贸相比，跨境电商优势明显，环节大幅简化，减少分销渠道，避免了叠加关税，降低了企业成本，加快了商品流动速度。传统外贸必须寻找新发展途径以自救。

5）资本层面。资本涌入，服务商市场活跃。据统计，2019 年一级市场投融资金额突破 230 亿元，2020 年有所回落，投资阶段偏早期，A 轮最多，有七笔。其次是战略投资与 B 轮，均为六笔。其中从 2020 年 1 月到 2021 年 3 月，服务商市场最受资本欢迎，占比约 60%。

2．出口跨境电商生态分析

出口跨境电商生态方面，目前主要有第三方平台与独立站、开放为主平台与自营为主平台之间的竞争。

1）第三方平台与独立站的竞争。第三方平台主要以提供平台为主，重在进行卖家和顾客之间的交易。而独立站经营自主品牌，其他卖家和供应商无法入驻。相比较而言，第三方平台适于有较强的标品研发能力或新入局跨境电商的企业。而独立站更适合那些想要打造自主品牌、拥有互联网思维的非标品企业。

2）开放为主平台与自营为主平台的竞争。用国内电商平台打比方的话，前者通常采用“淘宝”模式，后者通常采用“京东”模式。开放为主平台的核心在于发展入驻卖家的自主网络效应，基于自身的高知名度及流量、建设平台和维护交易安全、确保交易的公平合理性，从而收取佣金。自营为主平台的侧重点在于发展平台自身的供应链服务，采用买断式为主的采购模式，并通过严选合作供应商，达到提高库存周转率的目的。开放为主平台的代表企业有亚马逊、亿贝、全球速卖通等，自营为主平台的代表企业有

DX、新蛋网等。

电商在全球各地区的发展，主要以拉美和新兴市场国家的表现最引人注目。虽然欧美是传统电商领域领跑者，但移动端应用较为落后，西欧4.7%的应用水平远低于世界平均水平18.3%。而以拉美为首的新兴市场国家迎来了移动电商新时代，以31.8%的营收增长率远超北美。《2021中国出口跨境电商发展研究报告》预计，2020年—2024年，土耳其、阿根廷、印度尼西亚将成为全球零售电商年复合增长率最快的国家之一，跨境电商卖家的全球布局可能会将重心从欧美发达地区向这些国家倾斜。

正因出口跨境电商迅猛发展，跨境软件服务市场十分红火。目前市场中的跨境软件ERP服务主要包括订单管理系统（OMS）、物流管理系统（DMS）、仓储管理系统（WMS）、客户管理（CRM）系统、财务管理系统（FMS）以及供应链管理（SCM）系统等主要模块功能。当前市场竞争激烈，跨境电商卖家对于软件选择缺乏标准性依据。功能多集中在“OMS+DMS+WMS”三方面，能够完整布局到FMS、CRM、SCM的相对较少。为了赢得市场，超过90%的ERP服务商提供免费试用服务，以吸引商家下载应用，但免费背后大多存在高额收费陷阱。

在跨境软件选择采购上，跨境卖家使用意愿强，但对于软件选择缺乏标准性依据，使用方式多是圈内推荐或尝试使用。伴随市场对于高效和精细化运营的需求越来越高，跨境软件服务行业不断开拓创新产品及服务是必经之路。跨境软件服务的相关企业将立足全局，集成整合，协调优化，实现产品功能定制化，提高对处于不同发展阶段的跨境卖家的适用性，最终打通从端到端的全数字化通路。

3．出口跨境电商创新趋势

面向未来，我国出口跨境电商将呈现如下创新趋势：

1）从“中国产品”向“国际品牌”转化，从过去的产品→扩张→品牌到将来的品牌→扩张→产品转化。持新兴互联网思维的企业将优先考虑品牌价值，通过树立品牌形象，扩大市场份额，然后根据市场需求快速反应，提高产品更新迭代速度，同时搭配供应链优势，和本土卖家站在同一起跑线上。

2）移动社交时代，流量变革下的精细化发展。跨境电商将会经历从野蛮流量变现到精细化发展的过程，企业更加注重营销数据在构建整个营销闭环中的实际应用。

3）数字化时代的技术力量，实现从信息到价值的闭环。这其中不同的技术对应不同的层级，大数据和人工智能主要服务商业决策层；5G通信主要服务网络基础设施承载层；区块链主要服务价值互联网设施层；云计算主要服务电商业务基础设施层；物联网主要服务数字化生活设施层。

4）全产业链时代的“出海”生态联盟逐渐建立。全产业链融合时代，企业意识到产品本地化、合规化以及创新的重要性，因此以发展商业生态系统为基本路径，通过信息的流动和物质资源循环的相互作用，构建“出海”生态统一体。

5）产业带转移下的B2B崛起。出口跨境电商产业带主要以沿海地区为主，广东、浙江、福建拥有成立5～10年内数量最多的跨境企业。综合试验区主要的发展方向以B2B为主，出口和B2B的模式占到综合试验区跨境电商交易额的70%。

扩展阅读

我国出口电商的五大红利期

互联网巨头发展的关键事件为我国的跨境电商从业者们留下了巨大的红利，也成就或影响了后来几乎所有的我国跨境电商卖家们。我国出口电商的五大红利期如图 3-1 所示。这五个红利期并没有严格的时间划分，是彼此交叠、重合的。

第一个红利期是谷歌的 SEO

谷歌革命性的网页排名算法，使得搜索结果的相关程度大大提高。一些有网站建设能力的早期卖家，发现了这一红利机会，通过自建网站，利用对谷歌网页排名规则的理解，利用一些技术手段，迅速提升网站排名，获取网站搜索结果前列的巨大免费流量。这一红利期从 2000 年左右开始，到 2011 年谷歌推出强大的反垃圾网站的熊猫算法截止。这一时期典型的销售产品有游戏金币及仿制品等。

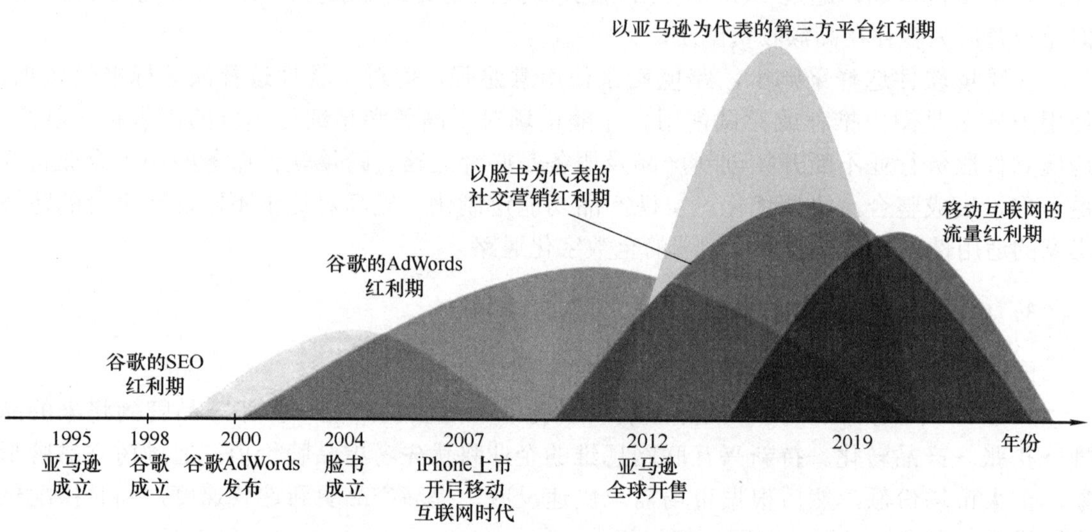

图 3-1 我国出口电商的五大红利期

第二个红利期是谷歌的 AdWords

随着谷歌的发展，越来越多的网民通过搜索引擎寻找他们感兴趣的商品。在 2001 年左右，谷歌正式推出了基于竞价排名的 AdWords 广告系统（后改名为 Google Ads），也正式开启了一段长达十几年的流量红利期。

第三个红利期是以亚马逊为代表的第三方平台

从 1995 年创立起，亚马逊（Amazon）开始以邮购图书起步。经过多年的发展，到 2012 年已成功将近 3 亿名消费者从线下发展到了线上。这时候，亚马逊平台上有海量用户，但因为缺少中国这个世界工厂的接入，在商品的丰富程度上还有所欠缺。2012 年，随着亚马逊中国全球开店计划的推出，延续至今的第三方平台红利期随即开启。

我国生产的大量质优价廉的商品借助全球开店计划随即蜂拥进入亚马逊平台，这也很好地满足了渴求质优价廉商品的亚马逊用户们的购物需求。从2012年亚马逊开始全球开店，到2018年，亚马逊迅速成长为数十万中国卖家参与、拥有数千万种商品、交易额达上亿美元的巨大跨境零售业态。这一时期的典型代表，包括环球易购、通拓科技、傲基（AUKEY），以及坂田五虎等，也成就了包括ANKER、泽宝、出门问问等一批以产品开发能力见长的研发型卖家，以及不少有实力的工厂型卖家。在看到亚马逊巨大成功后的2015年前后，更多其他第三方平台也开始了在我国市场的大力度招商。到2018年，随着众多同类卖家的涌入，站内流量竞争加剧，平台的规范化开始限制刷单刷评论，有实力的商家开始烧钱做站内广告，抢占有利的上架排名。对于很多中小型商家来说，这意味着第三方平台的流量红利也逐渐接近尾声。这也是2018年以来独立站呼声渐高的原因之一。

第四个红利期是移动互联网的流量

这一红利期起始于2007年首款iPhone的上市。在iPhone之前，PC互联网链接了世界上大约13亿名用户。2007年，经由乔布斯发布的iPhone，不仅像他说的“重新发明了电话”，而且也开启了影响全球数十亿互联网用户的移动互联网。

第一代iPhone，2007年1月9日由乔布斯发布；同年11月，安迪•鲁宾发布了他的第一个版本的Android操作系统；2008年9月，HTC发布了第一款搭载Android操作系统的HTC Dream。

随着谷歌以安卓的开源政策来对抗iOS，免费的开源安卓系统逐渐成为全球最主要的智能手机操作系统。此后数年，得益于我国强大的生产制造能力，包括iPhone和内置安卓系统的数十亿部质优价廉的手机在全球各地的发售，众多原来受限于网络基础设施不完善的发展中市场（比如东南亚、非洲等）迈过互联网时代，直接跨入了移动互联网时代。在发展中国家互联网普及率快速上升的同时，全球网络流量也从PC互联网快速向移动互联网迁移。移动互联网用户数也在2014年超过了PC互联网用户数，成为互联网的主要接入设备。

第五个红利期是以脸书为代表的社交营销

这一红利期开始于2008年前后，随着2012年脸书发布的第一支信息流广告而逐渐走向高峰。从这之后，脸书广告以其精准的用户定位（脸书拥有大量用户的真实身份、行为、兴趣的大数据）、广泛的覆盖（全球近20亿名用户）以及丰富的信息流广告形式，开启了延续至今的社交媒体营销的巨大红利商机。借助这一红利，大量靠脸书信息流广告推动的时尚类跨境电商迅速诞生并发展，比如Sheinside、Zaful、Romwe、Tidebuy等都是其中的优秀代表。

（资料来源：陈述出海，https://www.ikjzd.com/articles/15139，2019-01-15）

第二节　出口跨境电商案例之一——全球速卖通：国际版淘宝

一、全球速卖通简介

全球速卖通（http://seller.aliexpress.com）是阿里巴巴旗下唯一面向全球市场打造的

在线交易平台，被广大卖家称为“国际版淘宝”。全球速卖通于2010年4月上线，经过多年的迅猛发展，目前已经覆盖220多个国家和地区的海外买家，每天海外买家的流量已经超过6800万个，交易额年增长速度持续超过600%，已经成为全球最大的跨境交易平台。全球速卖通的优势行业主要有服装服饰、手机通信、鞋包、美容健康、珠宝手表、消费电子、计算机网络、家居、汽车摩托车配件、灯具等。

速卖通依靠阿里巴巴雄厚的实力在信息、物流和资金三个方面打造自己的优势，首先，在信息方面阿里巴巴收购了美国电子商务SaaS提供商Vendio公司，Vendio公司拥有十多年的网店零售服务经验，其核心业务是帮助中小商店建立网上销售平台，并同步接入各种不同的网上销售渠道，比如亿贝、亚马逊。被收购之后，Vendio可以将其服务的8万多个美国B2C零售卖家与全球速卖通对接，可通过B2C的模式将全球速卖通的产品推向全美。物流方面，阿里巴巴与国际快递巨头UPS合作，整合UPS的优质运输技术，让客户体验到在线管理货运和在线追踪的便利。最后，在资金方面，阿里巴巴与全球最大的在线支付公司PayPal合作，当时的PayPal在全球拥有190个市场超过8400万个活跃的在线用户，使用24种货币，合作后的全球速卖通用户可以便利地使用PayPal实现支付。

和淘宝一样，卖家把编辑商品的信息、通过全球速卖通平台发布到海外，成交后类似国内的发货流程，通过国际快递将货物运输到买家手上，全球速卖通上的卖家就这样轻松与200多个国家和地区的买家达成交易。

二、全球速卖通业务的优点

全球速卖通是借助网络和阿里平台诞生的业务，有着传统国际贸易业务模式无法具有的一些优点：

1）进入门槛低，交易活跃，能满足众多小商家迅速从事出口业务的愿望。全球速卖通平台对卖家没有企业组织形式和资金的限制，进入门槛低，公司和个人都可以在平台上发布商品信息。

2）交易流程手续简便，出口商无须具备企业外贸资质，无须亲自进出口报关，进出口报关由物流方简单操作即可完成。

3）由于全球速卖通业务的单笔订单成交金额少，因此，送出去的包裹价值普遍较低，一般没有达到进口国海关关税最低起征点的标准，因而无关税支出。

4）短期内无国际贸易摩擦问题。全球速卖通业务订单金额小，其对进口国的同类产业影响往往被进口国忽略。因此，短期内小额跨境电商可以避免国际贸易摩擦。

全球速卖通与PayPal的分分合合

分久必合、合久必分。PayPal的发展历史多少体现了这种东方思维。在线下移动支付市场已被支付宝和微信霸占，即使Apple Pay也没啃动这块骨头的背景下，没有我国第三方支付牌照的PayPal瞄准跨境2B出口和海淘布局，可谓扬长避短。

1．分拆后的开放姿态

PayPal的中文名字叫贝宝，它做的是支付的事。1998年，还没有形成“从零到一”思维体系的彼得•蒂尔（Peter Thiel）赶在电商发展初期创办了在线支付工具PayPal。4年后，时任亿贝掌门人的惠特曼买下了它，当时的支付宝还没出世。PayPal开始了一场随亿贝周游世界并扎根当地消费者的漫长旅程。2010年，阿里巴巴面向海外中小买家的出口电商平台全球速卖通上线，并随后对接了PayPal。但仅过了一年，双方的缘分就终止了。当时，上升势头不错的全球速卖通与亿贝在我国开展的业务高度重叠竞争，由于当时的PayPal仍在亿贝怀抱中，这场分道扬镳也被外界视为情理之中。

2015年7月，PayPal从母公司分拆重返纳斯达克，估值甚至超过了亿贝。大洋彼岸，当时成立10个月的蚂蚁金服集团正加速向各个场景突飞猛进，估值一路飙升。而从亿贝分拆后的PayPal与支付宝类似，是独立的第三方支付公司，它在中国市场放手一搏的机会来了，并产生了未来再次与全球速卖通合作的想象。当时在阿里系之外，“洋码头”“小红书”“什么值得买”等做跨境电商的中国公司都已是PayPal的客户，这些公司的业务与全球速卖通不同，它们做的是零售进口电商，面向的是C端海淘用户。

当时，用于跨境支付的工具不下20余种，除了传统的VISA和Master Card、西联汇款等，还包括MoneyGram、Payoneer、Skrill、Escrow（国际支付宝）、WebMoney等。PayPal从亿贝的剥离，让PayPal有了一个很大的机会与不同的平台展开合作。

2．啃动中国市场

以前中国人对PayPal的印象多固定在一个网页版的在线支付工具上，但在英美市场，它对线下移动支付市场的快速拓展已经和Apple Pay构成了竞争。2015年，PayPal在全球一共处理了49亿笔付款交易，其中有28%是在移动端完成的。PayPal收购了很多做移动支付的公司，如以8亿美元卖给PayPal的支付网关Braintree就在帮助PayPal拓展移动支付市场。在美国，PayPal对接了很多线下商户，这个布局路径与眼下支付宝疯狂地对接国内的超市、便利店、餐馆，以及日韩等热门旅行地的商户的行为类似；PayPal也在信用卡习惯浓厚的英美两国市场推出了PayPal Credit服务，类似于蚂蚁花呗。PayPal与支付宝、Apple Pay等工具的定位正越来越趋同。

尽管PayPal未能披露中国市场的营收占比，但华为、小米等国产3C商品的海外需求度上升，以及海外市场对中国服装等传统品类的旺盛购买需要，都在催促着这家尚未在中国C端消费者心目中建立起强知名度的外来品牌。对于出口业务自身占比近九成的B2B领域，PayPal推出的服务升级方案包括简化外汇兑换流程以提升商户资金周转率，将美元兑人民币提现业务拓展至欧元、英镑、澳元等多币种，将线下商户服务团队铺设到杭州、青岛等10个跨境电商试点城市。

跨境电商零售进口已进入“战国”时代，天猫国际、考拉海购、洋码头等均在拼命扩张品类，但仍有一部分消费者喜欢在国外品牌或电商官网上直接购买商品，他们喜欢用信用卡或者PayPal付款，这部分消费者的口碑传播将是PayPal拓展国内C端用户的一个“扩音器”。一位在阿里巴巴国际站上做礼品出口业务的老板说，在他促成交易后，会推荐买家使用PayPal付款，告诉对方一个注册了PayPal账户的邮箱，对方打款后2min

就能收到货款，他看中这种方式的便利性。在C端，当支付宝与微信不惜用巨额补贴培养中国消费者的线下手机付款习惯时，PayPal也开始“入乡随俗”，设法拓展中国的“千禧一代”海淘用户，服装服饰、化妆品、食品等是这个群体的消费者最热衷的海淘品类。

（资料来源：叶青，艾媒网，2016-06-06）

三、全球速卖通的转型与发展

全球速卖通最初定位是面向欧美市场，但是在实际运用中发现，越来越多的买家来自巴西等新兴市场国家，新兴市场国家一方面工业基础薄弱，对外国工业品严重依赖，另一方面线下商品流通不充分，线上电商零售也不成熟，因此，全球速卖通加速上线了俄罗斯语和西班牙语网站，希望通过市场再定位避开和其他电商巨头的正面冲突，随着多国出台保护本国电商、限制或禁止本国人员跨境网购等政策，全球速卖通面临重新定位与发展。

全球速卖通业务逐渐发展起来之际，亚马逊等美国跨境电商已在欧美市场取得了支配地位，搭建起较为稳定的销售渠道和网络。全球速卖通则主要在俄罗斯、西班牙、法国等地开展本地化业务，逐渐形成自己比较稳定的业务区域。在这个过程中，阿里巴巴旗下的菜鸟网络和蚂蚁金服在物流和支付方面发挥了较大作用。例如，菜鸟网络就在东欧、俄罗斯等地，与当地邮政部门合作，搭建了多条物流专线。这让阿里巴巴每年的大型促销期间，当地邮政运输得以保持稳定。伴随着在俄罗斯的成功，阿里巴巴出口跨境电商先后在西班牙、法国、比利时、波兰、捷克等国家设立了海外仓，影响力逐渐在向西欧拓展。相关的服务产品也越来越丰富，例如海外仓三日达、跨境十日达以及将同一客户多件产品的合并送达，以降低服务成本。

2017年后，在技术具备的情况下，全球速卖通依靠集团的大数据和产品技术能力，加速本地化，以满足对不同地区和市场用户的差异化消费需求。阿里巴巴对于基础设施的投入为其电商团队提供了良好的支持。强大的基础设施，是阿里巴巴电商平台可以持续发展的最基本力量，也是全球主要头部电商继续生存和发展下去的必要条件。通过人工智能数据分析能力的不断提高，全球速卖通得以在运营和营销方面为中小企业提供高效的服务，增强了它们在产品布局、供应效率和营销规划方面的能力。

在云计算能力的支持下，阿里巴巴的庞大电商、支付和物流生态使其在数据储备、技术开发和生态协同上具有高可持续性。这种本地化进程持续至今日，已经成为阿里巴巴电商业务的重要特征，即具备对整个电商供应链提供数字化服务和改造的能力。目前，阿里巴巴的跨境电商业务包括全球支付结算金融、数字化关务、数字化和智能化物流三大供应链体系支柱。本地化基础设施建设的成功，使平台上的产品流通成本大幅降低，在价格上与同类产品相比要便宜1/2甚至2/3，且具备丰富的品类，构建了阿里巴巴在出口跨境电商业务上的比较优势。

截至2020年年初，阿里巴巴的出口跨境零售电商业务已经拓展到全球200多个国家和地区，其服务体系能够支持18种语言的自动翻译，支持数十种本地化的支付方式。当然，强大的技术服务体系与品牌建设相辅相成。在阿里巴巴出口跨境电商业务开始之初，大部分产品是贴牌产品。但 2C 的业务展开，使商户需要面对终端消费者，对于产品的品质要求有较大提高，贴牌产品的销售品牌化价值凸显。全球速卖通方面认为，货品的丰富程度、和消费者的直接连接，对于提升品牌形象有积极的作用。为此，阿里巴巴出口跨境电商业务以多种方式进行品牌营销。

借助阿里巴巴的跨境零售电商平台，已经出现了漫步者、绿联和安克等一系列在全球知名的中国品牌。一些在国内已经知名的品牌如小米和海信，也通过与全球速卖通的合作在海外极大地拓展了市场并建立了良好的品牌形象。国内品牌能够借助阿里巴巴的平台，将其品牌影响力延伸到自身市场开发尚未覆盖到的领域。

目前，全球出口跨境电商正在逐渐形成新的内容营销模式。此前的跨境电商平台以接入商户为发展方向。接入商户越多，获得的交易佣金越高。品牌化营销兴起，为平台提供了服务延伸的空间，提升了品牌价值。

另外一种品牌推广则是正在兴起的直播和短视频。全球速卖通平台自身能够给商户提供直播服务，也有供商家展示短视频的平台。但与通常理解的直播带货模式有所不同，全球速卖通的直播既有直播销售，也有直播的品牌推广，推动用户的参与，形成阿里巴巴、商户和用户之间的社区，达到互动的目的。全球速卖通在俄罗斯与当地社交网站和电信运营商进行合作（主要是通过各方的交叉持股），就是致力于实现社交电商模式的本地化。

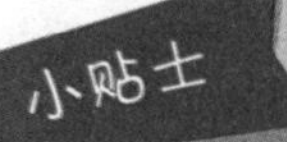

全球速卖通的商品 / 商家好评率和商家信用积分的计算模式

1）相同买家在同一个自然旬（自然旬即为每月 1 日—10 日、11 日—20 日、21 日—31 日）内对同一个卖家只做出一个评价的，该买家订单的评价星级则为当笔评价的星级（自然旬统计的是美国时间）。

2）相同买家在同一个自然旬内对同一个卖家做出多个评价，按照评价类型（好评、中评、差评）分别汇总计算，即好、中、差评数都只各计一次（包括 1 个订单里有多个产品的情况）。

3）在卖家分项评分中，同一买家在一个自然旬内对同一卖家的商品描述的准确性、沟通质量及回应速度、物品运送时间合理性三项中某一项的多次评分只算一个，该买家在该自然旬对某一项的评分计算方法如下：平均评分 = 买家对该分项评分总和 / 评价次数（四舍五入）。

4）以下三种情况不论买家留差评或好评，仅展示留评内容，都不计算好评率及评价积分：① 成交金额低于 5 美元的订单（成交金额明确为买家支付金额减去售中的退款金额，不包括售后退款情况）；② 买家提起未收到货纠纷，或纠纷中包含退货情况，且买家在纠纷上升到仲裁前未主动取消；③ 运费补差价、赠品、定金、结账专用链、预售品等特殊商品（简称“黑五类”）的评价。

除以上情况之外的评价，都会正常计算商品 / 商家好评率和商家信用积分。不论订单金额，都统一为：好评 +1，中评 0，差评 −1。

四、新冠肺炎疫情下的全球速卖通

新冠肺炎疫情的来临，迫使消费者采用非接触式购物的消费方式，一些特别商品也大卖，如防疫类物资销量增加。一些大宗商品的销量也出现上升。例如，据阿里巴巴方面透露，2020 年 4 月，在法国的 3D 打印机的销量上升了 200% 以上，主要用于生产一些防疫用品。虽然全球经济一度处于停滞状态，但阿里巴巴此前已推出了包机这样的快捷物流模式，在疫情期间，包机物流得到了进一步发展，“双 11”期间，全球速卖通联合菜鸟投入 300 架次包机，覆盖全球 15 条航线。在新型营销模式上，疫情迫使海外消费呈现出明显的线上化趋势，全球速卖通紧扣这一机会，在菜鸟网络的协助下，通过大数据智能选品、加强包机专列等物流基建等方式，抓住了疫情期间海外消费者的需求。这一系列举动的背后固然有其技术支持能力较强的原因，同时也显示出全球速卖通在经营理念上的升级，即将海外电商业务视为全球贸易中一个与其他板块正在实现整合的有机部分。它试图通过这种整合，实现自身从纯电商平台到数字服务提供者的转型。目前全球速卖通已能向商户提供一定的数据服务，包括进行用户分析（即用户画像）等，确保商户的营销精准、高效。

在宏观层面，阿里巴巴正在推动全球跨境电商贸易规则的制定，表现在 2016 年开始它不断推动 eWTP 概念的落地。eWTP 作为政府与企业间的合作平台，通过对接公共部门，构建物流服务、支付与金融网络和数字化公共服务网络，试图孵化全球贸易新规则，建立全球性的数字化商业基础设施。如果仅仅从商业角度考虑，eWTP 也为跨境电商平台在新兴市场国家发展业务提供了一个可复制的模板。全球速卖通所发展的市场包括欧、美国家，同时在中东、俄罗斯等地有较多业务，东亚市场也呈现快速崛起的态势。

2020 年，全球速卖通的商家“出海”数量同比增长 50%。增速最快的市场国家包括日韩、德国和英国，以及沙特阿拉伯和阿联酋。仅在 2020 年“618”大促期间，日本市场 GMV 增幅就超过 100%。2020 年是全球速卖通创立十周年，这一年全球速卖通不仅在新兴市场国家取得了显著的销量增长，在发达国家市场的影响力也大幅提升。2020 年“双 11”促销，在西班牙和法国只用了半天时间就完成了 2019 年 48 小时的成交额。在韩国用了 7 小时完成 2019 年“双 11”当天全天的成交额。西班牙站同比增长 60%。11 月—12 月期间，法国的成交额和订单数增速均超过 100%。消费电子类和小家电类产品在欧盟核心国家市场获得持续热卖。“中国制造”的丰富性、高品质、高性价比的影响力，正通过全球速卖通逐渐深入发达国家。全球速卖通在 2020 年业务的迅速增长，一方面是“宅经济”兴起而带来的线上购物频率增加，另一方面则归功于全球速卖通在跨境电商物流供应链方面的基础建设。

第三节　出口跨境电商案例之二——亚马逊：巨型帝国的秘密

一、亚马逊简介

亚马逊公司（Amazon），简称亚马逊，是美国最大的网络电子商务公司之一，位于华盛顿州的西雅图，是网络上最早开始经营电子商务的公司之一。亚马逊成立于1994年，一开始只经营网络的书籍销售业务，现在则极大地扩展了经营范围，已成为全球商品品种最多的网上零售商和全球第二大互联网企业，公司名下还有Alexa Internet、A9、Lab126和互联网电影数据库（internet movie database，IMDB）等。亚马逊及其销售商为客户提供数百万种独特的全新、翻新及二手商品，如图书、影视作品、音乐和游戏、数码产品、电子产品和计算机、家居园艺用品、玩具、婴幼儿用品、食品、服饰、鞋类和珠宝、健康和个人护理用品、体育及户外用品、汽车及工业产品等。

2004年8月亚马逊全资收购卓越网，使亚马逊全球领先的网上零售专长与卓越网深厚的中国市场经验相结合，进一步提升客户体验，并促进中国电子商务的成长。在许多人的观念里，亚马逊不同于淘宝，人们通常都认为在亚马逊上买到的一般都是高质量的正品，不会像淘宝上那样参差不齐。因此，一直以来，由于人们的信任，亚马逊赢得了人们的喜爱。亚马逊中国发展也非常迅速，每年都保持了高速增长，用户数量也大幅增加，已拥有28大类近600万种的产品。

2012年9月6日，亚马逊发布了新款Kindle Fire平板电脑，以及带屏幕背光功能的Kindle Paperwhite电子阅读器。2014年5月5日，推特与亚马逊联手，开放用户从旗下微网志服务的推文直接购物，以增加电子商务的方式保持会员黏性。2015年1月20日，亚马逊旗下电影工作室开始拍电影。这些电影首先在电影院上映，然后才能在亚马逊Prime视频流服务上看到。

2015年3月6日下午，亚马逊中国宣布开始在天猫试运营“Amazon官方旗舰店”，计划于2015年4月正式上线。该旗舰店首期主推备受消费者欢迎的亚马逊中国极具特色的“进口直采”商品，包括鞋靴、食品、酒水、厨具、玩具等多种品类。2016年6月8日，《2016年BrandZ全球最具价值品牌百强榜》公布，亚马逊排名第7。经历了短短21年时间，亚马逊从一个小小的图书网站变成了品种齐全的商业帝国，2018年，亚马逊市值已超越谷歌母公司Alphabet，成为仅次于苹果的全球第二大市值公司。

到2020年年底，中国卖家在亚马逊头部卖家的占比份额创历史新高，达到42%。而中国卖家所贡献的销售额在亚马逊整体销售额的占比居第二，美国本土卖家占比居第一。在2020年2月—5月期间，由于制造、货运和仓储受疫情影响很大，以及消费者出于对生活必需品的优先购买，中国卖家在亚马逊头部卖家的销售占比有所下降。5月，在美国、英国、德国和日本等四个亚马逊核心市场中，30%的顶级卖家来自中国（而在2016年5月，只有11%的头部卖家来自中国，该比例逐年持续稳定增长）。且美国、加拿大、墨西哥、英国、德国、法国、意大利、西班牙和日本等市场也保持一致增长趋势。到2020年年底，中国卖家在亚马逊头部卖家的占比份额创历史新高达42%。

扩展阅读

亚马逊创始人杰夫·贝佐斯

杰夫·贝佐斯（Jeff Bezos），1964年出生于美国新墨西哥州阿尔布奎克。1986年毕业于美国普林斯顿大学，后进入纽约的一家高新技术开发公司FITEL，主要从事计算机系统开发工作。1988年进入华尔街的Bankers Trust Co，担任副总裁。1990年—1994年，与他人一起组建套头基金交易管理公司D.E. Shaw & Co，1992年成为副总裁。1995年7月16日，成立Cadabra网络书店，后将Cadabra更名为亚马逊，于1995年7月重新开张。1997年5月股票上市，亚马逊成为世界上最成功的电子商务网站之一。

1999年，贝佐斯当选《时代》周刊年度人物。2013年8月，贝佐斯以个人名义花费2.5亿美元收购《华盛顿邮报》。2014年2月，贝佐斯以2250亿元人民币高居2014年世界富豪榜第七位。2015年9月29日，《福布斯》发布"美国富豪400强"榜单，贝佐斯以470亿美元净资产排名第四。2016年3月9日，由亚马逊CEO贝佐斯创立的蓝色起源对外宣布，在2017年对可重复使用亚轨道航天器New Shepard进行载人测试飞行。2016年7月22日，贝佐斯超过"股神"沃伦·巴菲特，成为全球第三大富豪。2016年12月14日，贝佐斯荣获"2016年最具影响力CEO"荣誉。2017年7月17日，《福布斯》富豪榜发布，贝佐斯以净资产852亿美元排名第二。2017年7月27日，贝佐斯超过比尔·盖茨成为新首富。

二、亚马逊的三次转变

亚马逊能够取得如今的成就，与它自成立以来发生的三次转变密切相关。如果没有这三次转变，亚马逊或许还离成功有一步之遥。

第一次转变：成为地球上"最大的书店"（1994年—1997年）

1994年夏天，从金融服务公司辞职的贝佐斯决定创立一家网上书店，贝佐斯认为，书籍是最常见的商品，标准化程度高，而且美国书籍市场规模大，十分适合创业。经过大约一年的准备，亚马逊网站于1995年7月正式上线。为了和线下图书巨头Borders、Barnes&Noble竞争，贝佐斯把亚马逊定位成地球上"最大的书店"。

为实现此目标，亚马逊采取了大规模扩张策略，以巨额亏损换取营业规模。亚马逊从网站上线到公司上市仅用了不到两年时间。1997年5月Barnes&Noble开展线上购物时，亚马逊已经在图书网络零售上建立了巨大优势。此后，亚马逊和Barnes&Noble经过了几次交锋，最终完全确立了自己是"最大的书店"的地位。

第二次转变：成为"最大的网络零售商"（1997年—2001年）

贝佐斯认为，和实体店相比，网络零售很重要的一个优势在于能给消费者提供更为丰富的商品选择，因此，扩充网站品类、打造综合电商以形成规模效益成为亚马逊的战略考虑。1997年5月亚马逊上市后，尚未完全在图书网络零售市场中确立绝对优势地位的亚马逊就开始布局商品品类扩张。经过前期的备货和市场宣传，1998年6月亚马逊的音乐商店正式上线。仅一个季度，亚马逊音乐商店的销售额就已经超过了CDnow，成为最大的网上音乐产品零售商。此后，通过品类扩张和国际扩张，到2000年时亚马逊的宣传口号已经改为"最大的网络零售商"。

第三次转变：成为"最以客户为中心的企业"（2001年至今）

2001年开始，除了宣传自己是"最大的网络零售商"外，亚马逊同时把"最以客户为中心的企业"确立为努力的目标。此后，打造以客户为中心的服务型企业成为亚马逊的发展方向。为此，亚马逊从 2001 年开始大规模推广第三方开放平台，2007 年开始向第三方卖家提供外包物流服务 FBA，2010 年推出 KDP 的前身——自助数字出版平台 DTP。亚马逊逐步推出这些服务，使其超越网络零售商的范畴，成为一家综合服务提供商。

2011 年 9 月，亚马逊宣布推出触屏版 Kindle Touch，2012 年 9 月，亚马逊发布新一代电子书 Kindle Paperwhite；2014 年 3 月，亚马逊推出一款开发代号为“Project Aria”的智能手机；2015 年后，亚马逊推出“街头便利店”和“家政服务”项目。

三、亚马逊的营销策略

光靠三次转变，亚马逊不至于获得如此大的成功，它能够成为全世界最成功的电商之一与它的营销策略密切相关。在电商领域，亚马逊的营销策略细致而独特。

1．产品策略

亚马逊致力于成为全球“最以客户为中心的企业”。目前，它已成为全球商品种类最多的网上零售商，提供数百万种商品。它将其中不同的商品进行分类，并对不同的电子商品实行不同的营销对策和促销手段，同时，在各个页面中也很容易看到其他多个页面的内容和消息。

2．定价策略

亚马逊采用了折扣价格策略。所谓折扣价格策略，是指企业为了刺激消费者增加购买，在商品原价格上给予一定的回扣。它通过扩大销量来弥补折扣费用和增加利润。亚马逊对大多数商品都给予了相当数量的折扣。

例如，在音乐类商品中，承诺：“You’ll enjoy everyday savings of up to 40% on CDs, including up to 30% off Amazon’s 100 best-selling CDs（对 CD 类商品给予 40% 的折扣，其中包括对最畅销的 100 种 CD 给予 30% 的折扣）。”

3．促销策略

常见的促销方式，有广告、人员推销、公共关系和营业推广。在亚马逊的网页中，除了人员推销外，其余部分都有体现。

亚马逊带给顾客的享受并不一定在于是否有足够的钱来买想要的书，而在于挑选书的过程。手里捧着书、看着精美的封面、读着简介，往往是购书的一大乐趣。在亚马逊的主页上，除了不能直接捧到书外，这种乐趣并不会减少。精美的多媒体图片、明了的内容简介和权威人士的书评，都可以使人有身临其境的感觉。

另外，亚马逊专门设置了一个礼物页面，为大人和小孩都准备了各式各样的礼物。这实际上是一种营业推广活动。它通过向各个年龄层的顾客提供购物券或者精美小礼品的方法吸引顾客长期购买。另外，亚马逊还会给予长期购买其商品的顾客优惠，这也是一种营业推广的措施。

长期以来，三大策略为亚马逊积累了一大批忠诚的顾客，也让亚马逊一点点地建立起属于自己的“商业帝国”。

扩展阅读

亚马逊无人机快递

2016年12月15日上午，亚马逊发布了一段新视频，展示了一架无人驾驶飞机第一次配送包裹的情景。这一里程碑壮举因为法规没有在美国实现，取而代之的是该公司在2016年7月获准在英国进行无人机试验。2016年12月7日快递无人机 Prime Air 在剑桥完成第一次成功飞行，从接到订单到包裹送达总计耗时13min。

早在2013年12月，亚马逊首席执行官杰夫·贝佐斯就曾透露，未来无人驾驶飞机系统亚马逊 Prime Air 有一天将在30min或更短的时间内为用户配送包裹。三年后，当这一概念已经慢慢但确定无疑地淡出人们视线时，亚马逊重新让用户兴奋起来。

亚马逊的无人机利用全球定位导航，可以检测到一个着陆区域（在演示视频中，它是指客户花园里的一个坐垫）投下包裹，包裹可重达5lb（1lb=0.4536kg）。非公开测试的主要目的是提高交货的安全性。

Prime Air 测试的场所选择在仅有少数客户的亚马逊剑桥公司附近，只允许白天上班时间进行，因为此时风速低，能见度好。只有当亚马逊“收集到足够数据，以提高系统和操作的安全性和可靠性时”，才会在雨、雪或冰冻条件下进行测试。

除了美国和英国，亚马逊也在奥地利和以色列设有 Prime Air 研发中心。2016年的视频展示的是一架四旋翼无人机，但该公司也在测试其他各种运送工具设计和配送系统，以期应对不同环境变化。

（资料来源：新浪科技，斯眉，2016-12-15）

四、亚马逊全球开店与中国制造出海

亚马逊全球开店2012年进入中国，见证了中国跨境电商出口业务的蓬勃发展。亚马逊建立了遍布全球的175个运营中心，可帮助中国卖家将产品销往全世界185个国家和地区；建立了北美、欧洲、日本、大洋洲、印度、中东等14大海外站点，支持27种语言，目前，亚马逊境外站点全部向中国卖家全面开放。同时，为了帮助中国卖家更好地将产品销售给3亿名优质活跃付费账户及数百万企业买家，亚马逊面向中国卖家提供电子商务专属本地服务，出口各环节全方位解决方案，打造多种跨境电商营销工具，帮助10万中国卖家成功上线亚马逊全球站点，打造国际品牌，布局全球业务版图。

中国卖家在亚马逊上的快速成长得益于亚马逊全球开店计划，以及针对中国制造业企业卖家推出的“制造+”“服务+”“品牌+”全球开店服务体系。

1. “制造+”支持制造企业“出海”

改革开放以来，中国跨境出口电商已经跨过粗放型发展阶段，进入新的快速发展窗口期。中国企业对品质、品牌及合规重要性的认知有了普遍提升。2019年9月，亚马逊全球开店在中国宣布推出“制造+”项目。帮助中国制造企业拓展全球机会，打造国际品牌。制造型企业只要加入全球开店这个计划，就可以成为全球卖家。即使产品、工厂、公司、团队都在国内，也能将业务迅速拓展北美、欧洲、日本、中东、印度五个地区。

亚马逊全球开店“制造 +”项目是亚马逊为制造企业量身打造的活动，本地服务团队为企业提供全方位服务和运营支持，包括制造商运营实践分项和培训、企业 ERP 系统与亚马逊系统对接所需要的技术咨询、国际运输物流解决方案、仓储规划及支付解决方案推荐等。特别是制造业企业可以借助亚马逊提供的全方位专业服务，直接面对消费者，获得第一手反馈，设计和制造更以客户为中心、更符合市场导向的产品。与此同时，亚马逊还提供品牌推广和品牌保护工具，帮助中国制造企业在全球打造自有品牌，实现“中国制造”到“国际品牌”的全面提升。

2020 年美国疫情期间，美国待在家中修整庭院的需求激增，中国有大量生产园林工具的工厂看到海外订单持续增长，但苦于没有数据验证，不敢投入生产。基于此，亚马逊通过数据发现：庭院工具购买人群中，35 岁以上消费者占最大比例 35%，表现出强劲需求，以小型、实用工具为主，注重环保和实用；35 岁以下的消费者正在开始真正参与到庭院活动中，占 29%，18 ～ 34 岁男性消费者比例增长较快，关注点则包含多肉植物、室内盆栽、垂直园艺、园艺科技等。同时海外消费者对庭院产品的复购率和品牌忠诚度较高，美国线上购买比例高于其他地区。亚马逊的大数据让制造业企业吃下了一颗“定心丸”，使其找到了产品研发的发力点。

2．“服务 +”全链条优化开店体验

2018 年 5 月，亚马逊全球开店宣布在中国推出“服务 +”计划，依托亚马逊全球资源及先进运营经验，为中国企业量身打造全阶段、可信赖、高效能的官方服务。

亚马逊拥有完善、领先的跨境物流体系，遍布全球的 175 个运营中心可帮助卖家将产品销往 185 个国家和地区。以帮助卖家拓宽欧洲市场业务而推出的亚马逊物流欧洲整合服务 Pan -EU 为例，卖家只需将商品发往欧洲五国（英法德意西）中一个国家或地区的亚马逊运营中心，之后亚马逊便可根据预期需求自动、智能地将其库存分配到欧洲各地的运营中心。同时，为了帮助卖家提高物流运营效率、降低运营成本，2018 年 7 月亚马逊起引入库存绩效指数（inventory performance index，IPI）的概念，帮助卖家库存管理，让商品可以被更快地配送到买家手中。卖家可以在 Prime Day 等促销季中，管理好销量和旺季销售目标，进行备货，避免了盲目备货。目前这项措施已经获得了不少卖家的参与和认可。2020 年，亚马逊继续拓展全球物流网络和服务，并推出更多的头程和 FBA 一体化的物流方案，为卖家提供货通全球的解决方案。同时亚马逊也加强和拓展 MFN 自发货物流方案，帮助卖家更便捷、更透明地管理自发货物流，提升配送体验，帮助卖家更好地改善业务，优化全球供应链管理。“服务 +”中的培训板块针对跨境电商业务入门、起步和成长等各个阶段的卖家提供丰富的培训内容，旨在帮助卖家跨境出口电商事业轻松起步，加速发展。亚马逊官方高质量线下培训为卖家量身打造多元课程，包括入门必修课与各式进阶专题课程，由官方专业讲师团队分享经典案例。另外，亚马逊全球开店计划加速全方位运营知识体系的搭建以及跨境出口电商专业人才的培养，根据卖家从起步到成长的不同发展阶段提供在线直播课程、线下公开课等，帮助卖家储备出口跨境电商专业知识，提高业务水平及运营能力。

3. “品牌+”助推中国制造品牌升级

2018年12月，亚马逊全球开店计划在中国发布了“品牌+”项目，“品牌+”项目支持有意布局和深耕境外市场的新兴品牌、希望专项升级打造自有品牌的制造企业，以及意图拓展境外市场的中国知名品牌。从品牌的定位、注册和保护，到品牌知名度的推广、培育忠实用户等，一系列解决方案覆盖了品牌打造全周期，“品牌+”项目囊括了亚马逊全球诸多品牌打造的创新产品与工具。其中：亚马逊品牌注册可以帮助卖家在亚马逊上保护其知识产权和对品牌进行管控，保护企业的品牌权益并提供可信赖的消费服务，它会对每一件商品进行代码追踪，保护品牌商和消费者免受假货侵害；亚马逊广告通过搜索广告、展示广告、视频广告、品牌旗舰店、效果评估等多种方式，帮助卖家达到提升品牌知名度、精准触达目标受众并积累用户数量等目的。

当前，越来越多的中国卖家已经从单一站点运营发展到同时运营多个站点，在世界范围内拥有优秀的运营能力也是企业国际化的基本要求。2020年亚马逊持续投入，推出更多的创新产品和运营工具，从注册、选品，到运营推广，再到物流和客服，覆盖卖家运营的不同阶段、不同站点，真正帮助卖家实现一站式管理全球业务，推出一系列创新工具。

选品上，亚马逊提供全球化选品上架和推广工具，全球化数据分析等都会帮助卖家更轻松、高效地进行全球化运营。品牌保护上，亚马逊提供从品牌注册，到站内站外品牌的推广、分析、优化，以及品牌的保护，全方位地帮助卖家打造国际品牌。营销推广上，卖家可以通过在亚马逊站外投放广告吸引对产品感兴趣的消费者，助力销售。品牌商只需在卖家平台简单操作几步，即可轻松上线展示广告，实现品牌的站外推广，增加品牌营销力及销售转化。

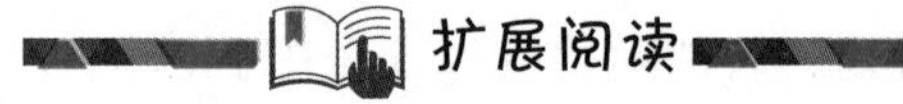

疫情期间亚马逊做了什么？

2020年，亚马逊总共卖出了4750亿美元的商品，比2019年增长了将近一半。这种增长还不仅仅是发生在亚马逊一家身上。整个美国电商行业2020年的增长率都是过去10年里最高的。这背后的原因显然是新冠病毒在欧美肆虐的时间更长，人们不得不减少出行，只好更加依赖电商购物。纽约有一家电商行业情报公司叫Marketplace Pulse（市场脉搏），认为在2020年，美国电商业务的前三大赢家分别是Etsy、沃尔玛和亚马逊。Etsy和沃尔玛能排在亚马逊前面，和亚马逊的某两个决策有巨大的关系。

Etsy最早是一家全球性的小众文艺电商平台，主打产品是手工艺品、旧货。用行业里的话说，这个平台上“厂货”很少。2020年4月2日一大早，Etsy的CEO发现流量激增，大量的用户涌进来搜索“face mask”。用户们发现，Etsy的搜索结果里搜出了大量的面膜、面具之类的产品。Etsy的CEO马上意识到，大家想要的不是面膜、面具，而是口罩。为什么呢？因为这一天市场上有消息说，美国政府要改变立场，建议美国人在公共场合佩戴口罩了。该CEO赶紧组织团队来改造搜索引擎，把真正销售口罩的供应商排到前面去。第二天，白宫就发布了出门应该戴口罩的建议。Etsy又赶紧给平台上的所有卖家都发了通知，提醒他们赶紧制作口罩。同时Etsy还不断去吸纳新的口罩卖家到平台上来，帮助他们快速开店。借助这个快速反应，Etsy在4月靠卖口罩就获得了1.33亿美元的流水，在整个美国的口罩市场里拿下了17%的份额。它除了口罩以外其他商品的销售额也被带着增长了79%。

有意思的是，亚马逊在2020年3月做了一个和Etsy反向的操作：3月的时候，疫情已经开始在美国传播起来了，欧美市场对口罩、温度计、卫生纸、洗手液这些必需品的需求达到了顶峰。在亚马逊搜索量最高的100个关键词中，有46个是和疫情防控需求相关的，可是亚马逊没货了。它当时只好从主页上下架了这些商品的页面，来让用户们少买点儿卫生纸和洗手液，多买点儿别的。结果怎么样呢？这部分流量被Etsy接走了。

沃尔玛在疫情期间做了什么呢？它本来就在全美有4000多家大大小小的实体门店，在疫情期间，它可以直接在线上接单，然后借助用户附近的实体门店来做配送，就和中国的京东超市、天猫超市差不多，这个服务在疫情期间很受欢迎。2020年2月底，沃尔玛顺应疫情的需求又宣布了启动了沃尔玛配送服务，允许第三方卖家使用自己的库存和配送能力。6月，沃尔玛与Shopify合作，来给第三方小卖家提供支付、市场营销、物流这些服务，当时沃尔玛的期待是借此能在年底之前，给沃尔玛的电商平台增加1200家新网店。

亚马逊在物流开放方面则采取了完全相反的操作，亚马逊本来自己也有一个替第三方卖家代发货的服务，叫FBA。可是3月的时候亚马逊突然宣布，为了让生活必需品和医疗用品能够优先入库，FBA暂停接受第三方卖家的其他商品入库。也就是说，卖家要是不卖医疗用品和生活必需品，就没有东西买可以卖了。这个政策几周之后解封了，但7月份又来了一次。

可以说，亚马逊的这些决策成就了Etsy和沃尔玛，使其成为2020年美国电商的最大赢家之一。但纵然如此，亚马逊在2020年流水还是增长了50%。毕竟，疫情对整个市场消费习惯的扭转能量太大了，亚马逊作为头部公司也受益。

（资料来源：蔡钰《商业参考》，亚马逊在疫情期间干了些什么？）

五、如何登录亚马逊

1．亚马逊卖家账号注册的准备资料

(1) 双币信用卡

建议用VISA（或万事达）卡，国内哪家银行都可以。只要你有国内银行的信用卡，打电话到信用卡中心，提出申请一张双币信用卡，通常一个星期左右就可以办好。如果没有国内的信用卡，那只能先去办理信用卡，受理时间大概一个月。

(2) 海外银行卡

亚马逊允许卖家和收款银行卡是不同的账户，一般是申请Payoneer卡（俗称P卡）、WorldFirst卡（WF卡），以及直接提现到香港的银行的账户。

P卡的申请见Payoneer（派安盈）官网，WF卡的申请见WorldFirst（万里汇）官网。

美国银行卡麻烦，可以找代理去美国申请。若没有海外银行卡的，建议直接申请P卡，方便简单。不同的卡手续费、取现费用不一样。

(3) 独立计算机及网络

要求没有登录过亚马逊卖家账号，也没有登录过买家账号，以防止账号关联。另外，需要在独立计算机登入。

(4) 邮箱

可用国际邮箱（Gmail、Hotmail）等，不要用QQ邮箱，建议专号专用。

2．如何申请Amazon亚马逊专业卖家账号？

亚马逊全球开店项目申请所需资料如下：

1）公司名称。必须为有限公司。对公司经营内容没有太多要求，对公司注册资金、注册年限也没有要求，香港离岸公司都可以注册申请亚马逊专业卖家账号，或者用朋友的公司申请都可以。

2）项目负责人。

3）座机。

4）手机。

5）公司总经理姓名。

6）申请开店国家。一般是先申请亚马逊美国账号，然后是英国账号、德国账号、法国账号、大洋洲账号（英国账号和美国账号申请所需资料不同）。

7）商品品类。因欧盟国家对食品要求超级严格，故若产品属于食品类的则无法申请。

8）现有商品数量。

9）自主平台的店铺链接。可以是淘宝店铺链接，阿里巴巴国际站、全球速卖通、亿贝，甚至官网平台链接都可以。产品不同也没有多大关系。

10）电子邮箱。避免使用QQ邮箱，最好使用Gmail邮箱、Hotmail邮箱，实在没有，填网易163、126邮箱也可以。

11）额外提供营业执照电子版。自己的公司或朋友公司的营业执照都可以，照片要求清晰。

注意：因为各国账号申请所需要的资料不同，以上只是申请美国账号所需资料。

3．亚马逊新手注意事项

新人注册亚马逊账号以后，后期收款的银行账号需要是美国、英国等国家的账号。成熟的亚马逊卖家最好先注册一家美国公司或者找一家美国代理公司，然后申请联邦税号。关于新人注册成为亚马逊的供应商，一般需要注意如下几点：

(1) 有比较好的供应商合作资源

供应商的产品品质要非常稳定，最好有很强的研发能力，做亚马逊产品最好，切记这点。

(2) 接受专业的培训了解开店政策和知识

亚马逊开店复杂并且有严格的审核制度，如果违规或不了解规则，不仅会有封店铺的风险，甚至会有法律上的风险，所以建议大家选择一家培训公司先接受培训，然后再做。

(3) 需要有一台计算机专门登录亚马逊账号

这对于亚马逊的店铺政策和运营后期都非常重要，一台计算机只能登录一个账号，不然会跟规则有冲突。用座机验证新用户注册最好。

(4) 需要一张美国的银行卡

亚马逊店铺产生的销售额是全部保存在亚马逊自身的账户系统中的，要想把钱提出来，必须要有美国本土银行卡。解决这个问题也比较简单，作为外贸人一般都有一些海外客户资源和朋友，通过他们解决这个问题也不是特别困难的事情，国内也有一些代理机构提供这样的服务。

第四节 出口跨境电商案例之三——亿贝、Wish、Lazada、Shopify

一、亿贝

1. 亿贝简介

亿贝（eBay）成立于 1995 年 9 月，总部设在美国加利福尼亚州。亿贝是一个可让全球民众在网上买卖物品的线上拍卖及购物网站。亿贝为个人用户和企业用户提供国际化的网络交易平台。它凭借线上第三方交易平台和支付工具 PayPal，一度成为世界上最大的电子商务公司之一。eBay.com 是一个基于互联网的社区，买家和卖家在一个平台浏览、买卖商品，亿贝交易平台完全自动化，按照类别提供拍卖服务，让卖家罗列出售的东西，买家对感兴趣的东西提出报价。

亿贝的站点分布在美国、英国、澳大利亚、中国、阿根廷、奥地利、比利时、巴西、加拿大、德国、法国、爱尔兰、意大利、马来西亚、墨西哥、荷兰、新西兰、波兰、新加坡、西班牙、瑞典、瑞士、泰国、土耳其等国家。

如今亿贝已有 1.471 亿名注册用户，有来自全球 29 个国家的卖家，每天都有涉及几千个分类的几百万件商品销售，成为世界上最大的电子集市之一。2019 年 10 月，Interbrand 发布的全球品牌百强榜中亿贝排名第 44 位；2020 年 1 月，2020 年“全球最具价值 500 大品牌榜”发布，亿贝排名第 234 位；2020 年 5 月 13 日，亿贝名列 2020 年《福布斯》全球企业 2000 强榜第 515 位；2020 年 5 月 18 日，亿贝位列 2020 年《财富》“美国 500 强排行榜”第 295 位；2020 年 7 月 28 日，亿贝名列《福布斯》“2020 全球品牌价值 100 强”第 65

位；2021年5月，亿贝位列《福布斯》“全球企业2000强”第476位。

2．亿贝的优势与特点

亿贝在长期的发展中形成了自己独特的优势与特点。

1）亿贝的开店门槛比较低，但是需要的东西和手续比较多，比如发票、银行账单等，所以需要对亿贝的规则非常清楚。

2）亿贝开店是免费的，但上架产品需要收钱，这与国内的淘宝还有很大区别。

3）亿贝的审核周期很长，一开始不能超过10个宝贝，而且只能拍卖，需要积累信誉才能越卖越多，出业绩和出单周期也很长，时间方面有时候让人受不了，只能慢慢等待。

4）遇到投诉是最麻烦的事情，店铺被封是常有的事情，所以产品质量一定要过关。

3．亿贝的评价体系

亿贝的评价体系承担了维护平台稳定运营的重要角色，因此，对于评价体系的管理成为必不可少的工作。在评价管理中，请遵循以下指引：

（1）不得索取评价

1）买家不能以留低分、差评的方式威胁卖家获取额外的利益。

2）卖家不能以提供利益的方式要求买家留取好评或高分或修改评价。

3）买家不能以威胁卖家给差评的方式，让卖家提供本不属于产品的服务或者以低价购得产品。当然，也不能使用相同的方式迫使卖家接受退货/退款。

4）卖家不能以强制要求买家提供好评的方式，给买家发送其购买的产品，或者接受退货退款的请求。卖家同样不能为了获取好评而提供给买家额外金钱或者其他好处。

5）当然，一旦一笔交易结束了，卖家可以邀请买家留下好评。如果双方解决了交易中发生的问题，卖家也可以邀请买家修改差评。

6）如果买家因为交易问题联系卖家，卖家需要尽全力帮助买家解决问题。

7）卖家买家一旦被发生违反评价管理政策的情况，将会受到如限制购买或销售的资格，甚至暂停账号等处罚。

（2）不得操纵评价

操纵评价是指任何企图通过增加评价成绩或降低其他成员评价的行为。它有刷好评、买卖评价、给予不公平的低分等多种形式。

亿贝的评价系统允许会员在交易后互相留评。为了确保这个系统平稳及公平运行，不允许任何方式的操纵评价或留低分。如果不遵守，评价可能被移除，而且可能采取一系列的警告行为，包括限制买卖权利甚至暂停账号。

（3）移除评价政策

在大多数情况下，评价是不能被更改或移除的，除非它违反了平台的评价政策。但是，如果觉得某个评论是错误的或者不公平的，可以请求修改评价。

当买家留下中性或负评价时，平台鼓励卖家与买家联系，找到一个可接受的解决方案。请记住，平台不允许强迫或欺凌买家来获得更好的评级。有关详细信息，可参阅相关的勒索评价政策。

卖家有 30 天的时间提出修改评价的请求。每收到 1000 评论可以有五个发送修订评价的额度。买家有 10 天的时间做出回复，要么接受并修改评价或不接受并给出原因。

更多的操作有联系买家、要求买家修改评价、回复收到的评价、跟踪其他人的留评、举报买家。

如果留错了评价，不管卖家还是买家都可以回复评价或留下一个跟进评价。记住：留下跟进的评价不会改变卖家评级。

在某些情况下，成员可能会失去评价的权利。例如，如果买家未付款，则买家不能为该商品留下评价。

新闻链接

亿贝与泰案联战略合作 为卖家提供数据和供应商资源等支持

2021 年 9 月 8 日，亿贝与泰案联中国在广州签署了战略合作协议并共同举办“千帆计划”汽摩配采配会。通过此次合作，亿贝汽摩配卖家将得到泰案联的专属数据支持和优质供应商资源，通过数字化管理提高在亿贝平台的运营效率，加速拓展海外市场。

网经社（100EC.CN）获悉，此次签约暨“千帆计划”汽摩配采配会为亿贝汽摩配卖家和泰案联优质供应商搭建起一个采供信息交流的平台，吸引了近百位亿贝汽摩配卖家以及泰案联优质供应商参加。通过采配会，亿贝卖家将打通汽配品类供应链，进一步开发新产品、扩展及优化平台刊登，加速海外业务的拓展。

对此，亿贝国际跨境贸易事业部品类管理总经理庞涛表示：“欧美汽车摩托车配件市场巨大，前景广阔，汽车后市场数字化以及电商化趋势不可阻挡。我们希望通过与汽车数据及售后解决方案专家泰案联的合作，为我们的卖家提供从汽摩配线上销售重要数据到优质产品的全方位支持，帮助亿贝卖家精准市场定位，升级选品策略，找到合规的优质货源，对接亿贝全球数以亿计的消费者，升级中国汽配“出海”之路！”

泰案联亚太区总经理 Matthias Moritz 表示：“亿贝是全球领先的跨境电商交易平台，也是中国汽摩配卖家出海的首选平台，早在多年前，我们就与亿贝在欧美和大洋洲建立了合作，提供配件和车型数据支持。我们的厂商也非常希望对接电商顶级大卖家，获取第一手市场反馈。这次合作我们会更加基于中国市场需求，不仅为亿贝卖家提供数据服务，更将为双方的客户提供更多的增值服务。”

此次亿贝与泰案联的战略合作，在数据支持、供应商资源以及提升运营效率等方面为亿贝汽摩配卖家“出海”提供了全方位支持。

1．专属数据支持

泰案联将为亿贝卖家提供包括美国、欧洲在内等市场的专业车型库，并提供各种市场车型与亿贝标准车型库的对应关系，帮助亿贝卖家获得海外汽车保有量等市场信息，解决车型难查找的问题。同时，泰案联将为亿贝卖家提供专属原厂（OE）数据调研服务，将原厂（OE）零部件数据关联到对应市场车型库，为汽摩配卖家精准拓展市场和开拓新产品提供可靠的数据支持，提高市场竞争优势。

2．优质供应商支持

亿贝与泰案联联合推出汽摩配线上采购交易平台——“Order Manager 泰捷云订单管理系统”（简称 OM），整合国内优质汽摩配生产工厂作为供应链，为亿贝卖家提供优质产品和货源。卖家可以通过 OM 平台便捷地向优质供应商订购产品，享受从获得海外汽车保有量等市场资讯，到查找原厂编码和适配车型，再到产品采购的一站式服务。

3．运营效率支持

通过泰案联研发的应用程序接口（API），实现车型数据与亿贝刊登对接，满足亿贝卖家在销售产品上对于快速精准匹配产品与车型的需求，帮助卖家一键匹配，快速刊登，提高运营效率。

据介绍，亿贝是全球最大的在线汽摩整车及配件交易市场之一，而汽摩配品类是中国卖家最具竞争优势的品类之一，是过去五年中国卖家品类销售额增长冠军。随着电子商务的蓬勃发展，汽摩配产品的线上销售占比逐年攀升，给汽摩配品类卖家出海提出了更高更专业的要求。泰案联由全球 30 多家知名零部件生产商于 1994 年在德国投资成立，其创建的泰多克（TecDoc）标准成为全球汽车零部件行业公认的车型及配件标准。泰案联服务于全球 140 多个国家的客户，拥有 1400 多个品牌超过 800 万条配件信息。

（资料来源：网经社，勇全，2021-09-08）

二、Wish

1．Wish 简介

Wish 成立于 2011 年，总部位于美国加州旧金山，创始人为来自欧洲的 Peter Szulczewski 和来自我国广州的 Danny Zhang（张晟）。Wish App 的早期版本是一个用户创建心愿清单的移动应用，产品形态上类似图片分享。Wish 是一家技术驱动型公司，和传统的电商平台亿贝和亚马逊相比，Wish 弱化了自身的平台功能，减少了烦琐复杂的平台规则，让卖家开店更简单、快捷，门槛更低。2015 年，Wish 持续自我颠覆，在推出电子产品应用“Geek”和母婴应用“Mama”后，又推出美容类垂直应用“Cute”，一方面是对潜在竞争对手的防御，另一方面也是自我革命，用竞争对手可能狙击自己的方法来狙击自己，以获得持续成功。2018 年，Wish 累计向全球超过 3.5 亿名消费者供应了逾 2 亿款商品，月活跃用户超过 9000 万人，活跃商户有 12.5 万个，日出货量峰值达到 200 万单，订单主要来自美国、加拿大、欧洲等全球各地区。“2018 年度全球 App 下载量排行榜”显示，Wish App 荣登 2018 年全球购物类 App 下载量排行榜榜首，安装量超过 1.97 亿次。

目前，Wish 在 100 多个国家有超过 1 亿的月活跃用户，有超过 50 万个商家签约在该平台上销售，其目录已经发展到 1.5 亿件商品。Wish 在 2019 年营收为 19 亿美元，当年 8 月获泛大西洋领投的 3 亿美元 H 轮融资时，估值为 112 亿美元。2019 年 10 月 21 日，胡润研究院发布“2019 胡润全球独角兽榜”，Wish 排名第 25 位；2020 年 8 月，Wish 以 750 亿元人民币市值位列“苏州高新区 •2020 胡润全球独角兽榜”第 22 位。

2．Wish 的竞争力与优势

Wish 的核心竞争力是其自动推荐系统，它为用户提供个性化商品，用户初期浏览时，Wish 可能只会推荐大众都喜欢的商品，但随着用户使用时间和频率的增加，Wish 就可以通过用户的行为来了解用户的兴趣、喜好，以此为基础用户推荐商品。Wish 的自动化的千人千面的个性化推荐系统有效提升了用户利益和用户体验，让用户有更多机会获得自己真正需要的产品，整个购物过程也更愉悦。Wish 专注于移动 App 的购物体验，使用户高效利用碎片化的时间。Wish 的个性化推荐系统大大提高了用户和商户的匹配效率，转化率大大高于传统电商企业，这对卖家更有吸引力。

Wish 的一大特点就是价格优势。Wish 上的产品商品主要是无品牌的服装、饰品、手机配件等，而且主要由中国的生产厂商直接销售。对欧美买家，这些来自中国的商品在价格上非常有吸引力。目前 Wish 的主要用户是年收入在 8 万美元以下的消费者，Wish 和沃尔玛覆盖人群一致，这样的人群在欧美加起来有 1 亿人以上，用户规模很大，也是 Wish 目前重点的发力方向。

3．如何做 Wish？

Wish 是一个任何地方、任何时间都可以操作的平台，只要有中国邮政的地方就都能做这个平台。一般做 Wish 一个人就能搞定，非常适合新手操作。但未来 Wish 提升门槛势在必行，所以还未开始运营店铺的卖家要首先做好注册账号。

Wish 的客单价一般都比较低，不要只想着一件采购，不要过于缩手缩脚。当产品出单后，可适当增加批量采购，就算出单量支撑不起库存量，总价成本也不会太高。在开始阶段的工作重点主要为熟悉平台操作，最需要懂的是上传有效产品。做 Wish 的流程主要是账号注册→收款→物流处理→产品上传→ ERP 操作→订单处理。不过要懂得产品诊断、店铺诊断，知道自己店铺的问题和产品的问题。

同时还要学会账号申诉，任何一个 Wish 卖家都有可能违规，所以学会账号申诉很重要。账号申诉的重点是先搞清楚是什么工作不到位导致的违规。

新手做 Wish 的注意要点如下：

1）注册。准备新的手机号、新的邮箱、微信号、营业执照、身份证、收款账户。要保证资料的真实性，Wish 注册审核是“系统 + 人工审核”。

2）收款。做 Wish 的首先推荐用连连，因为连连与已 Wish 达成战略合作，正式成为 Wish 官方中国收款服务商。并且中国跨境电商卖家无须通过其他支付方式，登录 Wish 后台即可选择直接提现到连连账户中。

3）物流。产品大小、总量，包括包装材料直接决定运费。产品是否可以运输，这些在各大物流商官网或者 Wish 上也有说明，因为有些国家对于一些特定产品是不能运输的。比如带有摄像头的产品在很多中东地区是不能运输的，因为这些是违禁产品，在选品时就应该充分考虑。

新闻链接

Wish上市首日大幅破发，未来还能走多远？

2020年12月16日，跨境电商平台Wish母公司ContextLogic Inc.正式登陆纳斯达克，首日开盘即破发逾5%，收跌16.4%，报20.05美元。首日收盘，公司市值为117.58亿美元。截至2020年12月20日，Wish股价回升至23.55美元，市值138.1亿美元。

对此《证券日报》记者采访了Wish公司方面，公司回应称："我们非常关注更长期的发展。我们专注于这一点，长期来看，市场一定会对我们有所回报。"

对于Wish上市破发这一现象，《证券日报》记者采访了香颂资本董事沈萌，他表示："前期美股的行情火爆，导致Wish的发行价选择了区间的高位，所以上市后承受的压力更大，而后期走势要看美国疫情发展对消费结构的影响，及Wish的业绩表现。"

IPO前，Wish已经完成了八轮融资，最后一轮融资在2019年3月融资约1.6亿美元。

1．靠低价取胜，过度依赖中国卖家

Wish成立于2011年，靠着低廉的价格，在市场中找到了自己的一席之地。而低价模式的一大隐患就是产品假冒伪劣问题，2018年4月，纽约街头潮牌Off-White曾起诉Wish出售假冒伪劣的Off-White商品，索赔金额高达3亿美元。

目前，Wish一直依赖中国卖家的供货，大部分产品都是靠从中国进口来保持低价。研究机构Marketplace Pulse此前估计，Wish平台94%的卖家来自中国，其余6%来自美国、英国、加拿大和印度。

对于上述现象，网经社电子商务研究中心B2B与跨境电商部主任、高级分析师张周平对《证券日报》记者表示："对于任何一家平台公司而言，卖家来自同一个国家及地区集中度太高都会是个潜在的风险。"

2．商家入驻门槛低，商品周转期短

记者注册使用Wish后发现，Wish平台如果个人卖家没有月租，每上新一个产品便收取0.99美分。每个产品都需要一个UPC码，佣金为8%～15%。

此外，Wish对于商品品牌和真伪的审查门槛也相对较低，相比之下，亚马逊对产品把控很严格，很多产品都有销售限制，严禁销售仿牌仿款，卖家如果被投诉，严重的将面临关店的惩罚。

此外，Wish上卖货商品周转期也较短，一位在多个跨境电商平台销售商品的卖家对《证券日报》记者表示："亿贝要累积信誉才能正式卖产品，过程十分煎熬。亿贝的审核周期是很长的，开始只能上五件产品，并且只能是拍卖的。全球速卖通和Wish只要价格低，很容易出单。全球速卖通出单量很大，Wish平台流量少些。对于想要创业，并且资金盘比较小的用户来说，Wish和全球速卖通是一个好去处。"

3．平台罚款"成瘾"能否留住卖家？

Wish的假货问题一直被长期诟病。2020年4月Wish开始对售假的卖家实施罚款，据不完全统计，Wish 目前对卖家罚款金额已达 5000 万美元。

2020 年 8 月 1 日，平台通知，所涉售假店铺关闭，3 个月之后再行放款。8 月 21 日，再次对“涉嫌欺诈”的订单，每单被处以 500 美元罚款。

平台不断地处罚导致很多店铺的营业额因此变为负数，从负 10 万美元到负 40 万美元不等，一些卖家公司面临倒闭，工资发不出，不得不遣散员工。

对此，沈萌表示，假货不只是 Wish 自己的问题，像天猫或拼多多也都面临类似的情况，如何加强平台对假货的打击力度和监管能力，各家企业都在摸索。

跨境电商专家钟彩梅对《证券日报》记者表示：“Wish 目前的状况是经常对商家罚款，所以最近几年 Wish 新增入驻平台商家数量已大不如前。”

（资料来源：《证券日报》希红市公众号，潘蕾伊，2020-12-20）

三、Lazada

Lazada 是东南亚地区最大的网上购物商城之一，中文名为来赞达。每日网络流量达到了 400 万以上，顾客来自马来西亚、新加坡、泰国、菲律宾、印度尼西亚、越南等国。平台用户超过 3 亿个 SKU，主要经营 3C 电子、家居用品、玩具、时尚服饰、运动器材等产品，平台在成立不到七年的时间就一跃成为东南亚最大的电子商务平台。

2014 年这家公司营收 1.543 亿美元，但净运营亏损达到 1.525 亿美元。2016 年，Lazada 成为阿里巴巴集团的区域旗舰，并得到了阿里巴巴一流的技术基础设施的支持。2018 年 3 月 19 日，彭蕾出任 Lazada CEO 职务，原 CEO Bittner 出任高级顾问职务。2018 年 3 月 19 日，阿里巴巴集团宣布，向东南亚最大电商平台之一 Lazada 追加 20 亿美元投资，用于该公司在东南亚地区的业务扩张。Lazada 在东南亚各国势头强劲，越南是其重点发展地区。

Lazada 最大的优势是在东南亚国家拥有自建物流网络，实现平台端对端物流及对供应链的全面掌控。目前 Lazada 在东南亚 17 个城市拥有超过 30 个仓储中心，在各国建立自营仓库、分拣中心和电子科技设施，配合合作伙伴网络，完善“最后一公里”物流能力。Lazada 接入自有物流渠道——Lazada 全球物流方案（Lazada Global Shipping，LGS），为商家解决“第一公里”和“最后一公里”的复杂货运流程，同时大幅降低东南亚部分地区因基础设施落后而产生的昂贵运费。Lazada 严格规范入驻商家的行为，有完善的商家培训体系，对入驻商家有相对完善的保障体系，另外，支付方式比较及时灵活。只需 1 个 Lazada 账号就能在 6 国发布，完美平衡了运营效率和本地化的深度运营。

Lazada 重视品牌支持，鼓励跨境业者创造“从零到一”打造“出海”品牌。Lazada 的跨境模块分为三块：① 淘宝精选，主要聚焦于淘系卖家，利用阿里巴巴的技术和力量，把卖家淘宝的货铺到整个 Lazada 平台上销售。② LazMall，类似于天猫国际，主要服务于品牌商家，Lazada 希望通过这样的渠道把更多有品牌效应的商家引入东南亚市场中。③ LazGlobal，针对所有想入驻 Lazada 开店的卖家，无论是内贸转外贸、传统转电商，在其他国家是否有跨境生意，都可以通过这个平台与 Lazada 合作。

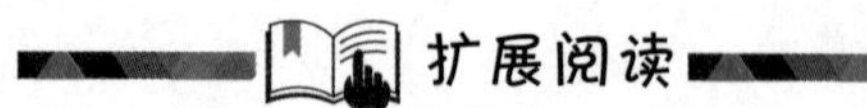

Lazada 开店有什么条件?

Lazada 开店条件不算高。自与 Payoneer 正式合作后，已经取消了必须有外币对公账户的要求了。也就是说，开个 Lazada 的店铺，一张企业营业执照、一个身份证复印件就能搞定。

所需要提交资料如下（在 Lazada 注册后，Lazada 招商经理会提供下列表格）:

1）登记表格（公司和申请人名字要中英文，地址写英文）。

2）New MP Seller Account Information 表格。

3）申请公司的营业执照，申请人或法人身份证复印件。

4）与注册公司名一致的 Payoneer 企业账户。

提交第一项登记表，通过审核后，Lazada 平台会发送网签协议、注册链接到卖家申请时提交的邮箱里。卖家下载第二项表格填写好后，与第三项一起发送给 Lazada 平台。Lazada 要求必须提供公司执照才能开店。目前只支持用 Payoneer 企业账户（corporate Payoneer account）来收款，如果卖家只有 P 卡而没有 Payoneer 的公司账户，可以参考《Payoneer 无卡账户注册申请教程（企业）》申请一个。需要注意的是，Payoneer 账户的公司名称、注册邮箱和 Lazada 的必须一致。

Lazada 相关费用如下:

据平台介绍，在 Lazada 上没有固定的费用，没有商品展示费也没有其他隐藏费用。平台只按订单卖家的产品单价收取佣金，并加收一定的交易费用。Lazada 费用结构为：低佣金 +2% 交易费用（已包括信用卡、手续费、营销和驻当地客服的费用）。只有在产品成功卖出后平台才会按产品类别收取相应的佣金和交易费用。

四、Shopify

Shopify 是全球著名的电商类 SaaS 平台，总部位于加拿大首都渥太华，为电商卖家提供搭建网店的技术和模板，管理全渠道的营销、售卖、支付、物流等服务。2015 年 Shopify 在纽约与多伦多两地证券交易所上市。2019 年 9 月，Shopify 收购了配送软件制造商 6 River Systems，在未来五年投入 10 亿美元建立一个履行中心网络，改善商户体验。2020 年 4 月底，Shopify 推出了一个名为 Shop 的新应用程序。消费者可以在该应用程序中查看和跟踪 Shopify 卖家的每个订单，且 Shop 应用程序还允许用户关注店铺并直接从该应用程序中购买产品。Shopify 始终定位自己为辅助者，为想远离平台、独立发展的商家搭好基础设施，让它们跑得更轻松。Shopify 支持包括汉语、法语、葡萄牙语与泰语在内的 18 种语言。

截至 2019 年，Shopify 营收规模达 15.8 亿美元，2017 年—2019 年年复合增长率（CAGR）达 53.1%，公司商户数达 106.9 万个，2017 年—2019 年 CAGR 达 32.5%，2015 年—2019 年商户金额续费率约 100%，公司股价 2017 年—2019 年涨幅超过 7 倍，市值已超过 800 亿美元。针对 Shopify 的发展历程及竞争优势的深入研究，对国内商业 SaaS 产业发展及对相关公司投资具备较强的借鉴意义。商户可通过 Shopify 接通并统一管理脸书、亚马逊等 20 多个社交、电商平台销售渠道，获得更多流量曝光。服务上，Shopify 一方面围绕商户经营提供较低费率的支付、物流、金融等多元增值服务，降低商户运营成本，并提升运营效率；另一方面，Shopify 通过完善的 PaaS 生态提供 3700 款应用程序（2019 年），远超同类竞争对手，满足商户个性化定制需求。Shopify 以其丰富的合作生态及服务生态优势实现快速扩张，市场规模及商户市占率均超过 20%，且仍存一定提升趋势，龙头地位稳固。

Shopify 是一个全球性的多渠道电子商务平台，为超过 80 万家企业提供支持，服务对象从一系列小型店铺到像 Kylie Cosmetics 和 Allbirds 这样的销售额可达到 10 亿美元的品牌。Shopify 可以帮助品牌建立和管理其销售渠道，无论是通过网站、第三方市场，还是通过物理销售点系统。Shopify 还可以帮助品牌商在像脸书和谷歌这样的数字平台上做品牌营销。总的来说，Shopify 让线上业务流程更加简单、集中。Shopify 在中国业务的比重不断上升，卖家包括一些新兴的中国品牌、原始设备制造商以及跨境销售商，借助 Shopify 提升品牌知名度并吸引中国境外客户。

Shopify 自建站服务很有特色，官方提供超过 60 个精美、专业的模板，而且移动端全部自适应，完美兼容各种移动设备。Shopify 建立了一个网上商店并处理付款，还提供有用的工具，帮助客户成功开展业务。比如 App 可以在产品发布、产品库存管理、邮件营销、SNS[㊀] 营销、再营销、高级分析报告、SEO、订单管理等方面提供帮助。Shopify App Store 里面有超过 1000 种不同应用供选择，这些 App 有助于提高效率以及自动化。同时，Shopify 兼容多渠道销售：只要建好 Shopify 店铺，上传好产品，配合相应的 App（部分渠道不需要额外的 App）及收款方式，就可以在各平台开始销售了，而不需要重复上传产品信息到这些平台上。这个功能非常强大，比如“脸书全球开店”，费用就要上万元，如果用了 Shopify，就可以直接在后台开启脸书销售渠道，这样所谓的“脸书全球开店”就实现了。

小贴士

Shopify 开店需要哪些费用？

Shopify 有一个 14 天的免费试用期，当试用期结束之后就需要卖家在 Shopify 后台选择一个付费套餐。Shopify 提供各种定价计划、计费周期、信用卡费率等。

1．Shopify 套餐费用和收费

在查看 Shopify Basic、Shopify 和 Shopify Advanced 定价计划时，可以看到多种费率和费用，例如每月价格、信用卡费率和交易费。即使商店位于美国境外，也需要以美元结算。

2．每月价格

每月价格是使用 Shopify 的定期订阅费用，根据选择的套餐而有所不同。与选择

㊀ SNS 为 social network service 的简写，即社交网络服务。

的套餐相关的价格包含在分配的计费周期结束时所发放的账单中。如果注册了一年、两年或三年的计费周期，那么可以获得订阅费用折扣。

备注：订阅费用是不可退款的。

3．信用卡费率

Shopify 会收取少量费用，以允许卖家接受主流信用卡（如 VISA 和 MasterCard）作为付款方式。卖家无须向信用卡支付服务提供商支付任何费用。由于在线付款的安全性和风险与当面付款不同，因此，这些费用根据是在线付款还是通过 Shopify POS 付款而有所不同。

信用卡费率因所选的套餐而定。

4．交易费

交易费是当卖家使用第三方支付服务提供商来收取客户付款时为每次交易支付的费用。此费用包括 Shopify 与外部支付服务提供商集成的费用。

与信用卡费率一样，交易费根据选择的套餐而有所不同。

备注：卖家可以通过激活 Shopify 自己的支付服务提供商 Shopify Payments 来避免支付交易费。

5．支付服务提供商

支付服务提供商提供的服务可将客户的资金转移给卖家。信用卡支付服务提供商让客户能够使用信用卡付款。如果卖家想接受客户使用信用卡付款，那么可以设置 Shopify Payments 或第三方支付服务提供商。

6．Shopify Payments

Shopify 拥有自己的支付服务提供商 Shopify Payments，它直接与卖家的结账服务集成在一起。如果卖家的业务符合使用 Shopify Payments 的条件，则：

1）卖家只需支付信用卡费率，无须支付其他交易费。

2）客户可以在结账时输入付款信息，而无须离开在线商店。

3）卖家可以从 Shopify 后台直接设置 Shopify Payments，而无须登录到其他网站或账户。

4）卖家可以直接从 Shopify 后台查看款项。

如果卖家想为客户提供另一种付款方式，例如通过 PayPal 或自定义付款方式进行付款。

7．第三方支付服务提供商

如果卖家所在的国家/地区不提供 Shopify Payments，或者卖家不喜欢使用它，那么卖家可以激活与 Shopify 集成的任一第三方支付服务提供商。此情况将收取交易费。

从可用选项中确定想使用的支付服务提供商后，便可在 Shopify 后台中配置付款设置。

8．计费周期

计费周期是Shopify对套餐费用进行计费的时间间隔。卖家无法选择收费日期，但可以将计费周期延长至更长的时间间隔（一年、两年或三年）以获得折扣。

应用订阅采用的是不同的计费周期，因此它们的计费周期可能不会总是与Shopify订阅计费周期的计费日期相匹配。

Shopify最便宜的套餐是9美元/月，但此套餐只适合通过社交媒体或者是自己的网站销售产品然后通过Shopify来收款或者创建管理订单。所以建议卖家选择29美元/月的套餐，如果后续觉得需要修改的话再进行套餐的升级。

Shopify在每个账单日会发送一封详细的电子邮件费用清单给卖家，相关费用会从信用卡中自动扣除。

Shopify收费结构是这样的：店铺租金29美元/月＋交易费＋第三方支付服务提供商的收款费率。

第五节　出口跨境电商案例之四——敦煌网与兰亭集势

一、敦煌网

（一）敦煌网简介

敦煌网是国内首个为中小企业提供B2B网上交易的网站。它采取佣金制，免注册费，只在买卖双方交易成功后收取费用。作为中小额B2B海外电子商务的创新者，敦煌网采用EDM的营销模式低成本、高效率地拓展海外市场，自建的DHgate平台为海外用户提供了高质量的商品信息，用户可以自由订阅英文EDM商品信息，第一时间了解市场最新供应情况。

据PayPal交易平台数据显示，敦煌网是在线外贸交易额中亚太排名第一、全球排名第六的电子商务网站。2013开通e邮宝在线发货，开通集货仓库，并成立义乌分公司，成为首家通过VISA“第三方支付公司资质认证”的电子商务平台；2014年在多地成立分公司，俄语平台上线；2015年，敦煌网发起的《中国土耳其跨境电商双边协议》签署成功。

敦煌网是我国领先的B2B跨境电商在线交易服务平台，平均1.39s产生一笔订单，无缝对接海量B类海外买家。敦煌网可以为跨境电商产业链上中小微企业提供“店铺运营、流量营销、仓储物流、支付金融、客服风控、关检汇税、业务培训”等全链路赋能，帮助我国制造对接全球采购，实现“买全球，卖全球”。

敦煌网自成立以来，已经建立起了品牌优势、技术优势、运营优势、用户优势四大竞争优势。具体表现在：在品牌上，是17年外贸电商品牌；技术上，具有17年技术沉淀，年均近万个迭代优化，形成数字贸易智能生态体系（DTIS）；运营上，有1000个以上的运营模块，具有高度跨界的人才和典型电子商务基因；用户上，有 3640 万个买家，230 万个供应商，覆盖 223 个国家和地区。

（二）创业中的敦煌网

1．敦煌网牵手新华锦，瞄准跨境 M2C 服务市场

2015 年 8 月，敦煌网与新华锦开始合作。新华锦成立于 2002 年 6 月，由山东省纺织、工艺、特艺、基地、包装方面的五家省级外贸企业联合组建而成。截至 2017 年，新华锦拥有直属和控股企业 132 家，员工 17 900 余人，经营领域涉及国际贸易、金融投资、星级酒店、文化收藏、房地产开发和国际物流产业。双方主要开展以下五个方面的合作：

1）建立面向全国并针对 M2B 外贸工厂的网贷中心。服务平台将配套开发线上线下仓储和物流系统、支付和通关、退税、物流、金融等外贸供应链服务系统，使所有在线订购的商品能够一键送到全球各地。全球各地的采购商将可以在中心直接下单，使中国制造的产品以在线批发的方式，进行全球市场的跨境直销。

2）为有意向做独立跨境电商平台和跨境综合服务的客户（包括政府、行业龙头企业等）提供整体平台搭建的技术及运营管理一体化服务。

3）开展互联网金融，以双方的技术和经验为依托，开展基于国际贸易的 P2P 金融、网商贷等互联网金融服务。

4）集合国内各外贸产业集群，通过网贸会的形式实现国内卖家和海外买家的线下对接、线上交易。

5）开放双方资源，建立跨境电商研发中心及人才培训中心，以及创业孵化基地，为制造类工厂实现工业 4.0 提供相关服务。同时，提供跨境电商产业园的功能规划设计，以及后期孵化模式的园区运营服务。

2．敦煌网搭上杭州市政府，瞄准跨境服务市场

2015 年 9 月，敦煌网与杭州市政府签订合作协议，在杭州经济技术开发区中投资建设“敦煌网跨境外贸综合 3.0 平台”项目，并在 5 年内实现服务外贸企业超过 2000 家。

中国杭州跨境电商综合试验区（下沙园区）结合开发区产业集聚区、全球化物流集散网络、大学城等相关优势，以及敦煌网在跨境电商交易模式、在线供应链系等优势，建设六大内容项目，包括“新丝路”交易中心、“新丝路”互联网金融中心、“新丝路”企业孵化中心、“新丝路”物流集输中心、跨境电商人才培训在线和亚太经合组织（APEC）中小企业跨境电商峰会国际会议。

3．搭上腾讯，瞄准跨境电商 + 社交商务

2016 年 7 月，敦煌网与腾讯企点达成战略合作，共创“跨境电商 + 社交商务”模式。双方合作主要分为三个阶段。

第一阶段，共同开发跨境电商即时通信（IM）工具。主要是在 App 端新增一个卖家直播的入口，让买家在 App 可以找到自己交易过的店铺、收藏的店铺及可能感兴趣的店铺。该功能可将这些店铺的新产品、App 专售产品、最畅销产品三个模块更好、更直接地展现给买家，还能让买家直接看到店铺的优惠券，更加便捷地和卖家沟通。

第二阶段，共同开发跨境电商社交化客户关系管理（SCRM）系统。

第三阶段，共建跨境社交商务平台。在出口跨境电商市场上，企业获得流量的方式包括社交平台、视频网站、搜索引擎等，其中，社交平台导入的流量因其更具黏性备受各个平台追捧。

4．启动定向展示功能，商家可以有两种选择

1）重点推广计划。这是针对店铺主推商品进行关键词出价的精准推广方式，适用于重点商品的推广管理。卖家最多可以建 10 个重点推广计划，每个重点推广计划最多包含 100 个单元，每个单元内可以选择 1 个商品。选择市场热销的商品来推广可以比较容易打造爆款。

2）快捷推广计划。这是针对店铺普通商品进行关键词出价的批量推广方式，适用于普通商品的批量推广。卖家最多可以建 30 个快捷推广计划，每个计划最多容纳 100 个商品、20 000 个关键词。该计划中的批量选词、出价等功能将帮助卖家更快地建立自己的计划，捕捉更多流量。

二、兰亭集势

（一）兰亭集势简介

兰亭集势（LightInTheBox）成立于 2007 年，注册资金 300 万美元。创始人郭去疾是谷歌中国四大创始人之一，也曾是谷歌中国总裁特别助理。他是个地道的成都人，1994 级中国科技大学少年班毕业，并拥有伊利诺伊大学电子工程硕士学位及斯坦福大学 MBA 学位。在加盟谷歌之前，他曾供职于微软、亚马逊等多家国际知名企业。

兰亭集势在成立之初即获得美国硅谷和我国著名风险投资公司的注资，总部设在北京，在北京、上海、深圳共有 1000 多名员工。它整合了供应链服务的在线 B2C（内部称 LightInTheBox 2 Customer，L2C），拥有一系列的供应商，并拥有自己的数据仓库和长期的物流合作伙伴。

兰亭集势的业务涵盖了服装、电子产品、玩具、饰品、家居用品、体育用品等众多品类。经过多年的发展，公司采购遍及我国各地，在广东、上海、浙江、江苏、福建、山东和北京等省市均有大量供货商，并积累了良好的声誉。许多品牌，包括纽曼、爱国者、方正科技、亚都、神舟电脑等也加入兰亭集势销售平台，成为公司的合作伙伴或者供货商。

兰亭集势（NYSE：LITB）公布了截至 2021 年 6 月 30 日未经审计的第二季度及上半年财报。财报显示，2021 年第二季度，兰亭集势总营收为 1.22 亿美元，同比增长 7.3%；毛利率达 46.8%；上半年营收总额达 2.34 亿美元，同比增长 41.6%，毛利率达 46.7%，实现营收、利润持续双增长。

扩展阅读

卓尔集团入股兰亭集势，奥康国际投资兰亭集势

2016 年 3 月，卓尔集团宣布入股跨境电商公司兰亭集势，成为兰亭集势的第一大股东。根据公告，卓尔集团于 2016 年 3 月 17 日与兰亭集势签订《股份购买协议》，公司拟通过定向增发方式购买兰亭集势股份42 500 000股普通股，占兰亭集势稀释后总股本的30%，交易对价总额为7650万美元，约合人民币4.97亿元。

卓尔集团立足我国批发市场，着力打造线上线下集成批发交易平台。它专注于企业供应链物业及交易服务，主要为客户提供交易平台及物业、物流、仓储、金融、数据等服务链。其线下市场分布在武汉、天津等多个区域中心城市，持有物业超过500万m^2。公司于2011年7月在香港联交所主板上市。

对于入股兰亭集势，卓尔集团董事局主席阎志表示："这标志着卓尔集团的进一步互联网化，卓尔集团将利用兰亭集势的跨境电商平台，将卓尔集团积累的一系列优秀中国品牌带给全球消费者。此外，卓尔集团和兰亭集势还将在跨境贸易、物流、金融等方面展开探讨与合作，从而极大地促进双方国际国内贸易的融合，实现线上线下资源的整合与对接。"兰亭集势CEO郭去疾也谈道："卓尔集团下属卓尔购平台的商户可利用兰亭集势的跨境电商平台发展外贸业务，拓宽卓尔购商户销售渠道。兰亭集势将会充分利用卓尔购的商户、产品资源和交易数据，优化采购商品和成本。更为重要的是，兰亭集势自主开发的供应链与物流管理软件平台也将借助卓尔集团强大的商户资源走向市场。"

2016年6月，面对传统渠道销量逐渐下降的压力，以及"互联网+"产业的咄咄逼人，奥康国际宣布将以约4.8亿元人民币投资兰亭集势，成为该公司第一大股东。

奥康国际董事长王振滔表示，希望以鞋类与皮具行业为样本，利用移动互联网对线上与线下的全球产业资源进行垂直整合，对零售终端进行互联网化改造，以实现全球产业"互联网+"。郭去疾认为，全球电商发展到今天，产业垂直整合将是下一个重大机遇，而奥康国际在相关行业对全球供应链上下游以及我国消费市场都具有较深刻的理解和大量战略资源，为其通过互联网进行行业整合、优化资源配置、提升产业链效率提供了坚实的基础。

郭去疾发表公开演讲透露，货币对于跨境电商而言是非常关键的一环，汇率的变化会影响到进出口电商的发展。当人民币升值时，做进口占绝对优势，而当人民币贬值时，做出口有很大优势，这意味着世界主要货币的流动会给做单向跨境的企业带来很多挑战。五年之后可能看不到任何一个企业只做出口跨境电商，或者只做进口跨境电商。在跨境领域能够生存下来的会是既做出口跨境电商也做进口跨境电商的企业。

此外，卓尔集团已正式启动"云市场"计划，陆续推出卓尔购、卓金服、卓服汇三大线上交易及服务平台。其中，卓尔购上线三个月已吸引全国100多家批发市场、上万商户入驻，交易额超过43亿元。卓金服同时为批发商户提供超过10亿元的融资服务。

（资料来源：新华财经，2016-04-20）

（二）创业维艰——兰亭集势

兰亭集势作为我国出口跨境电商第一股，近年来收入增速大幅放缓、支出大幅增加、亏损幅度不断扩大。虽有卓尔集团、奥康国际合作，但国际国内贸易的融合、线上线下资源的整合与对接都出现了困难，兰亭集势在创业的路上存在以下危机：

1）兰亭集势一开始的婚纱礼服并不是一个很好的产品品类，重复购买率低。兰亭集势在2012年短暂盈利过一段时间，上市后即开始亏损，并且亏损额持续扩大。

2）兰亭集势的产品卖点主要是低价，但和其他国内电商平台或者贸易公司相比，兰亭集势并没有太多“价格战”的资本。阿里巴巴2010年开展全球速卖通业务，平台佣金只有3个点，但兰亭集势入驻的亿贝和亚马逊要10个点，这给兰亭集势带来了极大的销售压力。同时，婚纱品类未形成品牌效应，价格导向型消费者较多，这对兰亭集势的婚纱业务造成了一定影响。

3）因为产品同质化和激烈的“价格战”，兰亭集势只能打广告、拼流量，这又使得营销成本居高不下。兰亭集势的管理层其实很早看到了婚纱品类的困境。为了解决这个问题，兰亭集势从2013年就开始扩张品类，包括成衣、配件等，这并没有给兰亭集势的财务带来太大改善，反而导致这家公司SKU过多，增大了供应链管理难度。

4）作为先行者的兰亭集势在几年之内并未建立起任何壁垒，这是它陷入困境的根本原因。为了塑造自身优势，兰亭集势于2015年年初推出“兰亭智通”全球跨境物流开放平台，希望能够形成真正优势，但这种自建物流的方式可能使公司在资金上承受更大压力，而且平台电商阿里巴巴、京东都在布局，从任何角度来看兰亭集势在这方面都不具备优势。

新闻链接

兰亭集势任命新任CFO和CGO，CGO曾为Ezbuy联合创始人

2020年8月6日，兰亭集势宣布任命Wenyu Liu为公司首席增长官（CGO），任命Yuanjun Ye为首席财务官（CFO）。

新CGO Wenyu Liu是Ezbuy联合创始人之一，于2018年12月加入兰亭集势，负责兰亭集势在北美和EzBuy新加坡的运营。2019年3月至2020年7月，她担任兰亭集势代理CFO。而新CFO Yuanjun Ye拥有约18年的财务管理经验，自2019年8月起担任兰亭集势财务副总裁。加盟兰亭集势前，她曾在多家公司和会计师事务所工作，包括阿里巴巴、Trunkbow International Holdings Ltd和德勤会计师事务所。

对此，兰亭集势CEO何建表示：“感谢Wenyu Liu在担任代理CFO期间对公司的承诺和贡献，在新角色中，她将领导和执行我们的可持续和长期增长计划。同时，也欢迎Yuanjun Ye担任CFO这一新角色。她为公司带来了丰富的财务管理领导经验，期待着与她们继续密切合作。”

2020年第一季度，兰亭集势实现总营收5150万美元，与2019年同期的5090万美元相比增长1.2%。净利润为70万美元，而上年同期净亏损1410万美元。该季度兰亭集势营收成本为2760万美元，而2019年同期为3320万美元。毛利润为2390万美元，而2019年同期为1770万美元。毛利率为46.4%，而2019年同期为34.8%。

截至2020年3月31日，兰亭集势持有的现金、现金等价物和和限制性现金达3560万美元，而截至2019年12月31日为4040万美元。2020年，兰亭集势实现总营收3.98亿元，较2019年增长63.4%。

近年来，兰亭集势高管团队变动频繁。2018年6月，兰亭集势宣布，郭去疾辞去公司董事长兼CEO之职；7月，兰亭集势CFO吕彬因个人原因递交辞呈；2019年9月，创新工场创始人李开复则因个人原因辞去兰亭集势董事会职务。兰亭集势的管理层已经

"大换血"，与郭去疾时代大有不同。

（资料来源：网经社，勇全，2020-08-07）

一、填空题

1．我国出口跨境电商保持旺盛发展势头的五个层面因素是指消费者层面、________、宏观环境层面、__________资本层面。

2．出口跨境电商生态方面，目前主要有第三方平台与________、开放为主平台与______为主平台之间的竞争。

3．eWTP 作为_________与________间的合作平台，通过对接公共部门，构建物流服务、支付与金融网络和数字化公共服务网络，试图孵化全球贸易新规则，建立全球性的数字化商业基础设施。

4．亿贝的评价体系包括不得索取评价、_____________和_____________。

5．Wish 是一家技术驱动型公司，和传统的电商平台亿贝和亚马逊相比，Wish 弱化了自身的_______，减少了烦琐复杂_________，让卖家开店更简单快捷，门槛更低。

二、选择题

1．中国正式签署《区域全面经济伙伴关系协定》（RCEP）是在 2020 年（　　）。

A．9 月　　B．10 月　　C．11 月　　D．12 月

2．全球速卖通是阿里巴巴旗下唯一面向全球市场打造的在线交易平台，其上线的时间是（　　）。

A．2003 年　　B．2010 年　　C．2012 年　　D．2014 年

3．到 2020 年年底，中国卖家在亚马逊头部卖家的占比份额创历史新高，达到（　　）。

A．35%　　B．38%　　C．40%　　D．42%

4．敦煌网是我国领先的 B2B 跨境电商在线交易服务平台，平均（　　）产生一笔订单。

A．1.39s　　B．2.45s　　C．3.9s　　D．4.3s

5．兰亭集势的创始人是（　　）。

A．王树彤　　B．郭去疾　　C．齐志平　　D．何建

三、判断题

1．出口跨境电商是指分属不同国家或地区（不同关境）的交易主体，利用互联网或移动互联网络，通过各智能终端，实现将主体所属的境外产品销售给境内企业或终端消费者的国际商业活动。（　　）

2．亚马逊针对中国制造业企业卖家推出"制造 +""服务 +""品牌 +"全球开店服务体系。（　　）

3．敦煌网是国内首个为中小企业提供 B2B 网上交易的网站。（ ）

4．Shopify 是全球著名的电商类 SaaS 平台，总部在新加坡。（ ）

5．2004 年 8 月亚马逊全资收购卓越网，使其全球领先的网上零售专长与卓越网深厚的中国市场经验相结合。（ ）

四、简答题

1．简述我国出口跨境电商创新趋势。

2．简要分析全球速卖通业务的优点。

3．简述亚马逊的第三次转变。

4．简述亿贝的优势与特点。

5．简要说明一下新手做 Wish 的注意要点。

第四章　进口跨境电商

引　例

据亿邦动力网，2019 年春节期间，虽境外游整体人次增长达 28%，但我国出境游客的购物热度总体呈现出下降趋势。据 NHK 等日本媒体报道，我国游客在春节期间的消费减少，已经使日本多家商场表现出紧张情绪。韩国、英国等多个国家的媒体，也观察到了中国游客出境购物消费下降的现象。境外购物花销减少，并不意味着我国消费者不再热衷于购买优质的境外商品。数据显示，2019 年春节期间，天猫国际成交金额同比增长 60%。其中，进口美妆、保健、母婴类商品成为前三名最受欢迎的品类，而数码家电、宠物相关进口商品的消费热度正在快速上升。

2019 年春节期间，天猫国际推出“不打烊”和“晚到赔”服务，部分地区还支持“次日达”，保证用户能够及时购买到需要的进口商品。天猫国际数据显示，上海、广州的用户在春节狂囤奶粉，带火了新西兰、澳大利亚多个母婴品牌的生意；北京、深圳的用户尤其热衷买美容仪，将日本的雅萌、ReFa 美容仪买成爆款。除了服务和品类方面的优势外，天猫国际的正品保障也是境外消费回流的原因之一。

进口跨境电商业务是电商行业最后一块广阔的未知地，这是行业内人尽皆知的秘密，然而，这块荒蛮疆域的地形和散布其中的物种又是如此错综复杂，往往让身处其中的人心生迷惑。进口零售电商市场前景如何？存在哪些限制因素？面临什么风险？行业内有哪些不同的商业模式？不同的模式又面对着怎样的未来？

本章学习目标

（1）了解我国进口跨境电商行业发展现状。

（2）掌握我国进口跨境电商的主要模式。

（3）熟悉天猫国际 & 考拉海购及其双品牌协同战略。

（4）了解小红书、洋码头、蜜芽等几种进口跨境电商案例。

第一节　进口跨境电商概述

一、进口跨境电商的概念及模式

1. 进口跨境电商的概念

进口跨境电商，严格来说，叫跨境电商零售进口，是指中国境内消费者通过跨境电商第三方平台经营者自境外购买商品，并通过“网购保税进口”（海关监管方式代码1210）或“直购进口”（海关监管方式代码9610）运递进境的消费行为。相关的商品应符合以下三个条件：① 属于《跨境电子商务零售进口商品清单》内、限于个人自用并满足跨境电商零售进口税收政策规定的条件。② 通过与海关联网的电子商务交易平台交易，能够实现交易、支付、物流电子信息“三单”比对。③ 未通过与海关联网的电子商务交易平台交易，但进出境快件运营人、邮政企业能够接受相关电商企业、支付企业的委托，承诺承担相应法律责任，向海关传输交易、支付等电子信息。

2．进口跨境电商的模式

进口跨境电商一般包括保税进口、直邮进口和快件清关等三种模式。

(1) 保税进口模式

保税进口模式即跨境电商先从海外大批量采购商品，并运至国内的保税区备货暂存。当消费者在电商网站下单时，订单、支付单、物流单等数据将实时传送给海关等监管部门，以便完成申报、征税、查验等通关手续和环节。

最后，这些跨境商品会直接从保税区的仓库发出，通过国内物流运到消费者手中。

(2) 直邮进口模式

直邮进口模式即消费者在跨境电商的网站（平台）下单后，电商或申报企业通过跨境电商系统（涵盖备案、申报、征税、查验、放行等环节）进行申报，并向海关推送订单、支付、物流等消息，在系统完成信息对碰后，这些跨境商品会在海外的仓库完成打包，并以个人包裹的形式入境，入境时会在海关等部门完成通关、查验、征税等环节，直至完成清关。

最后通过国内物流将跨境商品送到消费者手中。

(3) 快件清关模式

确认订单后，国外供应商通过国际快递将商品直接从境外邮寄至消费者手中，无海关单据。优点是灵活，有业务时才发货，不需要提前备货；缺点是与其他邮快件混在一起，物流通关效率较低，量大时成本会迅速上升。该模式适合于业务量较少，偶尔有零星订单的阶段。

进口跨境电商的物流模式

传统的跨境购物方式往往出现物流费用远超商品价格的现象，但是在“保税进口”模式下，人们看到的是更加省钱的物流模式。

目前的进口跨境电商物流模式主要有以下三种：

1）快递。从国外网站选购之后快递回国，这种方式最简单，也最昂贵。

2）集货1.0。国外卖家将上百、上千个订单打成一个大的包裹或者通过集装箱运到我国，这种方式的成本大大降低。

3）集货 2.0。全世界各地的人们把运往我国的集货仓储建立起来，然后以集装箱或者空运的方式运到我国，再定点清关。

这三种模式都是集货模式，先有订单，然后再发货。

尽管集货 1.0 模式、2.0 模式在物流成本上已经大大降低，但与宁波的“保税进口”模式相比，它们的成本还是相对较高的。“保税进口”模式和集货模式的区别在哪里呢？在“保税进口”模式下，是先把货运到国内，有了订单之后直接从保税仓进行分拣包装，然后再发货。这个模式有以下几个好处：① 整个全链是可追溯、可管控的，所有的环节都受海关管控；② 消费者非常清楚这个商品在国内是有备货的，他会买得非常放心；③ 由于货在国内，物流非常快。

二、2020 年—2021 年我国进口跨境电商行业发展现状和前景

1．跨境电商环境

(1) 经济环境：经济增速平稳，发展健康

2020 年，中国 GDP 首次突破 100 万亿元大关，较 2019 年增长 2.2%，人均 GDP 突破 1 万美元。艾媒咨询分析师认为，中国经济增速平稳，发展健康，居民对中国未来经济持积极态度，有利于扩大消费。

(2) 技术环境：新技术或将解决行业痛点

艾媒咨询分析师认为，跨境电商涉及物流、资金流、信息流的跨境流动，在货币兑换、物流运转、退换货、售后服务等方面存在痛点，同时平台上各中小型制造企业也面临融资困难的难题。区块链技术、大数据技术、供应链金融模式等的出现，将促进供应链高效运转，提高交易完成速度，提升用户在跨境支付、跨境物流以及跨境售后服务方面的体验。

(3) 国际环境：寻求国际合作，积极扩大进口

疫情对国外产品的生产及物流造成一定的影响，但部分线下交易也因疫情转到线上，消费者线上购物渗透率快速上升。同时由于国外工厂产能无法恢复正常，我国出口跨境电商增势迅猛。中美贸易摩擦虽对我国跨境电商造成一定的冲击，但是我国内需始终存在，进口跨境电商受影响较小。此外，中、日、韩、澳等 15 国签订 RCEP 以及完成中欧投资协定谈判，都对我国跨境电商起到极大的推动作用。

2．进口跨境电商发展的有利因素

(1) 我国进口跨境电商趋近成熟期，疫情后增长将再提速

艾媒咨询数据显示，2019 年我国进口跨境电商市场交易规模达 2.64 万亿元，同比上升 17.3%，2020 年进口跨境电商市场交易规模达 3.07 万亿元，2021 年达 3.55 万亿元。艾媒咨询分析师认为，我国进口跨境电商趋近成熟期，增长速度稳定，疫情抑制了 2020 年

进口跨境电商交易规模，随着中国经济的复苏，国内消费升级，国内大循环成效明显，交易规模增长率将再次提高。

(2) 居民释放进口品消费需求，我国海淘用户将持续增长

艾媒咨询数据显示，2019年我国海淘用户规模为1.54亿人，2020年我国海淘用户为1.58亿人。艾媒咨询分析师认为，我国进口跨境电商具有较大的增长空间，居民对进口品的消费需求有待挖掘，随着我国经济的复苏、相关政策的完善以及中国市场的进一步开放，居民对进口品的消费需求随之释放，我国海淘用户将保持持续增长。

(3) 我国进口跨境电商供应链运转速度将更加快速

相比于国内电商，跨境电商供应链链条更长，操作难度更大，进口跨境电商平台需要解决海外物流运输、货币支付、海关报关等难题。艾媒咨询分析师认为，随着相关法律法规的完善，保税区和跨境电商综合试验区的相继设立，我国进口跨境电商供应链的运转速度将更加快速。

3．2021年我国进口跨境电商用户调查分析

(1) 用户追求品质生活，中年群体占比更高

艾媒咨询数据显示，67.1%的受访用户拥有在跨境电商平台购买产品的经历。其中，男性占49.3%，女性占50.7%，相差不大。在我国进口跨境电商用户中，26～30岁的用户群体占据主体，占比达34.2%，其次是31～40岁群体。艾媒咨询分析师认为，相比于国内电商用户，购买进口品的跨境电商用户更追求品质生活，消费能力和资力更强，中年群体占比更高。

(2) 用户地域分布与地域经济差异相关性明显

艾媒咨询数据显示，在进口跨境电商用户区域分布排名中，华东、华南、华北分列前三，分别占比34.9%、20.8%、15.4%，而在城市分布中，北上广深四座城市的用户占比将近三成。艾媒咨询分析师认为，进口跨境电商用户的地域分布与地域经济差异存在明显的相关关系，越富裕的地域，用户数量越多。

(3) 用户更追求正品和服务质量

艾媒咨询数据显示，60.1%的进口跨境电商用户在选择平台时较为注重其“正品保障”，第二是售后服务质量，占52.0%，价格因素排行第三，占49.3%，合作物流及物流速度排第四，占49.0%。艾媒咨询分析师认为，我国进口跨境电商用户更追求正品和服务质量，相比于国内电商平台，价格敏感型群体较少。

(4) 用户对品牌有更高追求

艾媒咨询数据显示，用户更偏好在电商平台上购买服饰鞋包，占47.0%，其次是美妆个护，占43.3%，购买这两者的用户占比到达四成以上。艾媒咨询分析师认为，服饰鞋包和美妆个护都属于品牌营销力度大的品牌溢价型产品，我国进口跨境电商用户对品牌有

更高追求。

(5) 用户购买强度有待提升

艾媒咨询数据显示，34.6% 的用户一年在进口跨境电商平台上购买 4 ～ 7 次，32.6% 的用户一年在进口跨境电商平台上购买的金额为 100 ～ 200 元，艾媒咨询分析师认为，我国进口跨境电商用户在平台上的购买强度有待提升，对商品的购买多为复杂型购买，相比于日常购买，次数少、金额大、决策时间长。

(6) 用户更相信品牌的力量

艾媒咨询数据显示，在进口跨境电商平台上选择产品时，考虑“产品品牌”因素的用户占比达 60.7%，注重“产品质量参数”和“产品价格”的用户也超过五成。艾媒咨询分析师认为，我国进口跨境电商用户更相信商品品牌的力量，进而才是对性价比的考量。

(7) 进口跨境电商平台购买体验略优于国内电商平台

艾媒咨询数据显示，在问及进口跨境电商平台相比于国内电商的购买体验时，38.3% 的用户觉得进口跨境电商平台购买体验更好，28.2% 的用户觉得两者体验相似，33.5% 的用户觉得国内电商体验更好。54.0% 的用户认为进口跨境电商相比于国内电商在产品品类丰富度上更有优势，超四成的用户觉得进口跨境电商在质量保证上更有优势。

(8) 购买日韩商品的我国进口跨境电商用户超五成

艾媒咨询数据显示，购买日韩商品的我国进口跨境电商用户最多，占比达到 53.7%，购买欧洲进口品的我国跨境电商用户占比位居第二，艾媒咨询分析师认为，日韩和欧美的商品质量检验标准较为严格，获得居民的信赖。

(9) 六成用户期待进口跨境电商物流速度进一步提高

艾媒咨询数据显示，62.8% 的我国进口跨境电商用户认为进口电商平台的物流水平有待提高，其次是对产品质量的把关。艾媒咨询分析师认为，进口跨境电商的物流涉及海外仓储、国际物流、海关报关、国内配送等环节，操作复杂，相比于国内电商，耗时更长。随着我国进一步开放进口，更多的跨境电商综合试验区和保税区设立，跨境电商的物流速度将进一步提升。

4. 进口跨境电商行业前景

(1) 行业政策环境利好，行业规模将持续扩大

当前跨境电商行业政策环境利好，国家加大对外开放力度，加强与海外国家的交流，大力鼓励跨境电商的发展。截至 2020 年，中国陆续设立的跨境电商综合试验区达 105 个，保税区超百个，跨境电商 B2B 出口监管试点扩至 22 个海关。政策的便利也促成了海关通关速度的加快，保障了跨境商品的顺畅通关。各跨境电商平台在政策利好期应注重完善自身跨境贸易供应链，也需加强行业自律，对商品质量严加把关，提升自身服务水准，打造良性生态，推动跨境电商行业规模进一步扩大。

(2) 居民消费意愿和对网购依赖度逐年提高

2020年社会消费品零售总额达39万亿元，较2019年下降3.9%，第四季度恢复明显，降幅比前三季度收窄3.3%，居民消费意愿提高，市场销售逐季改善。居民对网购依赖度逐年提高，2020年中国网上零售额达117 601亿元，占居民消费支出比例为38.7%，占比进一步提高。

(3) 区块链、大数据等技术将为跨境电商行业带来革新

当前跨境电商在物流、支付、产品质量把关等方面面临着一系列问题，由于国际环境复杂，解决难度极大。技术的发展将为跨境电商行业带来革新：区块链的可追溯性、不可篡改性、时间戳技术、点对点传输技术、智能合约技术，将帮助解决跨境物流监测难题、跨境支付难题和跨境电商产品质量追溯难题；大数据技术、云与计算技术将使营销更精准化、个性化，并提高供应链运转速度；供应链金融将帮助解决中小型制造企业融资的难题，为其经营带来“活水”。

三、进口跨境电商模式案例分析

1. “保税进口+海外直邮”模式——天猫国际

模式概述：天猫在跨境这方面通过和自贸区的合作，在各地保税物流中心建立了跨境物流仓。它与宁波、上海、重庆、杭州、郑州、广州六个城市的试点跨境电商贸易保税区、产业园签约跨境合作，全面铺设跨境网点；规避了基本法律风险，同时获得了法律保障，压缩了消费者从订单到接货的时间，提高了海外直发服务的便捷性；使得跨境业务在“灰色地带”打开了“光明之门”。

仅在天猫国际成立的2014年“双11”，一半以上的国际商品就是以保税模式进入国内消费者手中的，这是跨境的一次重要尝试。2020年7月21日，天猫国际联合杭州综合保税区正式启动“保税区工厂”项目，开启了全国“保税进口+零售加工”的大进口新模式。天猫国际页面如图4-1所示。

图4-1 天猫国际页面

分析点评：这种模式可以大幅降低物流成本，提高物流效率，给消费者带来更具价格优势的海外商品。

2．“自营＋直采”模式——苏宁国际

模式概述：苏宁国际作为苏宁集团旗下国内领先的跨境电商平台，拥有稳定而强势的海外本地化供应链，专业买手团队遍布欧洲、美洲、大洋洲、东亚等近百个国家和地区，以自营直采模式为主，100% 正品保障。苏宁国际选择该模式，结合了它的自身现状，在传统电商方面发挥它供应链、资金链的内在优势。苏宁集团进入跨境电商，也是继天猫、亚马逊之后该市场迎来的又一位强有力的竞争者。苏宁国际页面如图 4-2 所示。2020 年，疫情之下，苏宁国际还试水跨境直播新模式。

图 4-2 苏宁国际页面

分析点评：苏宁国际如能利用好国际快递牌照的优势建立完善的海外流通体系、充分利用自有的支付工具以及众多门店优势，则它进军跨境电商市场的前景就更加值得期待。另外，国外品牌商借助苏宁国际进军我国市场也会有更大的发挥空间。

3．“自营而非纯平台”模式——京东国际

模式概述：京东在 2012 年年底时上线了英文版，直接面向海外买家出售商品。2014 年年初，京东宣布国际化提升，开始采用自营而非纯平台的方式。2015 年 4 月，“京东全球购”上线，是京东建设的跨境购物平台。京东控制所有的产品品质，确保发出的包裹能够得到消费者的信赖。其初期依靠品牌的海外经销商拿货，后来和国外品牌商直接合作。2018 年 11 月，京东全球购更名为“海囤全球”。2019 年 11 月，“海囤全球”更名为“京东国际”，如图 4-3 所示。

图 4-3　京东国际页面

分析点评：京东国际从目前来看已经布局，仍在等待未来进一步的发力。京东国际并不是走全品类路线，而是根据京东会员需求来进行商品开发。与其他电商如天猫国际、亚马逊、1 号会员店相比，京东在开展海淘业务方面优势还未显现，海淘业务将“深耕细作”，等待收获。

4．“直销、直购、直邮”的“三直”模式——洋码头

模式概述：洋码头（见图 4-4）是一家面向我国消费者的跨境电商第三方交易平台。该平台上的卖家可以分为两类：一类是个人买手，模式是 C2C，另一类是商户，模式就是 M2C。它帮助国外的零售产业和我国消费者对接，就是海外零售商直销给我国消费者，我国消费者直购，中间的物流是直邮。该模式体现三个“直”：直销、直购、直邮。

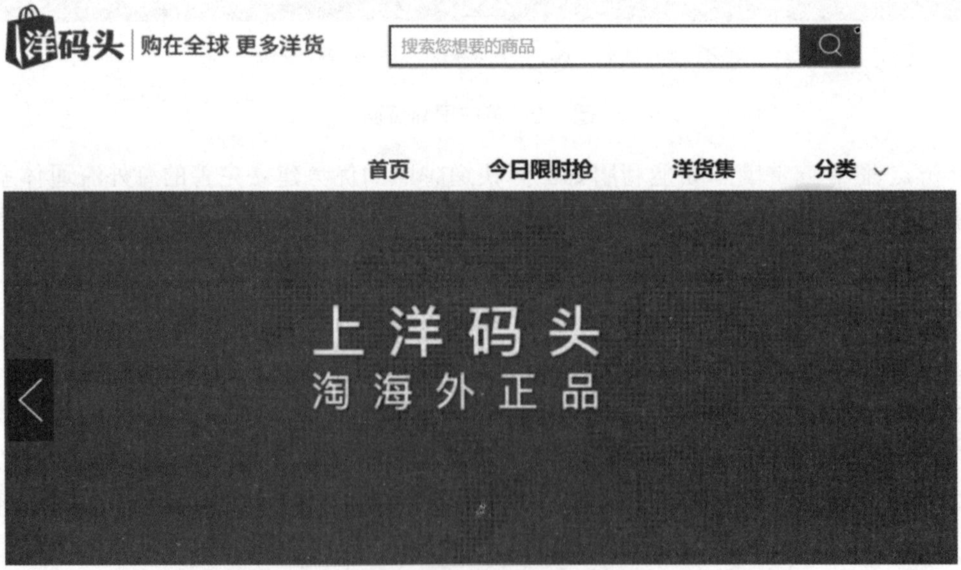

图 4-4　洋码头页面

分析点评：洋码头作为跨境电商的先行者，向第三方卖家开放，因此也面临着与亚马逊、京东、苏宁等电商的正面较量。洋码头想要立足，需要在海外供应商、产品体验、用户体验以及物流方面下足功夫。

5．“垂直型自营跨境 B2C 平台”模式——蜜芽

模式概述：垂直自营跨境 B2C 平台是指平台在选择自营品类时会集中于某个特定的领域，如美妆、服装、化妆品、母婴等。蜜芽（见图 4-5）是中国首家进口母婴品牌限时特卖商城，由全职妈妈刘楠于 2011 年创立，希望创造简单、放心、有趣的母婴用品购物体验。2020 年 8 月，蜜芽以 100 亿元人民币市值位列“苏州高新区 • 2020 胡润全球独角兽榜”第 256 位。目前，蜜芽已服务超过 5000 万个中国年轻妈妈，满足母婴、家庭、生活产品和服务等全生活场景需求。

图 4-5　蜜芽页面

网经社电子商务研究中心研究发现，蜜芽的供应链分为四种模式：① 从品牌方的国内总代采购体系采购；② 从国外订货直接采购，经过各口岸走一般贸易形式；③ 从国外订货，走宁波和广州的跨境电商试点模式；④ 蜜芽的海外公司从国外订货，以直邮的模式报关入境。

分析点评：这类跨境电商平台因其自营性导致供应链管理能力相对比较强，从采购到货物到用户手中的整个流程均由自己把控。但值得注意的是，这种模式前期需要比较大的资金支持。

6．“导购返利平台”模式——55 海淘

模式概述：55 海淘（见图 4-6）是针对我国消费者进行海外网购的返利网站，其返利商家主要是美国、英国、德国等 B2C、C2C 网站，如亚马逊、亿贝等，返利比例在 2% ～ 10% 不等，商品覆盖母婴、美妆、服饰、食品等综合品类。

图 4-6　55 海淘页面

分析点评：导购返利模式是一种比较轻的电子商务模式，技术门槛也相对较低，可以分为引流与商品交易两部分。这就要求企业在 B 端与境外电商建立合作关系，在 C 端从用户中获取流量。从目前来看，55 海淘在返利额度上有一定的优势，但与商家合作方面的特色还未完全体现出来。

7．“跨境 C2C 平台”模式——淘宝全球购、美国购物网

模式概述：淘宝全球购（见图 4-7）是淘宝于 2007 年开创的海淘购物平台，也是中国内地首个海淘消费入口。淘宝全球购致力于帮助境外中小品牌进入内地市场，为境外华人提供创业机会与就业机遇。全球买手可凭借对当地生活方式的理解和挑货的眼光，让国内消费者买到满足其个性的境外商品。

图 4-7　淘宝全球购页面

美国购物网（见图 4-8）专注代购美国本土品牌商品，涵盖服饰、箱包、运动鞋、保健品、化妆品、名表首饰、户外装备、家居母婴用品、家庭影院等品类。该网站批发、零售兼顾，主打直邮代购。代购的商品均由美国分公司采用统一的物流配送——美国汉

邦快递，从美国发货直接寄至用户手中，无须经过国内转送。

图 4-8 美国购物网页面

分析点评：莫岱青认为，淘宝全球购和美国购物网是国内第一批代购网站，走跨境C2C平台路线。与之类似的还有易趣的全球集市等。这类网站一方面对跨境供应链的涉入较浅，难以建立充分的竞争优势，另一方面在消费者的信任度方面也比较欠缺。伴随着电商大佬如京东、苏宁、1 号店、亚马逊的加入，这类海外代购平台受到巨大冲击。

8．社交电商模式——小红书

模式概述：小红书（见图 4-9）是一个社区电商平台，帮下一代消费者找到全世界的好东西，有 UGC（用户原创内容）模式的海外购物分享社区，以及跨境电商“福利社”。对即将出国的人来说，可以借助这个平台制定自己的购物清单，而暂时没有出国打算的人，可以通过逛社区来增长经验，或者去福利社完成一次海淘。

图 4-9 小红书页面

分析点评：小红书瞄准的目标群体是以“90 后”为代表的消费主力的用户。整个营销模式的核心是“内容”+“社会”。小红书采用 UGC 共享模式，将购物体验分享给社区。这种 UGC 的内容营销替代了普通电商平台的货比三家的销售方式，成为小红书主要的竞争优势。UGC 内容成为连接社区与电商平台的纽带，直接连通了“喜欢”与“购买”。

第二节　进口跨境电商案例之一——天猫国际&考拉海购双品牌

一、天猫国际

1．天猫国际简介

天猫国际为阿里巴巴旗下跨境电商平台，成立于 2014 年 2 月。天猫国际以“原装进口全世界”为目标，为国内消费者直供海外原装进口商品。同年 5 月，七个跨境保税仓上线，天猫国际开始建立物流跨境保税新模式。2019 年，跨境电商迎来大爆发，为满足不断增长的用户需求，天猫国际宣布将持续加大投入，在五年内实现超过 120 个国家与地区的进口覆盖，商品从 4000 个品类扩充到 8000 个品类以上。

2020 年 7 月 21 日，天猫国际联合杭州综保区正式启动“保税区工厂”项目，采用全国“保税进口 + 零售加工”新模式，为海外品牌降本提效，满足国内消费者对高品质、可溯源的进口短保商品（保质期在 1 ～ 7 天）的需求。2021 年 3 月 25 日，天猫国际进口“三新”策略升级到“五新”，在持续孵化新品类、引入新品牌、首发新商品的基础上，创新性地推出进口“新小店”和“新产业带”模式。截至目前共有全球 87 个国家和地区的 29 000 多个海外品牌入驻天猫国际，覆盖 5800 多个品类，其中八成以上品牌首次加入我国。

2．天猫国际的运营模式

（1）产品质量

天猫国际有一整套属于自己的健全服务体系，从而来保障产品的正常经营。天猫国际从成立到现在，不断完善进入平台来进行销售的产品审核，如果有商家想入驻天猫国际，必须接受一系列严格的人工审核。因此，在天猫国际上购物，买到假货所带来的风险自然也是比较小的。

（2）盈利模式

第三方平台的盈利一般是通过吸引品牌商或商家入驻其平台，并提供营销推广、支付宝、物流体系和售前售后管理等附加服务获得企业利润。天猫国际属于第三方平台，其主要收入一方面来自自营产品的销售盈利，另一方面来自平台上商家和消费者交易的佣金。另外，天猫国际对平台上的卖家提供增值服务，如关键字推广、广告以及信用评级等收费服务。

(3) 营销推广

天猫国际依靠淘宝网的宣传，在上线不久后就迅速建立了品牌影响力。阿里巴巴集团还为天猫国际提供了专业的运营团队、强大的资金支持与先进的用户分析工具。与此同时，天猫国际还通过品牌冠名和赞助，运用“娱乐综艺节目 + 线上传播 + 线下活动”增加流量和知名度。

(4) 跨境物流

天猫国际一直努力为商家提供跨境物流服务，已与中国邮政、FedEx、UPS 等签订合作协议，以此来帮助商家降低运营的物流成本，提高跨境商家的竞争力，借以吸引更多优质商家入驻。天猫国际凭借庞大的市场规模以及巨大的供应量与跨境物流企业进行战略上的合作，从而帮助卖家增强竞争力。

(5) 支付体系

天猫国际作为阿里巴巴集团旗下的企业，有阿里巴巴集团作为支撑，在资金流转方式与淘宝类似，依托支付宝，天猫国际只作为买卖双方信用中介平台。在资金运作平台上，天猫国际使用国际版支付宝。依靠同集团的资金运营平台，极大地保障了资金的安全。并且仅使用极低的运营成本，与其他跨境电商相比，不用向支付第三方支付高额的交易费用。

二、考拉海购

1．考拉海购简介

考拉海购原名网易考拉，现在是阿里巴巴旗下以跨境业务为主的会员电商。考拉海购于 2015 年 1 月 9 日完成公测，2018 年 6 月更名为网易考拉。该平台销售品类涵盖母婴、美容彩妆、家居生活、营养保健、环球美食、服饰箱包、数码家电等。2019 年 9 月 6 日，阿里巴巴宣布 20 亿美元全资收购网易考拉，再次更名为考拉海购。考拉海购则以 100% 正品，天天低价，30 天无忧退货，快捷配送，提供消费者海量海外商品购买渠道，帮助用户“用更少的钱，过更好的生活”，助推消费和生活的双重升级。2020 年 8 月 21 日，考拉海购宣布战略升级，全面聚焦“会员电商”。

考拉海购主打自营直采理念，在美国、德国、意大利、日本、韩国、澳大利亚，以及我国香港和台湾地区设有分公司或办事处，深入产品原产地直采高品质、适合我国境内市场的商品，从源头杜绝假货，保障商品品质的同时省去诸多中间环节，直接从原产地运抵境内，在海关的监控下，将商品储存在保税区仓库。除此之外，考拉海购上线蚂蚁区块链溯源系统，严格把控产品质量。

2．考拉海购的七大优势

作为“杭州跨境电商综合试验区首批试点企业”，考拉海购在经营模式、营销方式、诚信自律等方面取得了不少成绩，获得由中国质量认证中心认证的“B2C商品类电子商务交易服务认证证书”，认证级别四颗星，是国内首家获此认证的跨境电商，也是目前国内首家获得最高级别认证的跨境电商平台之一。

考拉海购良好地解决了商家和消费者之间信息不对等的现状，并拥有自营模式、自主定价、全球布点、保税仓储、海外物流、充沛资金和保姆式服务七大优势。

（1）自营模式

考拉海购主打自营直采，成立专业采购团队深入产品原产地，并对所有供应商的资质进行严格审核，设置了严密的复核机制，从源头上杜绝假货，进一步保证了商品的安全性。考拉海购已与全球大量优质供应商和一线品牌达成战略合作。

（2）自主定价

考拉海购主打的自营模式拥有自主定价权，可以通过整体协调供应链及仓储、物流、运营的各个环节，根据市场环境和竞争节点调整定价策略。考拉海购不仅通过降低采购成本控制定价，还通过控制利润率来控制定价，不仅尊重品牌方的价格策略，更重视我国大部分消费者对价格的敏感。

（3）全球布点

考拉海购坚持自营直采和精品化运作的理念，在旧金山、东京、首尔、悉尼、香港等多个城市成立了分公司和办事处，深入商品原产地精选全球优质好货，规避了代理商、经销商等多层环节，直接对接品牌商和工厂，省去中间环节及费用，还采用了大批量规模化集采的模式，从而实现更低的进价，甚至做到“海外批发价”。

（4）保税仓储

保税的模式，既可以实现合法合规，又能降低成本，实现快速发货，所以供跨境电商使用的保税仓是稀缺资源。

考拉海购在杭州、郑州、宁波、重庆四个保税区拥有超过15万m^2的保税仓储面积。2019年6月19日，面积达34万m^2的考拉海购1号仓在宁波出口加工区举行开仓仪式。目前，考拉海购已成为跨境电商中拥有保税仓规模最大的企业之一。

考拉海购已在美国和我国香港地区建成两大物流仓储中心，并将开通韩国、日本、澳大利亚、欧洲等国家和地区的国际物流仓储中心。

（5）海外物流

目前，考拉海购已经快速融入阿里巴巴的基础设施，技术底层全部迁至阿里云，全球物流、仓储等业务则和菜鸟打通。

（6）充沛资金

考拉海购借助雄厚的资本，在供应链、物流链等基础条件上投入建设，同时也能持续采用低价策略。

虽然考拉海购有雄厚资金作后盾，但其一开始并没有大动作，反而花了大半年的时间，主要集中精力做基础准备工作，如拿地建仓、外出招商、梳理供应链。

(7) 保姆式服务

对于海外厂商，考拉海购能够提供从跨国物流仓储、跨境支付、供应链金融、线上运营、品牌推广等一整套完整的保姆式服务，消除海外商家进入我国市场的障碍，使它们避开了独自开拓中国市场会面临的语言、文化差异、运输等问题。考拉海购的目标就是让海外商家节约成本，让我国消费者享受低价。

三、从两强相争到双品牌协同

1．两强相争

据艾媒咨询 2017 年 1 月发布的《2016—2017 中国跨境电商市场研究报告》和《2017 上半年中国跨境电商市场研究报告》，2016 年，跨境电商品牌前四强合计市场份额为 71.6%，其中考拉海购为 21.6%、天猫国际为 18.5%、唯品国际为 16.3%、京东全球购为 15.2%；而到了 2017 年上半年，跨境电商品牌前四名整体市场份额已达到 72.7%，其中考拉海购为 24.2%、天猫国际为 20.3%、唯品国际为 15.7%、京东全球购为 12.5%。在新海淘用户主要使用海淘平台的选择上，有 34.1% 的用户选择了考拉海购，32% 的用户选择了天猫国际，26.4% 的用户选择了京东全球购，21.5% 的用户选择了小红书。显然在未来的争夺上，头部品牌们占据了有利地位。

2017 年，天猫国际以 58.2% 的知名度位列各跨境电商平台之首，考拉海购以 53.7% 的知名度紧随其后。艾媒咨询分析师认为，天猫国际作为综合电商平台跨境购物频道，具有先天的知名度优势，而考拉海购作为独立电商平台，更容易实现对商品品质的把控，商品质量保障程度较高，在消费者中建立了良好口碑。其中，考拉海购以 38.8% 的正品信任度领跑各跨境电商平台。

2018 年，网易考拉、天猫国际和海囤全球分别以 27.1%、24.0% 以及 13.2% 的市场份额雄踞跨境电商市场三甲。艾媒咨询分析师认为，网易考拉凭借自营直采模式，成功打造了自营正品口碑，赢得了消费者信赖，积累了广大用户群体。

在头部品牌整体市场份额提升的同时，跨境电商市场开始呈现出网易考拉与天猫国际两强相争的格局，到 2019 年 9 月 6 日，阿里巴巴收购网易考拉时，这种局面还在持续。易观数据显示，2019 年第一季度我国跨境进口零售电商市场规模达 908.3 亿元人民币，而天猫国际、网易考拉以及海囤全球则分别以 32.3%、24.8% 和 11.6% 的市场份额占据头部位置，整个行业的“大蛋糕”有近七成纳入这三者囊中。唯品国际、亚马逊海外购以及苏宁国际等其他平台则紧随其后。

2．双品牌协同

2019 年 9 月 25 日，天猫进出口事业群总经理刘鹏在进口业务“双 11”商家大会上表示，天猫国际和考拉海购双品牌协同，共同服务两个平台上 30 000 多个海外品牌。自此，阿里巴巴进口业务升级为“双品牌”战略，在阿里大进口的双品牌战略下，考拉海购成为商家的新增量。为了全面助力天猫国际，考拉海购在 2019 年 12 月，正式向国际商家推出了“千万‘星’计划”。

考拉海购的人群年龄分布和天猫国际之间有一定的契合度，天猫国际和考拉海购所组成的“双品牌”战略，有助于阿里巴巴将更多的重点放在流量的争夺上。考拉海购供应链有助于天猫国际进口电商潜能的全面释放，实现规模化。阿里巴巴收购考拉海购之后，两者市场份额合计达52.1%。一方面，两者可以减少重复设施和节约人力成本；另一方面，阿里巴巴增强了投资者的信心，融资成本降低。天猫国际和考拉海购可以拥有更多资源，提供更加优质的产品和服务，提升消费者的体验。

早在收购前，天猫国际就已经制定了2019年的三个战略目标，分别为：直营业务升级、海外仓直购新模式的打造与平台业务的“双轮驱动”组建。阿里巴巴收购考拉海购正好补上了天猫国际走自营之路的最后一块拼图。考拉海购在日本、韩国、欧洲、美国等地建有采购点，又在国内多个城市花费大量资金布局了仓储网络，拥有超过100万m^2的保税仓。因此，天猫国际能够在最短的时间内借助考拉海购，打造新的海外直购模式，吸引更多顾客群体，增强平台的盈利能力。

天猫国际进出口事业群总经理兼考拉海购CEO奥文表示，从模式上来说，天猫国际将继续坚持以平台为主、自营为辅业务，考拉海购则是以自营为主、平台为辅的业务。天猫国际与考拉海购将继续发挥自己独有的优势，为消费者提供丰富的、更有竞争力的优质进口商品。这种分工策略可以减少两者之间的“消耗战”，有利于行业的健康发展。

扩展阅读

阿里巴巴收购网易考拉，这是一场没有硝烟的战争！

2019年9月6日，阿里巴巴仅仅以20亿美元就全资收购了网易旗下的网易考拉，从双方有“绯闻”到“牵手”，可谓是一波三折。马云、丁磊均以杭州为根据地，从各自独霸一方，到这次双方携手，同时还有阿里巴巴7亿美元参与网易云音乐的融资，还是领投方。

依笔者的观察，这次从表面来看，是网易考拉的出售，及网易云音乐的融资，实际是中国电商格局与互联网格局很重要的一场“局部战役”。因为国内电商格局基本已定，阿里系、京东、拼多多、苏宁易购等，而海购这个蓝海市场，正是群雄逐鹿的时候。

网易考拉媒体型电商的媒体基因、与网易大平台共通的海量用户，以及包括资金、资产以及资本市场资源在内的资本优势，成了网易考拉区别于其他电商平台的持续核心优势。从2018年的公开数据来看，网易考拉以27.1%坐“头把交椅”，紧接着就是天猫国际的24%，两者相加整整51.1%的市场份额，这一战对海购市场格局可谓举足轻重。

如果说国内电商格局早已固化，许多后来选手很难再逾越，那么阿里巴巴通过收购网易考拉这一战，再次把海淘市场的龙头地位牢牢抓住，老大与老二刚好占领半壁江山。

当网易考拉被阿里巴巴全资收购时，许多人都感到不可思议，因为早在2015年年初，丁磊还不止一次地表示看好电商的业务前景，甚至喊出了再造一个网易的愿景，而网易考拉也确实从“0”到“1”逐步坐稳了市场的“头把交椅”，但毛利率仅仅4.5%，几乎是赔本赚吆喝。从前端供应商的把控到后端巨额的仓库投资，这个钱赚得真不容易，而游戏的毛利一般在60%。

阿里巴巴收购网易考拉的同时，也领投了网易云音乐，也预示着网易与阿里巴巴后续可能会有更多的合作。这次海淘领域的收购模式，其实我们在其他领域也经常看到，从打车领域到外卖领域，都是一开始“群雄逐鹿”，到最后剩下两家左右的巨头。

（资料来源：https://www.sohu.com/a/339246152_100180560，2019-09-06）

第三节　进口跨境电商案例之二——小红书

一、小红书简介

2013年6月，小红书在上海成立，由毛文超和瞿芳创办。2003年12月，小红书推出海外购物分享社区。2014年3月，小红书完成数百万美元的A轮融资；8月，小红书安卓版本上线；11月，小红书完成GGV（纪源资本）领投的千万美元级B轮融资；12月，小红书正式上线电商平台“福利社”，从社区升级电商，完成商业闭环，并发布第一届全球大赏榜单，获奖榜单被日、韩免税店及海外商家广泛使用，成为出境购物的风向标。

小红书成立初期，探索“社区+自营电商”模式，并在自营跨境电商业务拓展上取得了一定的成就；2017年年底—2019年年初，小红书战略由全力发展电商业务转变为发展为达人和素人用户发布商品使用心得的UGC（用户原创内容）社区，平台变现模式也逐步转变为广告服务为主；2019年年初至今，小红书持续深化社区生态建设，增强“种草”业务变现能力。

2020年1月，小红书创作者中心正式上线，粉丝量超过5000名，在过去6个月发布过10篇或以上自然阅读量超过2000次的笔记且无违规行为的用户，都可以在App内申请创作者中心使用权限。2020年8月4日，“苏州高新区•2020胡润全球独角兽榜”发布，小红书排名第58位。2021年4月，小红书《社区公约》上线，从分享、互动两个方向对用户的社区行为规范做出规定，要求博主在分享和创作过程中如果接收到商家提供的赞助或便利，应主动申明利益相关。

二、小红书的创新发展

1．强大的“种草”能力

小红书主要包括两个板块：UGC模式的海外购物分享社区，以及跨境电商“福利社”。对即将出国的人来说，可以借助这个平台制定自己的购物清单：而暂时没有出国打算的人，可以通过逛社区来增长经验，或者去福利社完成一次海淘。

小红书在进入电商市场之前，该行业已经是一片血海，头部企业如天猫、京东等一直屹立不倒。2015年5月，小红书推出了“小鲜肉”送快递的营销方式，该营销手段针对白领女性，曾火爆一时，大胆的营销手法吸睛无数。在这次热潮还没过的时候，小红书在6月又举办了“校草快递”的营销活动，在女大学生中也做了一轮引爆。小红书这次的事件营销加上微博的热门话题，再利用学生群体中的KOL（关键意见领袖）以及全国12所高校的“校草”影响力，最后以5297.7万次的曝光量、4.7万次的讨论量在“90后”圈子里提高了整体的知名度，让更多的人知道了小红书，产品正式步入成长期。

小红书定期推出新的社区活动，同步推出新的“贴纸”，用社区活动引导用户进行晒物习惯训练，让用户跟随活动一起晒，让晒物变成习惯。小红书采用UGC共享模式，将购物体验分享给社区。分散社区有利于培养用户参与度，而他们分享的内容也可以被很多其他用户看到，这些分享的内容和评价大概率会成为其他消费者的参考，从而影响他们的消费决策。

2. “内容+社交”的运营模式

小红书拥有清晰的目标人群，围绕30岁以下的年轻女性开展营销，根据易观千帆2017年9月的数据，小红书用户从性别分布上来看：女性占了90%，从2016年11月到2017年9月女性占比从87%稳定增长到90%，0～24岁的占比降低了10%左右，24～30岁开始持续增长，超过了33%。这些消费者讲究生活的精致性，喜欢新鲜事物，愿意为了喜欢付费。2018年11月艾瑞数据显示，小红书App在2018年11月以2808万台·月独立设备数稳居海淘总榜首，其DAU（日活跃用户数量）远超网易考拉和洋码头。与明星合作以及赞助热门综艺的举措同时发力，小红书大幅度提升品牌影响力和用户活跃数量。

小红书数据分析平台显示，截至2020年12月，小红书使用人数突破5亿名，月活跃用户超过1亿名，其中72%是“90后”用户，这其中又有50%是“Z世代”（意指在1995年—2009年间出生的人，又称网络世代、互联网世代）用户。小红书的用户有个性、爱生活、兴趣多元、爱分享，通过3000万名KOC（关键意见消费者），小红书能够帮助品牌共同搭建与消费者沟通的桥梁。

3. 优质的内容分享社区

小红书通过优质的内容分享社区，拉近了用户与用户之间的交流，增加了用户和产品之间的关联性，保持了下载量第一的好成绩。同时，小红书的产品定位产品紧抓“90后”的需求。其产品从一开始的美妆、护肤品类，到现在的各类新型生活方式产品。

在产品方面，小红书对进口产品质量予以高度重视，通过提供高质量的商品、确保正品、严格筛选进口产品来实质保证消费者的权益。比如，在和品牌供应商之间的联系上，进行完备的品牌授权，在拿到授权文件的同时与品牌方邮件确认。

同时，打出海外直邮的口号，基本上保证在原产国提货，虽然会增加产品提取的时间成本和运输成本，但是极大地保障了产品货源。产品质量得到有效保障，使得小红书口碑越来越好，短短的几年时间内就在跨境电商市场上占据了一席之地。

网经社发布的《2021年9月AppStore中国免费榜（社交）TOP100》中，前十名依次为微信、QQ、小红书、人人视频、知乎、微博、SOUL、MOMO陌陌、百度贴吧、网易大神，小红书位列第三。

4. 小红书的推广形式

1）明星投放。从环境营造角度，小红书客观上存在着吸引明星的地方。这个平台一直致力于打造社区，建立一个生活方式分享平台。而其他大量无关的负面情绪或者是内容则可以得到有效“折叠”。随着长期的内容折叠，形成了一种独特的文化基因。

某演员的“口碑逆转”便是上佳案例。这个小红书上最爱记录化妆和卸妆的演员之一，从 2017 年 4 月入驻小红书，在 2017 年年底成功改变了“在微博被负面传闻包围”的局面，转型成为“美妆博主”。

2）优质达人。优质达人就是 KOL，粉丝众多，颜值、穿搭、化妆上都具有前卫的美感。经常有话题：“小红书上的女生生活怎么都这么美好？”“小红书上的女生也太幸福了吧！”这些优质达人成为小红书的形象代言人。

3）铺量达人。铺量达人也是 C 级达人，也可以说营销号，粉丝数从几千名到两三万名。这群达人主要以宝妈、三四线城市妇女、小部分学生组成。他们为优质达人做烘托，也为一个品牌的文章做量。

4）素人投放。素人就是真实存在的一个普通账号。他们可以呈现“买家秀”。这么多达人去推一款产品，一看就是广告，这时候就需要一些真实的素人为品牌做支撑。

三、小红书的未来展望

小红书对未来的展望是：当你不知道自己需要什么的时候，小红书可以向你推荐你喜欢的东西。

1）对于新税改政策，随着成本的上涨，小红书应该联合供应链的上下游，提出应对新税改政策导致部分商品价格上升的策略。

2）完善和升级自身物流运输体系，扩大和加强境外直邮业务，弥补保税区备货带来的高税收，以“消费者能买到境外物有所值的产品”为己任。

3）小红书在做进口跨境贸易的同时，可以增加出口业务，发挥小红书 UGC 模式的优势，不断收集各方用户的数据，判断用户需求，为用户提供满意的商品。

4）不断完善社区内容的质量，运用区块链等新技术解决现有问题。

5）小红书在发展 B2C 商业模式的同时，可以增加 C2C 买家模式。热衷于海外购物、眼光远大的买家，会到自己喜欢的国家挑选自己认为极具观赏价值和使用价值的产品，在小红书的平台上销售。小红书此时可以作为类似于淘宝的第三方平台，赢得用户的赞誉和凝聚力。

6）在跨境电商的“红海”中，价格趋于相同，价格策略越来越没有优势，小红书所能做的是坚持正品保证，坚持用户体验，坚持口碑社区，并且在不同的时机制定适合自己的价格策略。

扩展阅读

小红书探寻新增量：多工具联动共振

2020 年 Quest Mobile 发布的《国货崛起洞察报告》显示，在国内四大主流社交平台微博、抖音、快手、小红书当中，小红书以 21.4% 的高带货转化率引起大家的关注。

在乱花渐欲迷人眼的复杂媒介生态中，小红书通过对垂类、兴趣用户的高聚拢与强影响，为完美日记、元气森林、钟薛高等一大批新消费品牌“从0到1”提供“幕后推手”，更是成为越来越多新锐品牌的孵化器。

传统的先认知、再信任、后购买、高忠诚的链路发生改变，内容导向下，新品牌走红的逻辑是以产品力直接拉动品牌力。

基于以上思路，品牌在小红书上可以使用“四个一”工具——“企业号”、品牌合作平台、广告投放平台和直播带货，保持与核心消费群体近距离互动沟通。企业号相当于“入场券”，品牌合作是营销效果的“放大器”，广告投放作为营销工具相当于让品牌迅速获得曝光的“加速器”，直播带货则相当于完成最后一步转化的“拔草机”。如何根据平台流量规则，利用多工具联动共振，获得理想曝光，也是品牌需要明确的重中之重。

小红书开放平台 & 电商负责人杰斯曾表示：“小红书的视频笔记数据是图文笔记的两倍以上，从扶持政策而言，我们会向品牌方首先推荐“视频 + 直播”，次之是“图文 + 直播”，再然后是图文。”视频化内容的权重逐渐增大，平台中的交易闭环已经开始见成效。

“短视频种草 + 直播带货”打法逐渐将成为小红书未来内容发展的核心方向，这也是笔记起家的小红书内容生态的完善与进化。

视频化打法与笔记大体相同，主要有两种组合形式：

1）“直播 + 笔记 / 短视频”。利用直播与笔记之间的强联动性，打造与之匹配的高质量日常内容。直播中，用户便可以进入红人的账号直接查看到相关优质内容，互动中形成与过往内容的强烈联动。

2）“直播 + 电商”。小红书的主要功能包含商城，完成了从“种草”到购买的全流程打通，在此情况下，在达人做推介时，点击相关产品推介内容即可直接跳转链接到商城产品，实现从“种草”到“拔草”的完整转化。

2021年6月，小红书App实现了一个极小范围内的内测功能：打通了和微信小程序之间的跳转，即用户可以直接从小红书内企业的品牌号跳转到微信小程序商城进行购买，这或许意味着小红书将完成公域“种草”流量与私域流量的结合。

《互联网私域流量行业研究报告》显示，微信的用户黏性最高，为81.3%。如若彻底打通，微信的流量闸门则会打开，将会为小红书的品牌营销带来巨大的转化潜力。

（资料来源：社区营销研究院，https://www.digitaling.com/articles/479296.html）

第四节　进口跨境电商案例之三——洋码头

一、洋码头简介

1. 我国海外购物平台领军者

洋码头成立于2009年，是我国海外购物平台，满足了中国消费者不出国门就能购买到全球商品的需求。洋码头移动端App内拥有首创的“扫货直播”频道；而另一特色频道“聚洋货”，则汇集全球各地知名品牌供应商，提供团购项目，认证商家一站式购物，保证海外商品现货库存，全球物流护航直邮。

2．开创性建立“买手制”的海外购物平台

洋码头在全球44个国家和地区拥有超过2万名认证买手，买手入驻洋码头平台需要通过严格的资质认证与审核，如提供海外长期居住、海外身份、海外信用、海外经营资质等多项证明材料。同时，他们能够全力服务于我国市场，将世界上潮流的生活方式、优质的商品、文化理念通过“动态的场景式直播”和“优质的个性化服务”分享给我国消费者。

3．直播频道：体验真实的海外“血拼”现场

遍布全球的买手每天都会直播世界各地的卖场、百货公司、精品店等现场购物实况，分享全世界的优质商品。通过海外直邮的方式，将全球商品及时、快速地送达用户手中。

4．特卖频道：全球热销洋货精选

精选、组合全球热销商品，提供丰富的、特定生活场景下的商品选择，品类涵盖服装鞋包、美妆护肤、母婴保健、食品家居等。它通过保税发货的方式，让我国消费者更快速地收到全球热销商品。

5．“聚洋货”频道：品质洋货一站团

“聚洋货”频道引入经过严格认证的海外零售商直接对接国内消费者，精选全球品牌特卖，品类涵盖服装鞋包、美妆护肤、母婴保健、食品居家等。洋码头还自建国际物流服务平台，海外部署三大分拨物流中心，保证以其低成本的国际订单配送服务，快速、合法地帮助海外零售商和国内消费者完成交易和购物，同时专门设立国内退货服务中心，方便退货，让国内消费者体验海外直邮一站式购物，同步全球品质生活；不仅如此，“聚洋货”频道还拥有海外库存保证。

6．笔记社区：全方位的全球购物分享社区

这里有用户分享的个性购物笔记、买手分享的心情故事和全球潮流资讯等。大家可以在这里讨论和分享自己的生活理念，畅享海外购物的乐趣。社区会定期推出专题，传递最新的流行时尚资讯；更有来自全球各地爱秀爱美的用户，实时“晒出”扫货战利品，分享其购物心情和攻略。在这里，用户可以即时刷新海外的“新奇特”，找到志同道合的朋友，享受海外购物的乐趣。同时，在社区中也活跃着一批达人，达人们定期分享自己在穿衣搭配、美妆护肤等方面心得，并推荐相关海外商品；如果有更多疑问，用户还可以通过评论与达人互动。分享与互动，不仅激起大家对海外商品的兴趣，也增进了用户对洋码头的黏性。

7．自建物流：贝海国际——跨境物流解决方案专家

为保证海外商品能安全、快速地运送到我国消费者手上，洋码头在行业内率先建立起专业的跨境物流服务体系——贝海国际，致力于为跨境电商全球物流提供解决方案，更好地服务我国消费者。贝海国际高效整合国际航空货运及我国入境口岸的资源，并与中国海关总署、中国国家邮政总局、入境快件口岸等政府部门及相关组织展开深入合作，推出在线系统制单、海关电子申报、在线关税缴纳、全程状态追踪等服务，为目前境外至我国日益增长的进口跨境电商市场提供高效、正规、合法的国际个人快件包裹入境申报配送服务。

洋码头全球化布局已经完成，在海外建成10大国际物流仓储中心（纽约、旧金山、洛杉矶、芝加哥、墨尔本、法兰克福、东京、伦敦、悉尼、巴黎），并且与多家国际航空公司合作实施国际航班包机运输，每周40多个全球航班入境，大大缩短了国内用户收到国际包裹的时间。

2020年8月，洋码头以70亿元位列“苏州高新区·2020胡润全球独角兽榜”第351位。

扩展阅读

洋码头买手折扣的秘密

2万名居住在全球各地的优质买手汇聚在洋码头，他们分布在纽约、巴黎、伦敦、悉尼、东京、首尔等城市，掌握着世界潮流，同时洞悉我国消费者心理和国内市场需求，将世界每个角落里的优质商品第一时间带到国人手中。

身居英国的丹丹是洋码头上的一名职业买手，主营奢侈品包袋，不到一年已经建立了近20人的团队，在洋码头积累了2万余名粉丝。她的买手团队经常出入英国比斯特折扣村，这是英国人气最火的购物地点之一，汇聚了130多个世界名牌，他们和其中90%的品牌店铺的店员建立关系，各种特权、折扣也随之而来。当别人还在为了限购而头疼的时候，他们早已和店员提前订好了货，批量采购的数量甚至达到了代理商的级别。

在新货上架或是打折季来临前，买手们还能享受提前挑选好货的特殊待遇。丹丹透露，在洋码头一天的交易额能抵得上一个品牌单店交易额的2倍。

买手们手握古驰（Gucci）、路易威登（LV）、普拉达（Prada）、葆蝶家（BV）、寇依（Chloe）等国际一线大牌的VIP卡，享受专属额外折扣，甚至许多断货、限量、极难购买的商品，买手们都能有资源帮用户买到。

目前，越来越多的买手建立了专业化运作的团队，选品、扫货、打包、发货、客服等环节一应俱全，为消费者提供一站式贴心服务。

在资深买手牛哥看来，买手模式已演变为贸易的概念。跨境电商说到底就是打破不同国家之间的差价，现在的买手更像小型贸易商。这种差价不单单是存在于我国与美国，欧洲与美国也有差价，只要有关税的存在，只要有不同产地的厂商存在，就必然会有差价。

二、洋码头跨境消费保障体系2.0

1．全球货源保障

(1) 洋码头商家/买手认证保障

1）商家资质认证标准。入驻洋码头的商家必须是我国境外有资质的实体，需要提供营业与零售资质证明、银行对账单、法人身份证明，并交纳保证金。

2）买手资质认证标准。入驻洋码头的买手必须是在海外长期居住的中国人或者外国人，需要提供完整的个人信息、海外身份证明、海外信用证明和海外居住证明。

(2) 商品源头可追溯

消费者可以全程监控商品从源头发货到手中的全部信息。此外，洋码头还设有统一仓储和海外验货中心。

2．海外物流保障

(1) 海外直邮

洋码头以海外直邮为主要发货方式，旗下贝海国际物流中心已覆盖 20 多个国家和地区。

(2) 专业航空运输

洋码头海外直邮以航空运输为主要运输路径，每周 40 多个全球物流航班会从世界各地飞往国内。空运比其他运输方式更安全、更标准、更专业。

(3) 清关合规

洋码头承诺合法合规清关，保障消费者的权益。清关流程为：检验检疫→入境申报→清关查验→放行配送。

3．本土售后保障

(1) 本土退货

选择跨境网购的消费者，在收到商品后，因为质量问题、包装破损、与描述不符等原因，一直存在希望方便退货的需求。

洋码头带有“本土退货”标志的商品在我国境内的退货服务，在确保商品未经使用和完好的前提下，接受 7 天无理由退货。退货流程为：选择退货→提交审核→快递回仓→拿到退款。

(2) 本土客服

作为平台类电商，因为时差等原因，买家不能及时联系到卖家，因此在消费者遇到问题时，洋码头客户管家先行协助解决，避免因时差、距离带来的买家与卖家沟通不畅。

跨境电商已入中场阶段，更重服务和效率

洋码头创始人兼 CEO 曾碧波公开表示，经过上半场的政策红利，跨境电商已经迈入中场阶段，将更加注重服务体验以及效率的提升，“中场将对供应链的宽度、高效赋能产业链上游有更大的挑战，练好内功之后才好迎接下半场的消费红利时代”。

1．提升全球商品多元化是关键

2014年被不少业内人士称为“进口跨境电商元年”，国内保税仓兴起，传统零售商、海内外电商巨头、创业公司、物流服务商、供应链分销商等纷至沓来，保健品、母婴产品、化妆品三大主流类目的商品成为保税仓的“常客”。消费者通过各类跨境平台下单购买，不仅享受着税收优惠，以更低的价格购买更好的商品，也能在短时间内用上来自国外的商品。这一阶段被称为政策红利的上半场，行业整体爆发，以保税为主的跨境电商企业都以商品深度为目标，注重保税仓储。但这样的政策红利正在不断消减。

结束这一场面的是跨境电商整体规模的扩大以及两年后的“四八新政”。在消费升级之下，用户消费更加注重满足自身个性化需求，对商品品类、品牌丰富度及新品更新速度的关注度在不断提高，这无疑是对跨境电商企业模式和运营能力的更大考验，也是对供应链宽度整合的更大挑战。

2017年以来，多家综合型平台发力升级供应链。考拉海购，已先后与数十家国际知名品牌签订深度合作协议，并在欧洲、大洋洲等地举办招商会；天猫国际，则在不断引进更多的国际商超，德国超市巨头ALDI已进驻天猫国际……

在曾碧波看来，税改新政的出台可以看作跨境电商行业进入第二阶段——中场的“分水岭”。进入中场之后，各企业更加注重练内功，准确洞察消费者需求，提供更多更好的海外商品。

2．赋能产业上游，提升服务体验

中场阶段，用户对海外商品的认知度和服务体验要求逐渐提高，同时，更多的海外品牌和零售商开始意识到我国市场的巨大潜力。

近年来，二三线城市的海外购物消费增长迅速，已逐步跻身于海外消费主力人群。洋码头数据显示，2016年上半年二三线销售额同比上涨速度已远超北上广深。曾碧波认为，高效赋能上游产业，整合多环节资源是跨境中场阶段面临的一大机遇，“上游产业对我国市场的重视和渗透，需要全行业一起努力，从组织商品进入销售到物流到售后，整个链条都需要行业付出巨大的努力，教育和赋能上游产业链，让他们更懂得我国市场和我国消费者。”

跨境电商为海外品牌和零售商提供了连接中国消费者的桥梁，上半场中，这些企业依靠国内巨头企业大量采购货物囤在保税仓打开我国市场，接下来要面对的是对国内用户需求快速反应以及持续性的服务体验。同时，面对国内日益增长的海外商品需求，且商品从国外流通到我国，涉及仓储、运输、通关等多个复杂环节，提高流通效率也成为跨境电商企业提升服务体验的一大挑战。

3．洋码头手握全球多元商品、买手赋能体系、极致物流体验“三板斧”

洋码头从创立之日起，就坚持买手商家制和跨境直邮的原则，并在发展过程中，不断赋能全球买手商家，为国内消费者更好地提供各项服务。

在消费升级大背景下，国内消费者消费呈现出价格敏感度越来越低、海外购物商品需求多元化的特点。据了解，消费者在海购中最热门的三大品类依次是服装、美容护肤产品、箱包。显然，用户需求的多元化和多样化已经成为发展趋势，人们对于跨境购物已不仅仅局限于传统母婴、美妆、保健三大品类。

自2016年以来，洋码头就已开启全球买手培育计划，从认证入驻到成长发展建立了一整条完整的规范体系，通过理论指导与实际操作相结合的培训机制，不断推进买手商家的专业化发展，为建立跨境产业生态奠定基础。

据了解，洋码头全球买手培育计划注重服务品质的提升与买手商家服务的打造。认证方面，除了对已有的身份、信用等证明审核保证商品纯正海外来源外，还要确保买手的商品采购能力和备货能力，为购物体验把好第一道关。同时，洋码头通过大量调研和分析数据，及时了解国内消费动态，并以此为依托为全球买手商家提供选品、清关、营销、服务等全方位的培训，加深了解我国市场。

一年来，洋码头作为跨境直邮的“领头羊”也在时效、成本等方面取得了关键性进展，2016年“黑色星期五”期间，洋码头官方国际物流还能达到平均时效5天，保持着高速、稳定的直邮优势。

其实，洋码头在跨境直邮领域深耕多年，打通了上下游产业链，在税改新政颁布之后，更是凭借多年积攒的资源合理配置的经验，将物流成本一降再降，运输时效一提再提。有业内人士分析，跨境直邮已经成为洋码头的绝对优势，是实现跨境电商中差异化突围的决定因素。

（资料来源：中国新闻网，2017年9月14日）

第五节　进口跨境电商案例之四——蜜芽

一、蜜芽简介

蜜芽是我国首家进口母婴品牌限时特卖商城，总部在北京，于2011年创立，创始人为刘楠。创立时名称是蜜芽宝贝，2015更名为蜜芽。团队核心成员来自百度、京东商城、苏宁红孩子、当当网等成熟互联网公司，拥有独立的技术研发团队，销售渠道包括官方网站、WAP页和手机客户端。

蜜芽为妈妈们提供简单、放心、有趣的母婴用品购物体验，拥有逾50万名会员，每天在网站推荐热门的进口母婴品牌，以低于市场价的折扣力度，在72h内限量出售。

2013年12月，蜜芽宝贝获得真格基金和险峰华兴投资，2014年6月年获得由红杉资本领投、真格基金和险峰华兴跟投的2000万美元融资，2014年12月15日由H Capital领投、上轮投资人红杉资本和真格基金继续跟投6000万美元。蜜芽的主仓库位于北京大兴，面积超过6000m^2，并拥有德国、荷兰、大洋洲三大海外仓，以及宁波、广州两个保税仓，在母婴电商中率先步入“跨境购”领域。

目前，蜜芽已服务超过5000万个中国年轻妈妈，满足母婴、家庭、生活产品和服务等全生活场景需求。蜜芽致力于为亿万女性群体提供简单、放心、美好的品质生活解决方案，让天下女性“零焦虑”。

二、蜜芽宝贝的成长

1. 起步淘宝

2011年，蜜芽宝贝的创始人刘楠在淘宝上拥有一家4皇冠的小店，此时她是一名全职妈妈。“那时候我还算个网红，微博粉丝也不少，整天穿着连衣裙带着孩子在海外旅游，拍照片，推荐一种生活方式，然后一堆粉丝就跟着我买买买，挣钱再轻松不过了。”刘楠回忆自己开淘宝店的初衷，很单纯，就是想让孩子用上好东西。出于这个美好的愿望，她一边搜罗全世界的好东西，一边团结了一帮志同道合的妈妈们，在母婴圈里的影响力越来越大。

刘楠本能地感觉到，一股新势能正从暗涌转化为涓流，直至成为不可逆转的浪潮——中国的新生代妈妈们不再满足于老一辈的育儿经验，在给宝宝购物时也青睐于海外的优质商品。她们用谷歌、亚马逊来搜索自己想要的育儿用品，海淘、代购顺势兴起。虽然当时的物流很不稳定，且要被海关课税，但这股潜力已不容小觑。以令人满意的价格和速度得到海外的好东西成了这个消费群体最核心的诉求。

2. 从蜜芽宝贝到蜜芽

蜜芽宝贝的创业目标是成为中国第一的孕婴童公司。我国每年有1800万名新生儿，是全球最大的儿童市场，从妈妈备孕开始到孩子长到7岁，这个人群有近1.5亿人口（2016年），直接的和衍生的需求巨大，但却几乎没有为这个人群的整体需求提供优质服务的孕婴童公司。

刘楠谈起一段经历：那时她在美国夏威夷参加中美创业者的会议。会上，她看到美国创业者的展示都很酷炫，那边的消费习惯已升级了，年轻人要从创意、文化上挖掘项目。“80后”“90后”伴随着互联网长大，海淘、代购对他们来说有趣而且不难。而后，蜜芽宝贝改名为蜜芽，其品牌寓意提升了一层。如果说蜜芽宝贝是针对1～3岁的婴幼儿市场，那蜜芽就能够让消费者愿意托付生儿育儿的全部过程。比起致力于无所不包、无所不有的全平台购物网站，蜜芽更希望成为提供一套完备生活方式和知识体系的平台。而它也正在以此为基础，将商品品类拓展至美妆、家居、食品等相关门类。

3. 痛点切入

有过海淘经历的人都知道，早年的海淘体验非常差。如果外国品牌商想在中国卖货，往往需要找一个经销商，经销商下面还有零售商，等货物送到消费者手里，早已缴过各种各样的手续费。而这一系列网络的铺设时间又极为漫长，大概需要15个月左右。漫长的等待加高昂的成本，成为海淘一族最闹心的问题。

经过一番准备，2015年3月，蜜芽举办了一场“纸尿裤疯抢节”，把进口品牌的纸尿裤价格直接砍半，产生了巨大的冲击力。人们都感到不可思议：一个小垂直电商怎么能做出这样颠覆性的事情呢？事实上，蜜芽巧妙地抓住了跨境政策的风口：作为最早一拨涉足跨境贸易的电商，蜜芽利用保税区的优势，将原本15个月的渠道铺设时间压缩到了15天，并快速建立起自己的供应链，在北京、宁波、重庆、香港、郑州多地布点设仓，和当地政府一起探索和完善整个跨境电商的监管制度。

在构建了经营模式雏形、把控住物流后，蜜芽立即与世界级知名品牌展开直接合作。因为先前这些大品牌都是靠总代理、经销商出货，而选择一家跨境电商直接对接，蜜芽算得上首创。蜜芽要求做到永远比别人快3～6个月的时间找到创新的商品，始终围绕“为妈妈和孩子提供最好的东西”。

4．蜜芽的用户

我国的妈妈们非常喜欢去探讨到底什么商品适合她们、什么商品最实惠的问题。她们对育儿方面的知识需求是非常强烈的，大多数人是第一次当妈妈，所以非常谨慎，希望能够得到指引。基于此，蜜芽的眼光并不局限于在单一垂直领域的深耕细作，为了将用户与商品联系得更加紧密，“社交＋电商”的模式横空出世，成为口碑营销的升级版。

“蜜芽圈”便是这么一个供妈妈们分享育儿心得和知识以及推荐商品和服务的社区。2016年，蜜芽战略发展副总裁彭琳琳介绍，蜜芽40%的消费者曾在“蜜芽圈”里贡献过内容，这种参与度是相当令人瞩目的。为了避免泛社交平台可能带来的无意义注水和争执，“蜜芽圈”也不停在推出有针对性的、围绕育儿购物为主的话题，通过线上线下各类活动，不断培养用户形成良好的使用习惯，使“蜜芽圈”成为母婴用户的切入商品和内容的流量入口。

“蜜芽圈”2.0版本上线之后，DAU增长迅速，已经超过30万名，引进的内容网红、大的IP用户以及“蜜芽圈”原生的草根网红已经超过800人，许多妈妈在“蜜芽圈”就育儿相关的衣食住行进行讨论，并且持续将优质的内容分享到体系外的微信、微博等，通过优质内容的产生达到增强用户黏性以及获取新客的目的。

5．生态蜜芽

为了使“生娃养娃上蜜芽”成为人们脑海中一种根深蒂固的观念，蜜芽一直在不断探索更多的可能。如果蜜芽的妈妈们能够通过“蜜芽圈”在线上买到物美价廉的商品、在线下得到很好的婴童服务，那蜜芽的“护城河”就会比其他单纯的电商平台稳固得多。

蜜芽开始搭建生态系统，垂直电商是新的契机。构建一个孕婴童的新生态，除了商品，还能提供游乐场、玩具，甚至餐厅，这将有质的飞跃。于是，蜜芽也尝试和幼儿园、私立医院逐步合作，同时也为妈妈们提供创业平台。蜜芽创始人刘楠认为，蜜芽不希望成为一家独大的垂直电商，而致力于打造一家行业公司，能够和全行业链条上的其他公司、机构展开亲密的合作，构筑起独具特色的母婴大生态体系。蜜芽的宣传图片如图4-10所示。

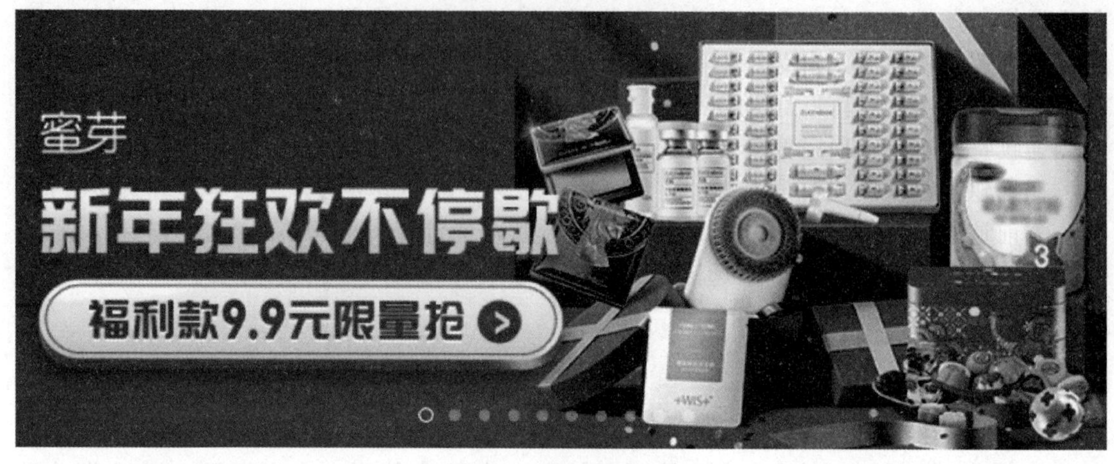

图 4-10 蜜芽的宣传图片

第六节 进口跨境电商案例之五——蜜淘

一、蜜淘简介

蜜淘的前身为CN海淘，上线于2014年3月，由一批经验丰富的年轻人创立，创始人谢文斌曾任职于阿里巴巴旗下的天猫。CN海淘主打海淘手机购物，通过简单的下单与支付，使国内用户不需要经过繁杂的转运就可以购买到海外正品。另外，CN海淘推出的零代购、价格透明、全程跟踪等服务也开创了海淘领域的新标杆。

蜜淘主推海外品牌限时特卖模式，通过海外品牌厂家、正规代理商、国内专柜等可信的进货渠道采购，并在采购部专门设置自身的质检员。同时也与国内转运公司、海外仓库、保税区等深入合作，采取海外直邮、保税区清关、海外转运、国内进口直发等模式来方便用户购买海外正品。

1．发展历程

2013年10月，北京背篓科技有限公司成立。

2014年3月，蜜淘前身CN海淘正式发布苹果和安卓客户端。

2014年4月，奶粉节单天销量突破100万元。

2014年6月，上线海淘专场特卖。

2014年7月，CN海淘正式更名为蜜淘。

2014年7月，获经纬创投千万美元A轮融资。

2015年，与京东、天猫、聚美优品等展开“价格战”。

2016年2月，公司倒闭。

2．服务流程

第一步，客户下单。

第二步，蜜淘专员根据下达的已支付订单信息，从对应的海外商家采购对应商品，并通知客户订单已经确立执行。

第三步，海外商家商品发货后，蜜淘会将海外商家物流单号回执给客户，此时客户可以跟踪订单商品在海外的物流配送信息。

第四步，海外商家会把客户下单的商品发到蜜淘在国外的仓库，然后通过国际直邮的方式运送到客户手上，此时客户可以通过物流跟踪查看订单物流状态。

第五步，商品到达我国境内后由经中国海关清关，通常需要 5 ～ 10 天的时间。

第六步，报关清关完成后，国内物流公司把客户购买的商品快速配送到顾客下单的地址。

二、谁“杀死”了蜜淘？

2014 年，跨境电商都在做一件事情：野蛮生长。随着早期圈地完毕，汹涌的掘金者必然面临着“贴身肉搏”。身处风口浪尖的蜜淘最终倒下，有三个重要原因。

1．爆款做法不被业内看好

洋码头相关负责人表示，爆款不能成为一种模式。跨境电商本身能做爆品的产品并不多，做爆品又需要平台持续补贴让利，后续商品跟不上、供应链支撑不了，平台会很困难。爆品只能成为平台营销、拉新的方式，除了低价促销吸引用户外，还能满足用户的需求才是爆品思维的关键。

宝贝格子 CEO 张天天认为，推爆品没有错，需求点切实存在，这也是最降低用户获取成本的方式，但归根结底平台还是要回归到解决更多用户需求痛点上，而不是单纯打爆品。

蜜淘的爆品特卖思维并未获得想象中的成功，当时蜜淘的月交易额只有几十万元，增长速度也只有 30% ～ 50%。

2．频繁大促导致推广黑洞

2014 年 11 月，蜜淘获得了祥峰投资、经纬创投等投资机构达 3000 万美元投资。为了提高销售，蜜淘随即加入了地铁刷广告的营销大军，当月“黑色星期五”之后，蜜淘特卖产品销量翻倍增长。

有媒体报道称，每次大促前，蜜淘都会投入几千万元做广告，蜜淘飞速发展的转折点就发生在那个时候。数据显示，当时蜜淘客户端活跃用户接近 100 万个，累计递送包裹近 20 万个，月交易流水突破 1000 万元，员工数量发展到 60 人。

随后，蜜淘举办了“520 激情囤货节”和“618 电商大促”，面对主流电商的挑战，蜜淘并不怯场，打出保税区商品全网最低价的口号，叫板京东、天猫、聚美优品、唯品会等，承诺物流速度体验绝对远超京东、天猫。然而看起来滋润的光景并未持续太长时间。2015年年初，跨境电商市场走进了“价格战”的死胡同。以蜜芽为首的跨境电商举起了第一杆降价大旗，同样是跨境电商的洋码头在拿到1亿美元B轮融资后，也高喊着要加入到“价格战”的战场中。包括网易旗下考拉海购、京东、天猫、聚美等前后脚都进入了同一个战壕。

在资本、流量、品牌背书等资源都雄厚的巨头面前，蜜淘的优势开始变弱。蜜淘在库存上能压1000万元、2000万元的货就已经算很不错了，但某些大公司在保税仓库中的货就有10亿元。一旦进入大促的怪圈，平台就需要通过不断的大促刺激销量。不幸的是，大多数情况下，“价格战”会受到资本市场的制约。而蜜淘的C轮融资却迟迟未能公布，这也让蜜淘开始从海淘创业大军中掉队。烧钱的前提是有很强的供应链，又有特色的服务，但在同质化竞争很严重的情况下，做这件事其实是没有意义的。一直没有备好“粮草”却对大促乐此不疲的蜜淘很可能在那个时候就注定了结局。

3．错误转型韩国购

2015年9月，蜜淘主动放弃了全品类的全球购运营思路和价格战的营销手法，退守到了韩国购的小而美市场。随后蜜淘从望京SOHO T2算不上大的办公区浩浩荡荡地搬到了望京SOHO T3，租下了一整层的办公区。由于蜜淘从全球购业务转型韩国购，很多业务部门不做了，公司大幅裁员，与此同时，公司将于年后解散的消息在内部扩散开来。2015年年底，搬家不足半年的蜜淘提前退租。2014年的蜜淘风光无限，几乎拿到了所有创业团队期望甚至羡慕的资本“战果”。它一年内斩获了三轮融资：天使轮、A轮、B轮，最终却止步在了C轮门前，不禁令人唏嘘。

张天天认为，跨境电商与双边贸易不同，双边贸易做好任何一个国家都能做大，而跨境电商讲求互联网的去中间化，用户对海外商品的需求也是多元化的，这个过程中，做专也没问题，但要根据市场的竞争和格局来定，当时的局势做单一国家不太行得通。

对于跨境电商来讲，蜜淘选择把用户群体定位在“韩范用户”理论上并没有错，但过去日、韩市场上，无论跨境、保税、一般贸易还是“水货”都不计其数，与历史沉淀的这些未知者的竞争，毫不亚于跨境电商平台高举高打的“明战”。

三、蜜淘失败给业界的启示

跨境电商该如何避免类似蜜淘的失败，创业跨境电商又该如何与巨头阿里巴巴、京东对抗，不被潮流击败而良好发展？

1．烧钱不烧心

从对蜜淘的分析中可以看到，蜜淘其实有很好的发展前景，从“618”对战京东，到“黑色星期五”公布营业数据，在一年内接二连三获得融资，可以看出它有意和巨头叫板的心态。在获得大笔融资之后，蜜淘也选择了互联网最快速最有效的获客形式——烧钱，但是因为受到互联网寒潮的影响，导致蜜淘补给不足，以致最终出局。“烧钱”或许是可以的，但在经营心态上，还是要立足市场。

2．不忘初心做海淘

做商业的初心始终还是解决客户需求痛点。进口跨境电商被客户诟病较多的问题，从早期海淘的假货横行、产品来源没有保障，到后来用户体验不佳、物流不给力等，始终层出不穷。谁能够处理好这些问题，谁就能够成为跨境电商的“领头羊”。但这只“羊”不好当，稍有不慎，将导致再度失利。

习　题

一、填空题

1．我国进口跨境电商模式主要分为 ____________、____________。

2．我国陆续设立的跨境电商综合试验区达 ________ 个，保税区超百个，跨境电商B2B 出口监管试点扩至 ________ 个海关。

3．网经社发布的《2021 年 9 月 AppStore 中国免费榜（社交）TOP100》中的前三名依次为微信、____________、____________。

4．小红书的推广形式主要有明星投放、__________、销量达人、__________。

5．“蜜芽圈”是一个供妈妈们分享育儿 ____________ 以及推荐 ____________ 的社区。

二、选择题

1．2020 年进口跨境电商市场交易规模达（　　）万亿元。

A．2.65　　B．3.07　　C．3.45　　D．3.55

2．天猫国际跨境电商平台成立于（　　）。

A．2012 年　　B．2013 年　　C．2014 年　　D．2015 年

3．采用“内容 + 社交”的运营模式的跨境电商平台是（　　）。

A．小红书　　B．洋码头　　C．蜜芽　　D．考拉海购

4．阿里巴巴宣布 20 亿美元全资收购网易考拉是在 2019 年（　　）。

A．6 月 12 日　　B．12 月 18 日　　C．8 月 15 日　　D．9 月 6 日

5．开创性建立“买手制”的海外购物平台是（　　）。

A．天猫国际　　B．洋码头　　C．蜜芽　　D．小红书

三、判断题

1．苏宁海外购的模式是“保税进口 + 海外直邮”。　（　　）

2．蜜芽是我国首家进口母婴品牌限时特卖商城，总部在北京，于 2011 年创立。　（　　）

3．2018 年，天猫国际、网易考拉和海囤全球分别以 27.1%、24.0% 以及 13.2% 的市场份额雄踞跨境电商市场三甲。　（　　）

4．2015年6月，小红书举办“校草快递”营销活动，在女大学生中做了一轮引爆。（　）

5．区块链、大数据等技术将为跨境电商行业带来革新。（　）

四、简答题

1．简述主要进口跨境电商模式及其代表性平台。

2．简述一下考拉海购的七大优势。

3．分析天猫国际与考拉海购的双品牌协同战略。

4．简要分析洋码头的本土售后保障。

5．简述蜜淘失败给业界的启示。

第五章　跨境电商物流

引　例

受新冠肺炎疫情影响，人们被迫居家，线上购物逐渐成为消费主流，跨境电商呈现井喷式发展，同时也带来了跨境电商物流的红利期。跨境电商物流能成为主流行业，与其从业人员的努力息息相关，但同时其他参与角色——资本、保险、银行发挥的作用也不容忽视。

在跨境电商物流行业内，不管处于是什么角色，大概就做全段与做配套两类。再细分产品定位，无非三大类：直发类、头程类、海外仓类。尤其是做海外仓，海外仓对于很多人来说可能比较模糊，它的细分环节定位是做配套的，所以这个环节一般会分得很细。

政府在出口方面推出了很多新政策，合规政策的出台助推物流行业发展。以前物流公司在做数据报关的时候，通关时间很慢，手续复杂。现在，出口通关道路被打通了，通关效率越来越高。从政策出台后的数据来看，政策被利用的速度很快，在出口方面，跨境电商物流会获得更多的政策布局。

跨境电商物流已踏入发展的2.0时代，在疫情的催化下，加速了3.0时代的到来。企业为红利期到来高兴的同时，也应预见即将到来的挑战，从多方面提升自身的核心竞争力，在发展的浪潮里紧握属于自己的“蛋糕”。

本章学习目标

（1）了解跨境电商物流的定义、作用及问题。

（2）掌握跨境电商物流的几种主要模式。

（3）认识与了解的跨境电商物流的几种运输方式。

（4）了解跨境电商出口海外仓模式分析与管理。

第一节　跨境电商物流概述

一、跨境电商物流的定义

物流作为供应链的重要组成部分，是对商品、服务以及相关信息从产地到消费地的高效、低成本流动和储存进行的规划、实施与控制的过程，目的是满足消费者的需求。电商与物流相伴共生，电商物流是利用互联网技术，尽可能把世界范围内有物流需求的货主企业和提供物流服务的物流公司联系在一起，提供中立、诚信、自由的网上物流交易市场，促进供需双方高效达成交易，创造性地推动物流行业发展的新商业模式。通俗地来说，跨境物流就是把货物从一个国家或地区通过海运、空运或陆运的方式送到另一个国家或地区。而跨境电商物流则特指在跨境电商运营模式下，为通过跨境电商平台达成的线上交易提供实体商品跨境运输和配送的活动。由于跨境电商的交易双方分属不同的国家或地区，商品需要从供应方所在的国家或地区通过跨境物流的方式实现空间位置的转移，在需求方所在的国家或地区内实现最后的物流与配送，因此跨境电商物流是跨境物流的一部分，随着跨境电商的迅速发展，跨境电商物流所占的比重也越来越大。

二、跨境电商物流的作用

首先，跨境电商物流是跨境电商的重要组成部分。通常情况下，贸易活动由信息流、资金流、物流三部分构成，物流在跨境电商业务中承载着货物转移和交付功能，是跨境电商不可或缺的组成部分，离开了物流，跨境电商交易将无法实现。区别于传统的国际物流，跨境电商物流有着反应快速化、功能集成化、作业规范化、信息电子化、服务系统化等特征；相较于国内物流，跨境电商物流具有工作区域广阔、国际化、高风险、高技术、复杂等特征。

其次，跨境电商物流是跨境电商的核心环节之一。在跨境电商贸易过程中，物流发挥着重要的作用，是跨境电商发展的核心链条。目前，国内的跨境电商物流一般都通过第三方物流发货，第三方物流在跨境电商发展中发挥着举足轻重的作用。较大的电商平台一般采取专线物流或者海外建仓的方式降低物流成本，而一般中小型电商的物流则选择邮政小包或国际快递等方式。

最后，跨境电商物流是跨境电商成功的关键因素。当前跨境电商贸易发展速度如此之快，但国际物流发展还没有跟上节奏，物流不仅直接关系到跨境电商的交易成本，还关系到买家对卖家的满意度、购物体验和忠诚度。因此，安全、高效的跨境电商物流将大大改善跨境电商卖家的消费体验。

三、跨境电商物流存在的问题

跨境电商的快速发展，带动了跨境物流的发展升级，跨境电商为跨境物流的发展提供了广阔的空间，跨境物流的发展有力地促进了跨境电商的发展，跨境电商与跨境物流两者相辅相成。目前，我国跨境电商规模日益增加，为跨境物流的发展带来了强大的潜力市场，但由于跨境物流是依据跨境电商衍生出来的新型行业，运作还不成熟，仍存在一些问题。

1. 跨境物流成本较高

跨境物流成本主要包含运输成本、关税、海外物流成本等，虽然跨境电商者都会对跨境物流成本进行控制，但是由于很多因素（海关关税、国外重派、国外仓储等）都无法实现完全控制，物流成本居高不下。而且选择的物流运输方式主要是空运和海运（随着中欧班列的开通，一部分货物运输选择陆运），由于运输方式比较少，即使空运或海运的价格上涨，也只能“硬着头皮走”，物流成本直接增加了很多。

2．跨境物流和跨境电商的发展不协同

现在的跨境电商客户需要更加多样化和个性化，安全将货物送达到客户手中已经不能满足现在的物流需求，客户不仅对物流时效有要求，对物流服务也有要求。而海外仓一般都是中大型电商企业才会使用，因为它们负担得起昂贵的仓储成本，而自贸区开放的数量又不足，跨境电商的需要得不到满足。

3．基础设施不完善

与国内物流相比，跨境物流更复杂更烦琐。跨境物流涉及运输、报关、查验、仓储、配送等一系列环节，与国内物流相比最明显的特征就是需要报关。我国国内物流的基础设施建设要比跨境物流的更完善，跨境物流要实现与目的国或地区的物流信息对接、整合，系统性的网络并没有实现，使得跨境物流成本增加。

而且由于是国际贸易往来，如果客户需要退换货，退回的运费往往比发出去的运费高得多，再为客户重发的话，需要再次支付运费，这笔订单就只赔不赚了，因此免费退换货的服务难以实现。

4．跨境物流信息不够透明

跨境物流中，与境外物流商信息不对接的话，容易造成物流信息无法跟踪，货物到哪里了、为什么会卡在某个地方无物流信息更新、货物什么时候能派送等问题，便会被客户一直询问，客户因为看不到物流信息，不能更好地安排时间来接收货物，客户满意度也会降低。

5．缺少专业的跨境物流人才

跨境物流是随着跨境电商的发展而产生的，是一个新的产业，发展得没有国内物流那么完善。在我国，很多高校的电子商务专业和物流管理专业都是分开设立的，跨境电商和跨境物流的专业课程较少设置，跨境电商和跨境物流的相关知识没有形成系统。高校、政府对跨境电商和跨境物流的支持力度需进一步加大，既懂跨境电商知识又懂跨境物流运营的人才较少。

第二节　跨境电商物流的主要模式

当前跨境电商的主要物流模式有邮政物流模式、国际快递模式、国内快递模式、专线物流模式、海外仓物流模式，跨境电商卖家首先应该根据所售产品的特点（尺寸、安全性、通关便利性等）来选择合适的物流模式。比如大件产品（如家具）就不适合走邮政包裹渠道，而更适合海外仓模式。

一、邮政物流模式

邮政物流是指各国邮政部门所属的物流系统，包括中国邮政速递物流股份有限公司的

EMS、ePacket、航空大包及小包等。据不完全统计，中国出口跨境电商 70% 的包裹都是通过邮政系统投递的，其中中国邮政占据 50% 左右。因此，目前跨境电商物流还是以邮政的发货渠道为主。邮政网络基本覆盖全球，比其他物流渠道都要广。这主要得益于万国邮政联盟（Universal Postal Union，UPU）和卡哈拉邮政组织（KPG）。不过，邮政的渠道虽然比较多，但也很杂乱，在选择邮政包裹发货的同时必须注意出货口岸、时效、稳定性等。

1．EMS

EMS 是中国邮政开办的特快专递邮件服务。由于 EMS 的跨境物流是中国邮政与其他国家和地区邮政合办的，因此它在邮政、海关、航空等部门享有优先处理权，这也是它与其他商业快递不同的地方。

EMS 国际快递的投递时间（不包括清关时间）一般为 3 ～ 8 个工作日。其资费标准、规格限制、跟踪查询、操作注意事项等内容可登录中国邮政速递物流股份有限公司官网 http://www.ems.com.cn 了解。

（1）EMS 的主要优点

1）投递网络强大，覆盖面广，价格比较合理，按实计重（不计抛重）。

2）不用提供商业发票就可以清关，并且具有优先通关权，对于通关不过的货物可以免费运回国内（其他快递一般要收费）。

3）适合走小件以及对时效要求不高的货物。

4）寄往南美、俄罗斯等地具有绝对优势。

（2）EMS 的主要缺点

1）相比于商业快递，速度偏慢一些。

2）不能一票多件，大货价格偏高。

3）查询网站信息滞后，一旦出现问题，只能做书面查询，查询时间较长。

2．ePacket

ePacket 俗称 e 邮宝，又称 EUB，是中国邮政速递物流股份有限公司旗下的国际电商业务。ePacket 整合邮政速递物流网络资源，与主要电商平台合作推出速递业务，目前可以发往美国、澳大利亚、英国、加拿大、法国、俄罗斯、以色列、沙特阿拉伯、乌克兰等国家。

由于各国规定不同，ePacket 的资费标准、规格限制、跟踪查询、操作注意事项等内容可登录 http://www.ems.com.cn 或拨打客服热线 11183 查询。

ePacket 的主要特点如下：

1）不受理查单业务。

2）不提供邮件丢失、延误、赔偿。

3）不承诺投递时限。

3．中国邮政大包

中国邮政大包的全称为中国邮政航空大包（China Post Air Parcel），也简称“航空大包”“邮政大包”或“中邮大包”。

中国邮政大包的资费标准、规格限制、跟踪查询、操作注意事项等内容可登录 http://11185.cn/index.html 了解。

(1) 中国邮政大包的主要优点

1）覆盖面广，可发往全球200多个国家和地区。

2）价格低廉，以首重1kg、续重1kg的计费方式结算，价格比EMS低，不计算体积、重量，没有偏远附加费。

3）通达国家和地区多，清关能力强。

4）运单操作简单、方便。

5）对时效性要求不高而稍重的货物，可选择使用此方式发货。

(2) 中国邮政大包的主要缺点

1）部分国家限重10kg，最重也只能30kg。

2）妥投速度慢。

3）查询信息更新慢。

4．中国邮政小包

中国邮政小包的全称为中国邮政航空小包（China Post Air Mail），也简称“航空小包”“空邮小包”或“中邮小包”。中国邮政小包可以分为平邮小包和挂号小包两种。

中国邮政小包属于性价比较高的物流方式，适合寄送物品重量较轻、量大、价格要求实惠而且对于时限和查询便捷要求不高的产品。其资费标准、规格限制、跟踪查询、操作注意事项等内容可登录 http://11185.cn/index.html，以及 http://www.17track.net/ 了解。

(1) 中国邮政小包的主要优点

1）运费比较便宜，由于部分国家运达时间不长，因此性价比较高。

2）清关能力强，通关时享有绿色通道，比商业快递要简单很多。

3）覆盖面广，中国邮政小包本质上属于民用包裹而不属于商业快递，因此能邮寄的物品比较多。

(2) 中国邮政小包的主要缺点

1）限重2kg（阿富汗限重1kg），卖家如果包裹超出2kg，就要分成多个包裹或另选其他物流方式。

2）运送时间过长，如送达俄罗斯、巴西等国家的时间甚至超过40天。

3）部分国家不支持全程跟踪，中国邮政速递物流股份有限公司官网只能跟踪国内部分信息，借助其他网站查询则有诸多不便。

5．荷兰小包（Spring 小包）

1）荷兰小包通达全球，可出普货、内置带电及膏状、乳液状、块状指甲胶等化妆品，是市场最稳定的小包，欧洲首选。

2）荷兰小包分挂号（外电挂号）和平邮（外电平邮）等线路，提供平邮和挂号服务。

① 平邮：有半程查询，无妥投信息。

② 挂号：全程追踪，有签收信息查询，部分国家无签收信息（如加拿大、厄瓜多尔、奥地利部分偏远地区）。

3）优势：

① 欧洲国家服务优势明显，整体时效8～16天。

② 覆盖全球200多个国家和地区。

③ 全区可接受内置带电、化妆品等膏状产品。

④ 外电渠道16国可发纯电、移动电源、香水、指甲油。

⑤ 对于较重物品，价格优势明显。

⑥ MBR服务可提供开查、POD（挂号服务，单号格式为RU*********NL）。

6．其他邮政小包

邮政小包是使用较多的一种国际物流方式，依托万国邮政联盟网点覆盖全球，在不同的国家和地区，邮政所提供的邮政小包服务或多或少存在一些区别，主要体现在不同区域会有不同的价格和时效，以及对于承运物品的限制不同。

因此，需要与多个物流渠道的货运代理公司建立联系，以确保能尽快了解到各类渠道的最新信息，多个渠道组合使用。例如，泰国小包这个月爆仓了，马上换新加坡小包；若新加坡小包爆仓了，可以再换菲律宾小包。

一些常用国际小包的特点如下：

1）新加坡小包：价格适中，服务质量高于邮政小包一般水平，并且是目前常用的手机、平板计算机等含锂电池商品的运输渠道。

2）瑞士小包：欧洲线路的时效性强，但价格较高。欧洲通关能力强，在欧洲申根国家（1995年全面生效的《申根公约》成员国）免关税。

3）瑞典小包：欧洲线路时效较快，俄罗斯通关及投递速度较快，且价格较低。它是投往俄罗斯首选的物流方式，而且在某些时段安检对带电池的产品管制还没有那么严格，可用于寄递带电产品。

二、国际快递模式

国际快递指的是以国际商业快递巨头——DHL、TNT、UPS和FedEx等为主的国际物流，是在两个或两个以上国家（或地区）之间所进行的快递、物流业务。这些国际快递商通过自建的全球网络，利用强大的IT系统和遍布世界各地的本地化服务，为跨境网购的用户带来极好的物流体验。下面就它们的各自优缺点进行比较分析。

1．DHL

DHL又称敦豪航空货运公司，1969年成立于美国旧金山，现总部位于德国。DHL是全球快递行业的市场领导者。在我国，中外运敦豪是DHL与中国外运股份有限公司合资成立的国际快递公司。

DHL 的资费标准、规格限制、跟踪查询、操作注意事项等内容可登录中外运敦豪官网 https://www.dhl.com/cn-zh/home.html 查询。

（1）DHL 的主要优点

1）覆盖面广，可寄达 220 多个国家和地区、12 万多个目的地，去北美、西欧有优势，适宜走小件。

2）一般 2 ～ 4 工作日可送达，去欧洲国家 3 个工作日，去东南亚国家 2 个工作日。

3）网站更新及时，解决问题速度快。

（2）DHL 的主要缺点

1）走小货价格较贵，不合算，适合发 5.5kg 以上，或者 21 ～ 100kg 的货物。

2）物品限寄要求多，许多特殊商品是拒收的，另有部分国家不提供包裹寄递服务。

（3）DHL 小包

1）DHL 小包是由 DHL GLOBAL MAIL 开发的空邮小包渠道，主要针对货物重量在 2kg 以下的一种航空包裹。DHL 小包可以通邮到全球 200 多个国家和地区，比较适合跨境卖家。

2）DHL 小包分以下三种服务：

① DHL 挂号小包：全程追踪，有妥投信息。

② DHL 平邮小包：半程追踪，6 条跟踪信息（主要节点）。

③ DHL 经济小包：半程追踪，2 条跟踪信息。

3）参考时效：6 ～ 15 个工作日。

4）接受内置电池（16 国）：奥地利、瑞士、捷克、德国、丹麦、西班牙、芬兰、克罗地亚、匈牙利、爱尔兰、英国、荷兰、挪威、葡萄牙、波兰、斯洛文尼亚、其他国家不接受任何含电池货物（经济小包不接受任何带电物品）。

2．TNT

TNT 成立于 1946 年，是全球领先的快递服务供应商，为企业和个人提供全方位的快递服务，公司总部设在荷兰的阿姆斯特丹。TNT 快递在欧洲、南美、亚太和中东地区拥有航空和公路运输网络。

TNT 的资费标准、规格限制、跟踪查询、操作注意事项等内容可登录 http://www.tnt.com/express/zh_cn/site/home.html 查询。

（1）TNT 的主要优点

1）送达国家多、网点全、速度快，2 ～ 4 工作日可通达全球，送达西欧一般不超过 3 个工作日。

2）通关能力强，可提供报关代理服务。

3）可及时、准确、免费地实时查询货物，无偏远附加费。

4）在政治、军事不稳定的国家有绝对优势。

5）纺织品类大货到西欧、澳大利亚、新西兰有优势。

6）有正规发票。可以送达沙特阿拉伯。

(2) TNT的主要缺点

1）要计算体积、重量，对所运货物的限制也比较多。

2）价格相对较高。

3．UPS

美国联合包裹（UPS）成立于1907年，是全球最大的快递承运商和包裹递送公司之一，总部设在美国佐治亚州亚特兰大市。UPS拥有全球特快加急、全球特快、全球速快（俗称“红单”）、全球快捷（俗称“蓝单”）四种快递服务，其费用从高到低，相应地，速度从快到慢。全球速卖通主要采用后两种快递方式。

UPS的资费标准、规格限制、跟踪查询、操作注意事项等内容可登录http://www.ups.com查询。

(1) UPS的主要优点

1）一般2～4工作日可送达，送达美国只要48h。

2）速度快，服务好。

3）强项在美洲等线路，适合发快件。

4）货物可送达全球200多个国家和地区，可以在线发货，在全国100多个城市可上门取货。

5）查询网站信息更新快，遇到问题解决及时。

(2) UPS的主要缺点

1）要计算产品包装后的体积、重量，适合发6～21kg，或者100kg以上的货物。

2）对托运物品的限制比较严格。

3）运费较高。

例如通过UPS寄送到美国的包裹，最快可在48h内到达。然而，优质的服务往往伴随着昂贵的价格。一般中国商户只有在客户时效性要求很强的情况下，才使用UPS来派送商品。

4．FedEx

美国联邦快递（Federal Express，FedEx）成立于1971年，是一家国际性速递集团，公司总部设在美国。FedEx在我国香港地区设有亚太区总部，并且在我国上海、日本东京、新加坡等城市均设有区域性总部。FedEx在我国分为中国联邦快递优先型服务（International Priority，IP）和中国联邦快递经济型服务（International Economy，IE）。两者的区别是：优先型服务时效快，一般为2～5个工作日，清关能力强，覆盖面广，可为全球200多个国家和地区提供快捷、可靠的服务；而经济型服务则价格更加优惠，时效较快，一般也只要4～6个工作日，具有优先型服务一样的清关能力，能送达全球

90 多个国家和地区。

FedEx 的资费标准、规格限制、快递跟踪查询、操作注意事项等内容可登录 http://www.fedex.com/cn/rates/index.html 查询。

（1）FedEx 的主要优点

1）一般 2 ～ 4 工作日可送达。

2）适合发 21kg 以上的大件，到南美洲的价格具有竞争力。

3）网站信息更新快，网络覆盖全，查询响应快。

（2）FedEx 的主要缺点

1）运费较贵，需要考虑产品的体积重量。

2）对托运物品的限制也较严格。

三、国内快递模式

国内快递模式主要是指由 EMS、顺丰和“四通一达”为主导的跨境电商物流。在跨境物流方面，“四通一达”中，申通和圆通布局较早。比如美国申通在 2014 年 3 月上线，圆通也是 2014 年 4 月与 CJ 大韩通运合作。而中通、汇通、韵达启动跨境物流业务要晚一些。

在国内快递中，EMS 的国际化业务是最完善的。依托邮政渠道，EMS 可以直达全球 60 多个国家和地区，费用相对于四大快递巨头要低。此外，中国境内的出关能力很强，到达亚洲国家和地区是 2 ～ 3 天，到欧美则要 5 ～ 7 天。

顺丰的国际快递业务相较成熟一些，下面主要介绍一下顺丰速运 SF Express。

目前 SF Express 拥有国内外 12 300 多个营业网点，跨境物流可送达美国、澳大利亚、韩国、日本、新加坡、马来西亚、泰国、越南和我国港澳台地区。SF Express 提供四种快递服务，即顺丰即日、顺丰次晨、顺丰标快、顺丰特惠。其中，涉及跨境物流的是后两种。

顺丰标快从中国内地（大陆）寄至港澳台需 1.5 ～ 2.5 天，部分偏远地区另加时 0.5 ～ 1 天；寄至韩国、日本、新加坡、马来西亚、美国、泰国、越南、澳大利亚等需要 3 ～ 5 天。SF Express 的主要优点是境内网点分布广，价格有一定的竞争力；其缺点是境外线路少。

四、专线物流模式

专线物流一般是通过航空包舱方式运输到国外，再通过合作公司进行目的国家（或地区）的派送。专线物流的优势在于其能够集中大批量到某一特定国家（或地区）的货物，通过规模效应降低成本。因此，其价格一般比商业快递低。

在时效上，专线物流稍慢于商业快递，但比邮政包裹快很多。市面上最普遍的专线物流产品是美国专线、欧美专线、大洋洲专线、俄罗斯专线等。也有不少物流公司推出了中东专线、南美专线、南非专线等。目前很多公司提供专线物流服务，常见的有下面几个。

1．Special Line-YW

Special Line-YW 即航空专线—燕文，俗称燕文专线。燕文是我国大型物流服务商，总部位于北京。燕文专线目前开通了南美、俄罗斯、印度尼西亚等专线。

1）燕文南美专线小包：通过调整航班资源一程直飞欧洲，再根据欧洲到南美航班货量少的特点，快速中转，避免旺季爆仓，大大缩短妥投时间。

2）燕文俄罗斯专线小包：与俄罗斯合作伙伴实现系统内部互联，一单到底，全程无缝可视化跟踪。国内快速预分拣，快速通关，快速分拨派送，正常情况下俄罗斯全境派送时间不超过 25 天，人口 50 万以上的城市派送时间低于 17 天。

燕文专线的资费标准、规格限制、跟踪查询、操作注意事项等内容可登录 http://www.yw56.com.cn 查询。

燕文专线的主要特点为：时效快，尤其是运送到南美地区更有优势；交寄便利，目前在我国深圳、广州、东莞、佛山、汕头、义乌、金华、杭州、上海、苏州、北京、福州、厦门、泉州、青岛等地区可以免费上门揽收。但由于部分目的国路途遥远、气候寒冷，所以对包装材料要求较高，尤其强调结实、耐寒。

2．Russian Air

Russian Air 即中俄航空专线，是一家专门从事中俄航空物流专线服务的企业，成立于 2013 年 10 月，总部位于黑龙江省哈尔滨市。目前已开通 Ruston（俄速通）专线。

俄速通主要承担发往俄语系国家的物流，推出的服务有俄罗斯航空小包、俄罗斯航空大包、俄罗斯 3C 小包、乌克兰小包、乌克兰大包、白俄罗斯航空小包挂号、俄速通云仓、莫斯科海外仓、大货商品等。

俄速通的资费标准、规格限制、跟踪查询、操作注意事项等内容可登录 http://www.ruston.cc 查询。

俄速通的主要特点为：经济实惠，计量以克为单位，无起重费；邮寄范围广，境外递送环节全部由所在国邮政承担，投递范围可覆盖全境；48h 内上网，货物全程可视化追踪；送达时效强，从过去的近 2 个月缩短到目前的 16 ～ 35 天，其中 80% 以上可在 25 天内妥投，最短只需 13 天；寄送方便，在我国深圳、广州、义乌、金华、杭州、宁波、上海、苏州、北京、山东等地可以免费上门揽收，其他地区的卖家目前仍需自行发货至集货仓。

3．Aramex

Aramex 快递即中外运安迈世，在国内又称“中东专线”，是发往中东地区的国际快递的主要渠道。公司成立于 1982 年，总部位于阿联酋的迪拜。

Aramex 的运费包括基本运费和燃油附加费两部分，其资费标准、规格限制、跟踪查询、操作注意事项等内容可登录 http://www.aramex.com 查询。

（1）Aramex 的主要优点

1）在中东地区清关速度快，寄往中东、北非、南亚的运费是 DHL 的 60% 左右。

2）时效快，3 ～ 5 天可以送达。

3）无偏远附加费，送达全球各国都无须附加偏远费用。

（2）Aramex 的主要缺点

1）只在中东地区优势比较明显，而在其他国家和地区则不存在这些优势。

2）对托运货物的限制也较多。

3）操作烦琐，单票货物申报不得超过 5 万美元。

4．网易速达 EQ（Equick）

（1）中美快递

EQ 凭借与美国邮政良好的合作，每周一至周六，航班直飞美国纽约，清关后由美国邮政署（USPS）进行最终目的地派送，转运时间是美东 4 ～ 6 个工作日，美西 5 ～ 7 个工作日，但服务范围不包含夏威夷、阿拉斯加、波多黎各。

（2）EQ 促销特惠线

EQ 推出特惠促销服务，服务覆盖的国家为英国、德国、法国、意大利、西班牙、爱尔兰、比利时、卢森堡、荷兰、奥地利、捷克、丹麦、匈牙利、波兰、斯洛文尼亚、保加利亚、丹麦、芬兰、立陶宛、葡萄牙、罗马尼亚、瑞典、澳大利亚、加拿大等。

（3）EQ 专线快递

EQ 专线快递服务覆盖范围为英国、德国、荷兰、卢森堡、比利时、爱尔兰、葡萄牙、瑞典、意大利、西班牙、法国、芬兰、瑞士、丹麦、奥地利、斯洛文尼亚、立陶宛、爱沙尼亚、波兰、匈牙利、捷克、斯洛伐克、挪威、罗马尼亚、保加利亚、美国、加拿大、澳大利亚、新西兰等国家，EQ 是目前专线市场上服务范围最广的快递公司之一。

5．其他专线物流

1）速优宝芬兰邮政。速优宝芬兰邮政为全球速卖通和芬兰邮政针对 2kg 以下小件物品推出的香港口岸出口特快物流服务。它通过芬兰邮政与俄罗斯、白俄罗斯邮政合作快速通关，快速分拨派送，正常情况下俄罗斯全境派送时间不超过 35 天。

此外，速优宝芬兰邮政在北京、上海、义乌、广东省内提供免费上门揽收服务，卖家可选择揽收服务商“燕文”或“申通”上门揽收。而揽收区域之外的卖家需自行发货到指定集货仓才能进行国际寄件。

2）中俄快递 -SPSR。中俄快递 -SPSR 的服务商 SPSR Express 是俄罗斯最大的商业物流企业之一，也是俄罗斯跨境电商领军企业。全球速卖通卖家可通过中俄快递 -SPSR 经我国北京、上海、香港等地把货物送达俄罗斯全境。

3）中外运 - 西邮标准小包（CORREOS PAQ72）。采用国际商业快递干线运输和商业通关，正常情况下 20 ～ 25 天可以实现西班牙大陆地区妥投，派送范围为西班牙全境。

4）全球速卖通无忧物流。运送范围达全球 200 多个国家和地区，可寄送普货、带电产品、非液体化妆品，不支持纯电产品、液体、粉末。

5）义达国际物流（YDH）。由各国家、地区间的专线构成 YDH 网络，将专线明确定义为点到点的“门到门”快递服务，更能体现快递服务的时效性和差异性。寄送范围包括日本、英国、法国、德国、美国等32个国家。

6）递一物流（CNE）。递一物流创立于2009年，公司总部位于上海，现已在义乌、广州、苏州、杭州、深圳、福州、合肥等多地拥有直属分公司。服务网络遍布美国、英国、法国、德国、意大利、西班牙、奥地利、澳大利亚等上百个国家。

7）利通物流（UBI）。集团成立于1991年，专注于空运、海运、公路和铁路运输的进出口服务，营业范围涵盖揽货、订舱、清关、拼箱、出具运输单据、转运、仓储和保险。利通物流提供一整套的物流解决方案，拥有覆盖五大洲的服务网络，能将货物迅捷、安全地送至世界上任何目的地。

8）云途物流（YunExpress）。云途物流是我国领先的跨境B2C商业专线物流服务商。公司成立于2014年，总部位于深圳，聚焦电商件，为我国跨境电商企业提供优质的全球小包裹直发服务。目前云途物流在全球拥有1500余名专业的物流服务员工，设有30多个集货转运中心，在中国大陆地区设有225+分公司，日均包裹订单量达100余万件，服务范围覆盖全球220多个国家和地区，是亚马逊、Wish、JOOM、Shopify等国际主流电商平台重点推荐的物流服务商。

9）捷买送物流。总部位于广东深圳，在广州、上海、义乌均设有分公司，全部操作面积超过5000m^2，日订单处理能力超过35万件。公司设有20多辆车在这四个城市每天提供上门取件服务。捷买送物流的操作速度迅速，信息服务完善，拥有自己的IT团队和物流系统，和市场的ERP对接超过15个，亦提供API供客户对接，数据一键操作，简化流程。

10）华翰物流。华翰物流是一家专业的跨境电商物流供应商。公司创立于2008年，主要以国际专线、国际小包、欧美FBA头程、海外仓、国际快递等几大核心业务为主，为跨境电商卖家提供快速、安全、高效的一站式跨境物流解决方案，帮助亚马逊、亿贝、Wish、阿里巴巴、全球速卖通等国际电商平台的卖家将业务拓展至全球。

五、海外仓物流模式

海外仓是指在本国（或地区）以外的国家（或地区）建立的海外仓库。海外仓服务是为卖家在销售目的地进行货物仓储、分拣、包装和配送的一站式控制与管理服务。目前，我国卖家主要在以下国家建立海外仓：美国、英国、德国、俄罗斯、澳大利亚、加拿大等。

跨境电商卖家之所以选择海外仓物流模式，是因为：① 海外仓可以改变传统的跨境电商物流方式，实现海外物流的本地化运输；② 可以改善服务，完善海外客户的体验度，提升重复购买率；③ 可以从买家所在国发货，从而缩短订单周期，确保货物安全、准确、及时到达终端买家手中；④ 仓储置于海外有利于海外市场价格的调配，降低海外竞争的激烈程度；⑤ 可以结合国外仓库当地的物流特点，扩大跨境货物的运输品类，降低跨境物流费用。

海外仓一般包括头程运输、仓储管理和本地配送三个部分。头程运输是指中国商家选择传统的国际海运、空运或国际快递等一般贸易出口的方式将货物发往海外仓库；仓储管理是指中国商家通过物流商的信息系统，远程操作海外仓货物，实时管理库存；本地配送是指海外仓中心根据订单信息，对货物进行包装、分拣、派送，通过当地邮政或快递将商品配送给客户。海外仓的系统流程如图 5-1 所示。

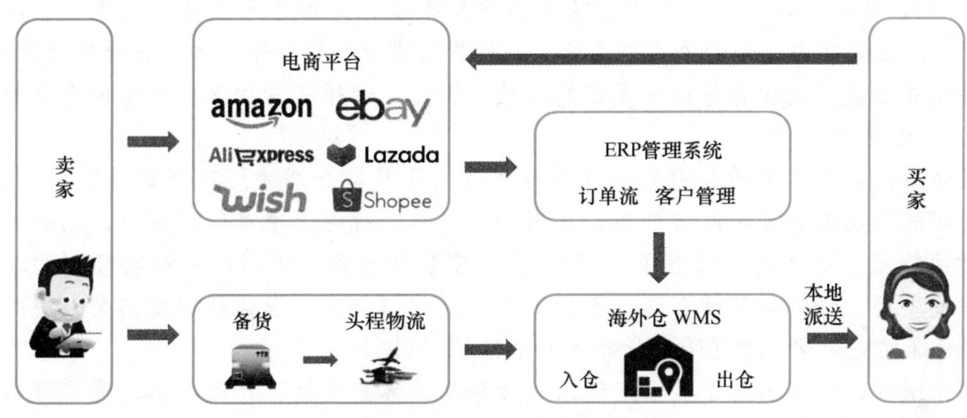

图 5-1 海外仓的系统流程

海外仓模式虽然解决了小包时代成本高昂、配送周期漫长的问题，货物基本没有质量和尺寸的限制，运输成本最低，客户体验好，但也存在需要提前备货、垫付资金大、有库存就有可能会有滞销的情况。因此建议最好选择库存周转快的热销单品。海外仓方式对卖家在供应链管理、库存管控、动销管理等方面提出了更高的要求。

六、其他物流模式

1．边境仓模式

边境仓是指建在边境地区的为邻近国家（或地区）提供跨境物流、通关和仓储的服务体系。边境仓的功能与海外仓类似，它们的区别是仓库所处的地理位置不同。边境仓主要是在物流目的国（或地区）的邻国（或地区）边境内租赁和建设仓库。根据所处地域的不同，可以将边境仓分为绝对边境仓和相对边境仓。绝对边境仓是指当跨境电商的交易双方所在国家（或地区）相邻，将仓库设在卖方国家（或地区）与买方国家（或地区）相邻近的城市，如我国对俄罗斯的跨境电商交易时，在哈尔滨或中俄边境的中方城市设立仓库。相对边境仓是指当跨境电商的交易双方不相邻，将仓库设在买方所在国家（或地区）的相邻国家（或地区）的边境城市。相对边境仓对买方所在国（或地区）而言属于边境仓，对卖方所在国（或地区）而言属于海外仓。例如，我国对巴西的跨境电商交易时，在与巴西相邻的阿根廷、巴拉圭、秘鲁等国家的边境城市设立仓库。

对俄跨境电商：边境仓“风生水起”

2014 年 6 月下旬，国内首个正式运营的对俄跨境电商边境仓在哈尔滨市哈南新区天池路的一栋多层建筑内诞生。据哈尔滨当地媒体报道，截至 7 月 10 日，这个仅运营一个多月的边境仓日处理量在几千票货左右，已成哈尔滨市对俄经贸合作重点项目之一。运营该边境仓的是黑龙江俄速通国际物流有限公司。其总经理于航告诉雨果网，边境仓对中俄跨境电商而言，已成替代俄罗斯海外仓的跨境物流“最佳版本”。

“目前，中国跨境电商对俄出口主要为轻纺产品，而海外仓更适合重量大、尺寸超标的产品，且建立海外仓的风险也不低，一旦货物进仓，销售不出去，很难再退回国内，存在增加成本或是被扣查等血本无归的风险。因此，选择把货物存放在边境仓是最安全的方式。”于航说。

据介绍，从成本来看，海外仓成本要远远大于边境仓成本。俄罗斯是重税的国家，对公司间的买卖经营监控非常严格，从海外仓发货，税务上很难做到完善，因此很多传统的对俄物流企业都遭遇过重罚。“而且，大宗货物要涉及大额的关税和烦琐的清关流程，相较之下，边境仓就没有这些困扰。客户接到订单后，货物从边境出关，用邮政清关，保证了清关效率，也保障了货物的安全性。”他说。

他介绍说，一方面对于卖家来说，边境仓降低客户仓储、物流成本，客户可以把自己的商品全部放到边境仓中，通过系统和边境仓对接，平台前端产生订单后，将信息推送到边境仓系统，由边境仓工作人员进行货物分拣、下架、打包、发运，减少了客户手工操作的差错率，同时也节省了商品国内配送时间，减少物流配送周期的波动，避免大促期间国内物流爆仓对物流配送的影响。另一方面对于买家来说，边境仓由于配送时间缩减，买家将获得更好的用户体验。

该公司总经理李大成认为：“以我们公司为例，目前我们存放在边境仓的商品多数是一些热销、爆款或者是当下流行的服装等产品，每个款式存放几千件。由于通过边境仓可以监控到库存的实时变动，可以第一时间进行商品的补给，时刻掌握库存现状，避免不必要缺货带来的损失。一般来说，存放在边境仓的商品都是市场供需比较强且稳定的商品，如果遇到滞销的，我们也会通过平台的一些活动进行处理，避免不必要的物流成本支出。”

（资料来源：雨果网，https://www.cifnews.com/article/10167，2014-07-24）

2．保税区或自由贸易区模式

为了进一步促进各个国家（或地区）之间的贸易往来，一些国家（或地区）建立了保税区或自由贸易区（简称自贸区）以便于商品的跨境交易。保税区亦称保税仓库区，这是一个国家（或地区）海关设置的或经海关批准注册、受海关监督和管理的可以较长时间存储商品的区域。自贸区是指两个或两个以上的国家（或地区）或单独关税区组成的，区内取消关税和其他非关税限制、区外实行保护贸易的特殊经济区域或经济集团。

保税区或自贸区模式总体上属于先物流、后订单。保税区或自贸区模式集规模化物流、集货物流、本地化物流优势于一身，有利于缩短物流时间，提高物流时效，降低物流成本，还有利于享受保税区或自贸区的资源优势。保税区或自贸区物流可以享受保税区或自贸区的优惠政策与综合优势，主要体现在物流、通关、商检、收付汇、退税等方面，也简化了跨境物流烦琐的流程与手续。

例如亚马逊在上海自贸区建立自贸区物流仓库，以上海自贸区为跨境电商交易入口，引入全球产品线，预先将商品送至自贸区物流仓库。当消费者下单后，商品由自贸区物流仓库发出，能够实现集中化的国际货运、通关与商检，既降低了跨境物流成本，也缩短了物流时间，提高了物流与配送时效。

天猫国际、京东国际、考拉海购、苏宁易购等纷纷推出保税区模式，通过与宁波、郑州、重庆等跨境电商综合试验区城市合作，在保税区设立物流保税仓库，预先将商品送至保税仓库。当消费者下单购买后，商品直接从保税区仓库发出。

保税区或自贸区模式比较适用于母婴用品、食品、化妆品等日常消耗量较大的商品品类，或者是商品型号较多、具备销量大数据分析能力的电商巨头。此外，在一些如“双 11”“黑色星期五”等大型促销活动周期内，保税区或自贸区模式为解决大量商品集中清关的拥堵问题起到了很大的作用。

第三节 跨境电商物流的运输方式

根据所选用交通工具的不同，跨境电商物流运输方式可分为航空运输、海洋运输、铁路运输、公路运输以及大陆桥运输等，运输单位往往会综合考虑货物的特点、运输时间、运输成本以及地理位置等因素来选择合适的运输方式。

一、航空运输

航空运输是利用飞机运送进出口货物的一种现代化运输方式，它具有运送迅速，节省包装、保险和储存费用等优点。一些贵重物品和价值高的产品的进出口比较适合采用航空运输的方式。航空运输主要有班机运输、包机运输、航空集中托运和航空急件传送等形式。航空运输的承运人是航空运输公司和航空货运代理公司，航空运输货物的主要单据是航空运单，根据签发人不同分为主运单和分运单，前者由航空公司签发，后者由航空货运代理公司签发。

1．班机运输

班机运输是指在固定的航线上定期航行的航班。这种飞机有固定始发站、到达站和途经站。一般航空公司都使用客货混合型飞机。一些较大的航空公司也在某些航线上开辟全货机航班运输。班机运输方式能够保证货物迅速、安全抵达全球各通航点，有利于跨境电商企业准确地把握商品的发货和到货时间，适合于急需物品、生鲜易腐烂食品和价值较高的物品。但由于客货混合载运，飞机舱位有限，不能保证一次性运输大批货物。

2．包机运输

包机运输一般有整架包机和部分包机两种形式。整架包机是指航空公司按照事先约定的条件和费率，将整架飞机租给租机人，从一个或几个航空站装运货物至指定目的站的运输方式。它适合于运输大宗货物。部分包机是指由几家航空货运代理公司或发货人联合包租整架飞机的舱位。部分包机适合于 1t 以上不足整机的货物运输，运费率较班机低，但运送时间较班机要长。

3．航空集中托运

航空集中托运是航空货运代理公司把若干批单独发运的货物组成一批向航空公司办理托运，填写一份总运单将货物发运到同一目的站，由航空货运代理公司在目的站的代理人负责收货、报关，并将货物分拨交予各收货人的一种运输方式。这种托运方式可争取较低的运价，在航空运输中使用较为普遍。目前，航空集中托运的运输方式在我国对外贸易运输中占有重要地位。

4．航空急件传送

航空急件传送是目前国际航空运输中最快捷的运输方式，它不同于航空货运和航空邮寄，而是有一个专门经营此项业务的机构与航空公司密切合作，设专人以最快的速度在货主、机场、收件人之间传送急件，特别适用于急需的传送，被称为“桌到桌”快递服务。北京机场航空急件传送跟随航班托运，做到当天收当天送达，对城市间互寄的特快专递标准型邮件，向客户承诺全程时限，对超过承诺时限的邮件，用户可以要求退还已支付的邮件资费。

二、海洋运输

海洋运输简称海运，是最常用、最普遍的一种国际货物运输方式，其货物运输量占全部国际贸易货物运输量的80%左右。海运相比于其他运输方式具有运载量大、运费低、通过能力强、不受轨道和道路限制等优点。一艘万吨轮的载重量一般相当于火车250～300个车皮的载重量，海运商品运输单位成本只相当于铁路商品运输单位成本的1/20左右，相当于航空运输的1/30左右。但是，海运易受气候和自然条件以及国际政治的影响，因而航期不准确，航行中的风险较大；运期长，如从中国到欧美的货物运输大约需要20～30天的时间。海运按船舶经营的方式主要分为班轮运输和租船运输。

1．班轮运输

班轮运输也称定期运输，它是指承运人接受众多托运人的托运，将属于不同托运人的多批货物装载于同一船舶，按预先规定的航期，在一定的航线上，以既定的港口顺序，经常地航行于各港口之间的运输。这种运输方式一般承运的是价值较高的成品、半成品货物，又称杂货运输，其运量约占国际货物贸易的20%。

班轮运输的特点有：①“四固定”，即固定的航期、固定的航线、固定的港口、固定的费率收取运费；②货不论多少，只要舱位可以利用，均可受载，尤其适合托运量少的货物运输；③船公司负责装卸作业和费用承担，不计滞期费和速遣费；④权利、义务以提单为准，提单是托运人和承运人之间海上货物运输合同成立的证据和代表货物所有权的法律凭证。

2．租船运输

租船运输是指出租人（船东）和租船人签订租船（舱）协议，租船人向船东租赁船舶，船东收取租金，用于货物运输的海洋运输方式。

租船运输与班轮运输的区别在于：在租船运输中，船舶航行的时间、航线、停靠的港口及运费（包括运费中是否包含装卸费）均在装运前由租船人和船东通过协商确定。租船通常适用于大宗货物的贸易和运输。租船人和船东之间的权利和义务要以双方签订的租船合同为准。

租船运输的特点有：① 租船运输是根据租船合同组织运输的，租船合同条款由船东和租船人双方共同商定。② 一般船东与租船人通过各自或共同的租船经纪人洽谈、成交租船业务。③ 不定航线，不定船期。船东对于船舶的航线、航行时间和货载种类等按照租船人的要求来确定，提供相应的船舶，经租船人同意进行调度安排。④ 租金率或运费率根据租船市场行情来决定。⑤ 船舶营运中有关费用的支出，取决于不同的租船方式，并在合同条款中标明。⑥ 租船运输适宜大宗货物运输。⑦ 各种租船合同均有相应的标准合同格式。

租船方式主要有定期租船和定程租船两种，近年来也出现了光船租船、光船租购、包运租船、航次期租船等形式。

三、铁路运输

铁路运输是仅次于海洋运输的主要运输方式。海洋运输的进出口货物，也大多是靠铁路运输进行货物的集中和分散的。铁路运输运量较大、成本低，速度较快，连续性和可达性好，和其他运输方式配合可以实现各种“门到门”的连续运输，发货人和收货人都可以就近在始发站（装运站）和终点站办理托运和提货手续。不论经过几个国家，只需办理一次托运手续，全程使用一份统一的国际联运运单。

铁路运输分为国际铁路联运和境内铁路联运两种类型。国际铁路联运是指发运人使用统一的国际联运票据，使用铁路工具进行多国（或地区）间的全程运输服务，当由一个国家（或地区）的铁路向另外一个国家（或地区）交接货物时，不再需要收货人和发货人参与其中。境内铁路联运是指本国（或本地区）范围内根据本国（或地区）境内铁路货物运输规程办理铁路运输业务的方式。我国在对外贸易中使用铁路工具将出口货物运送至港口装船，以及进口货物到达境内后经铁路运往境内各地，都属于境内铁路联运。

中欧班列

中欧班列是指按照固定车次、线路等条件开行，往来于中国与欧洲及“一带一路”沿线各国的集装箱国际铁路联运班列。目前铺划了西、中、东 3 条中欧班列运行线：西部通道由我国中西部经阿拉山口（霍尔果斯）出境；中部通道由我国华北地区经二连浩特出境；东部通道由我国东南部沿海地区经满洲里（绥芬河）出境。

2011 年 3 月 19 日，首列中欧班列（重庆—杜伊斯堡）成功开行以来，成都、西安、郑州、武汉、苏州、广州等数十个城市也陆续开行了去往欧洲多个城市的集装箱班列。2020 年 9 月 1 日上午 10 时，中欧班列（渝新欧）跨境电商 B2B 出口专列缓缓驶出重庆团结村车站，标志着全国首班中欧班列跨境电商 B2B 出口专列成功开行。这趟班列满载着来自全国各地的 43 个集装箱跨境电商商品，主要包括服装鞋帽、生活家居、日用百货等，将发往德国、波兰等欧洲国家。

2020年中欧班列开行数量逆势增长，有力服务了新发展格局和国际防疫合作，全年开行中欧班列1.24万列、发送113.5万标箱，同比分别增长50%、56%，综合重箱率达98.4%。年度开行数量首次突破1万列，单月开行均稳定在1000列以上。国内累计开行超过百列的城市增至29个，通达欧洲城市90多个，涉及20余个国家。

中国国家铁路集团有限公司以市场和客户为导向，从与口岸、海关作业无缝衔接入手，按成组集结、零散中转，平均压缩国内段运行时间在1天左右。目前中欧班列基本每天1列，日行1000km、全程运输时间在12天左右。

亚欧之间的物流通道主要包括海运通道、空运通道和陆运通道，中欧班列以其运距短、速度快、安全性高的特征，以及安全快捷、绿色环保、受自然环境影响小的优势，已经成为国际物流中陆路运输的骨干方式。中欧班列物流组织日趋成熟，班列沿途国家经贸交往日趋活跃，国家间铁路、口岸、海关等部门的合作日趋密切，这些有利条件，为铁路进一步发挥国际物流骨干作用、将丝绸之路从原先的“商贸路”变成产业和人口集聚的“经济带”起到重要作用。

四、公路运输和大陆桥运输

1. 公路运输

公路运输具有灵活性高的特点，因此在短途运输中，公路运输是最适合的运输方式，在跨境电商物流中，公路运输往往作为两种或两种以上运输方式连接的纽带，能够提供进出口货物运输的“门到门”服务。公路运输能够与船舶、飞机和火车等运输工具配合完成运输的全过程，是港口、机场、车站等地集散货物的重要手段。特别是对于需要在短时间完成的货运任务，如鲜活食品等，公路运输是不可替代的运输方式。各种运输方式都要和公路运输配合才能完成终端的配送任务。

2. 大陆桥运输

大陆桥运输是指使用横贯大陆的铁路或公路运输系统作为中间桥梁，把大陆两端的海洋运输连接起来的连贯运输方式。大陆桥运输一般都是以集装箱为媒介，采取海→陆→海的运输线路。大陆桥运输具有集装箱运输和国际多式运输的优点，并且大陆桥运输更能充分利用成熟的海陆运输条件，形成合理的运输路线，大大缩短营运时间，降低营运成本。目前全世界的大陆桥主要有西伯利亚大陆桥、北美大陆桥、新亚欧大陆桥等，运用较多的是西伯利亚大陆桥及新亚欧大陆桥。

1）西伯利亚大陆桥的运输线路东起符拉迪沃斯托克（海参崴）的纳霍特卡港，横贯欧亚大陆，至莫斯科，然后分三路：第一路自莫斯科至波罗的海沿岸的圣彼得堡港，转船往西欧、北欧港口；第二路从莫斯科至俄罗斯西部国境站，转欧洲其他国家铁路（公路）直运欧洲各国；第三路从莫斯科至黑海沿岸，转船往中东、地中海沿岸。

2）北美大陆桥包括美国和加拿大境内的大陆桥。其中，美国境内有两条大陆桥运输线：一条是从西部太平洋口岸至东部大西洋口岸的铁路（公路）运输系统，全长约3200km；另一条是西部太平洋口岸至南部墨西哥湾口岸的铁路（公路）运输系统，长500～1000km。

3）新亚欧大陆桥东起我国连云港，西至荷兰鹿特丹，跨亚欧两大洲，连接太平洋和大西洋，穿越中国、哈萨克斯坦、俄罗斯，经白俄罗斯、波兰、德国到荷兰，辐射 20 多个国家和地区，全长 1.09 万 km，在我国境内全长 4134km。

阅读材料

海铁联运

海铁联运是进出口货物由铁路运到沿海海港直接由船舶运出的，或是货物由船舶运输到达沿海海港之后由铁路运出的，只需“一次申报、一次查验、一次放行”就可完成整个运输过程的一种运输方式。

海铁联运的业务主要有国际集装箱铁 - 海多式联运出口和海 - 铁多式联运进口。

1．国际集装箱铁 - 海多式联运出口业务程序

以国际货运代理企业作为多式联运经营人组织全程运输为例，国际集装箱铁 - 海多式联运出口业务（CIP 价）的基本程序为接受托运申请并订立多式联运合同→编制月计划、日计划，向铁路部门、船公司订车、订舱→提取空箱（如使用船公司箱）→货主安排货物进库场→报关报验→申请火车车皮并办理货物装车→签发全程多式联运提单→传递货运信息和寄送相关单证→办理货物在中转港的海关手续及制作货运单据→货交船公司，船公司签发提单→传递货运信息及寄送相关单证。

2．国际集装箱海 - 铁多式联运进口业务程序

以国际货运代理企业作为多式联运经营人组织全程运输为例，国际集装箱货海 - 铁多式联运进口业务（FCA 价）的基本程序为接受托运申请并订立多式联运合同→向船公司订舱和向铁路部门申请车皮→收货人通知托运人准备集装箱装船等事宜→签发全程多式联运提单和收取海运提单→传递货运信息和寄送相关单证→办理货物在中转港的海关转关手续及制作货运单据→货交铁路，铁路部门签发运单→传递货运信息及寄送相关单证→办理海关手续，从铁路部门提取货物并交付货物给收货人。

第四节　跨境电商出口海外仓的模式分析与管理

一、海外仓的意义

海外仓不仅是跨境电商和跨境物流的产物，更是跨境电商时代物流业的大势所趋。商务部出台的《“互联网 + 流通”行动计划》提出推动建设跨境电商海外仓的建设计划，海外仓的意义主要体现在以下几个方面：

1．提升购物体验

海外仓直接本地发货，大大缩短配送时间；使用本地物流，一般都能在线查询货物配送状态，从而实现包裹的全程跟踪；海外仓的头程是采用传统的外贸物流方式，按照正常清关流程进口，大大降低了清关障碍；本地发货配送，减少了转运流程，从而大大降低了破损丢包率；海外仓中存有各类商品存货，因此也能轻松实现退换货。这些因素都会为买家带来良好的购物体验。

2．降低物流费用

邮政大、小包和国际专线物流对运输物品的重量、体积以及价值有一定限制，导致很多大件物品和贵重物品都只能通过国际快递运送。海外仓的出现，不仅突破了物品重量、体积、价值的限制，而且整体物流价格更有优势，与邮政小包的价格相当，比国际快递便宜 20% ～ 50%。

3．获得平台流量支持

第三方交易平台对商家存放在其海外本地仓的商品给予更大排名权重，这些商品将获得更多的流量支持。

4．扩充产品品类

有些产品使用周期长，不属于快消品，但是市场需求量大，放在海外仓销售利润不错。海外仓对产品没有特别限制，有些体积较大的家具、折叠床等产品，市场竞争不会很激烈，在海外是“蓝海”。

5．有利于开拓市场

海外仓更能得到国外买家的认可，如果卖家注意口碑营销，自己的商品在当地不仅能够获得买家的认可，也有利于卖家积累更多的资源去拓展市场，扩大产品销售领域与市场范围。

海外仓虽然在跨境物流上有许多优势，但对卖家要求也很多。比如卖家首先需要支付海外仓的仓储费用，不同国家（或地区）仓储费用也不同；海外仓储要求卖家有一定的库存量及备货，占用资金比较大；还有本土化运营及管理等问题。这些都是中小卖家不敢轻易自建海外仓的因素。

初期有海外仓需求的中小卖家，可考虑跨境电商型共享海外仓，不仅可以做到仓储空间共享，还可以实现库存 SKU 共享。

二、海外仓建设模式分析

根据我国跨境电商出口贸易及当前海外仓业务实践，可以将消费品跨境电商出口贸易海外仓建设与运营模式分为三大类：亚马逊 FBA 模式、第三方海外仓模式以及卖家自建海外仓模式。

1．亚马逊 FBA 模式

（1）亚马逊 FBA 的概念

亚马逊 FBA（fulfillment by Amazon）模式是指由亚马逊提供的包括仓储、拣货、打包、派送、收款、客服与退货处理的一条龙物流服务。FBA 是亚马逊 2007 年开始为第三方卖家提供的服务，亚马逊将自建的亚马逊仓库开放给第三方卖家使用。第三方卖家只需将货物发到 FBA 仓库，亚马逊仓库会提供代发货业务。FBA 的主要目的是提升亚马逊的用户体验，提高黏性，而非一项重要的财务收入来源。但由于亚马逊并不解决头程问题，这就需要卖家自己负责 FBA 头程这一段，也就是所谓的 FBA 头程（即需要卖家提前将货物备至亚马逊指定的仓库，货物销售后，亚马逊负责拣货和发货）。

(2) 亚马逊 FBA 的优势

使用亚马逊 FBA，商家可将繁杂的物流和后勤工作交给亚马逊，为自己节省大量的人力、物力和财力，全力拓展全球销售业务。选择亚马逊 FBA 的优势有：

1）可以提高上架排名从而帮助商家成为高质量卖家获得更多流量，并且 FBA 服务还能够提高买家的信任，获得买家的关注和收藏。

2）选择 FBA 亚马逊发货，卖家需要支付服务费给亚马逊，但是可以享受亚马逊的仓储服务以及一流的运送服务。

3）当买家在亚马逊平台上购买了卖家的产品时，亚马逊服务人员会根据订单信息为买家挑选货物，包装并发送给买家。

4）费用合理。FBA 物流配送费用一般是按件收取；每件收多少费用又和产品的重量、尺寸有关，而且这个物流配送费用在不同时期都会有调整，类似于国内的快递。另外，卖家还需要承担亚马逊短期或者长期的储存费用。

5）配送时间快。FBA 的发货时间很快，因为亚马逊 FBA 的仓库范围很广，所以能够第一时间发货，但是 FBA 并不代办清关等业务。同时，发货时间快，能使消费者的满意度大大增加，还能够促成多次交易。

(3) 亚马逊 FBA 的劣势

1）其他第三方海外仓可以由专门的中文客服来处理一些问题，FBA 却只能用英文和客户沟通，这也是很多海外仓的共同短板，而且用邮件沟通回复不会像第三方海外仓客服那么及时。

2）如果前期工作没做好，标签扫描出问题会影响货物入库，甚至入不了库。

3）退货地址只支持美国（如果是做美国站点的 FBA）。

4）客户想退货就可以退货，不需要和 FBA 有太多沟通，退货随意给卖家带来不少困扰。

5）FBA 仓库不会为卖家的头程发货提供清关服务。

6）一般来说费用比国内发货稍微偏高（特别是非亚马逊平台的 FBA 发货），但是也要看产品重量来定夺。

7）采用 FBA 发货的卖家，必须大批量的备货，还要面临巨大的库存压力，而一旦某个产品出现问题，产品被下架，瞬间库存就有可能变成了废品，卖家毫无还手之力。如果选品失误，所备货的库存同样可能成了滞销品，为卖家平添许多烦恼。

(4) 亚马逊 FBM 的优势与劣势

亚马逊 FBM，即 fulfillment by merchant 的英文缩写，也就是平常所说的自发货形式。

对于一个新手来说，如果没经验没资金，先做FBM练练手积累经验，后续还可以将表现好的产品转为FBA。有资金没经验，初期可以小批量发FBA尝试，效果好的话再加大投入。FBA和FBM是可以同时做的，如果有资金当然是发FBA好。FBA和FBM都能出单，具体还是看卖家自身的情况和掌握的技术。亚马逊FBM的优势如下：

1）利润高。和全球四大网站谷歌、YouTube、脸书和百度进行对比后，亚马逊在全球购物网站平均客单价中最高。而且亚马逊产品销往欧洲，欧洲客户生活质量高，大部分人都会网购，订单又多，所以利润自然也高。

2）风险低。自发货要比FBA单件商品利润高，因为一个是走量，另一个是高客单价，FBA需要囤货，而自发货不需要，只有开单了才去采购发货，所以风险非常低。

3）店铺有优势。亚马逊无货源店铺的商品和数量没有限制，而且不需要图片的存放空间。

4）不会断货，全网商品都是货源。

5）SKU很多。相对来说机会更大。

6）产品可选性比较多，可复制多店铺操作。

但亚马逊FBM也存在劣势，主要有：

1）成长周期要比FBA长，毕竟一个付费另一个免费。

2）回款周期长，一般需要一个月左右。

2．第三方海外仓模式

（1）第三方海外仓模式的概念

第三方海外仓模式是指跨境电商出口企业与海外仓服务商合作，由海外仓服务商独立或共同为卖家在销售目的国（或地区）提供货品仓储、拣货、包装和发送服务。第三方海外仓的设计水平通常比较高，并且符合一些特殊商品高标准的运送要求，能够为跨境电商企业提供更专业、更高效的服务。

（2）第三方海外仓模式的优点

1）有助于提高单件商品利润率。亿贝数据显示，存储在海外仓中的商品平均售价比直邮的同类商品高30%。

2）稳定的供应链有助于增加商品销量。在同类商品中，从海外仓发货的商品销售量平均是从原产地直接发货的商品销售量的3.4倍。

3）海外仓采取的集中运输模式突破了商品重量、体积和价格的限制，有助于扩大销售品类。

4）海外仓所采取的集中海运方式大幅降低了单件商品的平均运费，尤其在商品重量大于400g时，采用海外仓的费用优势更为明显，这就有效降低了物流管理成本。

5）稳定的销量、更多更好的买家反馈将提升卖家的账号表现。亿贝数据显示，使用海外仓可以使卖家的物流好评率提升30%。

（3）第三方海外仓模式的缺点

1）存货量预测不准可能会导致货物滞销。

2）货物追踪如果存在差漏会导致丢失。

3）海外仓服务商本身要做本土化服务和团队管理，这是一大难题，这也会影响到卖家的服务需求。

4）从出口形势来看，海外仓的需求越来越明显，而且很多卖家开始呼吁提供更多如加工、金融、客服等海外仓增值服务。

3．卖家自建海外仓模式

(1) 卖家自建海外仓模式的概念

卖家自建海外仓模式是指跨境电商出口企业自己在境外市场投资建设仓库，完成海外仓储、通关、报税、物流配送等一系列业务环节。对于未来出口电商的海外仓趋势，大卖家会选择定制仓，中小卖家会选择第三方海外仓，而超大型卖家都会布局海外自建仓。

(2) 卖家自建海外仓的优点

自建仓最大的优势就是灵活，公司可自己掌控系统操作和管理。但随着第三方仓储的收费降低，利润空间在减小，自建仓的优势将不断减小。

(3) 卖家自建海外仓的缺点

自建海外仓最大的问题在于管理不同文化的员工。对于国外团队和国内团队，要采用完全当地化的管理手段和管理思路。国外员工更注重生活质量，也更直接谈论钱和福利。自建仓的风险和成本也更高，海外仓涉及的关务、法务、税务等问题都比较烦琐，另外，如果体量不大，没有规模优势，很难拿到好的当地配送价格。

目前，第三方海外仓的服务水平还比较初级，不能满足客户的个性化需求，有不少跨境电商企业选择自建海外仓。另外，FBA也非尽善尽美，所以有不少跨境电商企业选择自己建立并且运营海外仓，仅为本企业的产品提供仓储、配送等服务。

三、海外仓选址与布局

1．海外仓选址原则

海外仓选址一般遵循三个原则：近交通枢纽、近经济发达地区以及多仓布局。在近交通枢纽与近经济发达地区建设海外仓，是为了方便货物的转运与递送。多仓布局在缩短物流时间和降低物流成本方面也有很显著的作用。在美国市场，美国西部仓库使用USPS-Ground服务将货物送到美国东部需要5～8天；如果在美国东部和美国西部各建一个仓库，那么可以将货物在3天之内送达97%以上的美国地区，并且可以节省约38%的物流费用。

海外仓选址与国内不同，各种因素都需要被考虑在内，比如仓库与港口、机场之间的距离，当地天气是否多变，交通是否便利，仓库与供应商之间的距离等。卖家想要自建海外仓，一方面确实能提高时效、增大发货量，但是另一方面也需要看到海外仓的不足之处。卖家不能不顾实际情况，在充分考虑之后，需要对当地的人文和社会环境进行考察，确保自建的海外仓能持续、稳定地提供发货。

2．海外仓国家（或地区）选择

海外仓的建设一般都是在发达国家，如美国、欧洲国家、澳大利亚、日本等，这与这些国家的经济发达、产业集聚、物流成本、技术水平、政策水平等因素有关。截至2020年年底，中国已有超过1800个海外仓，成为支撑跨境电商发展、拓展国际市场的新型外贸基础设施。这些海外仓主要分布在俄罗斯、日本、韩国、美国等。据易仓科技的一份调研数据，在自建海外仓的卖家中，81%在美国有仓库、50%在德国有仓库、37%在英国有仓库。其中美国仓库的数量在自建海外仓卖家的所有仓库数量中占比达到45%。这个数据与海外仓联盟㊀的调研基本一致，联盟针对41家服务商76个仓库的调查结果显示，有43%的仓库是在美国。另外，在计划建仓的卖家中，美国依然是建仓首选，达到30%的比例。除了欧美，有53%的大卖家将下一个“蓝海”直指印度；有13%的卖家看好南美、俄罗斯、日本。

阅读材料

辛巴达海外仓（海立仓）的两个美国海外仓（美国仓）的介绍

辛巴达海外仓（海立仓）在美国有两个海外仓，分别坐落于美国东岸（美东仓）和美国西岸（美西仓），服务半径覆盖美国全境。

1．美东仓

地理位置：美国大约70%的人口都居住在此仓为中心的2～5区内，FBA超过75%的仓库也都设置在以此仓为中心的2～5区之内。

特点：可以在4天之内送达99.98%的美国人。平均送达时间只有2.26天，平均运费最低，对于中小卖家来说，仅一个海外仓就可以实现美国当地快捷服务。

2．美西仓

地理位置：美西仓是美东仓的补充，并且离中国最近，海运12天，空运1天，头程时效最快，成本最低。

特点：专注FBA退货贴标、退货转运、美国海外仓批量中转、美国海外仓一件代发等；退货操作有序、快捷，500g以内产品全美一口价，加上头程便宜，总体运费成本处于最低水平。

辛巴达海外仓（海立仓）的订单管理系统可将客户提交的订单推送到距离派送地址最近的仓库进行分派，成本低，时效快，客户体验好。

海外仓的位置对一个公司业绩是有影响的，海外仓选得好，能够缩短包裹递送的距离，加快送达的速度，增加客户满意度，降低运费成本，增强竞争力。

（资料来源：辛巴达国际，2019-05-13）

㊀ 由易仓科技牵头成立，只聚焦于跨境电商海外仓行业，目前聚集了90%的跨境电商知名海外仓企业。

四、海外仓的运营和管理

1．海外仓运营流程

海外仓运营上需要关注选品合理性、库存需求预警分析建模、合规性三个方面。选品不当，订单会太少，单均仓租压力大，轻小价低的商品不如直邮经济，一旦滞销，还面临贴钱促销清仓的问题。

当然考虑海外仓的运营成本，还要综合看分段式运营环节的费用支出，如头程费用、清关税费及尾程派送费用等，单纯看仓租优惠是不够的。另外，海外仓是做贸易出口结合境外本地运营的模式，选品合规性，即产品品质符合的标准是否满足当地要求，是否有侵权的嫌疑，入境关税、增值税（VAT）、在线销售税等当下政策，都是海外仓运营能否持续的关键影响因素。在海外仓运营企业的选择上，务必考虑到订单推送、货损货差、退货、结算异常等信息沟通跨时区及时处理的问题，要选信誉较好的服务商。

海外仓的基本运营流程如下：① 集货环节：合作商家揽收（送 / 提 / 快递），入库（收 / 验 / 换标 / 打包）。② 报关环节：商品归类、申报清关、结汇退税，国际运输（空 / 海 / 中欧班列）。③ 清关环节：清关申报、代缴关税和 VAT。④ 境外运输：干线货车预约送货。⑤ 海外仓环节：收 / 验 / 上 / 存 / 拣 / 包 / 发 / 退。⑥ 配送环节：境外快递渠道配送；消费者订单定价重量分段及地址库维护策略。其中，海外仓入仓出仓操作流程如图 5-2 所示。

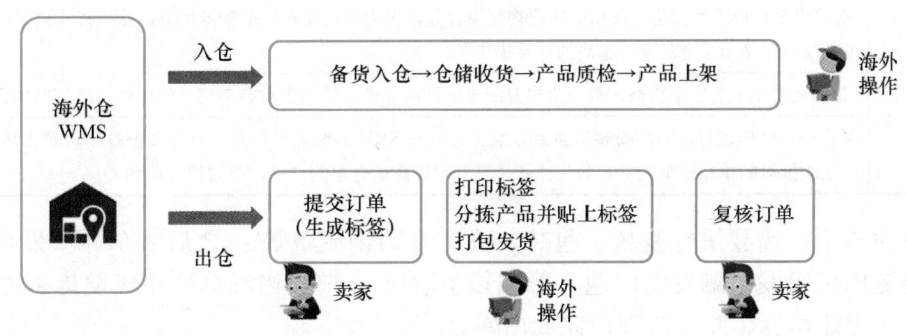

图 5-2　海外仓入仓出仓操作流程

2．海外仓的选品

海外仓的选品要精细化，一般有以下几类：

第一类选品：超大、超限、超高的产品。直邮及国际快递无法运送或费用太昂贵，需要海运的方式布局前置供应链，将商品前置到海外仓，能大大降低运营成本。

第二类选品：邮政小包快递无法运送到的产品，如液体、带电产品、膏状类产品。类似这种高风险、高利润的产品，甚至有些长效标品，周转不快，但销路不愁。

第三类选品：品牌类商品。品牌商需要用品质与服务实现品牌价值提升，海外仓的服务提升与品牌商的价值需求不谋而合，海外仓能带来价值创造的品类，未来发展将优势明显。

第四类选品：低值快消品。本土化需求消耗大，库存周转快，不用担心压货风险。

一般来看，在合适的选品和运营稳定的前提下，海外仓的运作成本的规律大致是：海外仓 <FBA+ 海运 <FBA 空运 + 派送 < 直发（国际快递或邮政小包）。

3．订单管理

订单管理是海外仓的核心任务，从拣货（pick）、包装（pack）到发运（ship），根据订单实现自动化批量发货，力保客户订单能够顺利发货。由于涉及多个环节，订单处理“木桶效应”的最短板是拣货。典型的跨境电商拣货方法见表 5-1。拣货的基本步骤是：形成拣货信息；选取拣货方法；选择拣货路径；搬运和行走；拣取。海外仓不存在平行仓订单匹配，由系统自动根据订单路由规则完成对订单的库存分配、核审、组合波次（wave）、任务下发等工作。其最核心的方法是波次计划。波次计划是一种提高拣货作业效率的方法，它将不同的订单按照某种标准合并为一个波次，指导一次拣货。波次将多个订单汇总后再以某种标准对其进行分类，形成一个拣货批次，该拣货批次中的拣选任务会被分配给拣货员。因此，波次的目的就是高效地优化订单并且生成作业任务，在生成波次时需要考虑很多约束条件以及优化的规则和逻辑。

表 5-1　典型的跨境电商拣货方法

方　式	主要内容
摘果式	直接去库位拣选对应的商品，适用于紧急订单、大件、异形商品的订单拣货
播种式	对若干个订单进行汇总，将相同的货物分类合并，再根据仓储布局编制拣货单，然后将其分派给不同区域的拣货员；适用于商品重合率高的订单拣货
边拣边分式	拣货周转车上有多个货格，每个货格对应于不同的订单，适用于重合率高、轻小件商品订单拣货
总拣式	对若干个订单进行汇总后直接拣货到包装台，并按 SKU 匹配订单，然后直接复核打印，省去装箱单；适用于大批量的单品订单或只有两三种商品且具有较高重合率的订单，使它们一单到底

拣货完成后，需要进行复核、包装、称重及贴物流单等；之后装车并做最后的复核查对，避免出现错发、漏发的问题，形成装车清单；扫描物流单号完成发货；最后进行清点交接、登账结算、库内清理，完成出库。

4．仓储管理

仓储管理在海外仓的运营和管理中占据重要地位，商品从入库到出库涉及收货、上架、拣货、复核、包装、发运、盘点、移库、转仓等环节。商品 SKU 是仓储管理的基础，跨境电商的 SKU 管理贯穿于选品、销售、包装、通关、运输、库存等一系列过程。目前 SKU 已成为商品统一编码的简称，每种商品都有一个唯一的 SKU。只要商品的品牌、型号、配置、等级、花色、包装、价格、产地等属性中有一个与其他商品不同，均可以将其定义为单品。即便是同样的商品，不同卖家也会将其定义为专属的 SKU。由于海外仓具有多货主的特点，其商品 SKU 的多样性大大增强。从仓储系统来看，每一个 SKU 都有精确的商品信息含义，它决定了商品的存放条件、拣选方法、包装单位及发运条件。规范的商品 SKU 是有效进行仓储管理的基础，要规范商品 SKU，就需要卖家提供完整的商品定义，以保障拣货等后续流程准确进行。

(1) 入库管理

入库包括收货和上架。仓储管理系统（WMS）的入库流程基本上是先接收上游预报的入库单（ASN），然后货到了之后，对货打印收货单，接着开始点数收货；收货的时候可能需要贴标，如果不需要贴标则录入数量即可；有些情况下会有质检的要求，通过质检将到货的不合格品区分出来，然后将合格品上架即可。不合格品拒收或者单独处理。

很多仓库都会提出提前预报的要求，一般来说客户也都能接受这样的要求。常用的入库单预报，以箱子为单位，如果客户有 10 箱，那么就在预报时说明 10 箱分别有多少 SKU、多少数量，同时在每箱外壳上贴上箱唛号；仓库在收货的时候，扫描箱唛号就可以收货，可以精确地知道还有几箱没有到，几箱是已经收货了的。如果客户不能按箱来打包或者做不到提前在箱子上贴好箱唛，那就只能做一个兼容版——预报的时候装箱明细只填一箱，将所有货物当作放在一个“大箱子”中。

收货可以按托 / 箱收，或者部分收货、交叉转运、整理堆码后再上架。上架即将货物放入指定储位，可以按照特定逻辑、区域随机、补充原库位、围绕其附近上架、定义上架顺序等方式上架，多货主条件下一般采用区域随机的方式上架。对于不合格品及客户退货商品的收货，先将其放入退货区，在进行质检、加工或包装后再将其放入指定储位。对于使用 FBA 头程运输的商品或转仓商品的收货，可以借助仓储管理系统的越库（cross-docking）功能，将货物直接转至发货处，避免不必要的入库程序。商品上架后即会形成可销售的库存。

(2) 库存管理

海外仓库存管理包括盘点、对账、批次跟踪、库存调拨、补货、下架等功能。对于卖家而言，库存准确性、滞销及缺货等运行结果是关注的重点。例如，就补货而言，一旦库位不足或达到临界值，海外仓就可以从存储区自动补货，但如果库存短缺，则要从境内备货补发。库存周期，即单位库存售出所需要的时间，是衡量产品销售是否健康的一项重要指标。盘点即盘库，是指用清点、过秤和对账等方法，检查仓库实际存货的数量和质量，查明存货盈亏的原因，发现超期或损毁的存货。为了保持销售的连续性和健康库存，需要及时补货，但盲目补货也是库存积压的一个原因。有两种常见的补货模式：① 经济订货量，即根据单位产品支付费用最小原则确定批量；② 再订货点，由于需求量或销售周期存在不确定性，因此需要使用合适的“安全库存”来缓冲或补偿不确定因素。

库存管理是供应链管理的核心功能，跨境电商的库存管理要做到两个基本点：① 爆款商品销量大，不能断货，必须为其设置一个库存预警值；② 动态补货，基于销售情况进行库存分析及补货周期分析，保证库存在合理的区间。

习 题

一、填空题

1. 跨境电商物流特指在跨境电商运营模式下，为通过 __________ 达成的线上交易

提供实体商品 ____________ 的活动。

2．跨境电商物流的主要模式有邮政物流、________、国内快递、_________、海外仓、其他物流等。

3．建设海外仓的意义主要体现在提升购物体验、_________、获得平台流量支持、扩充产品品类、__________。

4．跨境电商物流的运输方式主要有 ________、海洋运输、___________、公路运输以及大陆桥运输等。

5．海外仓的基本运营流程有集货、______、清关、_______、海外仓、配送等环节。

二、选择题

1．贸易活动说的“三流”，通常是（　　）。

A．商流、信息流、物流　　B．资金流、物流、信息流

C．资金流、物流、商流　　D．商流、资金流、物流

2．跨境电商物流有多种模式，中国出口跨境电商 70% 的包裹都是通过（　　）投递的。

A．海外仓　　B．专线物流　　C．国际快递　　D．邮政系统

3．国际快递中，以下（　　）不属于国际四大商业快递巨头。

A．DHL　　B．Special Line-YW

C．TNT　　D．FedEx

4．国际快递是在（　　）国家（或地区）之间所进行的快递、物流业务。

A．两个或两个以上　　B．两个以上

C．两个　　D．特定

5．一般来说，下列（　　）不在海外仓费用的计算范围内。

A．头程运费　　B．处理费　　C．海运费　　D．仓储费

三、判断题

1．跨境电商物流是跨境物流的一部分，随着跨境电商的发展，跨境电商物流所占的比重也越来越大。（　　）

2．海外仓可以改变传统的跨境电商物流方式，实现海外物流的本地化运输。（　　）

3．海外仓建设与运营模式分亚马逊 FBA、公共海外仓和自建海外仓三种模式。（　　）

4．专线物流之所以价格低廉，主要是因为它通过陆路运输。（　　）

5．同国际快递相比，邮政物流是比较经济的物流产品。（　　）

四、简答题

1．简述跨境电商物流的作用。

2．简要分析邮政物流、国际快递、专线物流的优劣势。

3．简述海外仓的选品类型。

4．简述边境仓模式。

5．简要说明卖家自建海外仓的优缺点。

第六章　跨境电商通关与商检

引　例

2015 年年初，李某（另案处理）指使被告人广州 ZD 公司的经理冯某某、业务主管江某某、兼职人员刘某某利用 ZD 公司可从事跨境贸易电商业务的便利，对外承揽一般贸易的进口货物，再以跨境电商贸易形式伪报为个人海外购进口商品，逃避缴纳或少缴税款；同时，李某指使被告人程某某为广州 PY 公司申请跨境贸易电商业务海关备案、开发正路货网，用于协助 ZD 公司跨境贸易制作虚假订单等资料。从 2015 年 9 月至 11 月期间，ZD 公司及冯某某、江某某、梁某某、刘某某、李某 1、王某、程某某利用上述方式走私进口货物共 19 085 票，偷逃税款共计人民币 2 070 384.36 元。

经过法庭审理，2018 年 4 月广州市中级人民法院对本案依法公开判决：广州 ZD 公司、被告人冯某某和江某某、刘某某为 ZD 公司的其他直接责任人员，伙同被告人梁某某、李某 1、王某、程某某逃避海关监管，伪报贸易方式报关进口货物，偷逃应缴税额，其行为均已构成走私普通货物罪。ZD 公司在共同犯罪中处重要地位，是主犯，依法应承担全部罪责。冯某某、江某某、王某、梁某某、刘某某、李某 1、程某某在共同犯罪中起次要或辅助作用，是从犯，应当从轻或减轻处罚。最终，涉案人员均被判处有期徒刑以上刑罚和不等的罚金，涉案 ZD 公司没收违法所得及罚金 300 余万元。

本章学习目标

（1）掌握跨境电商通关的概念及我国跨境电商出口通关流程。

（2）了解我国跨境电商进出口通关监管的几种模式。

（3）掌握几种常见模式的跨境电商商检流程。

（4）了解宁波跨境贸易电商检验检疫的改革举措。

第一节　跨境电商通关

跨境电商通关，又称清关或结关，是指进出口或转运货物出入一国（或地区）关境时，依照各项法律法规和规定应当履行的手续。只有在履行各项义务，办理海关申报、查验、征税、放行等手续后，货物才能放行，货主或申报人才能提货，一般需要 3 ~ 5 天完成。同样，载运进出口货物的各种运输工具进出境或转运，也均需向海关申报，办理海关手续，得到海关的许可。货物在结关期间，不论是进口、出口或转运，都是处在海关监管之下，不准自由流通。

一、我国跨境电商进出口通关

根据跨境电商进出口方向不同，跨境电商物流通关涉及出口方海关和消费者所在国（或地区）的进口海关。下面以杭州跨境电商综合试验区为例说明跨境电商通关流程。

（一）跨境电商出口通关流程

部分港口的跨境电商企业已经可以借助跨境电商通关平台实现通关一次申报，海关、税务、外汇、市场监管等部门则可通过这个平台同步获取跨境电商产品信息，实现对产品的全流程监管。

1．申报

1）电商企业或个人、物流企业应在电商出口货物申报前，分别向海关提交订单、支付、物流等信息。订单信息应包括订单号、运单号、商品名称、数量、金额等信息，支付信息应包括支付金额等信息，物流信息应包括运单号、承运货物的订单号、运抵国（地区）等。

2）以B2B模式出口的货物，电商企业应向海关提交“中华人民共和国海关出口货物报关单”（以下简称“出口货物报关单”）或“中华人民共和国海关出境货物备案清单”（以下简称“出境备案清单”），办理出口货物通关手续。“出口货物报关单”及“出境备案清单”中相应增加“电子商务”字段，以示区分跨境电商出口货物。

3）以B2C模式出口的货物，电商企业应向海关提交“中华人民共和国海关跨境贸易电子商务进出境货物申报清单”（以下简称“货物清单”，办理出口货物通关手续，海关不再将“货物清单”汇总成“出口货物报关单”或“出境备案清单”，“货物清单”数据在放行结关后纳入统一的海关数据归口管理。对不涉及出口征税、出口退税、许可证件管理且金额在人民币5000元以内的电商出口货物，电商企业可以按照《中华人民共和国进出口税则》4位品目进行申报；对超过5000元以及涉及出口征税、出口退税、许可证件管理的电商出口货物，按现行通关管理规定办理通关手续。

4）电商企业需修改或者撤销“货物清单”的，按照海关现行进出口货物报关单修改或者撤销有关规定办理。

5）以B2B模式出口货物的转关手续，按照海关现行货物转关管理规定办理；以B2C模式出口货物的转关手续，采用直接转关方式，品名以总运单形式输入“跨境电子商务商品一批”，并附商品清单，出口货物舱单按照总运单进行管理和核销。

6）除特殊情况外，“出口货物报关单”“出境备案清单”和“货物清单”应采取通关无纸化作业方式进行申报。

2．查验

海关按照现行风险管理和查验管理规定的要求，通过利用信息技术等手段，对出口货物进行布控和查验，同时实施不限时间、不限频率的机动查验。海关实施查验时，电商企业、海关监管场所经营人应按照有关规定提供便利，配合海关查验。电商企业、物流企业、海关监管场所经营人发现涉嫌违规或走私行为的，应主动报告海关。

3．征税

以 B2B、B2C 模式出口的货物，出口关税及出口环节代征税按照现行规定征收。

4．放行

1）电商出口货物的查验、放行手续应在海关监管场所内实施。

2）电商出口货物放行后，电商企业应按照规定接受海关后续管理。

3）以 B2B 模式出口的货物发生退换货等情况，按照海关现有规定办理；以 B2C 模式出口的货物发生退换货等情况，退运货物应通过原出口的海关监管场所退回，并接受海关监管。

什么条件下电商出口可以享受退免税？

财政部、国家税务总局《关于跨境电子商务零售出口税收政策的通知》（财税〔2013〕96 号）中，跨境电商零售出口（电商出口）税收政策如下：

1．享受退税的四项条件

电商出口企业出口货物同时符合以下四种条件才能享受增值税、消费税退免税政策（财政部、国家税务总局明确不予出口退免税或免税的货物除外）：

1）电商出口企业属于增值税一般纳税人并已向主管税务机关办理出口退（免）税资格认定。

2）出口货物取得海关出口货物报关单（出口退税专用），且与海关出口货物报关单电子信息一致。

3）出口货物在退（免）税申报期截止之日内收汇。

4）电商出口企业属于外贸企业的，购进出口货物取得相应的增值税专用发票、消费税专用缴款书（分割单）或海关进口增值税、消费税专用缴款书，且上述凭证有关内容与“出口货物报关单（出口退税专用）”有关内容相匹配。

2．享受免税的三项条件

电商出口企业出口货物，不符合上述退（免）税条件的，但同时符合下列三项条件的，可享受增值税、消费税免税政策：

1）电商出口企业已办理税务登记。

2）出口货物取得海关签发的“出口货物报关单”。

3）购进出口货物取得合法有效的进货凭证。

如出口企业只有税务登记证，但未取得增值税一般纳税人资格或未办理出口退（免）税资格认定，以及出口货物报关单并非出口退税专用联次，购进货物出口时未取得合法凭证，不予享受免税政策。在上述规定中，如果出口企业为小规模纳税人，均实行增值税和消费税免税政策。

（二）跨境电商进口通关流程

1．申报

1）电商企业或个人、支付企业、物流企业应在电商进口货物、物品申报前，分别向海关提交订单、支付、物流等信息。订单信息应包括订单号、运单号、商品名称、数量、金额等，支付信息应包括支付类型、支付人、支付金额等，物流信息应包括运单号、承运物品的订单号、收件人、启运国（地区）等。

2）以B2B模式进口的货物，电商企业应向海关提交“中华人民共和国海关进口货物报关单”（以下简称“进口货物报关单”）或“中华人民共和国海关进境货物备案清单”（以下简称“进境备案清单”）办理进口货物通关手续。“进口货物报关单”及“进境备案清单”中应相应增加“电子商务”字段，以示区分跨境电商进口货物。

3）以B2C模式进口的物品，物品所有人或者其委托的电商企业、物流企业应向海关提交“中华人民共和国海关跨境贸易电子商务进出境物品申报清单”（以下简称“物品清单”），采取“物品清单”方式办理电商进口物品通关手续。

4）电商企业、物流企业或个人需修改或者撤销“物品清单”的，按照海关现行的进出口货物报关单修改或者撤销等有关规定办理。

5）以B2B模式进口货物的转关手续，按照海关现行的货物转关管理规定办理，其中进境指运地为特殊监管区域或保税物流中心的，按照直接转关方式办理；以B2C模式进口物品的转关手续，采用直接转关方式，品名以总运单形式输入“跨境电子商务商品一批”，并随附物品清单，进口舱单按总运单进行管理和核销。

6）除特殊情况外，“进口货物报关单”“进境备案清单”和“物品清单”应采取通关无纸化作业方式进行申报。

2．查验

海关按照现行风险管理和查验管理规定的要求，通过利用信息技术等手段，对进口货物、物品进行布控和查验，同时实施不限时间、不限频率的机动查验。海关实施查验时，电商企业或个人、海关监管场所经营人应按照有关规定提供便利，配合海关查验。电商企业或个人、物流企业、海关监管场所经营人发现涉嫌违规或走私行为的，应主动报告海关。

3．征税

以B2B模式进口的货物，进口关税及进口环节代征税按照现行规定征收；以B2C模式进口的物品，以实际成交价格作为完税价格，按照行邮税计征税款。海关凭电商企业或其代理人出具的保证金或保函按月集中征税。

4．放行

1）电商进口货物、物品的查验、放行均应在海关监管场所内实施。

2）电商进口货物、物品放行后，电商企业应按照规定接受海关后续管理。

3）以B2B模式进口的货物发生退换货等情况，按照海关现行规定办理；以B2C模式进口的物品发生退换货等情况，退运物品应通过原进口的海关监管场所退回，并接受海关监管。

阅读材料

跨境电商进口清关模式有哪几种?

跨境电商进口海关清关模式主要有电商清关、行邮清关和邮政清关三种。

1．电商清关模式

这就是我们所说的阳光清关，绝大部分商品税率都是11.9%，少数奢侈品、高级化妆品、手表类是26.37%，没有免税额度，每单必征，关税计算公式为:（商品价值＋国际运费）× 税率。

电商清关模式每单限额为人民币5000元（单件不可分割物品除外），每个身份证每年限额人民币26 000元。每单超过5000元、年度累计超过26 000元则会被海关退运，多次超额还可能会被扣货甚至没收处理。所以一定要核算好汇率，并留出一定的汇率波动空间，一旦超出限额，处理起来就很麻烦。

2．行邮清关模式

这是以个人物品的形式报关，税率分为三档，15%、30%、60%，食品、保健品等普货为15%，纸尿裤、衣服鞋子、剃须刀、电动牙刷、一般化妆品等为30%，高档手表、奢侈品、高端化妆品、香水等为60%，每单有50元的免征额度，即税额小于50元免征，大于50元要缴税。

具体计算公式为：完税价格（或申报价值）× 行邮税税率。完税价格和行邮税税率详见海关总署官网。这里需要注意的是，如果申报价值小于完税价格的1/2或大于完税价格的2倍，则以申报价值作为基准，如果申报价值在完税价格的1/2 ~ 2倍，则以完税价格作为基准。

例如：皮鞋的完税价格为300元人民币，如果你15美元买了一双皮鞋，由于15美元约合人民币100元，小于完税价格的一半（150元），那么行邮税就是：100元（申报价值）×30%（行邮税税率）=30元，税额小于50元，故免税放行。如果25美元买了双皮鞋，由于25美元约合165元，在完税价格的1/2 ~ 2倍，所以行邮税就是: 300元（完税价格）×30%（行邮税税率）=90元，税额大于50元，故需要缴税，而不是免税：165元 ×30%=49.5元，这点需要引起注意。

3．邮政清关模式

这是转运公司（或亲友）从海外邮局直接将海淘的商品寄往国内的一种转运方式，相对运费价格较高，但由于万国邮政联盟有协议，各成员方海关对于邮寄给个人的物品以抽检的方式开箱查验，抽检率视各地海关而异，一般为10%左右。

电商清关模式的优势是税率低、清关迅速、运费低廉，适合运送体积、重量大及价值不高的物品。行邮清关模式的优势是有50元的免税额，合理分箱可以达到避税的目的，适合运送税率为15%的物品，如各类保健品。当然现在很多转运行邮清关都是包税的，运费相对高些，因为羊毛出在羊身上。邮政清关模式最适合运送单价高、体积重量小的电子产品，如手机、平板计算机。

选择运送方式时要综合比价，先估算各种方式的到手价（一般转运网站都有运费试算器），除此之外，一定要仔细阅读转运公司的服务条款、禁运列表，避免造成商品无法出库的情况。

（资料来源：雨果跨境，2020-03-11）

（三）特殊监管区域或保税物流中心保税进出境货物、物品的监管和进出区管理

1）电商进出口货物、物品在特殊监管区域或保税物流中心辅助管理系统上备案商品料号级账册，实施料号级管理。

2）B2B模式通过特殊监管区域或保税物流中心进出口的电商货物，按照《中国（杭州）跨境电子商务综合试验区海关监管方案》规定的进出口通关作业流程办理申报、查验、征税和放行手续。

3）B2C模式电商进口物品，“一线”进特殊监管区域或保税物流中心，申报、查验和放行手续按现有规定办理；“二线”出特殊监管区域或保税物流中心，按照《中国（杭州）跨境电子商务综合试验区海关监管方案》规定的进口通关作业流程办理申报、查验、征税和放行手续。

4）B2C模式电商出口货物，“二线”进特殊监管区域或保税物流中心，申报、查验、征税和放行手续按现有规定办理；“一线”出特殊监管区域或保税物流中心，按照《中国（杭州）跨境电子商务综合试验区海关监管方案》规定的出口通关作业流程办理申报、查验和放行手续。

二、跨境电商目的国进口通关

中国是世界生产和贸易大国，每年都会有很多产品出口到世界各地，虽然出口的国家不同，但是每个国家的进出口都要做清关。下面的清关规则、进口单证要求、清关方式和清关流程均以美国为例。

1．美国清关规则

1）美国海关在船开后就接收到出口国发出的AMS（24h舱单系统）申报数据。AMS信息在装船前24h需要向美国海关申报，ISF（进口安全申报）要求在装船前24h向美国海关申报。可以把相关信息发给收货人，让他发送，延期申报会被处以罚金，一般为5000美元。

2）美国当地货代公司或是清关行必须在船到前一周接收到有关进口所需单证（清关单证由发货人提供，包括发票、装箱单、提单等）及船公司的到货通知（货到之前船公司会自行通知收货人）。

3）向美国海关申请进口报关及商检，向目的港船公司提交单证要求放货。

4）将放箱证明交给收货人的拖车公司或由当地代理安排运送到收货人指定的仓库。

5）TO DOOR（清关后把货送到客人指定仓库）情况下的上门交货的运作流程应注意：① 必须在收货人准备就绪的情况下交接货物；② 拖车公司只会给仓库 2h 的装卸时间，超过 2h 按每小时计算等待费；③ 不允许货物超过美国公路限重；④ 拖车公司把柜子拖到客人指定仓库以后，把托板卸下，然后等货物卸好以后再来拖走托板，这中间会产生托板使用费，一般 30 ～ 60 美元一天。

2．进口单证要求

全球的 HS 编码不是统一的，中国是 10 位，美国是 6 位。在确认国外税费的时候一定要提供最准确的品名描述。美国在关税方面被认定是世界上最麻烦的国家之一：收到 DDP 货物的客人一定要提供最准确的品名和 HS 编码。其实美国的查验率不高，但如果查验有问题，根据最新规定，所有的货会往前查 5 年。

3．清关方式

出口货物到美国的贸易方式多种多样，有些货物的美国进口清关费用及税费由发货人支付，这种情况下，美国清关行会要求中国出口商发货前签署一份委托书，类似我国报关时需要用到的报关委托书。清关方式通常有以下两种：

（1）以美国收货人的名义清关

这即由美国收货人（consignee）提供 POA（power of attorney，委托书）给货代的美国代理，同时还需要美国收货人的 Bond（注：Bond 是美国进口商需要向美国海关购买的一种保证金，进口商因种种原因产生罚款时，美国海关就可以从 Bond 中扣钱，所有进口到美国的货物都需要购买 Bond，即向美国海关缴纳一定的 Bond 作为保证金）。

Bond 由美国联邦海事委员会（Federal Maritime Council，FMC）推行，实际是一种保险，受益人为美国政府及美国海关，进口商因故不提领货物且不支付任何费用弃货时，美国海关除了逾期拍卖货物以外，可以向保险公司求偿，以支付该货物在美国产生的各项费用（如堆存费 storage、税金 duty 等）。没有买 Bond 等于在美国海关没有备案，即使有发送 ISF 也是无法在美国清关进口的，这样的货物抵港会被海关拒收甚至罚款。

（2）以发货人的名义清关

这即由发货人提供 POA 给启运港货代，货代再转给目的港代理（启运港货代不一定认识目的港代理，POA 可以给收货人），由美国代理人帮发货人在美国办理进口商海关登记号，同时需要发货人购买 Bond。

注意事项：①以上两种清关方式，无论采用哪一种，都必须用美国收货人的税号（Tax ID，也叫作 IRS No.）来清关。IRS No.（The Internal Revenue Service No.）是美国收货人在美国国税局登记的一个纳税识别号。②在美国，没有 Bond 无法清关，没有税号也无法清关。

4．清关流程

（1）报关

报关行收到到货通知后，如同时备妥海关所需要的文件，就可以在预备到港或抵达内陆点5天之内向海关申请通关。海运通关通常会在48h内告知放行与否，空运会在24h内通知。有些货物船还没有抵港，海关就已决定要检查了。绝大多数内陆点都可以在货物抵达之前进行事先申报（pre-clear），但只会在货到后才会显示结果。

向海关申报的方式有两种：一种是电子申报；另一种是海关需要审查书面文件。无论哪种方式，都必须准备好所需要的文件等数据信息。

（2）准备报关文件

1）提单（B/L）。

2）发票（commercial invoice）。

3）装箱单（packing list）。

4）到货通知（arrival notice）。

5）如有木质包装，需熏蒸证书（fumigation certificate）或无木质包装声明（non wood packing statement）。

提单上收货人（consignee）的名字需要和发票、装箱单、到货通知上显示的收货人一致，如果不一致，必须要有提单上的收货方写的货物转让书（letter of transfer），第三方才可以清关。发票及装箱单上也需要发货人和收货人信息的名称、地址及电话。国内有些发货人的文件上缺少这些信息，会被要求补充。

（3）转关

如果在内陆清关，需要做转关。这时需要提供转运号、生效日、出发地和中止地。内陆海关会用转运号来控制并放行。

（4）放货

1）以前采用ABI（应用程序二进制接口）系统，船公司、码头直接和海关联网，这就意味着如果海关在ABI中放行，船公司及码头都可以看到。

试行AMS后，规模大的船公司如长荣、APL、马士基、中远海运集运等也都联网了AMS，但是码头没有，所以海关在AMS中放行，这些船公司以及无船承运人可以同步看到，船公司会帮助码头系统同时更新。规模相对小的船公司，如中外LYKES、GWS等没有做到联网AMS，所以只能通过无船承运人传真无船承运人保证函及海关通行证复印件来放行，这些船公司收到传真后再人工更新码头系统。

2）码头与船公司是联网的，如果运费预付，提单又是电子放行，海关一旦放行，码头就会自动放货给货车公司。美国客户不需要来换单，美国代理没有任何办法扣货，这一点与中国完全不同。所以，装货港没有收到客户的运费，千万不要做船公司大提单电子放行或预付运费。

3）内陆放货到内陆的货，清关后船公司会给一个报价，代理拿到此报价后通知收货人，货车公司凭此号码提货，此号码要等货到达堆场并从火车上下柜、海关放行后、船公司放行后才可以拿到，缺少任何一项都拿不到。所以，内陆的货需要花很长时间跟踪，要等收货人收到报价。

简单来说，美国代理进口货物操作流程如下：

① 收到代理的文件（应包括货代提单、船东提单、到货通知），将其输入计算机。

② 货物到达前一周开始向船东或共同承运人（co-loader）索要到货通知，所以装载港责任部门务必在到货通知上写出到货日期，有助于美国代理及时查询到港日期。

③ 收到船东或共同承运人的到货通知后，将其输入计算机，当天发给收货人及其报关行（如果知道是谁）。

④ 收到收货人或报关行送来的正本提单或海运费，马上用信使或快递将需要交的运费及正本提单送船东，这通常会在24h内到达，如果有海关IC卡，一并送给船东或传真给它们。船东收到提单和费用后，将相关信息输入计算机，然后放货。如果是送给共同承运人，共同承运人需将运费和提单送往船东放货。因此，共同承运人的货，放货会晚1～1.5天，会被收货人抱怨。

⑤ 去内陆的货，追踪货物行程，直到报价后传真给收货人。

⑥ 做门点的货，放货后发送提货单给货车公司并和收货仓库联络，直到确认收到。

⑦ 货主采用SOC（自备箱）方式的，会追踪箱子还回指定堆场（在放货时要求收货人签还箱确认单）。

海关查货扣货

1．查货扣货主要原因

1）申报价值和估价不一致。

2）品名和产品不符。

3）装箱清单不详。

4）收货人条件不允许（没有进出口权等）。

5）私人物品超过5000元人民币货值。

6）当地国家规定的一些相关政策。

2．如何避免海关扣货？

针对上述原因，跨境电商可以有针对性地采取一些措施，包括：

1）准确填写申报材料，不同国家可采取不同的申报策略，灵活应对。

2）不同产品被海关扣货的概率不同，如电子产品被扣的概率比服装类商品高，重包裹被海关扣货的概率也大。但是不能因此而利用品名、装箱单蒙混过关。

3）发货前确保买家姓名、地址、身份信息的真实性。

4）发货前要了解各国政策，如澳大利亚虽然通关容易，但是电池类产品是海关不允许的，因此电池或者带电磁的产品，尽量不发往澳大利亚。如果一定要卖带电池的产品，可以对客户说清楚不发电池，只发产品。

5）据统计，国际快递中DHL的扣货率是较高的，其次为FedEx和UPS；相对扣货率较低的是航空挂号小包和EMS，另外EMS就算是被海关扣货，还是能够免费退回到发货地点的。扣货率较高的快递公司在速度及价格上的优势相当明显，卖家自由选择。

3．不同国家的不同海关政策

（1）北美区

1）美国提倡网购，快递包裹通关比较容易，从数据来看，EMS清关较容易，对DHL和FedEx，一些无线电类的电子产品相对会被严查。

2）加拿大对产品类别的限制较少，但对于申报价值相对严查。不论EMS、DHL，还是FedEx，都有因低申报而被重新征收关税的情况，并且海关重新估价非常高。但对低价值的物品，清关比较容易。

（2）欧洲区

1）俄罗斯对于DHL和FedEx等快递方式会严查，但对EMS相对放宽，邮政通路很正常。

2）乌克兰除邮政EMS和邮政小包外的FedEx和DHL的包裹都较难清关。

3）白俄罗斯与乌克兰相似，FedEx和DHL的包裹相对严查，推荐使用EMS。

4）德国海关的检验力度比其他欧盟区国家要大些，即便是EMS也时常因各种原因被退回。

5）意大利因对免税申报金额较低，因此包裹时常会有因低申报价值被查。

6）荷兰对纺织品相对严查，EMS的安全系数高。

7）挪威、爱尔兰、芬兰、西班牙、法国、希腊、瑞典、比利时、斯洛伐克、奥地利、丹麦同样是EMS的安全系数高。

（3）东南亚和南亚区

1）新加坡对于申报金额大于400新加坡元的包裹征收关税，目前的数据显示，发往新加坡的包裹很少出现问题。

2）印度的海关气氛“紧张”，但从数据来看，包括DHL和FedEx的签收状况都相对不错。

3）菲律宾对于进口货物没有设定免征的额度，对所有包裹都可能征收关税，存在征税的不确定性。

4）马来西亚、印度尼西亚两国亦相对稳定。

（4）大洋洲区

1）澳大利亚对于进口的包裹类货量查验相对宽松，对低于1000澳元的包裹免征关税，除一些违禁和原木制品外，清关容易。

2）新西兰同样通关容易。

（5）南美区

1）从现有的资料和市场上的反应来看，巴西被视作全球最难清关的国家之一，除邮政小包裹外的所有包裹都常被查到，尤其是FedEx和DHL，被查率高达95%以上，并且要提供收件的VAT登记号。

2）从数据上看，智利只有个别包裹被查扣。

3）墨西哥清关相对较易，但如果被查后，退回发件人需要很长时间。

(6) 其他区

1）南非官方规定，纺织品进口需提供证明，FeDex和DHL被查到的相对多些，EMS很少被查到和退回。

2）日本对价值小于1000日元的包裹免税，从实际的操作数据看，日本较少出现包裹被查。

3）以色列、沙特阿拉伯、阿拉伯联合酋长国等中东国家尚未看到官方对申报价值免税的资料，通过发运包裹来看，包括FedEx和DHL在内都比较正常。

（资料来源：https://www.waimaoribao.com/wmgh/16369.html）

三、我国跨境电商进出口通关监管模式介绍

（一）一般出口模式（9610）

1．9610模式是什么？

9610是一个四位代码，前两位是按海关监管要求和计算机管理需要划分的分类代码，后两位为海关统计代码。“9610”全称“跨境贸易电子商务”，简称“电子商务”，俗称“集货模式”，也就是我们常说的B2C出口。跨境电商一般出口模式流程如图6-1所示。

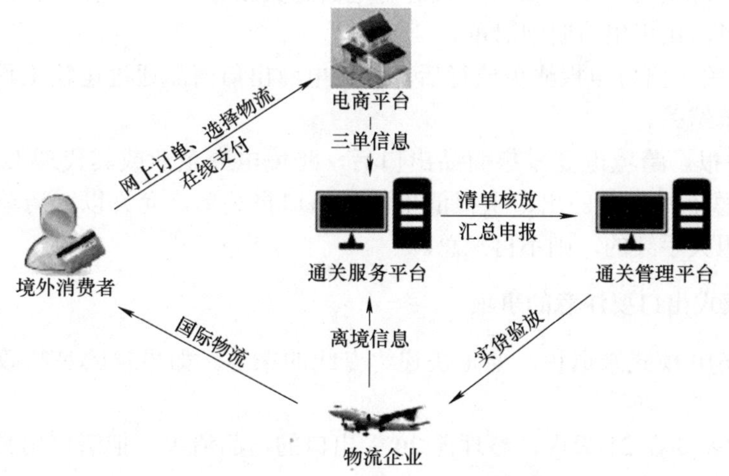

图6-1　跨境电商一般出口模式流程

9610报关出口针对的是小体量，比如国际快递发货。采用“清单核放，汇总申报”的方式，由跨境企业将数据推送给税务、外汇管理部门，实现退税。

2．9610政策出现的原因

对于采用邮寄、快递方式出口的卖家来说，若按一般贸易出口对单个包裹报关清关，

则需要大量的人力物力来完成，这必然不利于中小卖家的发展。

因此，为了方便这类卖家退税，国家出台了9610政策。9610政策是一种通关模式，早在2014年就出现了，当时海关总署也增列海关监管方式代码9610，专为销售对象为单个消费者的中小跨境电商企业服务。9610模式下，海关只需对跨境电商企业事先报送的出口商品清单进行审核，审核通过后就可办理实货放行手续，这不仅让企业通关效率更高，而且也降低了通关成本。

3．9610出口报关的核心

1）清单核放：跨境电商出口企业将“三单信息”（商品信息、物流信息、支付信息）推送到“单一窗口”，海关对清单进行审核并办理货物放行手续，通关效率更快，通关成本更低。

2）汇总申报：跨境电商出口企业定期汇总清单形成报关单进行申报，海关为企业出具报关单退税证明，解决企业出口退税难题。

4．9610模式下的B2C出口流程

9610模式下的B2C出口流程为：国外买家网上购物→订单付款→清单核放→买家收到货物→汇总申报。下面着重介绍以下几点：

1）企业注册。凡是参与跨境电商零售出口业务的企业，包括跨境电商企业、物流企业等，如需办理报关业务，则应当向所在地海关办理信息登记。

2）通关申报。跨境电商零售出口商品申报前，跨境电商企业或其代理人、物流企业应当分别通过国际贸易“单一窗口”或跨境电商通关服务平台，向海关传输交易、收款、物流等电子信息，申报出口明细清单。

3）离境结关。出口申报清单放行后，跨境电商出口商品通过运输工具运输离境，对应出口申报清单结关。

4）汇总申报。跨境电商零售商品出口后，跨境电商企业或其代理人应当于每月15日前按规定汇总上月结关的出口申报清单形成出口报关单，允许以“清单核放、汇总统计”方式办理报关手续的，则不再汇总。

5．9610模式出口要注意的事项

1）通过9610模式来退税，要走快递、专线的渠道。如果走的是邮政代理，一般是无法退税的。

2）跨境卖家要在21天内，整理前20天出口的商品清单，把清单出具给海关。让海关出具相关证明，去办理出口退税。

（二）跨境电商B2B出口模式（9710、9810）

跨境电商B2B出口模式是指境内企业通过跨境物流将货物运送至境外企业或海外仓，并通过跨境电商平台完成交易的贸易形式。

根据海关总署2020年第75号、第92号公告，先后两批共有北京、天津、南京、杭州、宁波、厦门、郑州、广州、深圳、黄埔、上海、福州、青岛、济南、武汉、长沙、拱北、湛江、南宁、重庆、成都、西安等22个直属海关开展跨境电商B2B出口监管试点。企业可根据自身业务类型选择相应方式向海关申报。

1．跨境电商B2B出口模式分类

根据企业经营模式，跨境电商B2B出口模式可分为B2B直接出口模式和出口海外仓模式两类。

（1）B2B直接出口模式

B2B直接出口模式的海关监管方式代码为9710，适用于境内企业通过跨境电商平台与境外企业达成交易后，通过跨境物流将货物直接出口至境外企业。

B2B直接出口企业资质要求如下：

1）境内企业且参与跨境电商B2B出口业务，包括跨境电商企业、受跨境电商企业委托的代理报关企业、跨境电商平台企业（含自营平台、第三方平台、境内平台、境外平台），以及物流企业。

2）向所在地海关办理企业注册登记，在“跨境电商企业类型”中勾选相应企业类型。

3）已办理注册登记未勾选“跨境电商企业类型”的，在国际贸易“单一窗口”提交注册信息变更申请。

4）通过“跨境电商出口统一版系统”申报清单的，物流企业应获得国家邮政管理部门颁发的“快递经营许可证”。

（2）出口海外仓模式

出口海外仓模式的海关监管方式代码为9810，适用于境内企业先将货物通过跨境物流出口至海外仓，通过跨境电商平台实现交易后从海外仓送达境外购买者。

出口海外仓模式企业资质要求如下：开展跨境电商出口海外仓业务的境内企业应在海关办理注册登记，且企业信用等级为一般信用及以上。

2．跨境电商B2B出口企业申报流程

企业通过国际贸易“单一窗口”标准版或“互联网+海关”的跨境电商通关服务系统和货物申报系统，向海关提交申报数据、传输电子信息。

跨境电商B2B出口有关电子信息报文，沿用跨境电商通关服务系统现有的B2C接入通道模式，新增支持B2B出口报关单报文导入；货物申报系统支持B2B出口报关单按现有模式录入和导入。

单票金额超过5000元人民币的，涉证、涉检、涉税的跨境电商B2B出口货物，企业应通过“H2018通关管理系统”办理通关手续。

单票金额在5000元（含）人民币以内，且不涉证、不涉检、不涉税的跨境电商B2B出口货物，企业可以通过“H2018通关管理系统”或“跨境电商出口统一版系统”办理通关手续。

跨境电商B2B出口企业申报流程如图6-2所示。

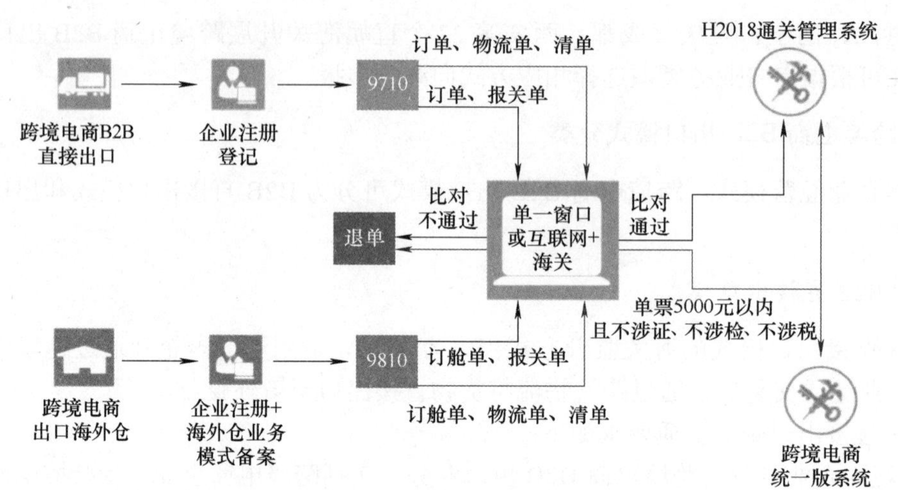

图 6-2 跨境电商 B2B 出口企业申报流程

3. 跨境电商 B2B 出口的便利

(1) 注册登记便利

跨境电商企业、跨境电商平台企业、物流企业等参与跨境电商 B2B 出口业务的境内企业，依据海关企管部门相关规定进行注册登记，非常便利。

(2) 通关便利

跨境电商 B2B 出口单票金额在 5000 元人民币以下且不涉证、不涉检、不涉税的货物，企业可以报送申报清单，系统校验通过后自动推送至“跨境电商出口统一版系统”以申报清单的方式通关，无须汇总申报报关单。申报要素减少 57 项，让中小微出口企业申报更为便捷。

(3) 综合试验区简化申报

在跨境电商综合试验区所在地海关通过“跨境电商出口统一版系统”申报 9710、9810，不涉及出口退税的，可按照 6 位 HS 编码简化申报。

在跨境电商综合试验区所在地海关通过“跨境电商出口统一版系统”申报的，可将货物品名以总运单形式按“跨境电商商品一批”录入。

(4) 查验便利

针对跨境电商货物通关时效要求高的特点，现场海关对跨境电商 B2B 出口货物优先安排查验。

(5) 物流便利

B2B 出口模式可以实现批量出货，解决了跨境电商企业必须在出口前单个打包并逐个粘贴面单的问题，降低了出口前人工操作成本和物流成本。

跨境电商 B2B 出口货物可按照“跨境电商”类型办理转关。通过“H2018 通关管理系统”通关的，同样适用全国通关一体化。企业可以根据自身实际选择时效更强、组合更优的方式运送货物。

(6) 退货便利

对跨境电商出口海外仓货物 1 年内退运进境的，海关建立底账数据形式进行管理。监管类型比较见表 6-1。

表 6-1　监管类型比较

比较项目	跨境电商 B2B 出口 9710、9810	跨境电商 B2C 出口 9610
企业要求	参与企业均办理注册登记，出口海外仓企业备案	电商、物流企业办理信息登记，办理报关业务的办理注册登记
随附单证	9710：订单、物流单（低值） 9810：订舱单、物流单（低值）（委托书首次提供）	订单、物流单、收款信息
通关系统	“H2018 通关管理系统” “跨境电商出口统一版系统”（单票<5000 元，不涉证、检、税）	“跨境电商出口统一版系统”
简化申报	在综合试验区所在地海关通过“跨境电商出口统一版系统”申报，符合条件的清单，可按照 6 位 HS 编码简化申报	在综合试验区所在地海关通过“跨境电商出口统一版系统”申报，符合条件的清单，可按照 4 位 HS 编码简化申报
物流	转关 直接口岸出口 全国通关一体化（通过 H2018 通关管理系统申报的）	转关 直接口岸出口
查验	优先安排查验	—

小贴士

跨境电商 B2B 出口申报模式

跨境电商 B2B 出口业务，即 9710&9810，可以分为四种申报模式，分别是 9710 清单申报模式、9810 清单申报模式、9710 报关单申报模式、9810 报关单申报模式。

其中，清单申报模式中，订单的报送需通过数据接入报文方式申报；报关单申报，有两种方式，可通过数据接入报文申报，或国际贸易“单一窗口”界面录入均可。

1．9710 清单

1）订单类型为 B，电商平台代码（对于境外平台等无法提供情况）可填写“无”，电商平台名称按实际填写。

2）要求货值 5000 元人民币及以下，且不涉证、不涉检、不涉税。

3）贸易方式为 9710，申报地海关为试点关区，可选 6 位 HS 编码简化申报。

4）其他单证和流程，参照 9610 出口。

2．9810 清单

1）订单类型为 W，电商平台代码填写“无”，电商平台名称填写海外仓名称，备注填写海外仓地址。

2）要求货值5000元人民币及以下，且不涉证、不涉检、不涉税。

3）贸易方式为9810，申报地海关为试点关区，可选6位HS编码简化申报。

4）清单的收发货人（电商企业）或生产销售单位，提前在海关完成申报关区+海外仓业务备案。

5）其他单证和流程，参照9610出口。

3．9710报关单

1）订单类型为B，电商平台代码（对于境外平台等无法提供的情况）可填写“无”，电商平台名称按实际填写。

2）没有货值等要求。

3）贸易方式为9710，申报地海关为试点关区。

4）报关单的随附单据类别代码10000004（跨境电商B2B出口单证）处填写电商订单编号。

5）报关单申报环节，进行报关单（表头和表体）与订单（表头和表体）比对校验（参考9610清单与订单比对）。

6）报关单可按现有方式录入或导入，也可选择跨境电商通道导入报关单（仅限9710、9810），报关单回执原路从跨境电商通道下发。

7）其他参照0110出口。

4．9810报关单

1）订单类型为W，电商平台代码填写“无”，电商平台名称填写海外仓名称，备注填写海外仓地址。

2）没有货值等要求。

3）报关单的贸易方式为9810，申报地海关为试点关区。

4）报关单的收发货人或生产销售单位，提前在海关完成申报关区+海外仓业务备案。

5）报关单的随附单据类别代码10000004（跨境电商B2B出口单证）处填写海外仓订仓单编号。

6）报关单申报环节，进行报关单（表头和表体）与订单（表头和表体）比对校验（参考9610清单与订单比对）。

7）报关单可按现有方式录入、导入，也可选择跨境电商通道导入报关单（仅限9710、9810），报关单回执原路从跨境电商通道下发。

8）其他参照0110出口。

（三）保税出口模式（1210）

2014年7月30日，海关总署发布《关于增列海关监管方式代码的公告》，自2014年8月1日起，增列代码“1210”海关监管方式，全称为“保税跨境贸易电子商务”，简称“保税电商”，俗称“备货模式”，也称保税出口模式，如图6-3所示。

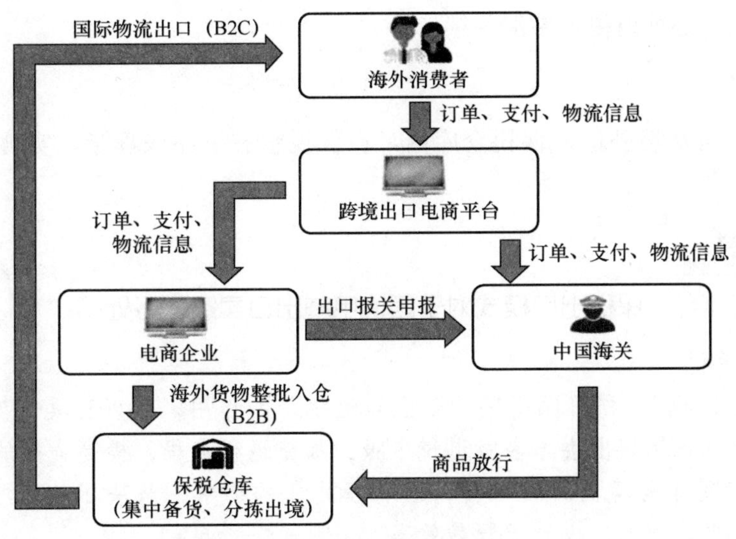

图 6-3　保税出口模式

保税出口模式是商家将商品批量备货至海关监管下的保税仓库，消费者下单后，电商企业根据订单为每件商品办理海关通关手续，在保税仓库完成贴面单和打包，经海关查验放行后，由电商企业委托物流配送至消费者手中。

保税出口模式的优点是：提前批量备货至保税仓库，国际物流成本低，有订单后可立即从保税仓发货，通关效率高，并可及时响应售后服务需求，用户体验好。缺点是：使用保税仓库有仓储成本，备货占用资金大，适用于业务规模大、业务量稳定的情况。可通过大批量订货或备货降低采购成本，逐步从空运过渡到海运，降低国际物流成本。

保税出口模式的监管方式适用于境内个人或电商企业在经海关认可的电商平台实现跨境交易，并通过海关特殊监管区域或保税监管场所进出的电商零售进出境商品。跨境保税出口报关的流程有入区、区内处理、出口、退换货等。

1．入区

国内企业根据海外市场预期，将物品提前备货进入跨境电商保税仓库。根据不同的市场预期，有两种流程：① 有明确的市场预期，报关入区，区外企业可提前办理退税、结汇等手续；② 市场预期不明，按照暂时进出区报关方式入保税仓库非保税区域，如未完成交易，可退出区外。

2．区内处理

出口备货在保税仓库内集中，电商前台上架销售，订单下达后，库内进行订单生产，实现多供应商产品、套装组合、库内集拼等功能。

3．出口

根据电商订单，汇总报关，根据订单的主体和运输方式的不同，实现一般贸易出口报关（B2B）或者小包出口（B2C）。其中，入区时按照临时进区方式入区的物品，实际出口时汇总报关，办理退税、结汇手续。

4．退换货

退换的物品可从境外进入保税仓库内，在保税状态下完成理货，实现重新上架销售出口。

保税出口模式对于跨境电商出口卖家的好处

1．入区即退税

相比“离境退税”，利用保税区“入区即退税”的作用，可以让卖家实现快速退税，而不必等到货物真正销售出去才去做退税申报，加速退税流程，提高资金的使用效率。

这一模式满足了跨境出口订单碎片化、多元化的要求，解决了传统小包出口结汇、退税、数据统计难等问题，提升了贸易效率。

2．解决报关难题

对于供应商较多、商品品类也很多的卖家来说，根据亚马逊销售的模式，小批量入FBA的产品，开票一直是难题。

应用保税出口报关模式，货物进保税仓库后可以先把所有的货一次性报关转到H账册，按照销售情况安排各站点多批次发货，货物离境前就可以先安排供应商开发票申请退税。

亚马逊澳大利亚站目前暂不支持FBA入仓的，只能发小包给客户，而发小包无法达到供应商发票合规化、阳光化的要求，但是B2C出口途径刚好解决了所有的困惑，还是可以和B2B一样，对货物统一报关、分批出口。

3．利于测试新产品

在对新产品及新市场的前景不是很有把握的时候，备货在海外仓面临着极大的资金和库存压力。运用保税出口模式，商品可以在产生订单后再进入保税区域，之后投递到终端消费者，在非保税区域的库存，根据订单情况再决定补货顺序和数量。一旦货物卖得不好，只要申请内销补税，这批货物很快就能从保税仓库拉回工厂。

4．合理解决税务问题

进入国外海外仓需要按照一般贸易进口的方式缴税，保税出口模式是以小包物品方式直接到达国外消费者手中，对于欧洲来说，直发的商品货值控制在22欧元内就可以合理避开税务问题。

5．退换货成本低

存放在保税仓里退回来的物品，重新上架后销售出口，与海外仓联动，满足出口电商的要求，降低海外理货成本。

6．“一盘库存卖全球”

我国是全球最重要的消费市场之一，也是最大的制造中心之一，在跨境电商和互联网的支持下，我国企业拥有了庞大的全球商品库。这时，电商企业能做的不仅仅是普通的进出口生意，而是把全球供应链的商品变成一盘货，“买全球卖全球”，简单理解就是把某一国家的产品进口到中国卖给消费者的同时，这一产品也供给其他国家的消费者。

保税出口模式将助力有实力的卖家建设“全球中心仓”，实现出口贸易与进口贸易同仓调拨，小额交易和大宗贸易同仓交割，外贸与内贸同仓一体，帮助它们“一盘库存卖全球”。

（资料来源：亿邦动力网，2018-02-22）

（四）跨境电商零售进口模式（1210、1239、9610）

跨境电商零售进口是指中国境内消费者通过跨境电商第三方平台经营者自境外购买商品，并通过“网购保税进口”（海关监管方式代码 1210）、“网购保税进口 A”（海关监管方式代码 1239）、“直购进口”（海关监管方式代码 9610）三种方式运递进境的消费行为。

1．监管方式

网购保税进口（1210）全称“保税跨境贸易电子商务”，简称“保税电商”。2018 年改称为“网购保税进口”，适用于境内个人或电商企业在经海关认可的电商平台实现跨境交易，并通过海关特殊监管区域或保税监管场所进出的电商零售进出境商品（海关特殊监管区域、保税监管场所与境内区外（场所外）之间通过电商平台交易的零售进出口商品不适用该监管方式）。

网购保税进口 A（1239），全称“保税跨境贸易电子商务 A”，简称“保税电商 A”，2018 年改称为“网购保税进口 A”。与“1210”监管方式相比，“1239”监管方式适用于境内电商企业通过海关特殊监管区域或保税物流中心（B 型）一线进境的跨境电商零售进口商品。

直购进口（9610）俗称“集货模式”，是指国内消费者通过与海关联网电商交易平台购买境外商品，电商平台将订单、支付、物流数据实时传送给海关，境外商品通过邮件、快件等物流运输方式进口至跨境电商专门的监管场所，跨境电商或其代理人向海关申报入境，逐个核发配送的跨境电商模式。直购进口模式按照个人自用进境物品监管。

我国从 2012 年年底开始，上海、杭州、宁波、郑州、重庆成为首批跨境电商进口试点城市，至 2020 年 1 月 17 日，石家庄等 50 个城市（地区）和海南全岛纳入跨境电商零售进口试点范围后，试点范围扩大至 86 个及海南全岛。

2021 年 3 月 18 日，商务部、国家发展改革委、财政部、海关总署、税务总局、市场监管总局等六部门联合印发《关于扩大跨境电商零售进口试点、严格落实监管要求的通知》（商财发〔2021〕39 号）。该《通知》明确将跨境电商零售进口试点范围扩大至所有自贸试验区、跨境电商综合试验区、综合保税区、进口贸易促进创新示范区、保税物流中心（B 型）所在城市（及区域），今后相关城市（区域）经所在地海关确认符合监管要求后，即可按照《关于完善跨境电子商务零售进口监管有关工作的通知》（商财发〔2018〕486 号）要求，开展网购保税进口（海关监管方式代码 1210）业务。该《通知》要求，各试点城市要切实承担主体责任，严格落实监管要求，及时查处在海关特殊监管区域外开展“网购保税＋线下自提”、二次销售等违规行为，确保试点顺利推进，促进行业规范健康持续发展。

2．实施地理范围、城市不同

“网购保税进口”（1210）：目前只能在全国86个试点城市及海南全岛的海关特殊监管区域（含综合保税区、保税港区、保税区等）或保税物流中心（B型）内试点（以下简称“特殊区域或物流中心”）。

“网购保税进口A”（1239）：在上述试点城市之外的特殊区域或物流中心开展。

“直购进口”（9610）：没有实施城市限制，原则上任何城市都可以开展。

3．税收政策、消费总（限）额政策、商品范围相同

（1）税收政策相同

三种进口模式在税收政策上享受相同优惠，一般情况下，同普通货物进口模式相比，这三种模式在税收上具有较大优势：在个人年度交易限值以内进口的跨境电商商品，关税税率全部是0，进口环节增值税、消费税暂按法定应纳税额的70%征收。以奶粉为例，若按照普通货物进口，缴纳税款合计为销售价格的30%，而按照跨境电商方式进口则不到售价10%，税收优惠显而易见。但是，如果商品最终售价同进口价格差异很大，则电商模式的税收优惠不明显。

（2）消费总（限）额政策相同

消费者单次交易不得超过5000元，年度交易限值不得超过26 000元。如仅购买一件商品，完税价格超过5000元单次交易限值但低于26 000元年度交易限值，享受相关优惠（如不需要提交许可证），但要按照货物税率全额征收关税和进口环节增值税、消费税，交易额计入年度交易总额；年度交易总额超过年度交易限值的，则应按一般贸易要求管理，不享受任何电商政策优惠。

（3）商品范围相同

三种模式进口商品全在《跨境电子商务零售进口商品清单（2019年版）》内。清单备注会对部分商品（如粮食、冻水产品）的进境方式、年度消费数量、有关限制等进行说明，如有的商品备注为“列入《进出口野生动植物种商品目录》商品除外”，有的为“仅限网购保税商品”。

不同进口模式适合进口不同商品。家庭长期且使用适宜囤货的商品，如奶粉、纸尿裤等，适合用保税的两种模式进口；直购进口商品的品类齐全，选择性更广泛。

4．入境后的暂存地点、物流模式、商品首次进口要求不同

（1）入境后的暂存地点不同

“网购保税进口”（1210）及“网购保税进口A”（1239）商品进口后，作为保税货物存储在特殊区域或物流中心，存放时间可能长达数月。“直购进口”（9610）在海关监管作业场所内暂存、即刻放行（个别城市目前在海关特殊监管区域内的海关监管作业场所开展）。

(2) 物流模式不同

“网购保税进口”(1210)与“网购保税进口A”(1239)的商品一般通过海运方式批量运至特殊区域或物流中心，待国内消费者下单后，再运送至消费者。因已在国内备货，故响应订单快，运输时间短，综合运费低。

“直购进口”(9610)的商品在国外已经根据每个订单打好小包，统一通过航空等国际物流运输至国内海关监管作业场所，按照小包逐个向海关申报（可能会被抽中查验）后，海关放行后运递至消费者。商品运输时间长，运费高（主要是航空运输），时效性差。

(3) 商品首次进口要求不同

海关对货物及个人物品，在数量、金额、许可证等方面执行不同的监管规定。

“网购保税进口”(1210)与“直购进口”(9610)按个人自用进境物品监管，不执行有关商品首次进口许可批件、注册或备案要求。但对相关部门明令暂停进口的疫区商品，和对出现重大质量安全风险的商品启动风险应急处置时除外。

“网购保税进口A”(1239)是按照《跨境电子商务零售进口商品清单（2019年版）》尾注中的有关要求执行：跨境电商零售进口商品清单中商品免于向海关提交许可证件；网购保税商品“一线”进区时须按货物监管要求执行，“二线”出区时参照个人物品监管要求执行；依法需要执行首次进口许可批件、注册或备案要求的化妆品、婴幼儿配方奶粉、药品、医疗器械、特殊食品（包括保健食品、特殊医学用途配方食品等）等，按照国家相关法律法规的规定执行。

5. 退货处理

消费者对三种模式商品均可以申请退货。

“网购保税进口”(1210)及“网购保税进口A”(1239)因在国内进行，退货手续简单。“直购进口”(9610)因面临国际物流操作、国外海关清关等情况，耗时较长。

第二节 跨境电商商检

虽然经济全球化给消费者带来了体验国外商品的便利，但是同样也给海关部门带来了考验，因为大量的国外商品入境都是需要通过检验的。

一、商品检验概述

（一）商品检验的定义

商品检验，简单来说就是商检，一般用于进出口贸易。由商检机构出单证明货物经检验数量多少、符合怎样的品质，买家凭借商检单可以了解到货物的品质是否与其需求一致。商检有时会列为议付单据之一。

商品检验是国际贸易发展的产物。它随着国际贸易的发展成为商品买卖的一个重要环节和买卖合同中不可缺少的一项内容。商品检验体现不同国家对进出口商品实施品质管制的程度。商品检验在出口商品生产、销售和进口商品按既定条件采购等方面发挥了积极作用。

（二）商品检验的目的与任务

商品检验的目的是运用科学的检验技术和方法，正确地评定商品。商品检验的任务是：① 从商品的用途和使用条件出发，分析和研究商品的成分、结构、性质及其对商品质量的影响，确定商品的使用价值；② 拟定商品质量指标和检验方法，运用各种科学的检测手段评定商品质量，并确定是否符合规定标准的要求；③ 研究商品检验的科学方法和条件，不断提高商品检验的科学性、精确性、可靠性，使商品检验工作更科学化、现代化；④ 探讨提高商品质量的途径和方向，促进商品质量的提高，并为选择适宜的包装、保管和运输方法提供依据。商品检验在进出口贸易中尤为重要。

（三）商品检验的类型

1．按商品检验目的的不同，通常可分为生产检验、验收检验和第三方检验

(1) 生产检验

生产检验又称第一方检验、卖方检验，是指由生产企业或其主管部门自行设立的检验机构，对所属企业进行原材料、半成品和成品产品的自检活动。其目的是及时发现不合格产品，保证质量，维护企业信誉。经检验合格的商品应有“检验合格证”标志。

(2) 验收检验

验收检验又称第二方检验、买方检验，是指由商品的买方为了维护自身及其顾客利益，保证所购商品符合标准或合同要求所进行的检验活动。其目的是及时发现问题，反馈质量信息，促使卖方纠正或改进商品质量。在实践中，商业或外贸企业还常派“驻厂员”，对商品质量形成的全过程进行监控，对发现的问题，及时要求产方解决。

(3) 第三方检验

第三方检验又称公正检验、法定检验，是指由处于买卖利益之外的第三方（如专职监督检验机构），以公正、权威的非当事人身份，根据有关法律、标准或合同所进行的商品检验活动。例如公证鉴定、仲裁检验、国家质量监督检验等。其目的是维护各方面合法权益和国家权益，协调矛盾，促使商品交换活动的正常进行。

2．按接受检验商品的数量不同，可分为全数检验、抽样检验和免于检验

(1) 全数检验

全数检验又称全额检验、百分之百检验，是指对整批商品逐个（件）地进行的检验。其特点是能提供较多的质量信息，让人放心。其缺点是由于检验量大，导致费用高，且易造成检验人员疲劳而漏检或错检。

(2) 抽样检验

抽样检验是指按照已确定的抽样方案，从整批商品中随机抽取少量商品用作逐一测试的样品，并依据测试结果去推断整批商品质量合格与否的检验。它具有占用人力、物力和时间少的优点，具有一定的科学性和准确性，是比较经济的检验方式。但检验结果相对于整批商品的实际质量水平总会有一定的误差。

(3) 免于检验

免于检验即对于生产技术水平高和检验条件好、质量管理严格、成品质量长期稳定的企业生产出来的商品，在企业自检合格后，商业和外贸部门可以直接收货，不再检验。

3．按商品检验形式的不同，可分为九种

1）工厂签证，商业免检。工厂生产出来的产品，经工厂检验部门检验签证后，销售企业可以直接进货，免于检验程序。该形式多适用于生产技术条件好、工厂检测手段完善、产品质量管理制度健全的生产企业。

2）商业监检，凭工厂签证收货。商品监检是指销售企业的检验人员对工厂生产的半成品、成品及包装，甚至原材料等，在工厂生产全过程中进行监督检验，销售企业可凭工厂检验签证验收。该形式适用于高档商品的质量检验。

3）工厂签证交货，商业定期不定期抽验。对于某些工厂生产的质量稳定的产品、质量信得过的产品或优质产品，一般是工厂签证后便可交货，但为确保商品质量，销售企业可采取定期不定期抽验的方法。

4）商业批检。商业批检是指销售企业对厂方的每批产品都进行检验，否则不予收货。此种检验形式适用于质量不稳定的产品。

5）行业会检。对于多个厂家生产的同一种产品，在同行业中由工商联合组织行业会检。一般是联合组成产品质量评比小组，定期或不定期地对行业产品进行检验。

6）库存商品检验。仓储部门对储存期内易发生质量变化的商品进行定期检验，目的是及时掌握库存商品的质量变化状况，达到安全贮存的目的。

7）法定检验。根据国家法令规定，对指定的重要进出口商品执行强制性检验。其方法是根据买卖双方签订的经济合同或标准进行检验，对合格商品签发检验证书，作为海关放行凭证。未经检验或检验不合格的商品，不准出口或进口。

8）公正检验。公正检验是不带强制性的，完全根据对外贸易关系人的申请，接受办理的各项鉴定业务检验。商品检验机构以非当事人的身份和科学公正的态度，通过各种手段，检验与鉴定各种进出口商品是否符合贸易双方签订的合同要求或国际有关规定，得出检验与鉴定结果、结论，或是提供有关数据，以供签发证书或其他有关证明等。

9）委托业务检验。委托业务检验是我国商检机构与其他国家商检机构开展相互委托检验业务和公正鉴定工作。目前，各国质量认证机构实行相互认证，大大方便了国际贸易。

4．按检验是否具有破损性，可分为破损性检验和非破损性检验

(1) 破损性检验

破损性检验是指为了对商品进行各项技术指标的测定、试验，商品会遭受破损，甚至再无法使用的检验。例如加工食品罐头、饮料以及茶类等的检验。

(2) 非破损性检验

非破坏性检验是指经过检验的商品仍能发挥其正常使用性能的检验，如对电器类、纺织品类等的检验。

二、几种常见模式的跨境电商商检流程

（一）直邮进口模式商检流程

直邮进口模式是消费者在跨境电商交易平台直接下订单，电商从境外直接用快件将商品邮寄给消费者的模式。对个人自用的直邮进口模式入境电商商品，按照快件和邮寄物相关检验检疫监管办法要求管理。电商平台或电商向检验检疫监管平台提供交易物流信息，检验检疫机构在检验检疫监管平台中对直邮商品进行查验布控，登记查验结果，并进行放行管理。

具体步骤如下：

1）电商通过通关服务平台向分支机构备案。

2）经营企业向分支机构办理报检手续。

3）分支机构根据报检资料收费。

4）分支机构对商品实施现场查验工作。

5）对经检验合格的商品，在申报簿上签章后放行。

6）对检疫不合格的商品，经检疫处理后合格的给予放行，不合格的进行退运或销毁。

（二）备货进口模式商检流程

备货进口模式是电商将需在跨境电商交易平台上销售的商品进到保税区仓储备货，消费者在交易平台下订单后，再从保税区快递至消费者的模式。其商检流程为：

1．入区申报

跨境电商相关企业向检验检疫监管平台申报，提交合同、发票、箱单、进货凭证、相关证书（如原产地证、卫生证书）、质量安全承诺书、第三方检测报告等申报资料，生成核准单。相关企业凭检验检疫机构在相关单证上加盖的放行章提货入区。

2．入区检疫

检验检疫机构在监管场地实施检疫查验。

3．集中预检验

检验检疫机构根据电商相关企业提供的申报材料，在产品风险评估的基础上，进行验证、采信第三方检测鉴定机构合格评定、抽批检验等检验监管工作。

（三）集货进口模式商检流程

集货进口模式是电商将已产生订单信息的商品由境外集中运输至保税区进行加贴面

单等处理后，再快递至消费者的模式。其商检流程如下：

1．入区申报

跨境电商相关企业向检验检疫监管平台申报，提交合同、发票、箱单、进货凭证、质量安全承诺书、个人订单等申报资料，生成核准单。相关企业凭检验检疫机构在相关单证上加盖的放行章提货入区。

2．入区检疫

检验检疫机构在监管场地实施检疫查验。

3．监督抽查

检验检疫机构在监管场地实施监督抽查。

（四）出口模式商检流程

跨境电商通关的出口模式商检流程具体如下：

1．备案

备案包括企业备案和商品备案。

(1) 企业备案

企业备案流程为：

1）电商登录通关服务平台登记企业资料并提交。

2）通关服务平台通过电商可信交易公共服务系统对企业进行工商资质验证。

3）开户完成后，通关服务平台按照要求进行数据处理，将已认证的企业备案信息发送至检验检疫监管系统。

4）检验检疫监管系统对备案资料进行审核，对企业资料齐全且符合准入要求的企业，自动生成企业备案编号，审核通过并发送回执到通关服务平台，通关服务平台进行回执处理后发送回执到电商；对企业资料不全的或不符合准入要求的企业，反馈审核不通过回执到通关服务平台，通关服务平台进行回执处理后又发送回执到电商，电商进行资料补充或整改后重新提交至通关服务平台。

(2) 商品备案

经营企业应在商品上线开展业务前通过通关服务平台向分支机构备案所经营的商品。商品备案由经营企业进行，经营企业可委托平台企业代理进行商品备案，但同一商品的备案结果仅对提出备案申请的企业有效。

商品备案流程为：

1）电商应登录通关服务平台进行商品备案。

2）通关服务平台判断企业是否备案。对未备案企业，反馈退单回执。对已备案企业，通关服务平台判断该企业是否为检验检疫锁定状态，对已锁定企业，反馈提示锁定回执并退单；对非锁定企业，通关服务平台将商品备案信息发送至检验检疫监管系统。

3）检验检疫监管系统对商品备案信息进行审核，检查核对商品备案资料是否齐全，是否属于禁止目录以及是否符合准入要求。对于审核通过的商品，给予备案，反馈审核通过回执发送到通关服务平台，通关服务平台进行回执处理后发送回执到电商；对于审核不通过的商品，反馈审核不通过回执发送到通关服务平台，通关服务平台进行回执处理后又发送回执到电商，电商进行资料补充或整改后重新提交至通关服务平台。

2．商品申报

电商在检验检疫机构进行出口商品检验检疫申请和出境申报。

3．放行

检验检疫机构对跨境电商出口商品建立检验检疫闸口放行机制，根据申报资料判定商品是否为列入出口法定检验检疫范围内的商品。对未列入出口法定检验检疫范围内的商品，直接放行。对列入出口法定检验检疫范围内的商品，经检验检疫合格后核销放行；不合格的，进行退运或销毁处理。

4．集中报检

列入出口法定检验检疫范围内的商品离境后，应在规定时间内，电商应集中向检验检疫机构报检。

三、传统检验检疫监管模式的考验与跨境电商检验检疫模式的转变

（一）传统检验检疫监管模式面临考验

跨境电商与传统外贸企业的“集装箱”式大额交易不同，具有批次多、批量小、品种杂、货值低等特点。传统检验检疫监管模式面临三大考验：

1）不符合跨境电商的时效性要求。跨境电商个人或部分经营者多不具备报检经营和资质，如按传统检验检疫方式设置报检批和抽查率，手续繁杂，周期长、费用高，检验检疫成本高，检验周期长，有的还造成货物滞港压港，客观上成为制约大通关、增加物流成本的一个重要因素，整个检验周期可能让消费者逐渐失去耐心。

2）标准门槛难以跨越。按传统检验检疫监管模式，进口商品需经检验检疫合格方可投入使用，而跨境电商涉及世界各国门类繁多的商品，很多商品的国内外标准不一致将导致进出口产品检验不合格，导致无法进口或出口。

3）检验检疫监管工作压力巨大。以100万元的进口贸易额为例，在传统贸易进口中也许是5000瓶同款红酒，采用一次报关即可完成，而消费者通过电商购买时，对应的可能是1万件五花八门的商品。传统的申报和检验检疫模式既不符合跨境电商的便利性和时效性要求，也会给检验检疫工作带来极大压力。据商务部统计，目前全国进出口报关单大概是3000多万单，把零售这部分加进去将超过1亿单，监管部门是无法按照传统方式进行监管的。

（二）跨境电商检验检疫模式需实现“四个转变”

1）从“批批检验”向“集中检验”转变。对待批次多、批量小、品种杂、货值低的

跨境电商货物，不应按照传统“批批申报”和“批批验放”的检验检疫监管模式，而应以电商或者物流企业为申报主体，按照集中申报，周期办理，一次性口岸核查，一次性出证，既可以提高通关效率，又可以减少物流成本。

2）从“事中检验”向“事前事后”监管转变。“先验后放”的传统检验模式与跨境电商“零等待”物流需求产生矛盾。跨境电商的检验检疫监管应以“事前备案”和“事后追溯”为主，对产品实施境外生产企业注册或备案管理，将质量信息转变为企业信用数据，建立黑名单制度，使“事前备案”和“事后追溯”产生联系互动，实现“管得住”“管得好”。

3）从“管产品”向“管风险”转变。要转变以围绕法检目录为中心的传统观念，树立“风险管控”的新理念，对跨境电商贸易建立风险评估和第三方认证的评价模式，通过采信企业自我申明、第三方认证的信用担保、监管部门验证等综合手段来落实口岸检验检疫监管模式改革。例如，可采用食品生产企业注册制度，加强与国外主管监管部门或行业协会等第三方的合作，将监管要求落实到生产源头。保障商家以市场为导向自由选择平台模式，增强市场活力，促进公平竞争，维护市场秩序。

4）从“部门监管”到“联合监管”转变。跨境电商代表了现代互联网科技和国际贸易新的发展方向，其发展壮大需要相关部门的共同努力，为其创造良好的成长环境。检验检疫部门应该主动融入推动跨境电商发展的国家大局中，加强与商务、外汇、税务等部门的通力协作，实现资源共享，充分发挥检验检疫机构在技术政策、专业人才、WTO规则、实验室检测资源等方面的优势，进一步提升跨境电商贸易便利化水平。

四、宁波跨境贸易电商检验检疫

2012年，宁波成为我国首批五个跨境贸易电商服务试点城市，2016年，获国务院批复设立中国（宁波）跨境电商综合试验区。自2013年11月27日首次实单运作以来，在宁波市委、市政府的高度重视和支持下，通过“制度创新、服务便利、营商优化”等先行先试改革措施，宁波跨境电商特别是跨境零售进口业务取得暴发式发展，2018年—2020年，宁波跨境电商网购保税进口交易单量和交易金额连续三年居我国首位，截至2021年11月11日，宁波跨境电商零售进口累计交易金额突破1000亿元人民币，成为我国首个跨境电商零售进口额破千亿元的城市。宁波自开展试点工作以来，通过学习调研、积极探索、先行先试，大胆实践了具有宁波特色的检验检疫监管模式。

（一）宁波检验检疫监管模式探索历程

1. 试点初期，探索“一次检验检疫”监管模式阶段

通过分析保税区政策特征，在试点初期打破原有保税区“进境检疫、进口检验”传统模式，实践了“一次检验检疫”监管模式，即境外电商商品进入宁波保税区监管仓库时，一次性完成检验检疫工作；并探索实践了“即查即放”“边检边放”“先放后检”等放行模式，实现了“检放分离”，为试点工作的顺利推进发挥重要作用。“一次检验检疫”模式没有对现行的检验检疫制度进行突破，只是在监管效率、放行效率上有了极大提升。运行中，发现跨境电商产业发展遭遇三个瓶颈问题，难以通过“一次检验检疫”模式解决。

(1) 热点商品需求旺盛与政策准入门槛高的矛盾

电器产品、奶粉、化妆品、保健品等是跨境电商企业最希望开展试点的商品，也是消费者通过海淘方式进口需求旺盛的商品；而这些热点商品遇到的政策准入门槛高的问题，是企业反映最多、要求政策突破呼声最高的问题，也是影响当时跨境电商做大的主要问题。

(2) 国外标准与国家标准规范不一的矛盾

以婴幼儿奶粉为例，按照我国《食品安全国家标准—较大婴儿和幼儿配方食品》（GB 10767—2010）要求，每100kCal的奶粉，蛋白质含量在2.9～5.0g之间，欧洲标准是1.9～3.3g之间；同时，国际食品法典委员会（CAC）160多个成员中，大多数国家参照国际公认的CODEX STAN72-1981（2011年修订），此标准规定蛋白质中牛乳蛋白含量为1.81～3g，大豆分离蛋白含量为2.25～3g；这个标准与我国《食品安全国家标准—婴儿配方食品》（GB 10765—2010）基本一致，但低于《食品安全国家标准 较大婴儿和幼儿配方食品》要求。

(3) 传统通检模式放行时间较长与政府企业便捷呼声高的矛盾

传统通检模式是先报检，再现场查验，并按照规定按批抽取代表性样品进行检测，根据检测结果进行判定、放行。而跨境电商具有时间短、成本低等特点，对通检时间提出了“零等待”要求，政府、企业便捷呼声非常高。目前“先检后放”的通检模式，难于满足快速便捷的要求，急需破解“检与放”的关系。

2. “宁波模式”实践阶段

为解决上述三个瓶颈问题，在实施“一次检验检疫”监管模式基础上，宁波检验检疫部门大胆创新，敢于实践，探索了现行独具特色的“宁波模式”，即“一个监管理念、四个监管环节、三项监管目标”。

(1) 坚持“一个监管理念”——“进得来、管得住、放得快”的监管理念

1）进得来。通过实施电商能力认定制度和商品风险分级制度，将电商分为高风险能力电商和基本能力电商，将电商商品分为高风险商品和低风险商品。高风险能力电商可经营认定范围内的高风险商品，在准入方面享受一定的便利，基本能力电商只可经营低风险商品。基本能力电商经营高风险商品，或者电商经营超出认定范围内的商品，按照一般贸易监管模式进行监管。

2）管得住。以前通过海淘或代购进来的商品一直游离于检验检疫监管之外，通过对跨境电商的监管，检验检疫部门把这部分游离于检验检疫监管之外的海量交易商品引入特殊区域——保税区，将其纳入检验检疫监管框架之中。同时实施第三方结果采信制度，要求电商在进口高风险产品时提供第三方检测报告。

3）放得快。电商商品进入保税区时，视同保税仓储，属于境内关外，鉴于没有办理相关的进口手续，仅实施入境检疫，电商申报时给予前置许可便利。通过跨境电商平台订单交易后，商品出区进口时，基于其以邮包或快件方式直接送达最终消费者的物流和

贸易特征，视为个人自用物品进行监管。

(2) 严把“四个监管环节”——“入区（境）检疫、区内监管、出区核查、后续监督”的监管环节

1）入区（境）检疫。商品从境外进入保税区入境电商基地后，主要对集装箱、木质包装和相关商品实施检疫。

2）区内监管。商品存储在保税区监管库内时，要求做到：① 高风险商品提供有资质的第三方检测机构的检测报告，低风险商品提供《合格保证声明》或自检报告；② 所有电商商品加贴防伪溯源二维码；③ 检验检疫部门针对电商企业情况和电商商品质量安全状况，每年开展针对性的抽查，并送实验室检测；④ 电商自行抽样送实验室进行符合性验证等工作。在完成这些工作后，即可允许电商商品进行销售。

3）出区核查。商品出区时，电商申报订单、支付单和快递单等信息。检验检疫部门通过信息化系统对出区商品进行现场核查，主要核查出区商品数量、商品的真实性以及货单是否相符等，并在信息化系统核销相应数据。

4）后续监督。主要是根据电商企业诚信情况、消费者评价等对电商企业进行监督；并收集消费者退货情况，尤其是因质量原因退货的情况，采取针对性的监督抽查；出现质量问题时，督促企业快速启动召回程序，监督问题商品按期召回等。

(3) 实现“三项监管目标”——“源头可追溯、过程可控制、流向可跟踪”的监管目标

1）源头可追溯。一是要求电商对国外生产商、出口商相关信息应掌握。二是要求电商提供国外生产企业产品质量自检报告或第三方产品质量检测报告。检验检疫部门对电商提供的资料进行评估，视情况采取不同的监管措施。

2）过程可控制。在跨境电商商品进入保税区到出区寄送至最终消费者的全过程，需要在检验检疫监管的范围内实现过程中的整体监控，确保电商商品的安全。

3）流向可跟踪。一是要求消费者在下单购买商品时，提供身份证号码、联系方式（手机号）、收货地址等信息，宁波检验检疫部门通过跨境贸易电商检验检疫监管平台，能够在第一时间全面掌握每单商品的具体流向，实现对商品流向的跟踪。二是电商商品全部纳入“进口商品防伪溯源平台”管理，在商品上加贴防伪溯源标识，消费者收到商品后，只要扫描二维码，就立即知道所购商品的源头，方便消费者掌握商品源头信息。

（二）“宁波模式”的创新原则与创新特点

1. 创新原则

1）坚持了“坚守底线”原则。“宁波模式”始终没有放弃检疫的底线，所有电商商品从境外进入保税区实施“进境全申报”，并对木质包装、集装箱和有关商品实施检疫；需要检疫审批、特许审批的，要求电商必须提供审批证件。

2）坚持了“有限突破”原则。“宁波模式”主要创新了检验监管理念、职能和模式，通过“负面清单”形式，明确了八大类不予开展跨境电商的商品；并通过风险分析，明确了高风险商品目录清单。所有的创新不是“无限创新”。

3）坚持了“规范先行”原则。宁波跨境电商检验检疫监管模式探索经历了两个阶段。在每个阶段都制定了规范性文件，如：第一阶段制定了《关于做好宁波口岸跨境电子商务进口检验检疫有关工作的通知》；第二阶段制定了《跨境电子商务检验检疫监管工作规范（试行）》和《跨境电子商务电商能力认定工作规范（试行）》。

2．创新特点

1）突出强调了电商企业的主体责任。检验检疫部门由重点管商品向重点管电商和第三方检测机构监管转变。明确要求电商应对经营的商品质量安全负责，并向检验检疫机构提交质量承诺书；明确要求电商制定源头管理、自检自控、台账管理、召回管理等内部管理制度；明确要求电商履行全面的告知义务，准确无误地告知消费者所售商品的信息。

2）突出强调了检验检疫部门的监管职能。保留了监督抽查权，可抽检商品委托有资质的第三方检测机构进行检测，以验证商品是否符合安全、卫生和健康要求；强调了追溯管理，以便发现问题时能责令并督查电商迅速实施退货、召回等处理；加强了对消费者订单情况的实施监控和统计分析。

3）突出体现了监管方式转变，由事前检验向事中事后监管转变，强化事后应急处置。

（三）“宁波模式”的成效

1．入区检疫，商品种类更丰富

“宁波模式”最大的突破点在于前置许可便利，保税区办事处（简称保税办）在执行时仅对电商进口商品实施入区检疫，一旦检疫合格即可入区上架销售，整个流程最快可在半个小时内完成。

2．区内监测，商品质量更安全

通过对电商企业实施能力认定考核，对不同能力认定等级的电商企业能开展的业务进行统一规定（如通过高风险能力认定的电商企业可开展婴幼儿奶粉、保健品、化妆品和3C商品等相关业务），打造出具有宁波特色的跨境商品监管模式。

3．出区核查、放行效率更有效

保税办利用跨境贸易电商检验检疫监管系统中出区核销的功能，对出区发货商品按照一定比例进行拦截，现场核查商品名称、数量等货单是否相符信息，实现了放行流程信息化管理操作。出区核查的系统化运作为当前电商进口商品量的跨越式增长提供了保障，不仅大大提高了放行速度，还有力地促进了交易量的提高。

4．后续监督，顾客购物更放心

对电商企业，保税办结合日常监管、消费者质量投诉反馈等情况，对其实施诚信管理。对消费者，则通过实名注册、身份验证来实施购买数量监控。而对第三方检测机构，则加强报告的符合性验证和日常监督。对电商进口商品在区内监测、企业送检第三方检测等环节发现存在质量安全问题或安全隐患的，则实施召回处理。

习 题

一、填空题

1．跨境电商通关，又称清关或结关，是指进出口或转运货物出入一国（或地区）__________时，依照各项______________应当履行的手续。

2．我国跨境电商出口通关有申报、________、_________、放行等流程。

3．根据企业经营模式，跨境电商 B2B 出口模式可分为___________和___________两类。

4．跨境电商进口清关模式主要有电商清关、_________和__________三种。

5．按接受检验商品的数量不同，可分为________、抽样检验和___________三种。

二、选择题

1．通常跨境电商出口企业中所说的“三单信息”不包括（　　）。

A．商品信息　　B．物流信息　　C．征税信息　　D．支付信息

2．单票金额超过（　　）元人民币的，涉证、涉检、涉税的跨境电商 B2B 出口货物企业应通过“H2018 通关管理系统”办理通关手续。

A．1000　　B．2000　　C．3000　　D．5000

3．一般出口模式的海关监管代码是（　　）。

A．1210　　B．1239　　C．9610　　D．9810

4．下面（　　）不是集货进口模式的商检流程。

A．入区申报　　B．入区检疫　　C．监督抽查　　D．集中预检验

5．下面（　　）不是跨境保税出口报关的流程。

A．入区　　B．出口　　C．查验　　D．退换货

三、判断题

1．货物在结关期间，不论是进口、出口或转运，都是处在海关监管之下，不准自由流通。（　　）

2．“网购保税进口”和“网购保税进口 A”是跨境电商零售进口的两个模式，它们的海关监管代码分别为 9710、1239。（　　）

3．直购进口模式按照个人自用进境物品监管。（　　）

4．跨境电商与传统外贸企业的“集装箱”式大额交易不同，具有批次多、批量小、品种杂、货值低等特点。（　　）

5．“网购保税进口”“网购保税进口 A”“直购进口”三种跨境电商零售进口模式享受的优惠政策不同。（　　）

四、简答题

1. 什么是9610出口模式？
2. 简要回答出口海外仓业务模式（9810）的适应企业及资质要求。
3. 简述直邮进口模式商检流程。
4. 简要说明跨境电商检验检疫模式需的“四个转变”。
5. 简述宁波模式中“进得来、管得住、放得快”的监管理念。

第七章　跨境电商生态体系

引　例

2018年3月16日，敦煌网与埃森哲联合发布《新贸易时代：重塑跨境B2B商业新生态》。该报告预测了跨境电商生态发展的三大趋势。

趋势一：新贸易时代来临，激发新的商业活力；趋势二：跨境B2B商业潜力广阔，呈现出新的商业特征；趋势三：跨境B2B商业生态圈被重塑，需积极拥抱新的生态圈。

以平台为核心服务的企业，应逐渐从“平台枢纽”向“新生态系统”演进。借助平台的张力和资源整合能力，联动供应商、服务商，跨境B2B企业可实现产品“全球本土化”：让同样的产品和服务能够跨越地域的界限，通过创建海外线下的“触角”获得第一手的终端用户的需求，继而为企业提供增值的信息服务。

未来的竞争边界将是生态圈与生态圈之间实力的较量。B2B企业应时时关注生态圈动态，同时也应以开放合作的心态为生态圈主动共享资源。传统贸易壁垒依旧存在，技术壁垒、绿色壁垒和社会壁垒等新贸易壁垒对跨境贸易企业尤其是中小企业更是制约；更加不确定的国际政治关系、金融生态的不断变化影响了部分产业走向全球化的速度和节奏，也重塑产业链中新的商业模式、运营模式和合作方式等。

本章学习目标

（1）理解跨境电商供应链管理的特点与重点。

（2）熟悉几种常见的跨境电商社交媒体营销。

（3）了解跨境电商电子邮件营销的策略。

（4）掌握几种常用的跨境支付方式。

（5）了解主要跨境电商平台的结算规则。

第一节　跨境电商供应链管理体系

一、跨境电商供应链与跨境电商物流

2020年4月，国家明确了“新基建”范围，包括信息基础设施、融合基础设施、创新基础设施三个方面七大领域。其中5G基建、大数据中心、人工智能、工业互联网等与跨境电商供应链息息相关。无论是面向供应链设施管理的智能货架和仓储机器人，还是面向供应链金融的大数据风控等技术进步，都将驱动跨境电商供应加速技术变革，提升服务效率。

1．跨境电商供应链的定义

据艾媒咨询，跨境电商供应链是指围绕商品采购、运输、销售、消费等环节提供服务，构成连接上游品牌方、下游消费者并承载“信息流、物流、资金流”的功能网链服务结构。跨境电商供应链流程如图7-1所示。相比于境内电商，跨境电商供应链链条更长，涉及环节更多，物流流程长，资金周转慢，信息流复杂。

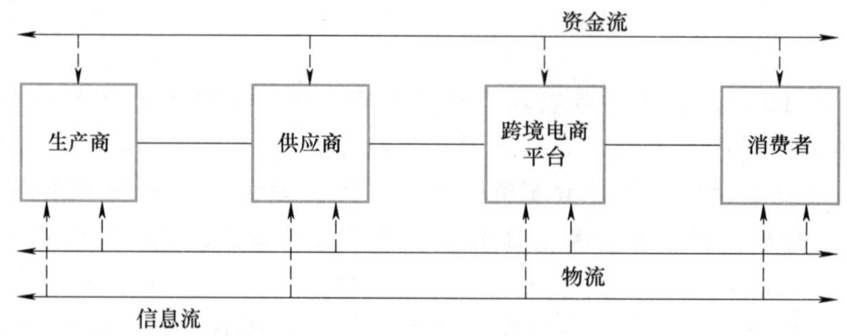

图7-1 跨境电商供应链流程

在跨境电商交易中，无论是实物商品、虚拟商品还是服务，都属于商品范畴，也都由生产商制造，由供应商提供于跨境电商平台中展示与销售，并最终由消费者购买并消费及使用，从而构成了商品从生产源头流向最终消费者，这实际上就是一种供应链活动。在跨境电商供应链条中，同样伴随着信息流、资金流与物流等环节；同时，生产商、供应商、跨境电商平台与消费者也都直接或间接与信息流、资金流与物流存在或多或少的联系与交集，进而构成一个跨境电商供应链网状结构。除了生产商、供应商、跨境电商平台与消费者外，根据商品流通环节的多寡，还会存在供应商的供应商、消费者的消费者等链条，又增加了跨境电商供应链的复杂性。不仅如此，还会有其他关联或支持组织及个体与跨境电商供应链的节点组织产生活动与交集。在跨境电商供应链中，几个重要节点分别是生产商、供应商、跨境电商平台、消费者，还包括支付、物流、海关与商检等关联点。以跨境电商进口为例，其供应链流程如图7-2所示。

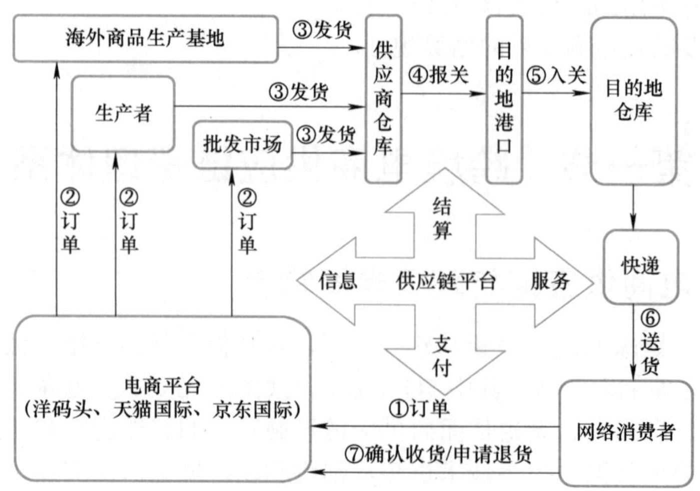

图7-2 跨境电商进口供应链流程

2．跨境电商供应链与跨境电商物流的区别

早期的跨境电商企业基本上都是通过国内直邮的方式在亚马逊、亿贝等平台上进行交易，随着竞争的加剧和成本的压力，更多的跨境电商企业则是通过空运或者海运批量将货物送至国外的仓储中心，再依据平台订单进行配送。实际上这都是简单的业务流，比起跨国公司的各种业务模式来说，是其中最常见的一种。跨境电商企业与其他行业普通企业相比，都具有完整的供应链链条，运营上都具备采购、计划、运输、仓储四个模块，都要面对库存和供应问题。不同的是，跨境电商企业的物流费用很高，消费渠道单一，运营链条过长，导致库存过高。

虽然跨境电商流程中，物流活动占比很大，尤其是在整个供应链链条上，一半以上的时间是在和物流打交道，但跨境电商供应链依旧不等于跨境电商物流。这是因为跨境电商物流或者跨境电商物流企业仅仅是跨境电商供应链中的一环，完全不能代表跨境电商供应链。

当然跨境电商物流企业未来会在提供物流服务的同时，更多地延展出能够解决卖家痛点的供应链解决方案，如工业行业、汽车行业、快消行业中的物流企业做到有能力指导卖家提供增值性的解决方案。但对于跨境电商企业来说，必须踏踏实实地进行供应链能力的搭建，包括搞好采购、提高供应商绩效管理、做好计划并懂得有效管理库存、规范进出口、选择合规供应商等。

二、跨境电商供应链管理的特点

1．更个性化的服务

电商企业在一定程度上实现了时间和空间界限的打破，使得生产和消费过程都变得和谐统一，而跨境电商也属于电商的模式，跨境电商供应链应该是简单、高效、开放且灵活的。另外，企业经常能够通过消费者在电商中的信息交流，来获取很多关于消费者和市场需求的信息。

2．独特的管理方式

与一般企业相比，跨境电商企业采用的供应链管理方式的主动性与积极性更高，特别是与传统的供应链比较，这种独特的管理方式能够显现出更加积极的作用。当环境不断变化时，员工就要自发地工作，仅凭几个高级企业管理者是不能够做好供应链管理规划的。

3．高度共享和集成的信息系统

因为跨境电商的交易活动是电子化、数字化以及网络化的过程，所以要使交易活动成功进行就必须依靠高度共享和集成的信息系统。有了这样的信息系统为基础，就能够以动态链接的形式来建立跨境电商企业的供应链管理，实现既高效又准确的信息传输。

4．高效的营销渠道

现在的电商企业基本上都是通过建立零售商的订单和库存系统的方式来进行电商活

动的。企业利用信息系统对各个零售商发出关于商品销售的通知，另外，企业可以收集分析新闻来确定下一次的库存数量和进一步的销售计划，并对零售商进行指导，先进的营销渠道可以明显提高企业的运营效率。

三、跨境电商供应链管理的重点

1．库存管控

供应链管理中库存管控的本质是管理库存数量，过多的库存数量会占用资金，使跨境电商企业的流动性更加紧张，投资回报率更低。如果库存太少，将威胁生产的连续性。因此，对于跨境电商而言，应衡量占用成本与生产保证之间的关系，合理控制库存数量，保持合理的库存水平。当前跨境电商库存管控模式主要有以下四种：

1）传统库存管理。传统库存管理是指跨境电商各部门在物流过程中只为自己的库存制定管理策略，根据交易水平、由订单驱动的一种静态库存管理模式。

2）供应商库存管理。供应商库存管理是指跨境电商企业基于战略合作关系形成的库存管理模式。这需要一定的协商来保障，库存成本不高，近年来很多跨境电商企业都采用了这种模式。

3）联合库存管理。联合库存管理是指一种基于协调中心统一时间表的控制模式，它与传统库存管理模式相对应，能够克服传统库存管理模式的缺陷和避免供应链中的风险，以便及时应对市场变化。

4）协同供应链库存管理。协同供应链库存管理模式建立在供应链集成的集成商中，减少供应商库存量，提高供应商销售量，促进跨境电商企业与供应商的深入合作，也可以消除供应链过程的束缚。

对于很多用海运的卖家来说，运输时间长是个难题，一般来说，小批量、多批次频繁补货，库存能做到90天周转一次，已经是很好的了，更多的是180天周转一次、360天周转一次，因此，库存管控是首要的问题。

2．物流费用

物流费用居高不下是跨境电商企业不能忽略的痛点之一。从跨境电商物流模式分析来看，专线物流和国内快递跨国业务虽然可以保证运输的时效性，但由于跨境电商企业销售的商品价值较低，若选择这种运输方式，每件商品获得的利润无法支付快递运输，但是提高商品销售价格会大大降低销售量，使得商品失去价格优势，因此只有价值较高的商品会选择这种国际快递方式。国际邮政小包配送时间较长，容易丢件，同时非挂号件在官网上无法实时查询，一旦出现这些问题，跨境电商企业还要重新补发，增加成本。虽然海外建仓会让跨境电商物流成本固定化，但会出现仓库租赁成本、货存积压成本、商品维护与调配成本，这无疑增加了物流额外费用。

建立一套适合自身模式的仓储物流配送体系，最大化平衡物流成本及运营效率，减少掉包、旺季进仓不及时等失误情况，对提高公司的利润很有帮助。出口跨境电商物流费用有按计费重量单位、首重与续重、实重与材积、包装费、通用运费、总费用计算等几种。

亚马逊 FBA 物流配送费用一般是按件收取，每件收多少费用和产品重量、尺寸有关。另外，还有库存调拨服务费，即仓库合并费用。默认情况下，亚马逊有独立的仓库。如果商家不建立一个联合仓库，商家不需要支付这笔费用。如果商家建立一个联合仓库，亚马逊将按件收费。

3．供应商管理

供应商管理其实就是制定一系列的关键绩效指标（KPI）标准来制约在管理过程中容易发生的风险和未知的不确定性，保障后端的补给能够完美支撑前端的运营，它的存在一定是良性的、可靠的、可持续的。供应商管理可以从以下三个方面进行：

(1) 去重、去同质化、去长尾

先从产品端“开刀”，把公司现有供应商涉及的维度数据全列出来，按产品分类梳理重复性产品、同质化产品，以产品销售、产品质量、货源方、供应商评分及价格为参考项来选择保留的产品及重新维护该产品的供应权，合并重复性产品 SKU 及下架同质化产品，把一个品类做深做细，走局部精细化路线。对长尾产品进行分析，可以从上架周期、产品价格等维度进行，别急于下架，摸清楚概况再下手，这样估计 30% 的伪装产品会被清理掉。

(2) 供应商整改

第一，要求供应商能保障产品的供给稳定及产品的综合竞争力，货物尽量出自一手货源，除知名品牌代理及特例情况外，严控中间商、小加工厂、市场个体户等类型的供应商，加强审核实地考察标准，杜绝无任何竞争力的供货商加入供应链体系。

第二，通过供应商管理报表将跨品类的供应商进行优化，一个卖箱包的不太可能同时也卖平板计算机，对跨品类或者分类的供应商要重审，保留其真实经营的产品线，剥离其跨类别的产品，除去不必要的供应商，逐步完善供应商经营分类的合理性。

(3) 供应商 KPI 管理

制定管理供应商的制度标准很重要，可以采用二八原理，这个“八”就是考核准则，执行力高的行为加上标准的绩效就是完美的二八组合。供应商 KPI 管理应该从付款周期、质检不合格率、退货率、逾期交货率、缺货率、客诉率、采购成本（市调或竞价）、响应时效等八个维度实施考评。

根据公司自身的实际情况，配置考核项的权重比例，严格按照考核标准对供应商进行月、季、年度考核，采取优胜劣汰的方式优化供应商管理，建立产品与供应商的梯队关系（主供应 + 备用），不断开源节流使供应商管理进入良性运作。

四、跨境电商供应链管理策略

1．跨境电商供应链协同战略

跨境电商供应链尚处于构建阶段，其商品主要来自境外线上线下零售企业或生产企业。跨境电商与这些企业维持了相对独立的状态。跨境电商可以采取供应链协同战略，通过收益共享合同，按照一定比例，将收益共享给供应商，以换取较低的采购价格。较低的采购价格带来更多的市场份额，提高跨境电商的收益。同时，销量提升带来收益提升加上收益补贴，供应商也能获得更多的收益。供应链协同战略同时能够帮助降低市场价格，有利于跨境电商的竞争发展。

2．跨境电商供应链整合战略

跨境电商的供应链结构冗长、提前期长，涉及多个第三方主体，导致供应链总体效率较低，影响了终端用户的购物体验，而供应链的整体竞争力也较低。为此，一些有实力的跨境电商可以选择供应链整合战略，将许多环节整合在一起，进行总体的统筹规划，以实现高效的供应链运作。

目前采用跨境电商供应链整合战略的主要是亚马逊。亚马逊几乎整合了供应链的所有环节。从供应商，到物流仓储服务，到跨境支付，到最终的零售平台，都由亚马逊构建的体系进行掌控。亚马逊还搭建了庞大的物流信息系统，实现实时跟踪。因此，亚马逊的供应链效率是极其高效的，客户体验也非常好。跨境电商可学习亚马逊的供应链整合战略。京东是国内在供应链管理表现较好的主要电商之一，它将国内的实际经验拓展至跨境供应链领域，通过搭建海外仓、保税仓网络，培养自身的国际物流，实现了跨境供应链的整合。

3．跨境电商供应链分散化战略

面对国际政治经济形势的风云突变，跨境电商在供应链优化时还应该考虑风险管理。跨境电商的风险来自方方面面。供应链分散化战略能够帮助跨境电商降低风险。当风险发生时，分散化的战略布局能将损失降到最低。供应链分散化战略主要有以下几条途径：由单一化的供应商结构向多元化的供应商结构转变；由集中式的仓库网络向分散式的仓库网络转变；由单一化的市场结构向多元化的市场结构转变。可以发现，分散化战略下的供应链结构的两端主体更加分散、更加多元化，仓储物流网络也更加复杂。

扩展阅读

跨境电商：得供应链者得天下

2018年4月17日下午，《每日经济新闻》TMT[㊀]系列沙龙之电商沙龙在京举行。宝贝格子CEO张天天、丰趣海淘CEO任晓煜、寺库CMO杨静怡、顺丰国际海外业务发展总监黄柳荃等行业高管，共同热议供应链在未来竞争中的重要性。

在宝贝格子CEO张天天看来，跨境电商行业的发展今后将是“得供应链者得天下”，一旦解决了从供应链、管理、品牌链、物流链到资金链，信息流、支付流、物流、售后流等问题，具备了横向和纵向优化整体功能，就可能成为强者。消费者之所以热衷或者说愿意购买海外商品，原因无外乎四个：价格、品类、品质及功能、品牌的荣誉和历史。

㊀ TMT为telecommunications、media、technology三个英文单词的首字母，即电信、媒体和科技。

这四个原因共同促成了中国消费者井喷式地购买海外商品。

寺库 CMO 杨静怡指出，供应链不仅仅是商品层面的连接，更是信息层面的。电商所产生的相关信息数据，可以反过来帮助奢侈品品牌找到精准的消费人群。寺库与腾讯在大数据层面的打通，可以连接高净值人群在寺库端的消费数据以及腾讯端的社交娱乐数据，帮助高端品牌全链条地描绘其目标用户的画像并精准找到这些人，实现品牌在供应链端的信息打通，在用户知晓与购买之间架起重要的数据桥梁。

供应链是三个字，大部分都是做到了“供应”，没有做到“链”，其实税改之后活得很痛苦，很多企业慢慢只做物流。张天天在沙龙现场还表示，供应链涉及三个环节：① 品牌链即品牌的价值。从跨境电商的角度讲，整合供应链的第一步，一定是往上游走，而不仅仅是停留在海外的扫货或者集货，以及不明来路的商品的采集，一定要对应到品牌商甚至是工厂，建立起强大的品牌链，这对于商品在零售环节的价格优势体现将是至关重要的。② 物流链，海外，尤其在跨境电商交易的过程中，物流链条比国内长很多。③ 资金链，与品牌的对接在某种意义上很难有议价空间，所以没有强大的资金链很难撬动整个供应链。

顺丰国际海外业务发展总监黄柳荃表示，顺丰发展海外业务已有六七年时间，大概有几十个国家可以提供出口和进口业务，其中部分是自营，部分是和合作伙伴做。顺丰的冷链供应链中，从最源头的货源收货，帮国内的进口商直接从海外进口到中国来，到加工中心切割，切好以后“最后一公里”的派送用冷运的方式到达消费者手上。总体来讲，这是帮助业界开发业务，同时给中国的消费者更好的产品。

当被问及跨境电商未来如何发展时，丰趣海淘 CEO 任晓煜表示，供应链管理将是未来的重中之重。对 C 端而言，良好的供应链可以起到正本清源的作用。在跨境电商领域，消费者最关注的还是商品是不是正品，品牌和流量都是后话。真正要做到正本清源，必须从供应链管理上入手，从源头和各个流通环节进行控制，才是真正的供应链管理。

（资料来源：《每日经济新闻》，2018-04-17，夏冰）

第二节　跨境电商推广体系

一、跨境电商营销方式

1．广告

电商是流量生意。对于初创型企业来说，时间效率最高的获取用户的方式是广告投放，电商会在广告上投入大量资金。广告投放无非两类：① 以直接带动销售、注册用户等为目标的效果投放；② 以扩大品牌影响力为目的的品牌投放。前者的核心是有效率地花钱买流量，有方法可循；后者的核心是“四两拨千斤”，可以努力，但不能控制。

2．导航

各导航站大多与浏览器绑定，是流量入口，投资回报率高，适合有一定知名度的品牌投放。国内360和hao123两家基本垄断了70%的导航市场，其他导航还有猎豹导航、114、2345等。

3．搜索引擎营销

基于用户搜索关键词的广告精确投放，是百度、谷歌等搜索引擎最核心的生意，其中"品牌专区"因与自身品牌关联度最高，投放销量几乎占SEM投放的一半。搜索引擎优化（SEO）是搜索引擎营销的重要内容，是指专门利用搜索引擎的搜索规则，来提高目前网站在有关搜索引擎内的自然排名的方式。从严格意义上来说，这并不算广告投放。但是为了获得搜索引擎的友好收录，往往需要对站内做内容优化的同时借助第三方公司做专门的优化。

4．网络联盟

无论是用亿玛网、领克特等第三方联盟，还是自建联盟，这部分可以通过广告分成方式合作的长尾媒体，流量绝对不容小视。

5．新闻门户

如果关注品牌效应，新浪、网易、搜狐等门户网站依然是有公信力的不二之选，因访问量巨大，适合做大促或品牌活动的快速曝光，特别是汽车、地产、快消品等品类属性强的行业，依然会选择门户网站做最大量的广告投放。

6．客户端

尽管手机流量超越PC，但是QQ、迅雷、酷我、暴风等PC端仍然占有大量流量，并具有弹窗广告的功能，适合需要销售快速投放的情况，比如"双11"大促或新品广告。

7．社交媒体

以微博、微信、推特为代表的社交媒体，投放方式更加软性，精准性更好，能够第一时间把广告向粉丝推广，效果比硬广好，互动性强。小米等互联网品牌便很善于使用社交媒体开展粉丝营销。

小贴士

巧用国外BBS推广自己的产品

1）回帖和跟帖可以增加店铺的曝光率，同时也会增加店铺的浏览量。最好是发精华帖，那会大大提高曝光率。

2）设置个性签名或醒目店标。

3）宣传很重要。宣传好也能给自己的店铺带来很好的广告效应。当然不能直接发广告帖（发帖前先看BBS的发帖规则），不过可以充分利用好每一个资源，在一些国外的BBS，多做一些有创意的软广。例如，在一张创意图片上加上自己店铺的水印等。

4）论坛推广，多参加一些BBS的活动，这样可以在更多活跃的人群面前提高店铺被曝光的概率，进一步扩大自己的潜在买家群体。

5）事件营销，可以在国外的BBS里，创造或参与一些事件的争论或讨论，从而引起更多人的关注，换来不少点击。

做网店推广一定要讲究效果，一点一点把推广效果积累起来才可以使网店一天天发展起来。

二、社交媒体营销

社交媒体营销也称社会化营销或社会化媒体营销，就是利用社会化网络、在线社区、博客、百科或者其他互联网协作平台和媒体来传播和发布资讯，从而形成的营销、销售、公共关系处理和客户关系服务维护及开拓的一种方式。社交媒体营销工具包括论坛、微博、微信、博客、SNS社区等。

适合跨境电商的社交媒体主要有脸书、推特、Instagram、Tumblr、YouTube、Pinterest、VK等。境外营销人员可根据具体情况择优选择其中一种或几种。

1．脸书

作为全球最大的社交网站，脸书有着每月21亿个活跃用户，是外贸企业进行社交媒体推广的主要渠道。下面从六个方面介绍脸书的营销技巧。

(1) 二八法则

创建脸书网页的时候，要注意内容的划分，不能只发广告，毕竟脸书最主要的还是其社交属性。在策划内容的时候就可以按照二成的“硬推销”+八成的非营销内容来规划。

非营销内容可以是有趣、有教育意义、对用户有价值的一些内容，尽量有正能量，并与用户的兴趣相符。八成的非营销内容的主要作用就是吸引用户，并为二成的营销内容打掩护。

(2) 定点发布

不管是哪个平台，都有用户登录的高峰期，对于脸书来说，比较好的时间是周末晚上的0点—1点，这段时间大多数人都比较轻松，喜欢在网上浏览。这个时候发的信息会被更多人看到，也会有更多互动。

不过，并不是每个群体的活跃时间都是相同的，具体发布时间还是要根据目标用户的活跃时间来定。

(3) 多“@”粉丝

当粉丝发现自己被“@”的时候，通常会回复，这样有助于拉近彼此的距离，也增加了内容的点击量。

(4) 及时回复

一个潜在消费者如果看到感兴趣的信息，会在脸书上发起对话，如果没有得到及时回复，可能就会转向竞争对手。

及时回复信息能够提升粉丝的好感，也能在最快的时间里赢得销售机会，还能提高脸书排名，赢得粉丝忠诚。

(5) 分享 UGC

90% 以上的消费者在做出购买某产品的决定之前会参考 UGC。另外，将 UGC 纳入营销内容还可以让营销变得更有趣、更可信，所以平时要多收集 UGC。

(6) 了解脸书的广告形式和优势

1）照片广告。照片广告可以蕴含很多品牌信息，展示品牌形象，而且其视觉效果比较容易吸引用户注意，是比较高效、省时的广告类型。

2）视频广告。视频广告更有冲击力，更容易触动用户，在潜移默化中完成推广。一般来说，用户比较偏好浏览篇幅比较短（15s 左右）的广告。

3）轮播广告。轮播广告可以展示更多图片或视频，有更多的空间来展示创意和商品细节。还可以构造一个小故事来讲述品牌发展，具有故事性的广告能够更好地吸引用户。

4）幻灯片广告。这种广告的优点是制作起来比较简单，而且可以在多种设备上播放。另外它的加载速度也比其他广告快很多，网速不好的用户也可以看到广告内容。

5）精品栏广告。精品栏广告可以和全屏广告结合起来，用户被精品栏广告动态消息吸引并点击时可以跳转到全屏广告进行更深入的了解和互动，进行购买。

6）Messenger。通过 Messenger 广告，用户可以与商家进行对话，方便沟通互动，商家在增加粉丝黏性的同时，达到营销的目的。

脸书营销绝不是像发朋友圈那么简单，需要投入时间和精力去研究和尝试。

2．推特

对于众多外贸商家而言，推特是一个不得不重视的传播品牌和进入国际市场的重要平台。推特作为 SNS 主媒体之一，以发送 140 字内的推文为主要形式，具有实时性和时效性。

(1) 减少推文里的链接数量

有研究表明，不包含链接的推文更易产生粉丝的互动。所以，不是每一条推文里都一定要包含链接，链接的精妙之处在于精而不是杂。当限制了链接数量，就会发现推文的粉丝参与度会有所提升。

因此，推特营销者需要注意链接数量的问题，不要把过多的时间放在发掘好的链接上，这部分时间应该拿出来多和粉丝互动。另外，链接数量少更有益于和粉丝建立信任，这样当商家突然发了一条链接的时候，他们基于信任会认为该链接也是高质量的，这样才真正发挥了链接的作用。

(2) 使用正确的 # 标签

要想使自己的推特获得更多的关注，可以使用 # 标签，这样也会加强和粉丝的联系。然而 # 的使用次数也是有讲究的，不可一味地为了加强吸引而滥用。可以使用两款易上手的标签工具：Hashtagify 和 RiteTag。

Hashtagify 可以帮助商家寻找合适的标签。只需要在 Hashtagify 里的搜索栏中输入标签关键词，Hashtagify 就会生成符合这个关键词的标签。商家可以选择其中的一个或者几个成为自己的 # 标签，从而便于浏览者找寻到商家。

RiteTag 可检查标签的关联性。首先商家要进入 RiteTag 中，并授权它访问自己的推特账户。进入之后在“compose new tweet”中将选择的标签输入进去，这样就可以得到该标签的关联性。

(3) 发布有图片的推文

众所周知，有图片的推文比没有图片的更加有吸引力。想在一瞬间捕获浏览者的视线，关键在于要选择合适的图片。另外，可以将链接放在图片上，这样不仅减少了链接反复出现所造成的反感，也在一定程度上让浏览者更愿意点击图片看到商家想让他们看到的链接。所以，如果必须放多条链接，那就可以选择用图片链接的方式进行。

(4) 使用合适的排版

在推文中，会有多种元素，如文字、图片、链接、标签及 @（使用 @ 时一定不可以将其放在推文的最开始，这样浏览者会潜意识地跳过，只有被 @ 的那个人才会关注，这会降低关注度），这几种元素的搭配方法对分享量产生一定的影响。

(5) 转发时引用其中最有价值的话

在推特上，为了丰富自己的主页，人们往往也会转发别人的推文。千万不要以为转发只是简单地点击一下按钮以及简单地附上一个表情或者几个文字就好了，在转发方面如果做得好，也是会利用他人的推文为自己获取流量的。

推特的功能“quote tweet”允许在转发时添加 116 个文字，商家完全可以在这里体现自己的思想和提供有价值的信息。最有效的方法是选取转发的文章中最有代表性和价值性的内容，这样才会让粉丝更想阅读并转发文章。

(6) 在最佳的时间发送推文

知道粉丝最爱在哪个时间段浏览推特是非常重要的。如果在他们最爱浏览推特的时间之前发布消息，商家的消息就会被其他用户的消息覆盖；如果是在之后发布，那他们可能已经关闭了页面去做自己的事情了。因此，知道粉丝最爱在哪个时间段浏览推特，对提升流量和分享率是非常重要的。

(7) 分析数据，归类特点

推特为广大用户提供了分析器（Twitter Analytics），在这里商家可以查看近期自己最热门的推文是哪几条，通过分析这几条热门推文的布局、内容等元素，就可以获得一套好的制作推文的方案。

同时商家还可以借鉴其他热门推文的优点，并和自己的优点相结合，这样就会创作出更受粉丝喜爱的推文。

现阶段推特的用户基数已经超过 5 亿人次，开展推特营销这种 SNS 营销方式，能够为商家的网站带来 SEO 推广以外的流量，使网站流量获取方式多样化，降低网站运营风险，同时还能够带来社区的互动和口碑，提升目标用户对于网站的信任度，进而提升网站总体的转化率。

3．Instagram

Instagram（照片墙）是一款免费提供在线图片及短视频分享的社交应用，于 2010 年 10 月发布。它具有实时分享到微博、脸书、推特、Flickr、Tumblr 和 Foursquare 的功能，以及上传不受限、即拍即传即分享、通过接收和发送赞和评论与朋友互动等特征。2012 年 4 月 10 号，脸书宣布以 10 亿美元收购 Instagram。2018 年 12 月，世界品牌实验室发布“2018 世界品牌 500 强”榜单，Instagram 排名第 362 位。

（1）将 Instagram 与其他社交媒体账户连接

如果商家将 Instagram 连接到自己的推特和脸书账户，那么商家在 Instagram 上分享的任何图像将自动发布到其他社交媒体账户上。人们可以点击这些分享查看商家的 Instagram，可以对其进行评论，或者关注商家的品牌。这样商家会得到更多关注和目标客户。

Instagram 与脸书一样，在发布信息时可以选择受众，提高扩展目标客户的效率。

（2）重视 Instagram 的视频上传

Instagram 允许用户上传视频，当然需要保证视频简短而有趣，因为观众的注意力持续不会超过 1min。商家可以将 Instagram 的视频嵌入自己的网站或博客里，这能为商家带来更多的点击与关注。

Instagram 上传的视频不能超过 15s，且需要用到 Hyperlapse，这是 Instagram 的独立应用。它能拍摄出延时视频，将很长时间的视频压缩在短时间内，从而让人体会到时间的流逝感，比如让人们在 15s 内观看一次完整的日落。

（3）使用 # 标签

由于人们通过 # 标签排序图像，所以商家可以使用这项功能标记图片，以便得到更多新的关注。另外，商家还可以通过搜索相关的 # 标签找到可以关注的用户。需要注意的是，在 # 后面的文字不能存在空格，例如“#weddingdress”，不能写成“#wedding dress”。

（4）回应评论

Instagram 的关注者都喜欢有人回应他们的评论与意见，所以提出一个观点后，一周内需要有规律地检查和回复。在他们关注商家以后，商家也可以关注他们，然后尝试与他们在其他社交网站上联系。要注意选择关注的对象，不要随便关注。

（5）收集图片

商家不仅能在 Instagram 上上传自己拍的照片，还可以鼓励用户将他们拥有的照片上传到自己的 Instagram，这是吸引关注的好方法，同时也能为商家带来更多精彩的图片。

商家还可以组织竞赛，并奖励上传最佳图片的用户。开展此类活动要注意与参与者之间开展互动，这是他们喜欢的，也是表现商家对此次活动重视的重要环节。

(6) 塑造品牌内涵

如果商家的业务是关于婚纱的，那么上传美好幸福的婚礼照片和展示别人对它们的喜爱，比起上传一些产品照片、讲述公司的故事，会让商家收获更多的关注。

(7) 统计图片的喜好数量

如果商家关注那些人们点击的“喜欢”按钮，就可以更好地了解粉丝的喜好。这不仅可以帮助商家决定以后要发布的图片的类型，还可以为产品做一个小的市场调研。例如，发布同一款产品的两种不同色彩的图像，并询问粉丝更喜欢哪一张，得到喜欢更多的那张就是商家应该生产的商品。

注意：不要提供太多的选择，那样用户将无法选择出自己想要的结果。

(8) 有规律地更新信息

就像所有的社交媒体网站一样，坚持规律地更新是成功的关键。这会让商家的关注者知道该在什么时候期待新内容。

4．Tumblr

Tumblr（汤博乐）成立于2007年，是目前全球最大的轻博客网站之一，也是轻博客网站的始祖。Tumblr是一种介于传统博客和微博之间的全新媒体形态，既注重表达，又注重社交，而且注重个性化设置，成为当前最受年轻人欢迎的社交网站之一。

Tumblr允许用户发表文字、照片、链接、音乐和视频的轻量级博文，其服务功能和国内新浪博客等提供的方式类同。与推特等微博客相比，Tumblr更注重内容的表达；与博客相比，Tumblr更注重社交。因此，在Tumblr上进行品牌营销时，要注意“内容的表达”。比如，给自己的品牌讲一个故事，比直接在博文中介绍公司及产品效果要好很多。

有吸引力的博文内容，很快就能通过Tumblr的社交属性传播开来，从而达到营销的目的。跨境电商网站拥有众多产品，如果能从这么多的产品中提炼出一些品牌故事，或许能够达到产品品牌化的效果。

相关链接：小北的梦呓，史上最全的Tumblr营销大法，https://mjzj.com/article/40053。

5．YouTube

YouTube是一个全球最大的视频网站，早期公司位于加利福尼亚州的圣布鲁诺，注册于2005年2月15日，由美籍华人陈士骏等人创立。在YouTube，每天有300h的新视频被上传，有上亿次的浏览和分享。

相较于其他社交网站，YouTube的视频更容易带来病毒式的推广效果。因此，YouTube也是跨境电商一个不可或缺的营销平台。开通一个YouTube频道，上传一些幽默视频吸引粉丝，通过一些有创意的视频进行产品广告的植入，或者找一些意见领袖来评论产品宣传片，都是非常不错的引流方式。

YouTube每月都有10亿个活跃用户，接近全球人口的1/7。作为YouTube频道的拥有者，吸引这些活跃用户是增加频道订阅量的长远之计。但仅仅指望 YouTube 是不可能的。

相关链接：雨果网，YouTube 视频营销 8 大策略，https://www.cifnews.com/article/27105，2017-06-29。

6．Pinterest

Pinterest 是全球最大的图片分享网站之一，采用的是瀑布流的形式展现图片内容，无须用户翻页，新的图片不断自动加载在页面底端，让用户不断发现新图片。Pinterest 堪称“图片版的推特”，网民可以将感兴趣的图片保存在 Pinterest，其他网友可以关注，也可以转发图片。索尼等许多公司也在 Pinterest 建立了主页，用图片营销旗下的产品和服务。

Pinterest 的图片非常适合跨境电商网站的营销，因为电商很多时候就是依靠精美的产品图片来吸引消费者的。卖家可以建立自己的品牌主页，上传自家产品图片，并与他人互动分享。

在 Pinterest 的营销技巧主要体现在：① 营销策略中最重要的组成部分是图片；② 目前的主流用户群体是 25 ～ 55 岁的女性；③ 与其他社交媒体平台链接；④ Pinterest 是社交图片网而不是图片存储站；⑤ 数量真的很重要，新产品出来就要发布上去；⑥ 商家不是在推产品，是在推一种生活方式；⑦ 发动群众的力量，利用好群体主体板（group board）；⑧ 当地时间下午 2 点—4 点和晚上 8 点—11 点是发布信息的最好时机。

相关链接：2018 最新最全 Pinterest 营销攻略！教你打造完美社交营销账号，https://www.cifnews.com/article/32655，2018-01-30。

7．VK

VK（原 Vkontakte），为“接触”之意，是俄罗斯知名在线社交网络服务网站，支持 70 多种语言，用户主要来自俄语体系国家，在俄罗斯、乌克兰、阿塞拜疆、哈萨克斯坦、摩尔多瓦、白俄罗斯、以色列等国较为活跃。目前，VK 在俄罗斯、乌克兰、波兰和其他东欧市场已经超越脸书占据第一位，全球社交网站中排名第 17 位。

由于其设计风格以及功能都与美国脸书十分相似，因此 VK 也经常被称为“克隆脸书”。与大多数的社交网络相同，该网站的核心功能是个人信息和照片共享、状态更新以及朋友联系。VK 也有用于管理网络社团和名人的网页工具。该网站允许其用户上传、搜索媒体内容，如视频和音乐。VK 具有先进的搜索引擎，能有效搜索到较为复杂的内容。

相关链接：俄罗斯最大社交媒体平台 VK 如何吸粉？ https://www.cifnews.com/article/35459，2018-05-29。

三、搜索引擎营销

搜索引擎营销，英文为 search engine marketing，可缩写为 SEM，就是根据用户使用搜索引擎的方式，利用用户检索信息的机会尽可能将营销信息传递给目标用户。简单来说，搜索引擎营销就是基于搜索引擎平台的网络营销，利用人们对搜索引擎的依赖和使用习惯，在人们检索信息的时候将信息传递给目标用户。搜索引擎营销的基本思想是让用户发现信息，点击进入网站或网页进一步了解所需要的信息。在介绍搜索引擎营销策略时，一般认为，搜索引擎优化设计的主要目标有两个层次：被搜索引擎收录、在搜索结果中排名靠前。

1．搜索引擎营销的价值

目前中国做网络营销的企业80％以上都选择搜索引擎营销。我国搜索引擎主要有360搜索、百度、搜狗、有道等。国外的搜索引擎除了大家熟知的谷歌，还有Bing、Yandex等。有调查显示，大部分网站70%以上的流量来自搜索引擎，搜索引擎可以给企业网站带来大量的用户，更重要的是这些用户都是通过搜索与企业相关的关键词进入网站的，也就是说这些用户大部分都是潜在客户。搜索引擎营销的价值主要体现在如下几个方面：①带来更多的点击与关注；②带来更多的商业机会；③树立行业品牌；④增加网站广度；⑤提升品牌知名度；⑥增加网站曝光度；⑦根据关键词，通过创意和描述提供相关介绍。

扩展阅读

除了谷歌，国外的搜索引擎还有这些

下面给大家推荐一些除谷歌外的常用国外搜索引擎。

1）Bing（bing.com）。Bing中文品牌名为“必应”。作为全球领先的搜索引擎之一，必应也是北美地区数一数二的搜索引擎。做北美市场的企业千万不要错过Bing。加上与Windows系统的整合，在没有谷歌的日子里，Bing对大家是很重要的。

2）Yandex（yandex.com）。Yandex目前所提供的服务包括搜索、最新新闻、地图和百科、电子信箱、电子商务、互联网广告及其他服务。

除上面两大国外搜索引擎外，一些比较热门的当地搜索引擎有：德国Fireball；奥地利Lycos；荷兰Search；英国izito、SPLUT；法国orange、KOMPASS；丹麦Jubii；芬兰Eniro、Walhello；瑞士Sharelook；挪威Sunsteam Search；卢森堡Luxweb；比利时WEB WATCH；意大利Excite、tiscali、CuteStat；爱沙尼亚NETI；葡萄牙SAPO；保加利亚GBG Search；摩尔多瓦Zoznam；加拿大AMRAY、canadaone；墨西哥Mexicoweb；阿根廷Buscapique；秘鲁Peru-info；乌拉圭Reduy；巴西Starmedia、UOL；洪都拉斯In-honduras、Caribseek；巴拿马Istmania；澳大利亚Answers；新西兰AccessNZ。

（资料来源：雨果回答，https://www.cifnews.com/ask/article/502，2016-12-15）

2．搜索引擎营销的特点

与其他网络营销相比，搜索引擎营销有其自身的特点，主要体现在如下几个方面：①使用广泛；用户主动查询；②便于获取新客户；③竞争性强；④动态更新，随时调整；⑤投资回报率高；以企业网络营销的信息源为基础；⑥传递的信息只发挥向导作用；⑦以用户主导；⑧可实现较高程度的定位；需要适应网络服务环境的发展变化。

3．搜索引擎营销的推广方式

互联网不断在发展，信息在以爆炸式的速度增长，要想在浩瀚的互联网信息中寻找到自己想要的信息，就要依靠搜索引擎。它可以为用户提供信息导航服务，让用户准确

找到信息。从本质上来说，搜索引擎的工作原理属于技术层面的问题。目前搜索引擎的推广方式可以分为自然推广、竞价推广、混合竞价推广三种。

（1）自然推广

自然推广是指企业可以将要推广的信息通过网页等形式发布到搜索引擎，然后通过正当的SEO（搜索引擎优化）技术使需要推广的关键词在搜索引擎中得到一个理想的排名。搜索引擎的收录原理是：搜索引擎都有一个或多个搜索程序——“蜘蛛”程序，这些“蜘蛛”负责检索互联网中的海量信息，然后收集到搜索引擎的数据库中，经过机器和人工的整理、分类，将有用的信息按照搜索引擎的算法有序排列，不同的搜索引擎算法不尽相同，但是关键词、链接、权重是所有搜索引擎共同的三个算法要素。

做好自然推广，肯定要做好SEO，其实SEO工作就是围绕着关键词、链接、权重这三个要素来展开。

（2）竞价推广

自然推广固然免费，但是存在着很多不确定性，虽然SEO可以帮助得到一个好的排名，但是SEO不能保证100%成功，而且SEO不是一个短期就能收到效果的方法。企业可能等不了这么久的时间，正好竞价推广解决了这一问题，竞价推广就是搜索引擎根据企业的出价给其相应的排名，这样省去了SEO的工作，企业很快可以得到一个排名，前提是企业要遵守关于互联网信息搜索的相关法律法规。

（3）混合竞价推广

搜索引擎在竞价推广的基础上，又推出了混合竞价推广，即在排序时除了考虑价格方面的因素，还同时考虑点击率的高低。这种方式不仅可以使得企业得到好的排名，而且能够提高网页匹配度，也提高了用户的体验。

扩展阅读

如何利用搜索引擎做好营销

现如今，更多的人通过搜索引擎搜索可以找到想要的任何信息，其中各种搜索问题包括社会、科技、衣食住行、商业等各个方面，因此利用搜索引擎做好商业化的网络营销就显得更为重要。

但是在做搜索引擎营销之前你要明白，自己的服务群体是什么样的？这些群体是否会经常上网搜索来获取信息？他们使用搜索引擎的频率是怎样的？

如果这些你都明确了，那么搜索引擎营销就适合你，否则就要慎重行事。因为搜索引擎营销并非是大家理解的去简单地做推广，这样理解的话显然是不够准确的，甚至是业余的。

搜索引擎营销实施过程如图7-3所示。

搜索引擎营销是否成功，取决于能否在行业关键词搜索中霸屏。

什么是霸屏呢？

以百度为例，搜索一个关键词，在搜索结果页面的信息里面，一家公司的信息能占据 50% 甚至更多，就可成为霸屏。

图 7-3　搜索引擎营销实施过程

当然，做到霸屏之后也并非万事大吉了，因为公司虽然有了足够多的展现量和曝光率，但是却不能忽略搜索引擎营销漏斗。这个漏斗从理论模型上共分五层：展现量、点击量、访问量、咨询量、订单量。

也就是说，如果单单只是展现量做得不错，而忽略了后面的几个层面，那么最终的转化率无法保证。

网站 SEO 优化如何实现霸屏？

霸屏并不是搜索结果首页全都是自己的信息就可以了，重要的是让那些对公司最有价值、最能体现自身实力的信息出现在首页。

一般来讲，第一步就是做品牌词，提前布局，比如官网、百度百科、百度地图、百度知道、百度文库、视频、新闻、微博等。霸屏解析如图 7-4 所示。

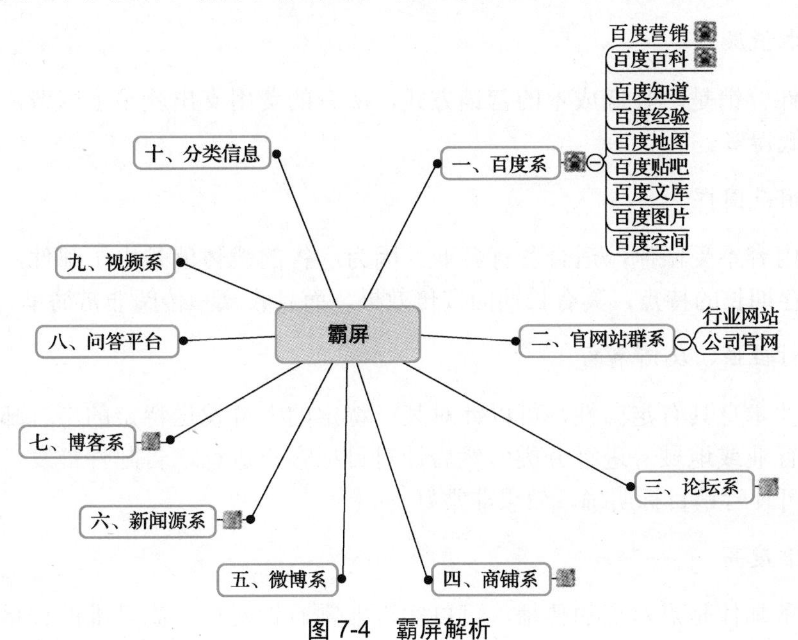

图 7-4　霸屏解析

这样的霸屏技术属于最正规的SEO操作手法，是一种SEO高级思维的具象化，其本质在于：借助高权重第三方平台来做自己想要的关键词，因为第三方平台的高权重可以快速获取排名，从而产生品宣和引流的效果。

当然，有公司靠技术进行泛站群、跳转来实现百度霸屏，这些技术有待规范。

（资料来源：胡水生，https://baijiahao.baidu.com/，2018-03-17）

四、电子邮件营销

电子邮件营销，英文为email direct marketing，可缩写为EDM，是在用户事先许可的前提下，通过电子邮件的方式向目标用户传递价值信息的一种网络营销手段。电子邮件营销是利用电子邮件与目标用户进行商业交流的一种直销方式，是网络营销手法中最古老的一种。

1．电子邮件营销的特点

（1）范围广

据第47次《中国互联网络发展状况统计报告》，截至2020年12月，我国网民规模达9.89亿名，互联网普及率达70.4%；手机网民规模达9.86亿名，网民使用手机上网的比例达99.7%。面对如此巨大的用户群，作为现代广告宣传手段的电子邮件营销正日益受到人们的重视。只要拥有足够多的Email地址，就可以在很短的时间内向数千万目标用户发布广告信息，营销范围可以是中国乃至全球。

（2）操作简单、效率高

使用专业邮件群发软件，单机可实现每天数百万封的发信速度。操作不需要懂得高深的计算机知识，不需要烦琐的制作及发送过程，一般几个工作日内便可完成上亿封广告邮件的发送。

（3）成本低廉

电子邮件营销是一种低成本的营销方式，所有的费用支出就是上网费，成本比传统广告形式要低得多。

（4）应用范围广

广告的内容不受限制，适合各行各业。因为广告的载体就是电子邮件，所以具有信息量大、保存期长的特点，具有长期的宣传效果，而且收藏和传阅非常简单、方便。

（5）针对性强、反馈率高

电子邮件本身具有定向性，可以针对某一特定的人群发送特定的广告邮件，也可以根据需要按行业或地域等进行分类，然后针对目标客户进行广告邮件群发，使宣传一步到位，这样可使营销目标明确，效果非常好。

（6）精准度高

由于电子邮件是点对点的传播，可以实现非常有针对性、高精准的传播，例如，既可以针对某一特定人群发送特定邮件，也可以根据需要按行业、地域等进行分类，然后针对目标客户进行邮件群发，使宣传一步到位。

2．电子邮件营销的原则

(1) 必须基于用户的许可

电子邮件营销的目的是提升会员客户的活跃度，增加销量。很多电子邮件营销常被用于市场引流，通过向目标邮箱发送大量的非许可邮件，以达到增强曝光、吸引客源的目的。这就导致很多用户误以为营销邮件就是大量的垃圾邮件，甚至会开始排斥营销邮件。因此，电子邮件营销必须基于用户的许可。

(2) 让你的用户掌握自主选择权

如果用户不喜欢企业提供的服务，让他们有权利随时取消对企业的关注，在显眼的位置提供退订按钮，并尽量让退订操作简单，这样不仅能赢得用户信任，也增强了用户体验。舍弃对自己不感兴趣的用户也避免过多用户将邮件标记为垃圾邮件，影响企业其他邮件的传播。

(3) 持续给用户带来价值

用户订阅某品牌的邮件，主要是希望收到自己感兴趣并觉得有价值的内容，可以是优惠信息，也可以是资讯，但绝不能是一成不变的服务推销或者“假打折”信息。用户只有先对邮件的内容感兴趣，才会持续关注，逐渐转变为忠实客户，继而转化为购买者。

(4) 不断优化、提高客户体验

一切以客户为中心的原则应该贯穿在邮件营销的一举一动中。例如在邮件制作上，把握好图文的设计风格，支持退订功能、链接操作便捷等；在送达之前，需要对邮件接收地址进行“清洗”，细分联系人，争取精准地投放；在反馈阶段，以解决问题的态度积极与用户沟通，分析数据优化邮件内容等。

3．跨境电商电子邮件营销的策略

由于人文环境因素的不同，跨境电商电子邮件营销与国内电商电子邮件营销相比存在很大差异，面对与国内行为习惯、风俗习惯及文化的差异，如果不懂它的使用规则和特点，往往也很难收到预期中的效果。试想，原本是应该给企业带来大量订单、维系客户忠诚度的重要渠道，最后却换来了大量客户的投诉和ISP的封杀，甚至影响品牌声誉，这会有些得不偿失。

(1) 合规收集客户信息和邮件地址

由于目标客户在海外，要获得客户的邮件地址、个人信息比较困难。在没有专业指导的情况下，一些跨境电商企业“病急乱投医”，从外部购买和采集客户数据，这样做的后果是，无论邮件地址正确与否，对一个完全未知的人发送邮件营销内容，无异于大海捞针，如果客户对产品没有兴趣，结果只能是将产品拉入黑名单。最重要的是，品牌形象受损，以后将会更难向对方开展营销。欧美等地是跨境电商的主要目标市场，用户一般都具有强烈的许可意识，对于未经许可发送到邮箱的电子邮件多会心存不满。

(2) 及时管理现有数据

如果没有对已有的客户数据库进行有效的管理，将会导致总体的客户数据质量不高，发送到海外的邮件高硬退率、高软退率和低打开率。

因此，要针对客户数据按年龄、身份等自然属性或高活跃度、高频率购买等维度进行细分综合管理。要及时对基础的邮件地址去重、进行错误地址删除等基础的数据更新工作。因为大量无效邮件的发送，不仅会增加发送成本，而且不能收到好的效果。

(3) 重视海外通道及规则

很多海外邮箱服务商，如 Hotmail、Gmail 等，会拦截没有固定 IP 的服务器发出的邮件，而且海外 ISP 在垃圾邮件、黑名单、投诉举报规则以及发送数据要求上更为严格，如果电商企业被投诉过多还会被封账号。

如果企业的邮件经常被海外 ISP 拦截，邮件达到率不理想，自己又不具备资源和技术能力，那可以考虑选择一家具有固定海外 IP 地址的邮件营销服务商，这样可以大幅提升投递效果。

(4) 针对海外消费者特点定制营销策略

由于风俗文化、消费习惯、经济发展水平等方面的不同，不同国家客户对营销信息的偏好也存在区别，因此要根据不同国家或地区制定相应的营销策略。跨境电商企业需要对目标市场的文化、风俗和节日、特殊喜好、消费习惯等了解清楚后，再参照用户的历史消费行为，去定制邮件内容及营销策略。

(5) 注重邮件内容及设计

经常看到一些外贸邮件没有标明品牌发件人，邮件标题毫无吸引力，主题也不明确，或者邮件整版充斥着让人眼花缭乱的产品及促销信息。Focussend 的相关研究显示，一封邮件从收件箱众多邮件中脱颖而出，获取用户注意的时间仅为 2s。在正式发送邮件之前，试着先发一部分进行测试，如果企业的邮件不能获得高的打开率、关注度，或者连自己也觉得没有吸引力，那么就真的需要在邮件内容及设计上下功夫了。

扩展阅读

Focussend 为跨境电商企业提供邮件内容及设计秘诀

1）选择有“煽动性”的语言，语意鲜明有个性，能引起用户响应。

2）内容表述精短集中，使用主动语态，要点明确。

3）主题行要求简短而有冲击力，包含重要优惠信息、利益点或新闻，同时邀请用户行动，营造紧迫感。

4）注意规避容易引发国外垃圾邮件过滤器的垃圾邮件关键字及词语。

(6) 注重邮件发送质量

很多急于求成的跨境电商企业都寄希望于庞大的数据量、频繁地发送带来大量的订单，但往往事与愿违。千万不要错误地认为，发送频率越高效果越好，而是要根据用户自主订阅频率、用户历史行为等整体规划发送策略，并优化发送频率。

要想把邮件顺利送达海外用户的邮箱，首先，要保证用户数据的有效性，这是关键所在，而数据是否为用户主动订阅也将直接影响到后续邮件的发送质量。其次，要做好海外 ISP 的备案以及各种处理。最后，邮件内容及设计要符合垃圾邮件规避规则。

扩展阅读

如何优化邮件标题进行 EDM 邮件营销

电子邮件营销越来越被企业所重视是一个不争的事实。而邮件标题是一块“敲门砖”，只有能够吸引用户的兴趣的标题，用户才会打开企业的邮件阅读。那么怎样优化邮件标题才能吸引用户的目光呢？

（1）只注明主题

最好的标题告诉用户邮件的内容是什么，而最差的标题则试图通过邮件销售产品。在电子邮件营销中，不要让邮件标题读起来像广告。标题中的商业味越重，邮件被打开的可能性就越小。

（2）关注用户利益

邮件读者只对一件事感兴趣：邮件能为他们提供什么？所以在标题中要多写一些和用户利益相关的内容，给他们更多的阅读理由。

（3）不要在标题中随便个性化

个性化对电子邮件内容来说是很重要的，但它并不适用于标题。垃圾邮件发送者会在互联网上窃取姓名，他们对收件人全部的了解就是名字和邮件地址，所以他们在标题上加上姓名，比如“Arthur Sweetser：这是专门为你提供的服务”。但是收件人也是聪明的，他们往往能轻松判别哪封邮件是垃圾邮件。如果商家在标题中加入收件者的姓名，那商家就很有可能被当作垃圾邮件发送者。和没有使用个性化标题的邮件相比，含有个性化标题的邮件效果要差一点。使用个性化标题的邮件打开率是 12.4%，点击率是 1.7%；不使用个性化标题的邮件打开率是 13.5%，点击率是 2.7%。因此，在标题中不应该使用名字。不过，在邮件标题中使用地点的字眼（比如城市名字）确实可以提升打开率。

（4）告诉用户你是谁

很多研究显示，将公司名称放进发件人行和标题行中能增加打开率。Jupiter Research 研究公司发现，在标题中加入公司名称能使打开率从 32% 增加到 60%，远远超过了不加名称的标题：人们之所以打开你的邮件，一个很重要的原因是认出了你。有两种情况：他们认识发件人，并且认为过去收到的信息有价值；当然也有相反的，他们以前打开过你的邮件，但发现根本是在浪费时间，所以就把邮件删除了。发出去的邮件是否能够被打开，取决于公司的声誉和公司之前发送邮件的质量。若收件人之前看到商家所发的邮件时获得了最佳体验，那他们会毫不犹豫地打开邮件。

(5) 避免使用敏感字词

绝对不要在标题里使用大写字母，也不要使用感叹号。只要你的内容是真实的并且看起来不像垃圾邮件，大多数收件人都会给予回应。垃圾邮件标志性词语，如“免费”等，一定要排除在外，永远不要低估邮件服务提供商对垃圾邮件的辨别能力。但是有些不在垃圾单词清单上的词语也会大大降低邮件的回应率，比如“帮助”“折扣”和“催缴单”等。

五、联盟营销

联盟营销（affiliate marketing），通常是指网络联盟营销，实际上是一种按营销效果付费的网络营销方式，即商家（又称广告主，在网上销售或宣传自己产品和服务的厂商）利用专业联盟营销机构提供的网站联盟服务拓展其线上及线下业务，扩大销售空间和销售渠道，并按照营销实际效果支付费用的新型网络营销模式。

商家通过联盟营销渠道产生了一定收益后，才需要向联盟营销机构及其联盟会员支付佣金。由于是无收益无支出、有收益才有支出的量化营销，因此联盟营销已被公认为最有效的低成本、零风险的网络营销模式，在北美、欧洲、亚洲、非洲等地区深受欢迎。

1. 联盟营销的组成

联盟营销由联盟看板、佣金设置、我的主推产品、流量报表、订单报表、成交详情报表六部分组成。

(1) 联盟看板

通过联盟看板功能模块能清楚地知道联盟营销近六个月的营销情况，包括联盟带来的订单金额、支付的佣金、投入产出比等。

(2) 佣金设置

每个类目要求的佣金比例都是不一样的，在3% ～ 50%不等。一般加入联盟营销是所有产品都加入，所以在设置佣金比例时一定要考虑所有产品的利润率是否支持。

(3) 我的主推产品

联盟营销可以有60个产品作为主推产品，一定要充分利用好这一功能。主推产品和店铺的其他产品是不一样的，只有主推产品才能参加联盟专属推广活动，最好能选出店铺比较热销的产品，这样推广起来更有效果。

(4) 流量报表

通过流量报表，可以知道联盟营销近六个月内每天的流量状况，包含联盟PV（页面浏览量）、联盟访客数、总访客数、联盟访客数占比、联盟买家数和总买家数。

(5) 订单报表

订单报表主要包含联盟营销每天带来的订单数、支付金额、预计佣金、结算订单数等。通过订单报表可以清楚地知道近六个月内的联盟营销效果，即每天的订单数。需要注意的是，联盟带来的订单数不等于结算订单数，同样，联盟带来的订单销售额的佣金也不等于实际佣金，因为发生退款的订单数和订单金额会被排除在外。

(6) 成交详情报表

成交详情报表能清楚地反映联盟营销的效果以及在某个时间段内，联盟营销带来的每一笔订单和收取的佣金等。

2．联盟营销的付费形式

根据商家网站给联属会员的回报支付方式，联盟营销的付费可分为三种形式。

(1) 按点击数付费（cost-per-click，CPC）

联盟营销管理系统记录每个客人在联盟会员网站上点击到商家网站的文字的或者图片的链接（或者 Email 链接）次数，商家按点击次数支付广告费。

(2) 按引导数付费（cost-per-lead，CPL）

访问者通过联盟会员的链接进入商家网站后，如果填写并提交了某个表单，管理系统就会产生一个对应给这个联盟会员的引导（Lead）记录，商家按引导记录数向会员付费。

(3) 按销售额付费（cost-per-sale，CPS）

商家只在联盟会员的链接介绍的客人在商家网站上产生了实际的购买行为后（大多数是在线支付）才给联盟会员付费，一般是设定一个佣金比例（销售额的 10% ～ 50% 不等）。

第三节　跨境电商支付体系

一、跨境电商支付结算概述

1．跨境支付的内涵

跨境支付（cross-border payment）是指两个或两个以上国家或者地区之间因国际贸易、国际投资及其他方面所发生的国际债券债务借助一定的结算工具和支付系统实现资金跨国和跨地区转移的行为。例如，在现在的互联网时代，中国消费者在网上购买国外商家产品或国外消费者购买中国商家产品时，由于币种不同，就需要通过一定的结算工具和支付系统实现两个国家或地区之间的资金转换，最终完成交易。

支付机构跨境外汇支付业务是指支付机构通过银行为货物贸易或服务贸易交易双方提供跨境互联网支付所涉的外汇资金集中收付及相关结售汇服务。

跨境支付业务发生的外汇资金流动，必然涉及资金结售汇与收付汇。从目前支付业务发展情况看，我国跨境支付结算的方式是多种多样的。

目前，全球跨境支付市场的主要参与者，主要是银行、专业汇款公司、国际信用卡组织和第三方支付公司。

1）银行。银行电汇是指汇出行应汇款人申请，以加押电报、电传或者 SWIFT（环球银行金融电信协会）形式指示国外汇入行解付一定金额给收款人的汇款结算方式。银行电汇普遍采用 SWIFT 通道实现跨境汇款，收费高昂且交易进度较慢，3～5天才能汇款到账，适用于大额汇款与支付。

2）专业汇款公司。专业汇款公司通常与银行、邮局等机构有较深入的合作，代理网点众多，汇款方便。

3）国际信用卡。国际信用卡是由国际发卡组织的会员发行的卡，可以透支消费，国际信用卡品牌主要是维萨（VISA）、万事达（MasterCard）等。

4）第三方支付公司。随着跨境贸易的发展，特别是跨境电商平台的兴起，简单易用、结算速度快、使用成本更低的第三方支付顺势发展，加上政策的鼓励因素，第三方支付公司目前已成为跨境支付市场上的重要参与者。

2．跨境电商支付与传统贸易支付

传统跨境贸易是以 B2B 大额交易为主，而跨境电商是以 B2C 为主，特点是小规模和高频率。在结算方式上，跨境电商主要是通过跨境电商平台支持的方式进行收款结算，传统跨境贸易主要是通过现汇交易。

传统进出口贸易的特点是大额、低频，使用较多的主要是直接支付的方式，也就是通过银行发生的支付，包括汇付、托收、信用证和国际保理。汇付主要分为信汇、电汇和票汇三种。随着跨境电商的兴起，第三方支付也随之发展，它能有效满足小额、高频的跨境电商支付的需求。相比银行电汇等传统跨境支付3天的到账时间和3%左右的手续费，第三方支付可实现实时到账，费率在0～1%，满足跨境电商对于小额、高频、快速的需求，迅速抢占了跨境电商支付市场。

3．跨境电商的支付流程

一个完整的跨境电商支付流程，包含收单、收款、结售汇三大环节。以第三方支付在跨境电商 B2C 出口交易的流程为例：收单机构通过发卡行、国际卡组织的清结算，将款项打到商户的海外账户，随后收款公司进行相关的账户服务和转账，最后通过银行或者国内持牌机构进行结售汇。

下面以平台型 B2C 跨境电商的支付结算流程来说明。平台型 B2C 跨境电商，以美国的亚马逊、Wish 以及中国的全球速卖通为代表，卖家在这些跨境电商平台开设店铺，将货物销往海外，直面数亿名海外消费者。由于参与者众多，单价较小但单量众多，直接支付模式已经不适用于此种跨境贸易模式。因此主要是第三方支付在其中发挥作用。

跨境电商的业务流程涉及三流——资金流、信息流、物流。其中，资金流反映了支付流程。从消费者的角度来看，在买完商品付款后，支付的环节其实已经结束，但其实背后的支付流程已开始严格运行，完成信息流与资金流之间的流转。具体的流程是：海外消费者下单后，交易信息将通过银行、卡组织等进行审核确认；交易信息确认后，卡组织和银行发出扣款指令，将资金清算后归集到银行和海外支付公司。在关键的收结汇环节，国内的第三方支付机构根据跨境电商平台的账单数据进行结汇，将资金分发给卖家商户。

自营 B2C 独立站支付结算流程和前面差不多。自营 B2C 独立站电商一般拥有海外账户，方便国外第三方支付等金融机构为其办理收单业务。国内第三方支付机构主要为自营B2C独立站办理换汇转账等业务，将平台的资金从海外账户转至电商平台国内银行账户。

4．跨境支付购汇方式

（1）第三方购汇支付

第三方购汇支付主要是指第三方支付，是企业为境内持卡人的境外网上消费提供人民币支付、外币结算的服务。其中：一类是以支付宝公司的境外收单业务为典型的代理购汇支付，另一类是以好易联为代表的线下统一购汇支付。两种购汇支付方式主要区别为：在代理购汇类型中，第三方支付企业只是代理购汇的中间人，实际购汇主体仍是客户；统一购汇支付则以支付公司名义，在电子平台后方通过外汇指定银行统一购汇，购汇主体为第三方支付企业。

（2）境外电商接受人民币支付

境外部分电商公司为拓展我国电商市场，特别是一些电子支付公司为分享国内电子支付利润空间，同意使用国内银行卡办理人民币跨境电子支付。

（3）通过国内银行购汇汇出

这即境内客户通过银行网银支付模式直接购汇汇出。

5．跨境收入结汇方式

（1）第三方收结汇

第三方支付企业为境内企业收到跨境外币提供人民币结算支付服务，即第三方支付工具收到买方支付的外币货款后，由第三方支付企业集中统一到银行办理结汇，再付款给国内卖家。

（2）通过国内银行汇款，以结汇或个人名义拆分结汇流入

此种流入方式可分为两类：一类是有实力的公司在境内外设立分公司，通过两地公司间资金转移，实现资金汇入境内银行，集中结汇后，分别支付给境内生产商或供货商；另一类是规模较小的个体老板通过在境外亲戚或朋友收汇后汇入境内，再以个人经常项下名义结汇。

（3）通过地下钱庄实现资金跨境收结汇

这种流入结汇方式属于违法行为，但在目前的虚拟游戏产品交易中却有一定的市场，具体流程为国内代理服务提供商通过国外的PayPal账号提现到境外银行，然后通过地下钱庄将款项转移到国内银行，实现结汇收入。

二、跨境电商常用的支付方式

1．信用卡收款

跨境电商网站可通过与VISA、MasterCard等国际信用卡组织合作，或直接与海外银

行合作，开通接收海外银行信用卡支付的端口。

目前国际上五大信用卡品牌维萨 VISA、万事达（MasterCard）、America Express、JCB、Diners Club，其中前两个为大家广泛使用。

信用卡适用范围是：从事跨境电商零售的平台和独立 B2C。

2．PayPal

PayPal 是倍受全球亿万名用户追捧的国际贸易支付工具，即时支付，即时到账，全中文操作界面，能通过中国的本地银行轻松提现，解决外贸收款难题。

PayPal 适用范围是：跨境电商零售行业，几十到几百美元的小额交易更划算。

3．Payoneer

Payoneer 是一家总部位于纽约的在线支付公司，主要业务是帮助其合作伙伴将资金下发到全球，同时也为全球客户提供美国银行 / 欧洲银行收款账户用于接收欧美电商平台和企业的贸易款项。

Payoneer 支持全球 210 个国家和地区的当地银行转账，可在全球任何接受万事达卡的刷卡机（POS）刷卡，支持在线购物，从 ATM 取当地货币。

Payoneer 适用范围是：单笔资金额度小、客户群分布广的跨境电商网站或卖家。

4．WebMoney

WebMoney（简称 WM）是由成立于 1998 年的 WebMoney Transfer Techology 公司开发的一种在线电商支付系统，截至 2021 年 6 月，全球注册用户有 4414 万名，每天新增用户约 7000 名，日活用户约 9 万名。目前 WebMoney 支持中国银联卡取款，但手续费很高，流程很复杂，所以充值和提现一般通过第三方网站来进行。

5．西联汇款（Western Union）

西联汇款是世界上领先的特快汇款公司，迄今已有 170 年的历史，它拥有全球最大最先进的电子汇兑金融网络，代理网点遍布全球近 200 个国家和地区。使用这种方式支付大概要花费 15min 的时间。

其优点是安全，先收钱后发货，对商家最有利。其不足是：汇款手续费按笔收取，对于小额收款手续费高；属于传统型的交易模式，不能很好地适应新型的国际市场。

6．Boleto

Boleto 全称是 Boleto Bancário，是巴西地区主流的现金支付方式，客户可以到任何一家巴西银行、ATM、彩票网点或使用网上银行授权银行转账。一旦付款，不会产生拒付和伪冒，保证商家的交易安全；支持线上线下付款，消费者需在网上打印付款单并通过网上银行、线下银行或其他指定网点进行付款。

其优点是不需要银行账号，不需要个人账号信息；消费者需在网上下单并通过网上银行、线下银行或其他指定网点进行付款，可在 ATM、邮政、超市，以及巴西境内 48 000 个电子银行点进行支付；消费者下单之后，有 3~10 天的有效期进行付款。

7．Qiwi Wallet

Qiwi Wallet 是俄罗斯最大的第三方支付工具，类似中国的支付宝，俄罗斯买家可以对 Qiwi wallet 进行充值，再到对应的商户网站购买产品。当前，Qiwi Wallet 在欧洲、亚洲、非洲和美洲的 22 个国家开展了业务。

Qiwi Wallet 的优势在于，拥有较完善的风险保障机制。不同于 PayPal 或者信用卡有 180 天的“风险观察期”，Qiwi Wallet 不存在拒付（chargeback）风险。卖家收到客户的 Qiwi Wallet 款项后，不需要进行订单审核和风险控制就可以直接安排发货了。

Qiwi Wallet 的劣势在于收款金额有限制：每笔交易额不能超过 15 000 卢布，每日交易额不能超过 2 万美元。同时，其初始收款手续费率稍高，一般在 4% 左右。

8．**速汇金**（MoneyGram）

速汇金业务是一种个人之间的环球快速汇款业务，可在十几分钟内完成由汇款人到收款人的汇款过程，具有快捷、便利的特点。速汇金与西联汇款相似。

速汇金汇款的优势是：汇款速度快，汇出后十几分钟即可到达收款人账户；收费合理；手续简单：汇款人无须选择复杂的汇款路径，收款人无须先开立银行账户。

速汇金汇款的不足是：仅在工作日提供服务，而且办理速度缓慢，一年中，可以办理速汇金业务的天数不超过 300 天，而西联汇款是 365 天营业；速汇金汇款合作伙伴银行对速汇金业务部不提供 VIP 服务，而西联汇款提供全国 VIP 专窗服务。

9．Skrill

Skrill 原名 Money bookers，2010 年改为现名。2003 年 2 月 5 日，Moneybookers 成为世界上第一家被政府官方认可的电子银行，它还是英国电子货币协会（EMA）的 14 个成员之一，同时其电子银行里的外汇是可以转到我们国内银行账户里的。

Skrill 的优势是只要有 Email 地址就可以注册，不需要信用卡；最大好处是不用申请美元支票，多个国际中介公司提供兑换人民币的业务，另外也可以直接把美元、欧元转账到你国内的外币存折或卡上；省却了 PayPal 必须用信用卡来激活的麻烦。但如果激活了，便可以直接申请支票；如果不激活，同样可以收款或者发款给别人。

10．ClickandBuy

ClickandBuy 是独立的第三方支付公司，1999 年在德国科隆成立，后来在英国建立了业务。2010 年 3 月 25 日，德国电信（Deutsche Telekom）收购 ClickandBuy 国际有限公司。收到 ClickandBuy 的汇款确认后，在 3 ～ 4 个工作日内会入款到客户的账户中。入款每次最低 100 美元，每天最多 10 000 美元。如果客户选择通过 ClickandBuy 汇款，则可以通过 ClickandBuy 提款。用户可以保留选择通过 ClickandBuy 退款的权利。

11．**香港离岸公司银行账户**

离岸公司是指在离岸法区内成立的公司，当地政府对这类公司不征税，只收少量的年度管理费，同时所有的国际大银行都承认这类公司，为其设立的离岸银行账户及财务运作提供方便。这类账户具有三大特点：具有高度的保密性、减免税务负担、无外汇管制。

卖家通过在香港开设离岸银行账户，接收海外买家的汇款，再从香港账户汇往内地账户。

香港离岸公司银行账户适用范围为：传统外贸及跨境电商都适用，适合已有一定交易规模的卖家。

12．连连支付

连连支付是浙江省级高新企业，成立于 2003 年，注册资金 3.25 亿元，是专业的第三方支付机构、中国行业支付解决方案提供商。2011 年 8 月获得中国人民银行颁发的支付许可证，为浙江省第二家获得该业务许可的企业。业务涵盖全国范围的互联网支付、移动手机支付业务。连连支付的业务已经覆盖了跨境贸易、电商、航旅、出行、物流、教育、房产、汽车、保险、基金、文化等 20 多个垂直行业。

13．PingPong 支付

PingPong 是服务于中国跨境电商卖家的专业平台品牌，为中国跨境电商卖家提供低成本的跨境收款以及其他个性化定制的金融衍生服务。

PingPong 与国内跨境出口企业建立了紧密合作关系，是中国（杭州）跨境电商综合试验区管委会官方合作伙伴以及上海自贸区跨境电商服务平台的战略合作伙伴。PingPong 跨境收款最快 2h 即可提现到账，并为客户提供更多本地化的增值服务。

多家企业获第三方跨境支付牌照，我国跨境支付系统上线

电商的发展带动了第三方支付的快速增长，特别近几年跨境电商的快速发展。为了支持跨境业务，国家外汇管理局在 2013 年 9 月底下发了第一批 17 张跨境支付牌照，2014 年下发第二批 5 张跨境支付牌照。截至 2020 年，共发放 30 张跨境支付牌照，见表 7-1。

表 7-1　30 家跨境支付企业名单

序号	公司名称	范　围	地区
1	汇付天下	货物贸易、留学教育、航空机票及酒店住宿	上海
2	通联	货物贸易、留学教育、航空机票及酒店住宿	上海
3	银联电子支付	货物贸易、留学教育、航空机票及酒店住宿	上海
4	东方电子支付	货物贸易	上海
5	快钱	货物贸易、留学教育、航空机票及酒店住宿	上海
6	盛付通	货物贸易、留学教育、航空机票及酒店住宿	上海
7	环迅支付	货物贸易、留学教育、航空机票及酒店住宿	上海
8	富友支付	货物贸易、留学教育、航空机票及酒店住宿	上海
9	财付通	货物贸易、航空机票及酒店住宿	深圳
10	易极付	货物贸易	重庆
11	钱宝科技	货物贸易	深圳

（续）

序号	公司名称	范　围	地区
12	支付宝	货物贸易、留学教育、航空机票及酒店住宿	上海
13	贝付科技	货物贸易、留学教育	浙江
14	易宝支付	货物贸易、留学教育、航空机票、酒店住宿、国际运输、旅游服务、国际展览	北京
15	钱袋宝	货物贸易、留学教育、航空机票及酒店住宿	北京
16	银盈通	货物贸易、航空机票及酒店住宿	北京
17	爱农驿站	货物贸易、留学教育、航空机票、酒店住宿、旅游服务、国际会议、国际展览、软件服务	北京
18	首信易支付	货物贸易、留学教育、航空机票、酒店住宿、国际运输、旅游服务、国际会议、国际展览、软件服务	北京
19	北京银联商务	物贸易、留学教育、酒店住宿	北京
20	网银在线	货物贸易、留学教育、航空机票及酒店住宿	北京
21	拉卡拉	货物贸易、留学教育、航空机票、酒店住宿、旅游服务、国际展览	北京
22	资和信	货物贸易、留学教育、航空机票及酒店住宿	北京
23	联动优势	货物贸易、留学教育、航空机票、酒店住宿、旅游服务、国际展览、通信服务、国际运输、软件服务	北京
24	连连支付	货物贸易、留学教育、航空机票、酒店住宿、旅游服务	浙江
25	网易宝	货物贸易、留学教育、航空机票及酒店住宿	浙江
26	易付宝	货物贸易、留学教育、航空机票及酒店住宿	江苏
27	智付电子支付	货物和服务贸易	深圳
28	海南新生	货物贸易、留学教育、航空机票、酒店住宿、国际贸易物流、旅游服务、国际会议会展	海南
29	摩宝支付	货物贸易	四川
30	宝付	货物贸易	上海

目前我国跨境支付支持的方式主要有信用卡支付、银行转账、第三方支付和线下结算等，其中第三方支付机构跨境支付业务牌照的发放和人民币跨境支付系统的建立大大加快了资金支付和跨境清算的效率。中国第三方支付机构为跨境电商提供“购付汇”和“收结汇”两类业务。具体来说，购付汇主要是消费者通过电商平台购买货品时第三方支付机构为消费者提供的购汇及跨境付汇业务；收结汇是第三方支付机构帮助境内卖家收取外汇并兑换人民币、结算人民币业务。跨境电商第三方支付流程图如图 7-5 所示。

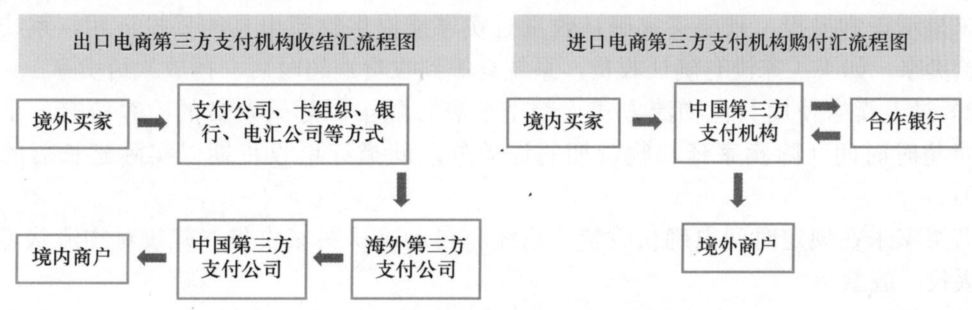

图 7-5　跨境电商第三方支付流程图

由中国人民银行组织开发的人民币跨境支付系统（CIPS）进一步整合了现有人民币跨境支付结算渠道和资源，满足各主要时区的人民币业务发展需要，提高跨境清算效率与交易安全性。该系统的建设分为两期：一期主要采用实时全额结算方式，为跨境贸易、跨境投融资和其他跨境人民币业务提供清算、结算服务；二期采用更为节约流动性的混合结算方式，提高人民币跨境和离岸资金的清算、结算效率。2015 年 10 月一期工程上线，具有覆盖面广、实时全额、一点接入、国际标准、专线接入等特征，如图 7-6 所示。2018 年 3 月 26 日，CIPS 二期成功投产试运行，实现对全球各时区金融市场的全覆盖，支持全球的支付与金融市场业务，满足全球用户的人民币业务需求。

截至 2019 年年末，CIPS 共有 33 家直接参与者，903 家间接参与者，分别较上线初期增长 74% 和 413%，业务实际覆盖 167 个国家和地区的 3000 多家银行法人机构。

覆盖面广	实时全额	一点接入	国际标准	专线接入
• 运行时间覆盖欧洲、亚洲、非洲、大洋洲等人民币业务主要时区	• 采用实时全额结算方式处理客户汇款和金融机构汇款业务	• 各直接参与者一点接入、集中清算业务，缩短清算路径，提高清算效率	• 采用国家通ISO20022报文标准，便于参与者跨境业务直接处理	• 为境内直接参与者提供专线接入方式

图 7-6 人民币跨境支付系统特点

三、主要跨境电商平台的结算规则

1. 全球速卖通

全球速卖通平台放款原则：一是买家确认收货并同意放款；二是平台查到货物妥投信息。

1）对于卖家使用 TNT、UPS、FeDex、DHL、EMS 等五种物流方式发货的，系统会自动核实物流情况：

① 买家收货期内，系统核实物流妥投且妥投信息与买家收货地址信息一致时，会自动提醒买家在 5 天内确认收货。如果买家超时未确认，系统将默认买家确认收货，将订单结束并放款给卖家。

② 买家收货期内，如果系统核实显示货物有投递到买家所在国家或地区的物流信息，只是未显示正常妥投，只要买家确认收货且卖家能提供物流出具的妥投证明，系统也会放款给卖家。如果买家没有确认收货，系统会等到收货期超时后，再放款给卖家。

2）对于卖家使用其他物流方式（航空包裹、顺丰国际）发货的，系统有一个设定的收货超时时间（除卖家延长收货期的订单外，此类订单收货期以实际延长后的期限为准）：

若买家未在规定时间内确认收货，系统将自动确认买家收货，并核对物流状态。若物流妥投，放款。

若未妥投（不包含货物退回情况），该订单款项将被系统暂时冻结 180 天，在此期间客服人员会不断与买家进行联系询问收货情况，若期间卖家可以提供物流出具的妥投证明或者逾期买家未答复的，平台会放款给卖家。

3）随时注意全球速卖通平台对不同物流方式的买家收货期的调整。

4）为确保平台顺利查询货物妥投信息，卖家应注意以下几点：

① 保留发货过程中的所有单据，如发货单、收据等凭证，建议保留 6 个月以上。

② 保持与快递公司或者货代公司的联系，若所选择的运输方式的物流官网上长时间无法查询到货物妥投信息，请督促快递公司或者货代公司进一步了解货物的物流状态。

③ 保持与买家的联系，提醒对方及时确认收货并同意放款。

2．亚马逊

亚马逊所有站点的回款方式都是一样的。一般来说，亚马逊会在卖家注册 14 天后，向卖家银行账户存入卖家的销售收入。随后，结算流程每隔 14 天重复一次，请注意以下几点：

1）账户余额至少为 25 元。佣金费用和顾客退款（如果有）会需要从卖家余额中扣款。

2）在卖家平台中，输入卖家在中国境内的银行账户有效信息。要获取更多信息，请参阅银行账户信息。完成结算后，亚马逊会将结算报告发布在卖家平台的“报告”部分，并通过银行转账，将销售收入存入卖家的银行账户。

从进行银行转账之时起，一般在 6 ～ 10 个工作日后，资金才可到达卖家的银行账户。公共节假日将影响资金汇入，到账时间将延迟 6 ～ 10 个工作日。

另外，关于退货退款，要看使用的付款方式，若是选择在线支付，一般退款后 7 个工作日到账，如果是货到付款，买家收到货付款后，又由于某种原因退货，办理退货后款项就会退回到礼品卡里。

3．亿贝

亿贝所有账号的回款方式都是一样的。一般来说，卖家在平台注册的同时会注册一个第三方的收款支付工具 Payoneer 账户，随后在 Payoneer 中绑定提现的国内银行卡。请注意以下几点：

1）亿贝会根据每笔交易结算平台佣金、广告费等费用，每笔交易最终的净值会显示在亿贝“payment”的列表中，亿贝“payment”中的净值总和会按照工作日自动提现到 Payoneer 中。

2）在卖家平台中，需要添加卖家在我国境内的银行账户有效信息。完成结算后，亿贝会将结算报告发布在卖家平台的“payment”部分，并通过银行转账，将销售收入存入卖家的银行账户。

从进行银行转账之时起，一般资金当天就可到达卖家的银行账户。请注意：公共节假日将影响资金汇入，到账时间将延迟 2 ～ 5 个工作日。

3）目前，从 2021 年 7 月以后基本上所有的中国账户都切换成以上的资金结算规则。之前通过 PayPal 收款的方式已经成为过去式，所以不再提及。

4）在运营过程中会出现店铺订阅费用、上架升级费用等，这些费用会按照每个月固定日期进行结算（每月15日或者30日），从绑定的信用卡中扣除。

4．Wish

根据物流的不同，Wish的回款时间会有差异，不过基本上是按照妥投规则来算的。

Wish的放款规则为：只要客户确认收货了，那么在下一个付款周期，就会打款到商家指定的账户上。结款周期是15天，每15天Wish就会结算一次。所以，卖家想要控制好自己的资金利用率的话，就可以从结算周期开始推算。

1）如果发货用的是平邮，那么客户收到货是没有妥投信息的，客户确认收货后，货款就会转成可结算状态，会在下个周期内结算。如果客户没有确认收货，那么货款将会在90天后自动转为可结算状态，在下个周期内转到卖家的账户。

2）如果发货用的是挂号类物流或者是海外仓，那么将在产品显示妥投后，货款自动转为可结算状态，下个周期内会打到卖家账户上。

每个月的月初1日和月中15日是平台结算日，货款真正到达卖家的账户是在结算日往后延迟5～8个工作日，节假日顺延。

Wish的结款第三方服务商可在Wish后台选择，不同的第三方服务商大同小异，所有的目的就是为了收款的，所以需要找这几个第三方收款方谈结款手续费的费率问题。这个费率基本上是按照销售金额来决定。所以订单越多，手续费自然也就越低。

卖家可能会遇到资金比较紧张的时候，它可以向平台申请提前放款。在一定的条件下，Wish会按一定的比例提前放款给卖家，大概是后一个周期的15%的金额，所以Wish对资金压力大的爆单卖家还是比较友善的。

5．Lazada

Lazada整体动作流程为：销售发货→运输投递→结算付款→卖家取款。

跨境电商交易流程为：收到订单→卖家发货→包裹抵达分拣中心→包裹运送到目的地→卖家中心确认订单妥投→付款到跨境支付账户→卖家可以随时取款到银行账户。

(1) 注意事项

1）确认妥投时间可能会有延迟。

2）第一周周一到周日在卖家中心状态为“Delivered”（已发货）的订单会在第二周周五付款。

3）收支表在付款当日会标注“Paid”（已付款）。

4）卖家可以随时从跨境支付账户提款至银行账户。

(2) 付款与运费时间表

每周日，卖家中心财务报表每周期结束于周日，每周五付款到跨境支付账户。

第一周：从周一到周日订单状态更新为“Delivered”及“Delivery Failed”。

第二周：第一周更新为“Delivered”及“Delivery Failed”的订单，其款项会在第二周周一显示在财务报表，并于第二周周五付款；其LGS运费会在本周末前显示在财务报表。

第三周：第一周更新为“Delivered”及“Delivery Failed”的订单，其LGS运费会于本周末前扣除。

(3) Lazada付款流程备注

1）Lazada每周会进行财务对账和付款。

2）实际收到的金额受到产品实际成交金额、运费、Lazada佣金、付款手续费、退货等因素的影响。

3）可以随时在卖家中心的财务模块核对最新的财务报表，以当地货币结算。

4）国际卖家每周都会收到每个国家的付款。

5）运单号错误、退货以及订单取消，可能会导致无法收到货款。

四、跨境电商中的资金监管

跨境电商中的资金监管主要涉及跨境电商交易电子支付过程中的外汇资金监管。在跨境电商中，银行转账、信用卡、第三方支付等支付方式并存，B2B模式下主要是信用卡、银行转账，B2C模式下第三方支付广泛应用。

1．跨境电商资金结算渠道和运作模式

(1) 跨境电商资金结算渠道

1）报关企业自行进行资金结算。正常报关出口跨境电商，报关贸易方式是“9610”（跨境贸易电子商务）或“0110”（一般贸易），其资金结算均由跨境电商主体自行收汇。若委托外贸公司报关，由跨境电商个人在银行开立个人结算账户进行资金收付，国际收支申报为“121990其他纳入海关统计的货物贸易”。若自行报关，跨境电商以企业方式在国家外汇管理局办理货物贸易外汇收支名录，然后在银行开立外汇结算账户进行资金收付，国际收支申报为一般贸易交易编码“121010”。

2）邮政小包方式进出口的资金结算。主要通过个人外汇结算账户资金结算，分两种结算渠道：① 通过网络平台销售产品的，以自身名义向银行开立个人结算账户办理资金收付，国际收支申报为“122030未纳入海关统计的网络购物”。② 通过展销会或其他渠道与国外客户发生跨境交易的，也是以自身名义向银行开立个人结算账户办理资金收付，国际收支申报为“122990其他未纳入海关统计的货物贸易”。跨境电商凭物流凭证和进出口合同、发票到银行办理个人跨境贸易款项的收支。这两种结算渠道物流和资金流的匹配程度差。

3）通过第三方支付机构进行资金结算。资金通过境外的第三方支付平台如Payoneer、Paypal或信用卡等通道收汇，然后再转入境内第三方支付平台如支付宝、财付通、银联支付等。由境内第三方支付平台收到外币后折算成人民币划转给跨境电商企业。跨境电商企业不做国际收支申报，由境内第三方支付平台统一进行国际收支申报。

(2) 跨境电商外汇资金运作模式

第三方支付模式在跨境电商广泛运用的资金收付模式，是未来主流发展方向。

1）进口支付业务。在实际交易中，境外商户及跨境电商签订合作协议，境内消费者在电商平台上自主选择产品后下单购买，将人民币或外汇款汇转到第三方支付机构的账户中，第三方支付机构与银行合作通过相关外汇转换，从而将实际货款汇入商家账户内。具体实际操作流程如下：境内消费者如有一定的商品需求，需登录电商平台，对商品进行浏览和选择，跨境电商需将信息转发给第三方支付机构，第三方支付机构向境内消费者确认订单信息并获得支付认证，境内消费者需将款项转给第三方支付机构确认支付，第三方支付机构与银行合作，将款项汇给电商。

2）出口收汇业务。境内商户与跨境电商通过签订协议进行一定的操作，境外消费者如果通过电商平台购买产品，确认订单信息后，需将款项支付给第三方支付机构，第三方支付平台与银行合作收取外汇，具体操作流程如下：境外消费者登录电商平台选择自己喜欢的商品，跨境电商将商品信息发送给第三方支付机构，第三方支付机构要向境外消费者确认相关订单信息，从而获取认证，境外消费者要将相关款项支付给第三方支付机构，第三方支付机构与消费者确认支付信息之后向银行购付汇并将支付结果反馈给跨境电商。

2．跨境电商资金监管难点

（1）物流与资金流不匹配现象突出

一是报关主体与收付汇主体不一致导致物流与资金流不匹配。例如，委托外贸公司出口自行收汇的，报关主体是外贸公司，收汇主体为从事具体交易的电商企业或境内个人，物流与资金流无法匹配。二是报关价格不同导致的物流与资金流不匹配。对邮寄直接进出口和以一般贸易报关的跨境电商进出口，电商企业在商品报关上采不同定价方式，导致报关单金额与实际收入金额存在差异。例如：部分电商企业以出口商品的成本价办理报关，跨境收入则包含了销售利润部分，或是包含运费，实际跨境收入金额将会大于报关单金额；部分电商企业以在平台上销售的实际价格（包含了平台管理费等销售费用、销售利润等）办理报关，实际收回的货款是扣除了费用后的收入，实际跨境收入金额会小于报关单金额。另外，不同时间节点可能采取的销售方式不一样（如新产品通过折扣等方式提高销量，销量稳定后恢复原价等），实际跨境收入存在不确定性。

（2）没有单设跨境电商国际收支申报交易编码

自2014年，海关总署陆续启用了新的跨境电商监管代码“跨境贸易电子商务”（9610）和“保税电商”（1210）。但国家外汇管理局的国际收支申报交易编码只设立了“未纳入海关统计的网络购物122030”“其他未纳入海关统计的货物贸易122990”“其他纳入海关统计的货物贸易121990”三个收支交易编码。对海关新的跨境电商监管代码没有赋予相应的交易编码。目前跨境电商收付汇申报使用一般贸易交易编码“121010”，导致报关贸易方式（0110）和（9610）对应的收付汇无法区分，影响跨境电商收付汇数据统计的准确性。

1）跨境电商进出口数据有缺失，无法准确统计跨境电商实际进出口量。一是以邮包及快件方式办理的跨境电商进出口业务，由于不需要办理正式的进出口报关，没有对应的海关贸易方式代码，也不纳入海关正式统计，国家外汇管理局无法掌握其具体的进出口业务量。二是以一般贸易办理的跨境电商出口，由于其贸易方式与传统的一般贸易方式一致，无法加以区别。

2）还原申报产生的监管问题。《支付机构外汇业务管理办法》（汇发〔2019〕13号）第三十七条要求，对逐笔还原集中收付或轧差净额结算前境内实际收付款机构或个人的原始收付款数据，进行间接申报。但实际中，部分还原数据的“银行业务编号”并没有与原集中收付汇数据的申报号一致。对于第三方支付公司，国家外汇管理局一方面无法有效识别还原申报和实际一般贸易的收支数据；另一方面发现收支数据存在问题时，无法及时对申报银行开展相关核查。同时，由于一些电商出口企业未办理名录登记，还原申报后，监测系统出现“为不在名录企业办理收付汇”信息，需国家外汇管理局人工及时排查清理，降低了工作效率。

3）银行为报关主体与收支主体不一致的电商企业办理付汇业务存在忧虑。按现行外汇管理规定，企业应按“谁进口谁付汇”办理贸易项下付汇业务；同时，银行办理单笔金额10万美元以上的进口付汇时，原则上应进行报关单核验。实际执行中，银行除了审核企业提交的合同、关单等常规单证外，部分银行还审核提单、交易订单等单证，在确认贸易真实性后，为企业办理业务。但由于交易主体不一致，银行会担心是否存在违规。由于系统缺少“1210”和“9610”报关进口数据，银行无法办理核验，担心存在重复付汇。

4）部分跨境物流凭证难以取得，影响电商主体办理结售汇。例如，拼柜出口跨境电商反映，其只要按外方要求将货运到指定港口，由外方自行委托物流公司将货拼柜运到国外，其收汇没有相对应的跨境物流凭证，只有从工厂运到港口的国内物流凭证；有的物流凭证上只体现货物重量并不体现货物价值，银行难以审核；代采购代发货模式的国内电商按外方要求在淘宝、1688等采购平台帮外方买货，又直接委托淘宝、1688平台直接发货给外方，国内代采购电商既无法提供跨境交易网上记录，亦无法提供跨境物流凭证。

(3) 第三方跨境网络交易外汇收支监管不完善

1）跨界网络交易外汇资金流动监测困难。当前主要通过第三方支付平台来完成跨境电商交易。从交易性质分析，跨境网络交易相关外汇收支应属服务贸易项下，但在国际收支统计申报数据中显示，通过第三方支付平台进行的资金交易性质既包括货物贸易或服务贸易外汇资金，也包括大量的个人汇款等多方面转移性资金。从交易形式上分析，消费者将款项支付给第三方交付平台而非实际付款人，在这样的资金流转过程中，实际付款人的支付信息将会被掩盖，因此从跨境网络交易资金划转过程中难以获取真实的交易性质、交易对方的资料，这是外汇收支非现场监测的难点。

2）真实性审核困难。与传统进出口贸易业务往来相比，当前跨境电商难以把握交易过程中的真实性，因此存在洗钱等违反资金流动规则的黑恶交易。若通过某跨境平台将人民币资金转移出境，可将这笔钱挪作他用，如归还内保外贷、境外融资款，从而将资本项目混入经常项目，使得难以对网上跨境收支进行真实性和科学性监管。

3）国际收支申报不规范，准确性差。在跨境电商国际收支申报操作过程中，申报规则及申报流程复杂烦琐，数据性偏差问题经常出现。支付机构作为中介性质清算机构，除应对中小型企业客户负责外，还要对广大个人消费者负责，但交易过程金额较小，交易次数较为频繁，其信息录入和核对工作需投入大量人力成本，若工作人员业务素质表现不稳定，则易致漏报、迟报现象出现。

4）用户管理问题与现行外汇管理相冲突。当前企业及个人货物贸易外汇收支经常混淆。跨境电商发展的客户包括企业和个人，我国海关外汇等法规对企业和个人货物进出口贸易收付汇管理存在一定的政策差异，对个人储蓄账户及结算账户结售汇管理也有一定的区别。

3．跨境电商资金监管思路

(1) 完善外汇管理相关措施

1）实施差异化总量监管。具体措施包括：① 增设跨境电商企业特殊标识或下放特殊标识设置权限。增设跨境电商企业特殊标识，对日常监管发现的从事跨境电商业务的进出口企业，以及在辖区内跨境电商通关服务平台备案登记的电商企业，标注跨境电商特殊标识。考虑到随着贸易新业态的发展，未来有可能出现更多贸易类型（如市场采购、外综服企业等），建议将特殊标识企业的设置权限下放至国家外汇管理局分局，由分局结合辖区业务情况，自主设置各种标识类型。② 实施差异化管理。参照特殊监管区域管理办法，允许A类跨境电商企业存在报关与收支申报主体不一致现象，国家外汇管理局对电商企业的监管由侧重资金与货物总量匹配转向侧重对物流或资金流的单向监测分析管理，对一定时期物流或资金流变化幅度较大的电商企业实施重点监测核查。③ 简化现行差额及贸易信贷报告制度。A类电商企业可按月向国家外汇管理局集中报备贸易差额总额及明细电子数据，根据自身意愿选择以逐笔或集中方式办理贸易信贷业务报告。国家外汇管理局按月根据相关企业的报备数据对进出口及收支数据进行调整，对经调整后相关监测指标仍存在异常的企业实施现场核查。

2）允许A类电商企业办理主体不一致收支业务。按照“实质重于形式”的原则，允许A类电商企业办理主体不一致收支业务。有需要办理主体不一致收支业务的A类电商企业可以向当地分支局报备，报备内容包含电商业务的主要运作模式、报关单企业的基本情况等；同时，对于有发生主体不一致收支业务的月份，电商企业于次月报送上月发生业务量情况。

3）简化A类电商企业业务办理凭证。结合电商企业线上交易的特点，对于需要凭合同、报关单、发票等传统纸质凭证办理的收支、结售汇业务，简化单证审核要求，业务经办银行可以根据A类电商企业在跨境电商通关服务等平台可查询到的销售订单、物流运输等信息，在确认交易真实性的情况下，直接为企业办理相关收支及结售汇业务。

4）完善跨境电商收付汇数据申报。为提高收支数据统计的完整性、准确性，可出台相关政策规范跨境电商收付汇数据申报，对于以跨境电商交易产生的收支数据，可要求银行办理申报时在交易附言中增填标识，或明确一个交易编码专门用于跨境电商收支数据申报。

(2) 强化银行及第三方支付机构监管的措施

1）推动银行与跨境电商通关服务等平台联网，丰富展业原则审核手段。通过银行自律机制，推动辖内银行与跨境电商通关服务平台、“单一窗口”互联互通，鼓励银行与亚马逊等主流网购平台及物流公司进行对接合作。通过平台、“单一窗口”等途径查询获取电商企业基本信息、商品备案信息以及订单、物流、支付等相关信息，丰富展业原则审核手段。

2）加强对第三方支付机构的监管。一是加强支付机构对于集中收付款和逐笔还原数据申报培训，规范报送明细类别，提高数据质量；开发数据接口将支付机构的逐笔信息报送直接接入国际收支申报数据的采集系统，减少数据转申报发生错误的概率。二是借鉴货物贸易外汇管理分类监管的原则，结合对支付机构的评定考核，建议对支付机构采用分类管理办法，对 A 类机构可实行便利化措施，对 B、C 类机构实行限额控制或逐笔审核或停业整顿等措施，防控跨境电子交易风险。

(3) 完善跨境电商收付汇国际收支申报制度

随着贸易新业态的迅速发展，业务需求不断提升，海关总署对企业外贸进出境监管方式不断更新，海关总署先后启动了几个新的货物贸易方式代码。外汇管理部门应适应新业态发展，相应跟进政策调整，如设置匹配 9610 或 1210 的国际收支申报交易编码。

(4) 积极协调相关职能部门完善管理

1）协调税务部门，实施差异化退税管理。针对跨境电商出口主体小微、增值税发票较难取得、出口种类多而杂的特点，建议税务部门参考市场采购退税管理规定，由“先征后退”的税收政策调整为“不征不退”，以鼓励更多电商出口企业从邮包快件出口模式转向 9610 贸易项下报关出口。一方面有助于促进跨境电商业务的发展，另一方面有助于提高跨境电商出口统计数据的完整性、准确性和透明度，便于监测分析与管理。

2）完善 9610 贸易方式进口项下数据采集。国家外汇管理局协调海关完善通关一体化平台建设，实现 9610 贸易方式项下进口“清单核放、汇总申报”，并及时向国家外汇管理局系统传输，提高跨境电商进口统计数据的完整性。

(5) 加强对第三方跨境网络交易外汇收支监管

1）提升支付结构及银行代位监管能力，加强知识审核性。第一，要不断明确对支付机构的监管要求，参照银行制定展业原则，强化现代化专业人才的提升和培训，不断进行自我约束，第二，要明确对于银行的需求，加强与支付机构交易的真实性以及科学性。

2）规范跨境电子收支的申报及数据统计制度。第一，完善外汇收支申报法规，规范相同业务所应当申报的交易编码，并在交易中注明跨境互联网交易等信息，提高信息申报及审核的一致性和及时性。第二，加强支付机构对于集中收付款和逐笔还款数据申报培训，做到明细分别，提高数据质量。

3）加强对第三方支付平台资金流动的监管。第一，加强对第三方支付平台资金流动的监管，出台相关第三方支付平台资金监管法律法规，第三方交易平台自有账户与客户账户相分离。第二，规范第三方支付平台资金流转的国际收支间接申报，监督银行在第三方支付平台款项划拨申报时的信息审核，真实反映交易性质及交易双方。

4）加大监测以及核查力度。定期针对支付机构进行专项核查，根据跨境电商的发展趋势，关注发展过程中出现的可疑交易信息，实时对可支付机构及相关合作银行进行约谈及窗口指导。广泛联合工商、税务、海关等共同制定相关监管措施，包括跨区域之间的合作交流。重视现代化信息共享平台的建立，推动和完善跨境电商及第三方支付平台的合作及稳健发展。

习 题

一、填空题

1．跨境电商供应链是指围绕商品采购、__________、销售、__________ 等环节提供服务，构成连接上游品牌方、下游消费者并承载“信息流、物流、资金流”的功能网链服务结构。

2．跨境电商供应链管理的重点主要有 ________、物流费用、__________ 等三种。

3．目前搜索引擎的推广方式可以分为自然推广、__________ 和 __________ 三种。

4．联盟营销由联盟看板、佣金设置、__________、流量报表、__________ 和成交详情报表六部分组成。

5．在结算方式上，跨境电商主要是通过跨境电商平台支持的方式进行 ________，传统跨境贸易主要是通过 ___________。

二、选择题

1．跨境电商供应链管理具有高度共享和集成信息系统的特点，是因为跨境电商的交易活动是（　　）的过程。

A．数字化、商业化、共享化

B．数字化、网络化、电子化

C．信息化、网络化、商业化

D．电子化、数字化、网络化

2．下面（　　）不属于跨境电商的社交媒体。

A．脸书　　B．推特　　C．谷歌　　D．Instagram

3．下面（　　）不属于搜索引擎。

A．百度　　B．YouTube　　C．Bing　　D．雅虎

4．因用户搜索行为的精确，基于关键词的投放，是百度、谷歌等搜索引擎最核心的生意，其中“品牌专区”投放销量几乎占（　　）投放的一半。

A．新闻门户　　B．SEO　　C．SEM　　D．网络联盟

5．在海关总署有关跨境电商监管代码中，“跨境贸易电子商务”的监管代码是（　　），“网购保税进口”的监管代码是（　　）。

A．9610　　B．1210　　C．1239　　D．0110

三、判断题

1．在跨境电商供应链中，几个重要节点分别是生产商、供应商、跨境电商平台、消

费者，还包括支付、物流、海关与商检等关联点。 （ ）

2．跨境电商企业是通过空运或者海运批量将货物送至国外的仓储中心，再依据平台订单进行配送。跨境电商供应链与跨境电商物流之间没有区别。 （ ）

3．联盟营销通常是指网络联盟营销，实际上是一种按营销效果付费的网络营销方式。 （ ）

4．Wish 的放款规则为：只要客户确认收获了，那么在下一个付款周期，就会打款到商家指定的账户上。结款周期是 14 天，每 14 天 Wish 就会结算一次。 （ ）

5．一个完整的跨境支付流程，包含收单、收款、结售汇三大环节，其中第三方跨境支付在跨境电商 B2C 出口交易中发挥重要作用。 （ ）

四、简答题

1．简要回答跨境电商供应链管理的特点。

2．什么是跨境支付？

3．写出八个常用的跨境电商支付方式。

4．搜索相关资料，简述美国第三方支付法律规制。

5．简要叙述一下亚马逊平台的结算规则。

第八章　跨境电商规则体系

引　例

2015年，消费者以跨境电商企业代购奶粉无中文标签说明，违反《中华人民共和国食品安全法》为由㊀，诉求退货赔偿。法院认为在案涉跨境电商经营活动中，消费者订购时已向跨境电商企业提供完整、准确的个人信息，企业以消费者本人名义向海关报关纳税，跨境电商商品通关性质为消费者个人行邮物品，而非贸易商品，该案跨境电商企业以消费者名义处理事务，二者系委托而非买卖关系，消费者为委托人，跨境电商企业为受托人，实为提供服务，而非出售商品本身，故不承担《中华人民共和国食品安全法》中规定的销售者法律责任；且该消费者未证明因跨境电商企业过错造成自身损失，故驳回原告诉求。㊁

本章学习目标

（1）了解跨境电商市场监管面临的问题与挑战，掌握该监管的基本原则、主要思路和具体规范。

（2）知晓国内跨境电商财税政策主要内容及政策调整、变化原因。

（3）掌握跨境电商网上争议解决程序、适用法规、争议解决结果的执行机制，知晓跨境电商网上争议解决机制。

（4）掌握跨境电商信用评价体系内涵、指标体系与评价等级，跨境电商信用预警机制、奖惩措施与申诉机制。

希克斯认为有规则的活动会降低交易成本，有组织的市场均按规则活动。规范市场运行的市场规则客观、强制、系统、公平。跨境电商市场仍处探索阶段，其市场规则正趋于健全。规范跨境电商经营行为，打击跨境电商侵权假冒违法活动，加强跨境电商质量安全监管，建立完善的跨境消费售后维权保障机制，是促进跨境电商健康快速发展的重要基础。

㊀《中华人民共和国食品安全法》（2015年版）第三十四条："禁止生产经营下列食品、食品添加剂、食品相关产品……（十一）无标签的预包装食品、食品添加剂"；第九十七条："进口的预包装食品、食品添加剂应当有中文标签；依法应当有说明书的，还应有中文说明书。标签、说明书应符合本法以及我国其他有关法律、行政法规的规定和食品安全国家标准的要求，并载明食品的原产地以及境内代理商的名称、地址、联系方式。预包装食品没有中文标签、中文说明书或者标签、说明书不符合本条规定的，不得进口。"

㊁ 案情详见重庆市沙坪坝区人民法院：《××× 与重庆 ××× 跨境电子商务有限公司沙坪坝三峡广场分公司产品责任纠纷一审民事判决书》，（2015）沙法民初字第06058号，判决日期：2015-08-25。

第一节 跨境电商市场监管规则

一、跨境电商市场监管面临的挑战

跨境电商突破国界与疆域，已成新市场业态。我国外贸市场监管体制机制正在传统国际贸易基础上加快改革，以适应跨境电商监管新需求。当前国内跨境电商市场中，侵犯知识产权等违法行为时有发生，消费投诉较多，诚信水平有待提升，与国际接轨的市场与质量监管体系及配套公共服务有待健全，个别非法经营主体利用信息网络虚拟性和跨境电商监管漏洞，从事非法经营活动、销售假冒伪劣商品、发布虚假欺诈信息，扰乱正常贸易秩序。

综合来讲，跨境电商监管应从以下几方面努力：跨境电商经营主体身份需要审核认证，要求可鉴可见、虚实对应，符合国际化市场要求，可在全球范围互信互认；跨境电商交易行为急需进一步规范，对接国际惯例；跨境电商争议解决机制有待完善，以保护商家与消费者合法权益；跨境电商交易信息数据要求完整、质量可控可验，需在全球市场实现信息共享、来源可溯；跨境电商知识产权促进保护机制仍需健全，从而进一步打破制约全面拓展跨境国际市场的知识产权瓶颈；与市场与质量相关的支撑服务，如国际贸易壁垒咨询、各国市场消费热点调研、各国市场监管规则研究、品牌推广服务等仍需完善；跨境电商信用服务较为缺乏，需建立健全与跨境电商信用服务机制与体系。

跨境电商作为新型交易方式，其市场监管首先要解决三个基础问题。

1．如何落实经营主体责任？

传统国际贸易中货物所有权多转移至国内进口商，产品质量、消费维权等可依国内法落实中间商主体责任。跨境电商多由国外卖家直接面向国内消费者，中间缺少经营责任承载主体。而对国外卖家，在身份识别、产品溯源等方面难以运用国内法予以规范。

2．如何落实产品溯源管理？

传统国际贸易买卖双方通过订立书面合同对产品来源渠道、质量要求予以明确，发生质量问题或消费者要求退货，一般能快速有效溯源。跨境电商经营及消费活动多由境内消费者与境外企业或自然人，经跨境电商平台自动交易系统成交，批量小、随机性强，一般不可能通过书面合同方式对产品溯源做出专门规定。

3．如何畅通消费维权渠道？

因面临不同国家（或关境）的制度及文化差异，跨境电商交易各方信息不尽对称，易致纠纷。《中华人民共和国电子商务法》《中华人民共和国消费者权益保护法》《网络交易监督管理办法》等法律法规对消费者权益保护和消费纠纷解决途径均予规定，但其空间效力范围一般为“中华人民共和国境内”。㊀对由国外卖家责任造成的消费纠纷，如何

㊀ 例如，《中华人民共和国电子商务法》第二条第一款：“中华人民共和国境内的电子商务活动，适用本法。”《网络交易监督管理办法》第二条：“在中华人民共和国境内，通过互联网等信息网络（以下简称通过网络）销售商品或者提供服务的经营活动以及市场监督管理部门对其进行监督管理，适用本办法。”

更好地畅通消费维权渠道值得探索。

二、跨境电商监管的基本原则

1．规范为主

跨境电商对促进外贸转型升级、满足居民消费需求等发挥积极作用。跨境电商监管应突出规范为主原则，坚持依法管网、以网管网、信用管网、协同管网，在法律法规完善、经营主体准入、经营商品准入和诚信体系建设等方面制定相应规则措施，营造宽松平等的跨境电商准入环境和安全放心的跨境电商经营与消费环境，实现跨境电商健康发展。

2．分类监管

对经营者分类科学监管。例如：针对自营类电商，围绕产品溯源和质量安全，注重线上线下监管融合；针对平台类电商，联动监管，入驻商家向平台承诺，平台向市场监管部门承诺、承担连带责任，分级分类落实平台、入驻商家责任。针对境外网站，畅通消费者维权渠道和途径，禁止通过非法渠道入境的商品在跨境电商平台销售的行为。

3．技术支持

依法充分科学运用跨境电商公共平台、跨境电商经营平台大数据，动态评估跨境电商的交易行为特征与趋势，提高跨境电商的监管系统感知和应对能力，依法采取针对性措施，及时警示跨境电商经营者不合理经营行为，整治管理不力、经营环境混乱的跨境电商平台。

4．合作治理

建立跨境物品监管公共平台，落实监管部门共建共治规则，打通进关查验、流通监管、消费维权诸多关口，以虚拟单一窗口模式监管并提供服务；与支付平台、大型电商及快递物流企业紧密合作，在立体掌握电子支付、电商交易、营销数据、物流数据的基础上，共建跨境电商智能监管系统；加强与国外相关机构合作，掌握全球跨境电商风险渠道、风险来源，共同打击跨境电商违法违规行为。

三、跨境电商监管的主要思路

1．完善法律政策体系，规范跨境电商经营行为

(1) 完善法律法规体系

《中华人民共和国电子商务法》第二十六条要求电商经营者从事跨境电商，应遵守进出口监督管理的法律、行政法规和国家有关规定。该条规定将跨境电商纳入《中华人民共和国电子商务法》，解决了跨境电商的法律地位问题。但这仅为参引性条款，未对跨境电商予以特别规定，基于线上线下平等对待原则，跨境电商经营者亦需遵守进出口监管法律、行政法规与国家有关规定。我国进出口监管法律、行政法规主要包括《中华人民共和国对外贸易法》《中华人民共和国海关法》《中华人民共和国技术进出口管理条例》

等。同时，电商经营者在从事跨境电商活动时，亦受诸多有关进出口监管的部门规章、其他规范性文件的规制。与传统贸易相比，跨境电商在经营者、交易额、贸易方式等方面均有自身特点，为适应跨境电商经营者中小微企业众多、交易额分散、普遍使用平台服务等特点，实现跨境电商贸易便利化，《中华人民共和国电子商务法》第七十一条、第七十二条明确要求改革与调整我国有关海关、税收、支付结算等管理制度，如推进跨境电商海关申报、纳税、检验检疫等环节的部门协调，优化监管流程，推动实现信息共享、监管互认、执法互助的“单一窗口”机制，认可进出口单证的电子化，支持跨境电商平台经营者提供新型的包括代理报关报检等的综合服务。为营造跨境电商发展公开透明的法制环境，可充分挖掘现有法律法规资源，完善《网络交易监督管理办法》配套规章或规范性文件等，推动市场监管相关法律法规向跨境电商领域延伸，为跨境电商监管提供充分的法律支撑。

(2) 加强经营主体规范管理

推进跨境交易个人网店登记，鼓励跨境电商经营主体依法开展市场主体注册登记，全面落实跨境电商网店实名制。落实跨境电商经营主体依法“亮照亮证”经营，完善跨境电商经营主体数据库。配合相关部门实施跨境电商经营主体备案管理制度，依法打击跨境电商交易中的非法主体网站。

(3) 建立跨境电商经营者主体身份验证体系

安全与信任是跨境电商发展的核心问题。跨境电商经营者、消费者等跨境电商参与者身份认证是跨境电商交易安全与信息安全的首道屏障，需适应国际化跨境电商市场的要求，遵循国际惯例（如以银行账户为主要身份验证信息的基础认证方式），从支付渠道入手，结合市场主体登记的相关信息，制定跨境电商经营主体备案、跨境电商亮照经营等基础信息管理标准及具体办法。建设跨境电商经营者主体备案亮照经营管理系统，完善包括跨境电商经营主体身份、主体资质、主体涉网业务、相关主体身份与资质等方面的跨境电商经营者登记信息系统，为企业“走出去”开拓国际市场提供身份验证和安全保障服务。

(4) 规范跨境电商商品准入

依“分类管理”理念，跨境电商商品准入需对国家明确规定不准销售的物品坚决禁止；对限制销售的，要求许可材料齐全；对不涉及安全、环保、卫生和反欺诈类别的，可自主、自由、便利地开展跨境交易。相关部门应建立健全“跨境电商禁售商品”负面清单制度。

2．建立跨境电商知识产权保护机制

国际贸易由单边向多边发展，在跨境电商交易中，单一商品终端销售地可跨越几个大洲若干个国家，从而促使多边发展趋势更加明显。因各国知识产权保护机制与法律体系不尽相同，甚或差异很大，跨境电商企业若无法适应不同国家或地区的知识产权规则，很可能引发严重后果。因此，一方面，需研制跨境电商知识产权促进与保护标准、管理办法与惩处措施，建立知识产权保障服务型机构，向跨境电商平台企业提供知识产权保护及相关产品知识产权审查核验服务，进行跨境电商知识产权产品信息巡查和预警、事前相关预警及指导告诫，联合国际知识产权服务机构、国际律师服务机构等，针对电商知识产权纠纷案件提供公证、法律和诉讼相关服务。另一方面，建立跨境电商知识产权监管服务系统、跨境电商经营者知识产权地图和品牌数据中心，形成跨境电商知识产权信息和商户信息大数据。市场监管部门要联合其他职能部门，构建联动监管机制，维护跨境电商企业和消费者的合法权益，打击跨境侵犯知识产权违法经营行为，树立企业的品牌与国际形象。

3．强化信息技术支撑，提高跨境电商监管效能

(1) 运用大数据加强跨境电商监管

跨境电商监管所涉市场监管、海关、税务、外汇等诸多部门共享数据，形成涵盖注册备案管理、行政许可管理、日常监管、应急管理、稽查执法、信用评定等大数据信息平台。定期分析相关数据，研判跨境电商近期的主要风险点，为开展跨境电商风险搜索、风险预警和专项整治提供依据。

(2) 应用新技术提高跨境电商监管效能

结合跨境交易的特点，建立违法行为特征语义库，按违法行为类别自动搜索识别，有效发现违法线索。应用在线留证、电子证据现场取证设备等新技术、新装备，打击夸大宣传、假冒商标、虚假促销等违法行为，规制“刷单”“刷信用”“删差评”等不正当竞争行为，积极查处利用优势地位强制交易的行为。

(3) 运用定向监测提高跨境电商监管水平

针对大数据分析凸显的问题多发或投诉举报频发的商品，加大质量抽检力度，及时公布抽检结果，发布跨境电商风险警示。推广运用物联网等新技术，借助二维码、条码等物品进行编码，提高商品溯源水平。

(4) 建立跨境电商商品信息备案和质量监控机制

跨境电商交易产品不限于传统贸易商品，各类产品均可通过跨境电商渠道流通。因此，需开展跨境电商商品信息备案和质量监控监管、跨境电商领域商品质量检验检测工作，制定跨境电商交易商品、品牌、适用生产标准国别、原产地、检验报告披露等基本信息备案管理标准及办法，开发跨境商品备案、披露、追溯、品牌管理平台，为跨境电商交易提供产品查验信息保全和质量追溯服务，保证跨境交易商品的质量安全。

4．加强国际交流合作，畅通跨境电商消费维权渠道

(1) 建立国家间消费维权协调协商机制

加强与其他国家相关部门的合作，充分发挥全国12315网上调解平台作用，积极解决跨境消费纠纷。在美洲国家组织建立跨境交易区域性网上争议解决体系、欧盟建立消费者争议网上解决体系的格局下，以“一带一路”建设、亚投行设立为契机，加强与周边国家合作，建立健全亚洲网上争议解决体系，进而建立健全全球网上争议解决体系。

(2) 建立跨境电商消费维权在线非诉纠纷解决与法律援助机制

解决跨境间消费者、经营者交易纠纷是跨境电商发展的基本保障，因语言、文化、监管体系差异，交易纠纷无法解决成为以小额交易为主的跨境电商市场面临的主要问题之一。建立健全跨境交易纠纷在线非诉解决机制、制定跨境电商纠纷解决标准与管理办法成为当务之急。建立在线交易纠纷解决系统与管理平台，为企业与消费者开放简易、便捷且可在线投诉的窗口与处理平台；基于国际、国内律师协会等法律服务团队，为企业与消费者提供专业法律咨询、调解矛盾纠纷处理服务；与国际第三方非诉解决服务机构合作，开展责任追溯、权益保障服务，树立跨境电商交易的信心。

5．探索制定有效措施，落实跨境电商平台管理责任

(1) 有效落实境内电商平台责任

制定并推广使用跨境电商交易在线示范合同文本，规范商品准入和经营者自律行为。指导平台制定完善跨境经营者资质审查、境外经营者身份审核、商品质量检查管理、消费者权益保护等制度规范。鼓励平台建立先行赔付制度，发生经营者侵犯消费者合法权益的，平台经营者有义务依据先行赔付制度向消费者先行赔偿。

(2) 探索引入第三方跨国鉴证机构对境外电商平台实施信誉认证

对境外购物网站，囿于监管权限，国内监管部门难以对其实施有效监管。而第三方跨国鉴证机构（如瑞士通用公证行）因其具有的独立性、客观性和权威性，可被引入用于对境外电商平台实施信誉认证。鉴证机构入驻境外平台网站，通过对供应商、产品质量、支付及物流的多维度认证，为电商平台及供应商和商品提供信誉保证，通过专业化服务，认证供应商产品并逐步规范境外跨境电商平台及平台内经营者。

6．加强诚信体系建设，营造跨境电商可信交易环境

建立跨境电商信用评价体系。结合企业信用信息公示制度，完善跨境交易信用征信、信用评价、信用服务等领域的制度规范，指导跨境电商平台自建信用评级制度，防范经营者虚构交易、炒作信用欺骗消费者。相关部门联合建立跨境电商信用认证体系，综合多方信用基础数据，建立跨境电商信用数据库。积极推动信用调查、信用评估、信用担保等第三方信用服务和产品在跨境电商中的推广应用，有效发挥信用约束的激励作用。在企业信用信息年度报告和抽查制度中完善涉跨境电商信息相关内容，逐步建立跨境电商信用档案。结合企业信用信息公示系统建设，落实跨境电商经营主体信用信息公示制度，及时向社会公示违法处罚信息，实现“一处违法，处处受限”。发挥“守合同、重信用”等激励机制作用，促进跨境电商经营主体守信经营。

(1) 建立跨境电商交易合同标准规范与凭证查验追溯体系

制定跨境交易信息和交易凭证验证标准和管理办法，构建“三合一”跨境电商交易信息和交易凭证存储保全系统，并与交易平台、物流服务、支付服务公司形成系统合作，交叉核验，保证信息的准确性和公正性，为跨境电商交易提供交易信息保全和凭证追溯服务。

(2) 建立跨境电商市场与质量辅助服务体系

建立国际贸易壁垒与贸易咨询服务公共平台，研究各国贸易壁垒、政策标准、市场热点、市场和质量验证、品牌推广等内容，并提供研究报告和企业培训服务，助力我国跨境电商合理规避风险，把握机遇快速发展。

(3) 建立跨境电商信用信息档案及应用

在上述核心服务数据积累的基础上，逐步建立包括企业身份、资质等静态信息，以及企业经营状况、交易评价等动态信息在内的完整的跨境电商企业交易信用信息档案，并在授权范围内建立与电商企业、第三方机构、消费者等跨境电商相关方的数据共享平台，逐步形成跨境电商可信交易生态圈。

7. 强化部门协作，形成跨境电商监管合力

(1) 利用“单一窗口”平台高效监管跨境电商

统一标准规范、统一信息备案认证、统一信息管理服务的“单一窗口”平台，为跨境电商信息流、资金流、物流“三流合一”提供数据技术支撑，实现“一次申报、一次查验、一次放行”，提高通关效率，降低后续监管成本。

(2) 建立多部门联合惩戒机制

建立多部门联合工作机制，开展跨境电商综合监管，部门间质量检测互认、共同落实“七日无理由退货”制度等。共同加强对销售管制商品网络商户的资格审查和对异常交易、非法交易的监控，防范各类跨境交易非法经营行为。有跨境电商保税仓库的地区可建立部门联合实地勘察机制，开展综合监管。

(3) 完善社会组织共治机制

充分鼓励跨境电商企业界、非营利性组织、第三方评价机构等开展跨境电商市场共治。发挥跨境电商相关社会组织信息集聚优势，在政策制定、标准制定、技术鉴定、市场调研等方面为政府和民众提供专业服务。指导跨境电商行业协会建立自律性管理制度、行业从业守则、执业道德准则，组织开展跨境电商诚信测评、经营主体失信管控等行业自律工作，提高跨境电商行业的诚信经营水平。

8. 加大服务力度，支持跨境电商健康发展

(1) 加强国际化监管人才培养

瞄准国际跨境电商监管前沿领域，联合高校和职业教育机构开展国际化跨境电商监管人才培训，推进跨境电商监管研究基地和专家库建设，增强创新监管动力。开展跨境电商监管机制建设前瞻性研究，对跨境电商发展新趋势、新动态提出针对性的监管措施与方法。

(2) 支持优质企业发展跨境电商

运用“互联网+”思维，采取有效措施，支持国内企业（尤其是传统外贸企业）发展跨境电商自营平台或进入优质第三方跨境电商平台经营，让中国制造商品经由跨境电商渠道源源不断地进入全球市场。

(3) 鼓励跨境电商创新发展

抓住规模大、信誉好的跨境电商平台，鼓励其技术创新、交易创新，立足国内、国际两个市场，打造集展示、发布、交易等功能于一体的综合平台。鼓励符合条件的跨境电商积极申报地方著名商标和国家驰名商标，申报“守合同、重信用”企业，保护知识产权，让更多的品牌跨境电商脱颖而出。㊀

四、跨境电商海关监管相关规范

1．跨境电商企业海关注册登记管理

1）跨境电商支付企业、物流企业应按《关于跨境电子商务零售进出口商品有关监管事宜的公告》（海关总署 2018 年第 194 号）的规定取得相关资质证书，并按主管部门相关规定，在办理海关注册登记手续时提交相关资质证书。

2）在 2019 年 1 月 1 日之前，已办理海关注册登记或信息登记的跨境电商物流企业，或仅办理海关信息登记的参与跨境电商进口业务的平台企业、支付企业，应于 2019 年 3 月 31 日前按规定办理海关注册登记或补充提交资质证书等手续。逾期未按规定办理的，其海关跨境电商企业信息不再有效。㊁

2．跨境电商 B2B 出口监管

(1) 适用范围

境内企业通过跨境电商平台与境外企业达成交易后，通过跨境物流将货物直接出口送达境外企业（简称“跨境电商 B2B 直接出口”），或境内企业将出口货物通过跨境物流送达海外仓，通过跨境电商平台实现交易后从海外仓送达购买者（简称“跨境电商出口海外仓”），并依海关要求传输相关电子数据的，按《关于开展跨境电子商务企业对企业出口监管试点的公告》（海关总署 2020 年第 75 号）接受海关监管。

(2) 增列海关监管方式代码

增列海关监管方式代码 9710，全称“跨境电子商务企业对企业直接出口”，简称“跨境电商 B2B 直接出口”，适用于跨境电商 B2B 直接出口的货物；增列海关监管方式代码 9810，全称“跨境电子商务出口海外仓”，简称“跨境电商出口海外仓”，适用于跨境电商出口海外仓的货物。

(3) 企业管理

跨境电商企业、跨境电商平台企业、物流企业等参与跨境电商 B2B 出口业务的境内企业，应依海关报关单位注册登记管理有关规定，向所在地海关办理注册登记。开展出

㊀ 上海市工商局课题组：《我国跨境电子商务发展现状与监管对策研究》，载于《中国市场监管研究》2017 年第 2 期，第 32-36 页。

㊁ 详见《关于跨境电子商务企业海关注册登记管理有关事宜的公告》（海关总署 2018 年第 219 号，2018 年 12 月 10 日发布，2019 年 1 月 1 日实施）。

口海外仓业务的跨境电商企业，还应在海关开展出口海外仓业务模式备案。

(4) 通关管理

跨境电商企业或其委托的代理报关企业、境内跨境电商平台企业、物流企业应通过国际贸易“单一窗口”或“互联网＋海关”向海关提交申报数据、传输电子信息，并对数据真实性承担相应法律责任。跨境电商 B2B 出口货物应符合检验检疫相关规定。海关实施查验时，跨境电商企业或其代理人、监管作业场所经营人应按有关规定配合海关查验。海关按规定实施查验，对跨境电商 B2B 出口货物可优先安排查验。跨境电商 B2B 出口货物适用全国通关一体化，亦可采用“跨境电商”模式进行转关。[⊖]

3．跨境电商零售进口监管

(1) 跨境电商零售进口的内涵

跨境电商零售进口是指中国境内消费者通过跨境电商第三方平台经营者自境外购买商品，并通过“网购保税进口”（海关监管方式代码 1210）或“直购进口”（海关监管方式代码 9610）运递进境的消费行为。上述商品应符合以下条件：① 属《跨境电子商务零售进口商品清单》内、限于个人自用并满足跨境电商零售进口税收政策规定的条件。② 经与海关联网电商交易平台交易，能实现交易、支付、物流电子信息“三单”比对。③ 未经与海关联网电商交易平台交易，但进出境快件运营人、邮政企业能接受相关电商企业、支付企业委托，承诺承担相应法律责任，向海关传输交易、支付等电子信息。

(2) 跨境电商零售进口主要参与主体

1）跨境电商零售进口经营者（以下简称跨境电商企业）：自境外向境内消费者销售跨境电商零售进口商品的境外注册企业，为商品的货权所有人。

2）跨境电商第三方平台经营者（以下简称跨境电商平台）：在境内办理工商登记，为交易双方（消费者和跨境电商企业）提供网页空间、虚拟经营场所、交易规则、交易撮合、信息发布等服务，设立供交易双方独立开展交易活动的信息网络系统的经营者。

3）境内服务商：在境内办理工商登记，接受跨境电商企业委托为其提供申报、支付、物流、仓储等服务，具有相应运营资质，直接向海关提供有关支付、物流和仓储信息，接受海关、市场监管等部门后续监管，承担相应责任的主体。

4）消费者：跨境电商零售进口商品的境内购买人。

(3) 跨境电商零售进口监管措施

对跨境电商零售进口商品按个人自用进境物品监管，不执行有关商品首次进口许可批件、注册或备案要求。但对相关部门明令暂停进口的疫区商品，和对出现重大质量安全风险的商品启动风险应急处置时除外。一般按“政府部门、跨境电商企业、跨境电商平台、境内服务商、消费者各负其责”的原则，明确各方责任，实施有效监管。

⊖ 详见《关于开展跨境电子商务企业对企业出口监管试点的公告》（海关总署 2020 年第 75 号，2020 年 6 月 12 日发布，2020 年 7 月 1 日实施）。

1）政府部门：① 海关对跨境电商零售进口商品实施质量安全风险监测，在商品销售前按法律法规实施必要的检疫，并视情发布风险警示。建立跨境电商零售进口商品重大质量安全风险应急处理机制，市场监管部门加大跨境电商零售进口商品召回监管力度，督促跨境电商企业和跨境电商平台消除已销售商品安全隐患，依法实施召回，海关责令相关企业对不合格或存在质量安全问题的商品采风险消减措施，对尚未销售的按货物实施监管，并依法追究相关经营主体责任。对食品类跨境电商零售进口商品优化完善监管措施，做好质量安全风险防控。② 原则上不允许网购保税进口商品在海关特殊监管区域外开展“网购保税＋线下自提”模式。③ 将跨境电商零售进口相关企业纳入海关信用管理，根据信用等级不同，实施差异化的通关管理措施。对认定为诚信企业的，依法实施通关便利；对认定为失信企业的，依法实施严格监管措施。将高级认证企业信息和失信企业信息共享至全国信用信息共享平台，通过“信用中国”网站和国家企业信用信息公示系统向社会公示，并依照有关规定实施联合激励与联合惩戒。④ 涉嫌走私或违反海关监管规定的跨境电商企业、平台、境内服务商，应配合海关调查，开放交易生产数据（ERP 数据）或原始记录数据。⑤ 海关对违反《关于完善跨境电子商务零售进口监管有关工作的通知》规定参与制造或传输虚假“三单”信息、为二次销售提供便利、未尽责审核订购人身份信息真实性等，导致出现个人身份信息或年度购买额度被盗用、进行二次销售及其他违反海关监管规定情况的企业，依法进行处罚。对涉嫌走私或违规的，由海关依法处理；构成犯罪的，依法追究刑事责任。对利用其他公民身份信息非法从事跨境电商零售进口业务的，海关按走私违规处理，并按违法利用公民信息的有关法律规定移交相关部门处理。对不涉嫌走私违规、首次发现的，进行约谈或暂停业务责令整改；再次发现的，一定时期内不允许其从事跨境电商零售进口业务，并交由其他行业主管部门按规定实施查处。⑥ 对企业和个体工商户在国内市场销售《跨境电子商务零售进口商品清单》范围内的、无合法进口证明或相关证明显示采购自跨境电商零售进口渠道的商品，市场监管部门依职责实施查处。

2）跨境电商企业：① 承担商品质量安全主体责任，并按规定履行相关义务。应委托一家在境内办理市场主体登记的企业，由其在海关办理注册登记，承担如实申报责任，依法接受相关部门监管，并承担民事连带责任。② 承担消费者权益保障责任，包括但不限于商品信息披露、提供商品退换货服务、建立不合格或缺陷商品召回制度、对商品质量侵害消费者权益的赔付责任等。当发现相关商品存在质量安全风险或发生质量安全问题时，应立即停止销售，召回已销售商品并妥善处理，防止其再次流入市场，并及时将召回和处理情况向海关等监管部门报告。③ 履行对消费者的提醒告知义务，会同跨境电商平台在商品订购网页或其他醒目位置向消费者提供风险告知书，消费者确认同意后方可下单购买。告知书应至少包含以下内容：相关商品符合原产地有关质量、安全、卫生、环保、标识等标准或技术规范要求，但可能与我国标准存在差异，消费者自行承担相关风险；相关商品直接购自境外，可能无中文标签，消费者可通过网站查看商品中文电子标签；消费者购买的商品仅限个人自用，不得再次销售。④ 建立商品质量安全风险防控机制，包括收发货质量管理、库内质量管控、供应商管理等。⑤ 建立健全网购保税进口商品质量追溯体系，追溯信息应至少涵盖国外启运地至国内消费者的完整物流轨迹，鼓励向海外发货人、商品生产商等上游溯源。⑥ 向海关实时传输施加电子签名的跨境电商零售进口交易电子数据，可自行或委托代理人向海关申报清单，并承担相应责任。

3）跨境电商平台：① 平台运营主体应在境内办理工商登记，并按相关规定在海关办理注册登记，接受相关部门监管，配合开展后续管理和执法工作。② 向海关实时传输施加电子签名的跨境电商零售进口交易电子数据，并对交易真实性、消费者身份真实性进行审核，承担相应责任。③ 建立平台内交易规则、交易安全保障、消费者权益保护、不良信息处理等管理制度。对申请入驻平台的跨境电商企业进行主体身份真实性审核，在网站公示主体身份信息和消费者评价、投诉信息，并向监管部门提供平台入驻商家等信息。与申请入驻平台的跨境电商企业签署协议，就商品质量安全主体责任、消费者权益保障以及《关于完善跨境电子商务零售进口监管有关工作的通知》其他相关要求等方面明确双方责任、权利和义务。④ 对平台入驻企业既有跨境电商企业也有国内电商企业的，应建立相互独立的区块或频道为跨境电商企业和国内电商企业提供平台服务，或以明显标识对跨境电商零售进口商品和非跨境商品予以区分，避免误导消费者。⑤ 建立消费纠纷处理和消费维权自律制度，消费者在平台内购买商品，其合法权益受到损害时，平台须积极协助消费者维护自身合法权益，并履行先行赔付责任。⑥ 建立商品质量安全风险防控机制，在网站醒目位置及时发布商品风险监测信息、监管部门发布的预警信息等。督促跨境电商企业加强质量安全风险防控，当商品发生质量安全问题时，敦促跨境电商企业做好商品召回、处理，并做好报告工作。对不采主动召回处理措施的跨境电商企业，可采取暂停其跨境电商业务的处罚措施。⑦ 建立防止跨境电商零售进口商品虚假交易及二次销售的风险控制体系，加强对短时间内同一购买人、同一支付账户、同一收货地址、同一收件电话反复大量订购，以及盗用他人身份进行订购等非正常交易行为的监控，采相应措施予以控制。⑧根据监管部门要求，对平台内在售商品进行有效管理，及时关闭平台内禁止以跨境电商零售进口形式入境商品的展示及交易页面，并将有关情况报送相关部门。

4）境内服务商：① 在境内办理市场主体登记，向海关提交相关资质证书并办理注册登记。其中：提供支付服务的银行机构应具备“金融许可证”，非银行支付机构应具备“支付业务许可证”，支付业务范围应包括“互联网支付”；物流企业应取得“快递业务经营许可证”。② 支付、物流企业应如实向监管部门实时传输施加电子签名的跨境电商零售进口支付、物流电子信息，并对数据真实性承担相应责任。③ 报关企业接受跨境电商企业委托向海关申报清单，承担如实申报责任。④ 物流企业应向海关开放物流实时跟踪信息共享接口，严格按交易环节所制发的物流信息开展跨境电商零售进口商品的国内派送业务。对发现国内实际派送与通关环节所申报物流信息（包括收件人和地址）不一致的，应终止相关派送业务，并及时向海关报告。

5）消费者：① 消费者为跨境电商零售进口商品税款的纳税义务人。跨境电商平台、物流企业或报关企业为税款代扣代缴义务人，向海关提供税款担保，并承担相应的补税义务及相关法律责任。② 购买前应认真、详细阅读电商网站上的风险告知书内容，结合自身风险承担能力做出判断，同意告知书内容后方可下单购买。③ 对已购买的跨境电商

零售进口商品，不得再次销售。[⊖]

4．跨境电商网购保税进口监管

1）网购保税进口业务是指在海关特殊监管区域或保税物流中心（B型）[以下简称区域（中心）]内以保税模式开展的跨境电商零售进口业务。

2）主管海关应使用信息化系统对网购保税进口商品进出区域（中心）的风险布控、卡口核放等进行管理；主管海关对网购保税进口商品的查验、放行均应在区域（中心）内的专用查验场地实施，并使用X光机查验分拣线、视频监控等设施加强监管。

3）对网购保税进口商品实施专用电子账册管理，记录商品进、出、转、存等情况。

4）网购保税进口商品一线进境申报环节，申报进入天津、上海、杭州、宁波、福州、平潭、郑州、广州、深圳、重庆等10个城市区域（中心）的，监管方式应填报"网购保税进口"（监管代码1210），暂不执行《跨境电子商务零售进口商品清单》备注中关于化妆品、婴幼儿配方奶粉、医疗器械、特殊食品（包括保健食品、特殊医学用途配方食品等）的首次进口许可证、注册或备案要求；申报进入其他城市区域（中心）的，监管方式应填报"网购保税进口A"（监管代码1239）。对满足海关监管要求的企业，可采"先进区、后报关"的方式办理网购保税进口商品一线进境通关手续，入区域（中心）的网购保税进口商品须在14天内办理报关手续。

5）关于网购保税进口商品的流转，分为以下几个方面：① 网购保税进口商品可在区域（中心）间流转，流转商品应符合《跨境电子商务零售进口商品清单》的要求。转入地与转出地主管海关分别审核企业的申报单证，其中，海关监管方式应填报"保税间货物"（监管代码1200），备注应填报"网购保税进口商品"。电子账册底账数据进行相应核增核减。同一区域（中心）内的企业转让、转移网购保税进口商品的，主管海关应审核企业报送的电子信息，并对电子账册底账数据进行相应核增核减。② 执行跨境电商过渡期政策期间，以"网购保税进口"（监管代码1210）海关监管方式进境的商品不得由天津、上海、杭州、宁波、福州、平潭、郑州、广州、深圳、重庆等10个城市的区域（中心）转入其他城市的区域（中心）继续开展跨境电商零售进口业务。

6）网购保税进口商品零售出区域（中心）申报时，主管海关审核电商企业或其代理人申报的"中华人民共和国海关跨境电子商务零售进口商品申报清单"，海关监管方式应与"一线"入区域（中心）时申报的监管方式一致（用于区分网购保税模式和9610一般模式），运输方式应为"二线"出区域（中心）对应的运输方式。电子账册底账数据进行相应核减。

7）电商企业或其代理人申请退货的，退回的网购保税进口商品应在海关放行之日起30日内原状返回原区域（中心）内，相应税款不予征收，个人年度交易累计金额和电子账册底账数据进行相应调整。

8）区域（中心）内相关企业声明放弃网购保税进口商品，由主管海关依法提取变卖处理。法律、行政法规和海关规章规定不得放弃的，按规定办理，相应核减电子账册底

[⊖] 详见商务部、国家发展改革委、财政部等《关于完善跨境电子商务零售进口监管有关工作的通知》（商财发〔2018〕486号；2018年11月28日发布，2019年1月1日实施）。

账数据。

9）主管海关依监管需要，结合风险程度，对参与网购保税进口业务的仓储企业采取全盘、抽盘等方式盘库，对比电子底账核算结果与实际库存量分别处理：①实际库存量多于电子底账核算结果的，按实际库存量调整电子底账的当期余额；②实际库存量少于电子底账核算结果且企业可提供正当理由的，对短缺的部分，责令企业参照货物办理后续补税手续。

10）各海关应加强对网购保税进口业务的风险监控和实货监管，针对企业、商品、支付、物流、仓储、消费者等信息开展数据分析，发现风险及时移交。㊀

5. 跨境电商零售进出口商品监管

(1) 适用范围

跨境电商企业、消费者（订购人）通过跨境电商交易平台实现零售进出口商品交易，并依海关要求传输相关交易电子数据的，应按海关总署2018年第194号公告接受监管。

(2) 企业管理

1）跨境电商平台企业、物流企业、支付企业等参与跨境电商零售进口业务的企业，应依海关报关单位注册登记管理相关规定，向所在地海关办理注册登记；境外跨境电商企业应委托境内代理人向该代理人所在地海关办理注册登记。跨境电商企业、物流企业等参与跨境电商零售出口业务的企业，应向所在地海关办理信息登记；如需办理报关业务，向所在地海关办理注册登记。物流企业应获得国家邮政管理部门颁发的“快递业务经营许可证”。直购进口模式下，物流企业应为邮政企业或已向海关办理代理报关登记手续的进出境快件运营人。支付企业为银行机构的，应具备银保监会或原银监会颁发的“金融许可证”；支付企业为非银行支付机构的，应具备中国人民银行颁发的“支付业务许可证”，支付业务范围应包括“互联网支付”。

2）参与跨境电商零售进出口业务并在海关注册登记的企业，纳入海关信用管理，海关根据信用等级实施差异化的通关管理措施。

(3) 通关管理

1）对跨境电商直购进口商品及适用“网购保税进口”（监管方式代码1210）政策的商品，按个人自用进境物品监管，不执行有关商品首次进口许可批件、注册或备案要求。但对相关部门明令暂停进口的疫区商品和对出现重大质量安全风险的商品启动风险应急处置时除外。适用“网购保税进口A”（监管方式代码1239）进口政策的商品，按《跨境电子商务零售进口商品清单（2019版）》尾注中的监管要求执行。

2）海关对跨境电商零售进出口商品及其装载容器、包装物按相关法律法规实施检疫，并根据相关规定实施必要的监管措施。

3）跨境电商零售进口商品申报前，跨境电商平台企业或跨境电商企业境内代理人、

㊀ 详见海关总署《关于加强跨境电子商务网购保税进口监管工作的通知》（署加发〔2016〕246号，2016年12月16日发布并实施）。

支付企业、物流企业应分别通过国际贸易“单一窗口”或跨境电商通关服务平台向海关传输交易、支付、物流等电子信息，并对数据真实性承担相应责任。直购进口模式下，邮政企业、进出境快件运营人可接受跨境电商平台企业或跨境电商企业境内代理人、支付企业的委托，在承诺承担相应法律责任的前提下，向海关传输交易、支付等电子信息。

4）跨境电商零售出口商品申报前，跨境电商企业或其代理人、物流企业应分别通过国际贸易“单一窗口”或跨境电商通关服务平台向海关传输交易、收款、物流等电子信息，并对数据真实性承担相应法律责任。

5）跨境电商零售商品进口时，跨境电商企业境内代理人或其委托的报关企业应提交跨境电商零售进出口商品申报清单，采用“清单核放”方式办理报关手续。跨境电商零售商品出口时，跨境电商企业或其代理人应提交跨境电商零售进出口商品申报清单，采用“清单核放、汇总申报”方式办理报关手续；跨境电商综合试验区内符合条件的跨境电商零售商品出口，可采用“清单核放、汇总统计”方式办理报关手续。跨境电商零售进出口商品申报清单与进出口货物报关单具有同等法律效力。按上述要求传输、提交的电子信息应施加电子签名。

6）开展跨境电商零售进口业务的跨境电商平台企业、跨境电商企业境内代理人，应对交易真实性和消费者（订购人）身份信息真实性进行审核，并承担相应责任；身份信息未经国家主管部门或其授权的机构认证的，订购人与支付人应为同一人。

7）跨境电商零售商品出口后，跨境电商企业或其代理人应于每月15日前（当月15日是法定节假日或法定休息日的，顺延至其后的第一个工作日），将上月结关的跨境电商零售进出口商品申报清单依清单表头同一收发货人、同一运输方式、同一生产销售单位、同一运抵国（地区）、同一出境关别，以及清单表体同一最终目的国（地区）、同一10位海关商品编码、同一币制的规则进行归并，汇总形成出口货物报关单向海关申报。允许以“清单核放、汇总统计”方式办理报关手续的，不再汇总形成出口货物报关单。

8）跨境电商零售进出口商品申报清单的修改或撤销，参照海关进出口货物报关单修改或撤销有关规定办理。除特殊情况外，跨境电商零售进出口商品申报清单、进出口货物报关单应采用通关无纸化作业方式进行申报。

(4) 场所管理

1）跨境电商零售进出口商品监管作业场所须符合海关相关规定。跨境电商监管作业场所经营人、仓储企业应建立符合海关监管要求的计算机管理系统，并按海关要求交换电子数据。其中开展跨境电商直购进口或一般出口业务的监管作业场所，应按快递类或邮递类海关监管作业场所规范设置。

2）跨境电商网购保税进口业务应在海关特殊监管区域或保税物流中心（B型）内开展。除另有规定外，参照上述规定监管。

(5) 检疫、查验和物流管理

1）对需在进境口岸实施的检疫及检疫处理工作，应在完成后方可运至跨境电商监管作业场所。

2）对于网购保税进口业务，“一线”入区时以报关单方式进行申报，海关可采取视频监控、联网核查、实地巡查、库存核对等方式加强对网购保税进口商品的实货监管。

3）海关实施查验时，跨境电商企业或其代理人、跨境电商监管作业场所经营人、仓储企业应按有关规定提供便利，配合海关查验。

4）跨境电商零售进出口商品可采“跨境电商”模式进行转关。其中，跨境电商综合试验区所在地海关可将转关商品品名以总运单形式录入“跨境电商商品一批”，并需随附转关商品详细电子清单。

5）网购保税进口商品可在海关特殊监管区域或保税物流中心（B 型）间流转，按有关规定办理流转手续。以“网购保税进口”（监管方式代码 1210）海关监管方式进境的商品，不得转入适用“网购保税进口 A”（监管方式代码 1239）的城市继续开展跨境电商零售进口业务。网购保税进口商品可在同一区域（中心）内的企业间进行流转。

(6) 其他事项

1）从事跨境电商零售进出口业务的企业，应向海关实时传输真实的业务相关电子数据和电子信息，并开放物流实时跟踪等信息共享接口，加强对海关风险防控方面的信息和数据支持，配合海关进行有效管理。跨境电商企业及其代理人、跨境电商平台企业应建立商品质量安全等风险防控机制，加强对商品质量安全以及虚假交易、二次销售等非正常交易行为的监控，并采取相应处置措施。跨境电商企业不得进出口涉及危害口岸公共卫生安全、生物安全、进出口食品和商品安全、侵犯知识产权的商品及其他禁限商品，同时应建立健全商品溯源机制并承担质量安全主体责任。鼓励跨境电商平台企业建立并完善进出口商品安全自律监管体系。消费者（订购人）对已购买的跨境电商零售进口商品不得再次销售。

2）海关对跨境电商零售进口商品实施质量安全风险监测，责令相关企业对不合格或存在质量安全问题的商品采取风险消减措施，对尚未销售的按货物实施监管，并依法追究相关经营主体责任；对监测发现的质量安全高风险商品发布风险警示并采取相应管控措施。海关对跨境电商零售进口商品在商品销售前按法律法规实施必要的检疫，并视情发布风险警示。

3）跨境电商平台企业、跨境电商企业或其代理人、物流企业、跨境电商监管作业场所经营人、仓储企业发现涉嫌违规或走私行为的，应及时主动告知海关。

4）在海关注册登记的跨境电商企业及其境内代理人、跨境电商平台企业、支付企业、物流企业等应接受海关稽核查。㊀

6. 跨境电商退货监管

(1) 跨境电商出口商品退货监管

1）跨境电商出口企业、特殊区域（海关特殊监管区域和保税物流中心（B 型））内跨境电商相关企业或其委托的报关企业可向海关申请开展跨境电商零售出口、跨境电商特殊区域出口、跨境电商出口海外仓商品的退货业务。

2）申请开展退货业务的跨境电商出口企业、特殊区域内跨境电商相关企业应建立退

㊀ 详见《关于跨境电子商务零售进出口商品有关监管事宜的公告》（海关总署公告 2018 年第 194 号；2018 年 12 月 10 日发布，2019 年 1 月 1 日实施）。

货商品流程监控体系，应保证退货商品为原出口商品，并承担相关法律责任。

3）退货企业可对原出口货物报关单、跨境电商零售出口申报清单或出境货物备案清单所列全部或部分商品申请退货。

4）跨境电商出口退货商品可单独运回也可批量运回，退货商品应在出口放行之日起1年内退运进境。

5）退货企业应向海关如实申报，接受海关监管，并承担相应法律责任。㊀

(2) 跨境电商零售进口商品退货监管

1）在跨境电商零售进口模式下，跨境电商企业境内代理人或其委托的报关企业可向海关申请开展退货业务。跨境电商企业及其境内代理人应保证退货商品为原跨境电商零售进口商品，并承担相关法律责任。

2）退货企业可对原跨境电商零售进口申报清单内全部或部分商品申请退货。

3）退货企业在“跨境电商零售进口申报清单”放行之日起30日内申请退货，并在“跨境电商零售进口申报清单”放行之日起45日内将退货商品运抵原海关监管作业场所、原海关特殊监管区域或保税物流中心（B型）的，相应税款不予征收，并调整消费者个人年度交易累计金额。

4）退货企业应向海关如实申报，接受海关监管，并承担相应法律责任。㊁

5）对超过保质期或有效期、商品或包装损毁、不符合我国有关监管政策等不适合境内销售，以及海关责令退运的跨境电商零售进口商品，按有关规定退运出境或销毁。

五、跨境电商寄递服务促进与监管

1．深化放管服改革，激发市场活力

(1) 支持寄递服务企业主体多元化

支持邮政企业、进出境快件经营人等各类跨境寄递服务企业利用互联网平台，发挥信息系统优势，依法提供跨境包裹、商业快件等寄递服务，依法纳入行业监管和服务统计。

(2) 支持外资企业依法进入市场

支持外商在境内依法申请设立快递企业，提供跨境包裹、商业快件等寄递服务。全面落实准入前国民待遇+负面清单管理制度，以开放促改革、促发展、促创新。

(3) 支持建立跨境寄递服务企业信用体系

推进邮政、商务、海关等政府部门之间信用信息共享和联合奖惩机制建设，加强跨境寄递服务企业信用管理。邮政、商务、海关等政府部门按有关规定对各部门共享的高资信企业落实便利措施，对失信企业实施严密监管措施。

㊀ 详见《关于全面推广跨境电子商务出口商品退货监管措施有关事宜的公告》（海关总署公告2020年第44号，2020年3月27日发布并实施）。

㊁ 详见《关于跨境电子商务零售进口商品退货有关监管事宜的公告》（海关总署公告2020年第45号，2020年3月28日发布并实施）。

2．坚持创新驱动发展，构建保障机制

(1) 加快创新跨境寄递服务模式

鼓励跨境寄递服务企业发挥优势拓展渠道，加强重点区域的国际多边和双边合作，创新丰富寄递产品，优化流程缩短时限，增强核心竞争力。鼓励跨境寄递服务企业通过投资并购、战略联盟、业务合作等方式整合境内外收寄、投递、国际运输、通关、境外预检视、境外预分拣、海外仓等资源，提供面向全球的一体化、综合性跨境包裹、商业快件等寄递服务。支持跨境寄递服务企业在重要节点区域设置海外仓，发展境外寄递服务网络，符合条件的，可按规定程序申报外经贸发展专项资金支持。

(2) 加快完善跨境寄递服务体系

鼓励跨境寄递服务企业创建品牌，提供跨境包裹、商业快件等寄递服务。支持跨境寄递服务企业与跨境电商共商共建团体标准，提高服务可靠性，提供全程跟踪查询、退换货、丢损赔偿、拓展营销、融资、仓储等增值服务。鼓励数据共享应用，赋能上下游中小微企业，实现行业间、企业间开放合作、互利共赢，以跨境寄递服务新形态支撑贸易新业态。

(3) 加快建立数据交换机制

依托国际贸易“单一窗口”平台，逐步实现跨境寄递服务企业向邮政、商务、海关等政府部门报送数据和相关信息交换。各政府部门要尽快完善自身业务管理系统，明确跨境寄递服务企业传输跨境包裹、商业快件等的面单电子数据的内件品名、数量、价格（含币种）、收寄件人名称、进出口国别（地区）等内容，为企业提供网上“一站式”服务，实时掌握跨境寄递服务各环节数据信息。跨境寄递服务企业要完善自身业务操作系统，尽快实现与政府部门的系统对接。跨境寄递服务企业、跨境电商企业、支付企业要与消费者建立信息验证机制，确保物流、交易和支付等信息真实、准确。

3．优化行业发展环境，促进协同共进

(1) 提升跨境寄递服务网络能力

邮政部门要研究制定跨境寄递国际运输网络布局规划，鼓励跨境寄递服务企业开辟国际货运航线，加快完善跨境寄递国际航空运输网络。推动中欧班列运输跨境邮件快件常态化，支持边贸寄递的发展。支持跨境电商综合试验区所在地城市建设国际邮件互换局和快件监管中心，鼓励自由贸易试验区、跨境电商综合试验区和重点口岸大胆探索物流、仓储、通关新模式，提升跨境寄递的通关、换装、多式联运能力。

(2) 提升跨境寄递服务全程通关便利

海关、邮政等政府部门应建立协作机制，完善跨境寄递信息通报等配套管理政策。推动实现与跨境寄递目的地（启运地），特别是“一带一路”沿线国家和地区，以及北美、欧洲等跨境电商重点出口国海关的对接，推进跨境寄递服务企业实现境外信息化通关。支持跨境寄递服务企业依法在跨境电商重点国家申请相关资质，提升跨境寄递全程的综合通关服务能力。

(3) 提升参与国际治理能力建设

邮政部门要深度参与万国邮政联盟规则制定，稳妥推进万国邮政联盟在服务产品、终端费等关键领域的改革，维护多边机制稳定发展；推动与亚太、欧洲等重点地区建立跨境电商及邮政业的次区域合作模式，有效应对跨境寄递领域的国际摩擦，维护我国正当利益和跨境寄递企业的合法权益。商务部门要在世界贸易组织、自贸协定等多双边谈判中，探索制定跨境电商领域的国际规则。海关要加大与世界海关组织以及重点国家相关部门的交流合作力度，推动世界海关组织跨境电商标准完善与实施，建立跨境电商寄递物品安全与便利化机制。

4．加强全过程监管，坚持依法行政

(1) 规范跨境寄递服务企业经营行为

按国务院“双随机一公开”有关要求，对跨境寄递服务企业依法监管。外商和境外邮政运营商不得在中华人民共和国境内提供邮政服务，任何单位和个人不得为违反上述规定的运营商提供生产经营场所、运输、保管和仓储等条件。境内企业提供商业快件(包裹)等跨境寄递服务的，应依法取得快递业务经营许可，依法向海关办理注册登记或信息登记，并提交身份、地址、联系方式、行政许可等真实信息。境内企业不得以境外邮政运营商名义开展邮政服务活动。境内企业与境外邮政运营商合作推出的跨境包裹和商业快件服务产品，在出境前不得贴用境外邮政单式。

(2) 规范跨境电商相关企业经营行为

跨境电商经营者不得与未取得相关行政许可或提供的寄递服务违反法律法规规定的物流企业合作。跨境寄递服务企业申请在电商平台上提供跨境包裹、商业快件等寄递服务的，应向电商平台经营者提交身份、地址、联系方式、行政许可等真实信息，电商平台经营者应进行核验，并定期更新。

(3) 落实寄递渠道安全管理规定

经营跨境邮件快件寄递服务的企业应建立健全并有效实施安全管理制度，认真落实实名收寄、收寄验视、过机安检“三项制度”，严格遵守禁止寄递或限制寄递物品的有关规定。㊀

第二节 跨境电商税收规则

一、跨境电商对我国税收的冲击

1．对现行税收制度的冲击

现行税收制度依纳税人、征税对象、计税依据、纳税地点等要素而制定。跨境电商

㊀ 详见国家邮政局、商务部、海关总署《关于促进跨境电子商务寄递服务高质量发展的若干意见（暂行）》（国邮发〔2019〕17号，2019年2月23日发布并实施）。

具有国际化、无纸化、虚拟化等特点，其交易主体、地点和时间隐蔽且容易发生更改，难以确定其征税主体、纳税人、纳税期限、纳税地点等。

2．对当前税收征管带来的挑战

在电商形态下，如何确定征税地点成为一个问题，是以纳税主体所在地或是注册登记地，还是以商品交易行为发生地，或是以交易服务器所在地确定，在实际征管时很难把握。跨境电商涉及两国或多国税务机关和征税权，情况更为复杂，对税源管理和代扣代缴方式的采取、税务日常管理和税务案件稽查等都有很大影响。

3．对税收国际利益分配的冲击

在传统贸易模式下，各国通过长期竞争与合作，建立了普遍认可的税收利益分配格局与基本准则。而跨境电商的发展影响现行国际税收利益分配格局，对国家间避免双重征税协定常设机构及其利润归属相关条款产生影响。跨境电商模式下通常无须在消费市场所在国设立有形场所，因而容易规避因被认定为在消费市场所在国设有常设机构而必须缴纳的税收，侵蚀了消费市场国税收权益。㊀

二、国内跨境电商主要财税政策

1．跨境电商出口财税政策

1）国务院办公厅《关于促进跨境电子商务健康快速发展的指导意见》（国办发〔2015〕46号）规定，对跨境电商企业走出去重点项目给予必要资金支持。

2）财政部、国家税务总局《关于跨境电子商务零售出口税收政策的通知》（财税〔2013〕96号）规定，两类电子商务企业可获得增值税和消费税退（免）税政策。一类是同时符合下列条件的企业，适用增值税和消费税退（免）税政策：属增值税一般纳税人并已办理出口退（免）税资格认定；取得海关出口货物报关单且与电子信息一致；在退（免）税申报期截止之日内收汇；属外贸企业的，购进出口货物取得合法有效凭证，且与出口货物报关单内容相匹配。还有一类是同时符合下列条件的企业，可适合增值税、消费税免税政策：已办理税务登记；取得海关签发出口货物报关单；购进出口货物取得合法有效的进货凭证。

3）为进一步促进跨境电商健康快速发展，培育贸易新业态新模式，财政部、国家税务总局、商务部、海关总署于2018年9月28日发布了《关于跨境电子商务综合试验区零售出口货物税收政策的通知》（财税〔2018〕103号），该通知对跨境电商综合试验区内的跨境电商零售出口货物有关税收政策规定如下：① 对综合试验区电商出口企业出口未取得有效进货凭证的货物，同时符合下列条件的，试行增值税、消费税免税政策：其一，电商出口企业在综合试验区注册，并在注册地跨境电商线上综合服务平台登记出口日期、货物名称、计量单位、数量、单价、金额。其二，出口货物通过综合试验区所在地海关办理电子商务出口申报手续。其三，出口货物不属财政部和税务总局根据国务院决定明

㊀ 路向东等：《跨境电子商务的税收应对措施》，载《国际税收》2015年第10期，第73-74页。

确取消出口退（免）税的货物。② 各综合试验区建设领导小组办公室和商务主管部门应统筹推进部门之间的沟通协作和相关政策落实，加快建立电子商务出口统计监测体系，促进跨境电商健康、快速发展。③ 海关总署定期将电子商务出口商品申报清单电子信息传输给税务总局。各综合试验区税务机关根据税务总局清分的出口商品申报清单电子信息加强出口货物免税管理。具体免税管理办法由省级税务部门商财政、商务部门制定。该通知所称综合试验区，是指经国务院批准的跨境电商综合试验区；该通知所称电子商务出口企业，是指自建跨境电商销售平台或利用第三方跨境电商平台开展电子商务出口的单位和个体工商户。该通知自2018年10月1日起执行，具体日期以出口商品申报清单注明的出口日期为准。

4）国家税务总局为有效配合财税〔2018〕103号文件的落实工作，于2019年10月26日发布《关于跨境电子商务综合试验区零售出口企业所得税核定征收有关问题的公告》（国家税务总局公告2019年第36号），就跨境电商综合试验区内的跨境电商零售出口企业核定征收企业所得税有关问题公告如下：① 综合试验区内的跨境电商零售出口企业，同时符合下列条件的，试行核定征收企业所得税办法：第一，在综合试验区注册，并在注册地跨境电商线上综合服务平台登记出口货物日期、名称、计量单位、数量、单价、金额的；第二，出口货物通过综合试验区所在地海关办理电商出口申报手续的；第三，出口货物未取得有效进货凭证，其增值税、消费税享受免税政策的。② 综合试验区内核定征收的跨境电商零售出口企业应准确核算收入总额，并采用应税所得率方式核定征收企业所得税。应税所得率统一按4%确定。③ 税务机关应按有关规定，及时完成综合试验区跨境电商零售出口企业核定征收企业所得税的鉴定工作。④ 综合试验区内实行核定征收的跨境电商零售出口企业符合小微企业优惠政策条件的，可享受小微企业所得税优惠政策；其取得的收入属《中华人民共和国企业所得税法》第二十六条规定的免税收入的，可享受免税收入优惠政策。该公告所称综合试验区，是指经国务院批准的跨境电商综合试验区；该公告所称跨境电商零售出口企业，是指自建跨境电商销售平台或利用第三方跨境电商平台开展电商出口的企业。该公告自2020年1月1日起施行。

2．国内跨境电商进口税收政策

1）2016年3月24日，财政部、海关总署、国家税务总局发布了《关于跨境电子商务零售进口税收政策的通知》，对跨境电商零售（企业对消费者，即B2C）进口税收政策有关事项规定如下：① 跨境电商零售进口商品按货物征收关税和进口环节增值税、消费税，购买跨境电商零售进口商品的个人作为纳税义务人，实际交易价格（包括货物零售价格、运费和保险费）作为完税价格，电子商务企业、电商交易平台企业或物流企业可作为代收代缴义务人。② 跨境电商零售进口税收政策适用于从其他国家或地区进口的、《跨境电子商务零售进口商品清单》范围内的以下商品：其一，所有通过与海关联网的电商交易平台交易，能实现交易、支付、物流电子信息“三单”比对的跨境电商零售进口商品；其二，未通过与海关联网的电商交易平台交易，但快递、邮政企业能统一提供交易、支付、物流等电子信息，并承诺承担相应法律责任进境的跨境电商零售进口商品。不属跨境电商零售进口的个人物品以及无法提供交易、支付、物流等电子信息的跨境电商零售进口商品，按现行规定执行。③ 跨境电商零售进口商品的单次交易限值为人民币 2000 元，个人年度交易限值为人民币 20 000 元。在限值以内进口的跨境电商零售进口商品，关税税率暂设为 0；进口环节增值税、消费税取消免征税额，暂按法定应纳税额的 70% 征收。超过单次限值、累加后超过个人年度限值的单次交易，以及完税价格超过 2000 元限值的单个不可分割商品，均按一般贸易方式全额征税。④ 跨境电商零售进口商品自海关放行之日起 30 日内退货的，可申请退税，并相应调整个人年度交易总额。⑤ 跨境电商零售进口商品购买人（订购人）的身份信息应进行认证；未进行认证的，购买人（订购人）身份信息应与付款人一致。⑥《跨境电子商务零售进口商品清单》由财政部商有关部门另行公布。2016 年 4 月 7 日，财政部等 11 个部门共同公布了《跨境电子商务零售进口商品清单》对政策进行进一步补充。

2）2018 年 11 月 29 日，财政部、海关总署、国家税务总局发布《关于完善跨境电子商务零售进口税收政策的通知》（财关税〔2018〕49 号，自 2019 年 1 月 1 日起执行），就完善跨境电商零售进口税收政策有关事项规定如下：①将跨境电商零售进口商品的单次交易限值由人民币 2000 元提高至 5000 元，年度交易限值由人民币 20 000 元提高至 26 000 元。②完税价格超过 5000 元单次交易限值但低于 26 000 元年度交易限值，且订单下仅一件商品时，可自跨境电商零售渠道进口，按货物税率全额征收关税和进口环节增值税、消费税，交易额计入年度交易总额。但年度交易总额超过年度交易限值的，应按一般贸易管理。③已购电商进口商品属消费者个人使用的最终商品，不得进入国内市场再次销售；原则上不允许网购保税进口商品在海关特殊监管区域外开展“网购保税＋线下自提”模式。④其他事项继续按“财关税〔2016〕18 号”有关规定执行。

3）2018 年 12 月 10 日，海关总署发布《关于跨境电子商务零售进出口商品有关监管事宜的公告》（海关总署 2018 年第 194 号公告，2019 年 1 月 1 日实施）就跨境电商零售进口商品税收征管亦做出如下规定：①对跨境电商零售进口商品，海关按国家关于跨境电商零售进口税收政策征收关税和进口环节增值税、消费税，完税价格为实际交易价格，包括商品零售价格、运费和保险费。②跨境电商零售进口商品消费者（订购人）为纳税义务人。在海关注册登记的跨境电商平台企业、物流企业或申报企业作为税款的代收代缴义务人，代为履行纳税义务，并承担相应的补税义务及相关法律责任。③代收代缴义务人应如实、准确向海关申报跨境电商零售进口商品的商品名称、规格型号、税则号列、实际交易价格及相关费用等税收征管要素。跨境电商零售进口商品的申报币制为人民币。④为审核确定跨境电商零售进口商品的归类、完税价格等，海关可要求代收代缴义务人按有关规定进行补充申报。⑤海关对符合监管规定的跨境电商零售进口商品按时段汇总计征税款，代收代缴义务人应依法向海关提交足额有效的税款担保。海关放行后 30 日内未发生退货或修撤单的，代收代缴义务人在放行后第 31 日至第 45 日内向海关办理纳税手续。

第三节　网上争议解决与消费者权利保护规则

随着跨境电商交易日益增多，与之相关的争议也急剧增加。跨境电商争议因其具有国际性而十分复杂。交易金额大的跨境电商争议可通过现有解决国际商事争议的机制解决，但就大量存在的、单笔交易金额较小的跨境电商交易而言，现有解决国际商事争议的机制尚无法满足其快捷、高效、低成本解决争议的需求。

一、消费者跨境电商争议难以适用传统争议解决方式

1．消费者跨境电商争议的特性

跨境电商条件下消费者争议类型比较单一，一般以合同争议为主，主要包括：卖方不交货的争议；卖方交货迟延的争议；卖方所交付产品的质量问题争议；卖方所述产品信息虚假的争议等。因跨境电商的特殊性，相关消费者争议存在如下特点：

1）争议数额较小。据统计，最典型的跨境电子交易是在网上购买DVD、书籍、衣服等，平均每笔交易额仅在100～150美元。

2）争议数量巨大。消费者跨境电商交易量急剧上升，与此相关的争议也日益大量涌现。

3）争议主体具有跨国性。消费者借助网络可在全球自由选择商家，买卖双方往往相距甚远且缺乏足够了解。

4）消费者作为争议主体。这一特殊身份要求争议解决机制对其有特殊的考虑或保护。

2．传统争议解决方式的困境

(1) 诉讼方式

消费者跨境电商争议属跨国商事纠纷，传统上跨国诉讼是解决跨国商事纠纷的主要方式。消费者可依国际私法规则选择某国法院启动诉讼，法院按涉外民事诉讼程序判决。若消费者胜诉，则可通过经营者自愿执行判决或申请某国法院承认和执行判决的方式维护自身利益。鉴于消费者跨境电商争议的特点，跨国诉讼机制并不适合这类争议的解决。

1）判决的域外执行非常困难。即使消费者得以在本国法院解决争议，但判决往往需要到卖方所在国或卖方财产所在国去跨国执行。

2）跨国诉讼程序复杂且费用高昂。消费者每笔跨境电商交易平均金额100～150美元，以跨国诉讼解决争议的成本远超争议金额本身。

3）确定诉讼管辖权非常困难。一笔跨境电商交易涉及多国因素，如买卖双方所在地、网络服务器所在地位于不同国家，导致管辖权很难确定。

(2) 非诉方式

除跨国诉讼外，国际商事仲裁、调解及其他非诉方式亦可能被运用于解决消费者跨境电商争议，它们或许能在某些方面弥补跨国诉讼的缺陷，但并非解决消费者跨境电商争议的理想方式。

1）国际商事仲裁在自治、民间、专业、保密、一审终局性上具有独特优势，其裁决可在100多国家得到承认和执行。然而，仲裁裁决的跨国执行依然涉及复杂的跨国司法程序，消费者需为此支付高额的法律成本。

2）调解具有气氛友好、程序便捷、成本低廉、结果可控、可实现双赢等优点。但跨境交易当事人分处不同国家，传统调解所需的面谈等较难实施。而且调解取决于当事人

调解意愿，若一方不配合，调解协议很难达成；即使达成，调解协议亦不当然具有强制执行力。

3）各国设有消费者协会等机构受理消费者对经营者的投诉。这些机构借助其对经营者的管理权限，可为消费者争议提供解决方案，但主要针对国内消费者与经营者纠纷，其权限仅限本国经营者，解决跨境电商交易争议面临很大的局限性。

4）一些电商企业设有内部申诉机制受理顾客对交易的投诉，但争议能否顺利解决完全取决于该企业的自律性。

综上，上述方式并未给消费者跨境电商争议提供完全适当的解决办法。国际社会普遍认为，网上争议解决方式是当前解决消费者跨境电商争议较为合适的途径。

3．网上争议解决方式的应用

网上争议解决方式有效结合了传统争议解决方式的优点与信息网络技术，使得传统仲裁、调解等焕发新的生机。通过运用信息技术，跨境当事人无须面对面接触，可极大缩减跨境争议解决成本；在线信息传递快捷，可极大提高争议解决效率；而跨境电商交易当事人熟悉网络技术，能自如运用网上争议解决相关技术。网上争议解决方式深受跨境电商交易当事人欢迎，联合国国际贸易法委员会明确推荐其为解决消费者跨境电商争议的最适合方式。但它亦面临多方面挑战。

（1）结果的可执行性

对不能自动执行裁判结果的程序，须解决跨境执行机制问题，否则该体系将不具有生命力。网上交易当事人在线以电子形式达成仲裁协议，联合国国际贸易法委员会2006年《关于对〈纽约公约〉第二条第二款和第七条第一款的解释的建议》，推动各成员在仲裁协议形式、仲裁程序和执行仲裁裁决上适度放宽要求，以适应电商发展需求。

（2）地区性、全球性合作体系

跨境争议的解决必然涉及各国合作，若各国仅各自孤立采取网上争议解决，将极大制约该方式的效果，全球性或地区性网上争议解决体系是解决消费者跨境电商争议的最佳方案。联合国国际贸易法委员会第三工作组2015年第31届会议形成了《跨境电子商务交易网上争议解决：程序规则草案》（第九稿），未最后通过；之后第32届和第33届继续讨论，形成了《跨境电子商务交易网上争议解决：反映网上解决过程要素和原则的成果文件草案》，后续未就该议题继续讨论；该工作组2016年通过了《关于网上争议解决的技术指引》，是一无约束力的建议性文件。欧盟就其内部跨境电商争议解决建立了比较成熟的体系，“美洲国家网上争议解决平台”统一解决美洲国家间货物和服务销售的电子商务合同争议。

二、跨境电商网上争议解决方式

1．网上调解

（1）网上调解的含义

调解系当事人请求一名或多名第三人（调解人）协助其友好解决因合同引起或与合

同或其他法律有关的争议的过程，生活中亦称“调停”或其他类似措辞。网上调解依托互联网等信息网络技术，一方当事人向另一方发送在线邀请或向网上调解机构请求与另一方联系，提出该请求前可先向网上调解机构提交投诉。调解邀请书的内容须确定。当事方须填写表格并提交给网上调解机构。被邀请的当事方向提出邀请的当事方告知同意调解时，网上调解即告开始。

（2）网上调解的范例

1）MédiateurDuNet.fr。这是法国互联网法律论坛和法国法院的一个联合系统，其中一审法院在诉讼前或诉讼期间指引有兴趣的当事人到论坛进行自由调解。

2）亿贝网上调解实验。实验过程中收到 225 项投诉，有来自买方的，也有来自卖方的，投诉内容多为没有交货、没有付款、无法联系到另一方当事方，以及损害名誉。

3）欧盟电商消费者争议解决规则试点项目。该项目提供了具有一整套规则的多步骤网上纠纷解决程序。若争议是在网上引起，且引起争议的交易至少有一方是消费者，便可向网上争议解决平台提交投诉，平台按电子消费者争议解决规则分两步组成谈判和调解程序。

（3）网上调解使用的工具

网上调解使用的工具主要有：① 电子邮件等电子通信，如亿贝网上调解实验；② 网上解决平台；③ 两者兼用，如法国 MédiateurDuNet.fr。有的程序通过移动电话进行，当事方可用移动电话拨打一特殊号码，以启动程序。在网上调解中，一般通过技术手段提供两个通信途径：一个用于当事方和调解人进行私下对话；另一个用于与所有参与者包括调解人进行公开对话。

2．网上仲裁

（1）网上仲裁的含义

仲裁一般是指交易双方在订立合同时或在争议发生后约定，在发生争议时将有关争议交给双方同意的仲裁机构进行裁决的方式，是一种民间裁判而非国家裁判行为。网上仲裁又称在线仲裁，是指仲裁程序的全部或主要环节，依托现代信息技术在网上进行。向仲裁庭提出仲裁申请（包括仲裁协议订立）及其他仲裁程序（如仲裁案件立案、答辩或反请求、仲裁员指定和仲裁庭组成、仲裁审理和仲裁裁决的做出）主要在网上进行。网上仲裁庭可利用现代信息技术（电子邮件、网上聊天室、视频会议系统等），将位于不同国家当事人和仲裁员联系在一起，由当事各方陈述各自观点，仲裁员可向各方当事人就争议的事实和法律问题提问，仲裁庭合议裁决的做出和传递亦在网上进行。

（2）仲裁协议

仲裁协议是网上仲裁的依据。在实务中，网上商家可选择在当事各方之间订立的合同中或一份独立文件中（如适用于交易的一般条款和条件）列入仲裁协议。若仲裁协议完全是在网上订立的，例如在网上接受一般条款和条件，则可能产生的问题是，其形式是否满足《承认及执行外国仲裁裁决的纽约公约》(《纽约公约》)第二条第二款的要求，即关于书面协定的规定。

(3) 网上仲裁的范例

1）美国仲裁协会国际争议解决中心和通用电气合作项目。该项目用于在线解决制造商与供应商的争议，该网上仲裁按《美国仲裁协会商事仲裁规则》进行。

2）中国国际贸易促进委员会和中国国际商会模式。两机构于2009年采用《中国国际贸易经济仲裁委员会网上仲裁规则》，大多适用于企业与企业间大宗电商争议。

(4) 网上仲裁使用的工具

一般使用电子文档管理，是一封闭式系统，仅限当事方与仲裁员使用（即网站）或仅供仲裁机构使用（即内联网）。

1）美国仲裁协会的WebFile。这是一网上解决平台，用于提交投诉、上传和下载文件、审查案件进展情况，并通过信息中心与国际争议解决中心联系。除在网上提交申请外，客户还可付款、进行网上管理、查阅规则和程序、以电子方式传送文件、选择中立方、使用为案件专门设立的信息栏，查看案件状况。

2）国际商会2005年推出的NetCase系统。仲裁员和当事方可在网上联系，并可方便地在安全的网上环境中管理其仲裁案件。仲裁的所有参与方均可通过一个安全网站以电子方式联系，进行仲裁，在国际商会安全的网上解决平台储存和组织文件，并随时查阅其仲裁信息。NetCase系统提供一些论坛，使经授权进入各论坛的参与者能彼此联系。

3．投诉处理模式与信誉标记模式

二者属常用在线纠纷解决办法之外的模式。

(1) 投诉处理

投诉处理是一种无第三方干预的便利对消费者投诉进行谈判的程序。典型范例有：

1）eConsumer.gov（国际消费者保护和执行网的一项举措）。提供一个网上门户，使个人能就与外国公司进行的网上交易和相关交易提交投诉。

2）ECC-Net（欧洲消费者中心网）。协助消费者提出投诉并与商家达成友好解决，协助消费者通过适当机制（第三方）达成纠纷解决方案。

3）ICA-Net。这是亚洲的一种区域投诉处理机制，可接收国内消费者提出跨国界投诉，向其提供相关信息或建议，将投诉一事通知设在争议相关企业所在的另一国消费者咨询联络处，促进该企业通过该消费者咨询联络处解决争议。

(2) 信誉标记

信誉标记通常是指在网站上显示的一种形象、标识或印章，用于表示网上商家的可信度。信誉标识证明网上商家是一专业组织或网络的成员，且设有赔偿机制。

1）Better Business Bureau (BBB) Online。经认可的商家在自己网站显示BBB Online的标识，该标识连接BBB网站，消费者可预先知道哪些公司加入该方案，并了解投诉得不到内部解决时使用的赔偿机制。

2）Euro-Label。这是互联网信誉标记联盟相关成员的供应商进行的一项合作，在德国、奥地利、波兰、意大利、法国和西班牙设有网站。

3）全球信誉标记联盟和亚太信誉标记联盟等。其目的是进一步促进并加强全球信誉标记系统。

三、跨境电商网上争议解决程序

1．网上争议解决程序规则

(1) 美洲模式

专门起草了网上争议解决示范程序规则，网上争议解决服务机构按该规则解决网上争议，分网上谈判、网上调解和仲裁、裁决做出三个阶段。在网上谈判阶段买卖双方可交换信息和提议，通过电子方式谈判达成有约束力的和解方案。若不能达成和解方案，则进入网上调解和仲裁阶段，由网上争议解决服务提供者指定有资质的仲裁员对案件进行调解，在必要情况下进行仲裁，并出具裁决书。裁决书由网上争议解决服务机构以电子方式发送当事人。仲裁裁决具有终局性和约束力。

(2) 欧盟模式

对网上争议解决未制定统一程序规则，具体争议解决程序按争议方选择的争议解决机构自身程序规则进行，仅对争议解决机构规定了程序终结的一般期限，要求争议解决机构在程序启动后30日内结束该程序。

(3) 联合国国际贸易法委员会模式

起草了跨境电商交易网上争议解决程序规则，包括三个阶段。首先由争议双方进行网上谈判自行解决争议。无法达成协议则进入第三方协助下的网上调解阶段。仍未能解决争议，则有两套方案。第一套是自动转入仲裁。第二套有两种设计：一是网上争议解决程序自动终止；二是自动转入程序最后阶段，中立第三方根据当事人提交的信息评判争议，做出决定，该决定对各方当事人不具有约束力，但鼓励其遵守该决定。

统一的网上争议解决程序规则具有多重优势。首先，从争议方角度，统一规则易为争议方所了解，具有确定性和可预见性。其次，适用统一规则有利于网上争议解决服务机构公平竞争。在制定统一规则过程中，只要关注方便易行的需要，网上争议解决服务机构适用该程序规则便不会有过重负担。最后，采用统一规则，有利于控制网上争议解决进程，方便全球性网上争议解决体系管理机构对网上争议解决服务机构提供的争议解决服务进行监督。

2．网上争议解决服务机构的选择

若争议方拒绝谈判或无法达成和解协议，则案件可能转入网上调解或仲裁阶段，需网上争议解决服务机构介入。当存在多个服务机构时，需考虑网上争议解决服务机构的选择方式。美洲模式由管理机构为争议方指定网上争议解决服务机构。案件进入网上调解、仲裁阶段后，经营者所在国管理者将从备置的网上争议解决服务机构名单中选择一个网上争议解决服务机构，机构则会指定一位仲裁员。欧盟模式则由管理机构向争议方推荐，争议方协议选择网上争议解决服务机构。若争议方共同选择了一家机构，平台会自动将投诉书转交该机构；如争议方未能就选择合格的机构达成一致，则不会进一步处理投诉书，平台将告知消费者与网上争议解决促进员联系，了解其他争议解决途径。

由争议方协议选择网上争议解决服务机构时，机构的选定需各争议方同意，若各争议方不能达成一致，则无法使用网上争议解决体系解决争议。由管理机构为争议方指定网上争议解决服务机构，高效快捷，可确保争议方能使用网上争议解决体系解决争议，符合争议方快速解决网上争议的要求。选择服务机构的方式在程序规则中已列明，争议方只要将争议提交网上争议解决体系解决，即可视为其同意管理机构为争议方指定网上争议解决服务机构。

四、跨境电商网上争议解决的适用法

跨境电商交易双方很可能事先未约定争议解决的适用法，跨境电商网上争议解决究竟适用何法的确定规则应简便易行，包括程序问题和实体问题的适用法。

1．程序问题的适用法

联合国国际贸易法委员会跨境电商交易网上争议解决程序规则建议确定网上仲裁的仲裁地，以仲裁地法律为网上仲裁的程序适用法。若交易双方未约定仲裁地：有两个方案可确定仲裁地：其一是由网上争议解决机构从预先确定的清单中选择仲裁地；其二是为所有网上争议解决程序确定单一仲裁地，并在程序规则中具体指明该仲裁地。

2．实体问题的适用法

与内国诉讼机制中一般按法院地冲突法规则来确定争议的实体问题适用法不同，跨境电商争议的解决在虚拟空间进行，与特定法域无固有联系，难以确定依照哪个法域的冲突法规则。即使这一步可完成，例如按仲裁地的冲突法规则，在根据该法域冲突法规则的指引确定跨境电商争议实体问题适用法时仍面临困难。跨境电商交易存在多个连接点，如卖方住所地、买方住所地、交易平台网站注册地、供应商所在地、交易平台服务器所在地等。依何国法律对跨境电商争议进行审理，至今尚无确定规则。

就跨境电商交易网上争议的解决，简单地将内国法作为实体问题的适用法存在弊端。首先，按冲突法的方法确定实体问题的适用法极其复杂，缺乏预见性和确定性，不利于保障交易安全，增加了跨境电商交易风险。其次，即使确定了某一内国法作为实体问题的适用法，仲裁员对该内国法不尽熟悉，依该法对争议进行裁决存在困难。再次，在涉及消费者的争议中，若强制适用消费者住所地法解决相关争议，会导致经营者承担巨大商业和法律风险。网上销售商品，世界各国消费者均可购买，要求经营者了解世界各国法律的规定，中小型企业一般无法承受，且经营者会将由此产生的成本转嫁给消费者。

针对跨境电商网上争议解决实体问题适用法，在美洲模式下，仲裁员审理争议所考虑的问题包括消费者提出的要求、相关事实和情形、合同条款和内容。若解决方案无法依合同条款得出，则根据公平合理的原则。联合国国际贸易法委员会跨境电商交易网上争议解决程序规则规定，在所有案件中，中立人应根据合同条款，考虑相关事实和情形，考虑交易所适用的任何商业惯例。两者在实体问题适用法的问题上不约而同地采纳了非当地化的理论，将合同条款与公平合理、善意等一般法律原则以及商业惯例相融合，为创立解决跨境电商网上交易的独特适用法体系进行了尝试。为避免冲突法方法下复杂的法律适用问题，跨境电商全球网上争议解决体系需建立一套统一的法律规则为争议解决的适用法。统一法律规则的来源可是国际统一立法、一般的法律原则，交易惯例等。从确定性出发，可以国际统一立法为主，以一般的法律原则、交易惯例为辅。在网上争议解决机构适用统一法律规则的基础上，不断积累的判例亦可成为统一法律规则的来源。

五、跨境电商网上争议解决结果的执行机制

实践证明，网上争议解决机制须有有效争议解决结果执行机制方能持续存在。国际商事判决或仲裁裁决执行机制，均依靠法院实现争议解决结果的强制执行，程序复杂、费用高昂，且具有不确定性，无法满足跨境电商争议解决的需求。对电商争议而言，即使交易发生在本地，当事人一般也不会花费时间和金钱强制执行争议解决结果，在异地交易或跨境交易情况下，当事人更不可能到外地甚至外国去强制执行争议解决结果。若当事人不能自愿履行争议解决结果，争议解决结果又得不到强制执行，争议解决就失去了意义。

美洲模式执行机制是由经营者所在国管理者或消费者保护机构采用其认为适当的措施，促使经营者履行网上争议解决机制做出的争议解决裁决。具体包括“采用直接的强制执行措施”“由非政府、私人标准监督或执行机构请求支付网络的帮助”“将案件转交代收欠款机构”。

跨境电商争议全球性网上争议解决体系要取得最终成功，需要快捷、低成本的跨境执行机制作为保障。督促交易方自行履行争议解决结果的机制应与执行机制相结合，以前者为主要手段，以后者为最终手段。督促交易方自行履行争议解决结果的机制包括信誉标记机制等。执行机制独立于法院方有可能符合跨境电商争议解决的需求。

就督促交易方自行履行争议解决结果的机制，可考虑建立相应的全球信誉标记机制。在美洲模式下，参加国管理者（通常为该国消费者权益保护机构）鼓励国内经营者签订协议，同意将其列在美洲国家组织跨境商家与消费者交易网上争议解决体系总管理者的网站上，并通过网上争议解决体系解决争议。经营者加入全球信誉标记机制，即承诺遵守信誉标记机制的相关规则，其中包括承诺在交易方将争议提交全球性网上争议解决体系后参加争议解决程序，并自觉履行争议解决结果，若经营者违反这些义务则将被剥夺信誉标记。在跨境电商争议中，经营者常是被投诉方、争议结果履行方，通过全球信誉标记机制，在大部分跨境电商争议中，争议方参与和网上争议解决结果的履行均可得到保障。

全球性网上争议解决体系需建立独立于法院的执行机制。鉴于电商交易普遍采用第三方支付平台或信用卡付款方式，电商争议主要集中于电商经营者义务的履行，包括电商经营者未履行交货或提供货物的义务，或者履行交货或提供货物的义务不符合约定。如经网上争议解决服务机构指定的中立第三方认定经营者的违约事实，则经营者应承担损害赔偿责任。在经营者未能自觉履行支付损害赔偿款项义务的情况下，网上争议解决服务机构可考虑与电商交易网上支付机构合作，依损害赔偿金额，直接从经营者网上支付机构的账户划款，支付给申请执行方。

六、中国跨境电商网上争议解决机制

中国跨境电商网上争议解决机制分为四类：

1）网络交易平台服务提供商建立的内部投诉机制。

2）商事企业、非营利机构建立的网上争议解决服务机构。

3）专门商事仲裁机构建立的网上争议解决服务机构。这以中国国际经济贸易仲裁委员会网上争议解决中心为代表，该中心主要解决域名争议和电商争议。

4）行政机构建立的网上争议解决平台。例如，国家市场监管总局建立全国12315网上调解平台，对中国跨境电商交易网上争议解决体系完善和在全球性网上争议解决体系规则制定中掌握话语权具有重要意义。另外，一些省市市场监督管理局也建立了网上调解平台。

在美洲国家组建跨境B2C交易区域性网上争议解决体系、欧盟建立消费者争议网上解决体系、联合国国际贸易法委员会建立跨境电商交易全球性网上争议解决体系主导权的格局下，基于为中国企业（尤其中小企业）开拓世界市场、保护消费者利益的目的，中国可倡导建立亚洲网上争议解决体系，积极参与跨境电商交易全球网上争议解决体系建设，成为新规则的制定者。

第四节 跨境电商信用管理规则

著名经济学家吴敬琏曾言“现代市场经济是信用经济”，只有在一套完整严格的信用体系基础上才能建立起稳定可靠的信用关系，现代市场经济才能继续存活。跨境电商信用建设有待健全与优化。

一、跨境电商信用管理体系

跨文化跨国界的跨境电商交易面临着巨大信用考验。据亿贝统计，亿贝完成的跨国交易中，平均每100个交易会接到2.5个投诉。经营者虚假宣传、侵犯知识产权、销售假冒伪劣商品及其他欺诈行为时有发生，不利于跨境电商交易的长远发展。

以我国目前发展情况来看，跨境电商经营者信用体系有待完善，跨境电子支付存在渠道及安全问题，跨境电商信用体系脆弱，需跨地区信用体制来支持更复杂的交易环境。

当前相关法规、标准和信用体系建设有待完善，缺乏第三方信用机构对其评估和认证，执法部门应对办法不多，主要依赖跨境电商平台自身预防、监督机制，难免发生争端，而争端产生后缺少必要及时的纠纷处理机制。因此，亟待建立行之有效的信用监管制度和监管体系。㊀国内相关部门应加快电商监管信息系统与平台建设，逐步完善跨境电商诚信体系，加强对我国跨境电商平台及电商企业的规范与监管，严厉打击跨境电商中假冒伪劣及违反知识产权的交易行为和活动。同时，结合跨境电商市场环境和特征，综合全面考虑国内外知名跨境电商交易平台、国内生产制造企业、市场监管总局、海关、外汇管理局、支付服务平台、跨境物流配送等各领域的实际需求，研制跨境电商服务标准，推动跨境电商服务标准化和规范化工作，保障跨境电商健康、公平、安全、可信、正规化地发展。㊁

鼓励有条件的跨境电商平台搭建第三方认证平台，采用信用评价激励机制激励电商企业参与信用评价机制，对信用评价好的企业通过优惠政策予以奖励，弘扬诚实守信的商业理念，因势利导，逐渐建立完善的信用管理机制。参考国内行业内部信用评级制度，将跨境电商经营者登记备案，建立终身跟踪和倒逼问责机制，凡跨境电商企业虚假宣传、侵犯知识产权销售假冒伪劣商品及有其他欺诈行为损害我国跨境电商海外形象者，须予严惩。最终综合多方信用基础数据，建立跨境电商信用数据库，开发建设信用评价、信用监管和信用负面清单三方面信用管理系统，建设"来源可溯、去向可查、风险可控、责任可追"的跨境电商信用体系。

二、跨境电商信用评价体系

1. 跨境电商信用评价体系的内涵

信用评价体系是由一系列与风险评价相关的评价制度、评价指标体系、评价方法及评价标准等形成的有机整体，包含信用评价要素、指标、等级、标准、方法和权重。跨境电商信用评价体系是指在管理平台监管下，在交易完成后一定时期内，境外交易者综合考虑交易情况及其他信息进行评价。同时，信用评价数据库还收集跨境电商企业其他方面的相关信息，将上述所有信息反馈给信息处理中心。处理中心则将其转化为指标，经分析处理换算为企业（卖方）的信用综合得分，用该得分来反映其信用状况，并为其他境外用户的交易提供参考依据。综合考虑，该评价体系如图8-1所示。跨境电商信用评价体系由信息评价数据库、信息处理中心和管理平台三部分组成。"信用评价数据库"发挥基础作用，主要用于收集各种评价信息及跨境电商企业其他相关信息，这些信息会传递给信息处理中心，经处理、计算（主要通过构建指标体系和评价模型）后得出跨境电商企业综合信用得分，并将该信用评价结果反馈给数据库。"管理平台"监督和规范这些过程，并向跨境电商交易双方及其他人提供信用状况查询场所。整个体系中最核心的部分是构建出科学的信用评价指标体系。

㊀ 宗艳霞：《我国跨境电子商务发展障碍性因素及策略》，载《吉林工商学院学报》2016年第2期，第76-80页。

㊁ 关怀庆：《我国跨境电商的发展现状趋势及对策研究》，载《中国商论》2016年第1期，第50-52页。

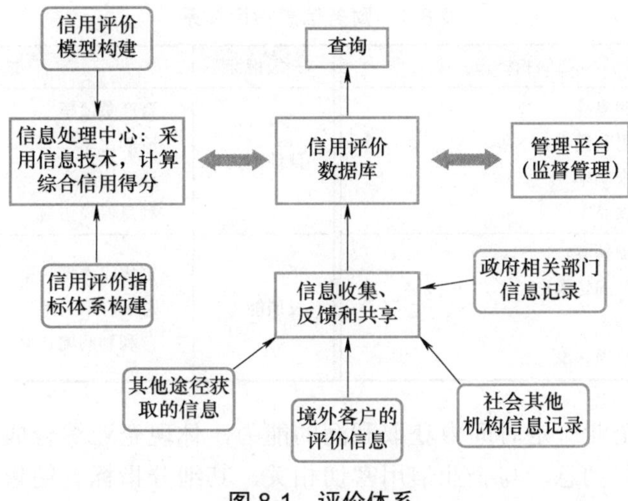

图 8-1　评价体系

2. 跨境电商信用评价指标体系的构建

评价指标是跨境电商信用评价体系不可或缺的元素，是信用评价的基础和依据。

(1) 指标选取的基本原则

1）合法性原则。跨境电商信用评价指标的选取及信用体系建立须严格遵守国家法律法规和相关政策，避开敏感信息，注重保护跨境电商企业信息。

2）科学性原则。信用评价体系的运行良好，重要前提是：指标选取有依据，后续计算分析科学严谨；各项指标之间达到较好配合，相互间既无重复和矛盾，又能在一定程度上互相促进。

3）完整性与可操作性原则。指标数量过少会使得在构建指标体系时层次过少，只能片面体现跨境电商交易的信用状况，难以保证评价结果的真实性和有用性，因此在选取时应注重指标的完整性。而选取的评价指标太多或太复杂也极为不利，会给实践操作带来很大的难度。综合考虑，选取指标要本着合理构造层次数量和指标数量的原则，为后续工作提供良好支撑。

4）定性与定量相结合原则。不能简单地将定性分析和定量分析孤立起来，应将它们有效结合。定性为基础，定量为进一步深化，主要借助定性分析把握核心内容。

5）注重我国跨境电商自身的特点。构建信用评价指标时，一定要体现出我国跨境电商的特色以及针对当前国内跨境电商交易中出现的问题，有针对性地选取指标，对症下药。

(2) 信用评价指标选取

可从定性和定量两个角度选取。定量选取财务信息指标，定性选取跨境经营情况信息、跨境交易动态信用信息、以往信用情况信息三类指标。

1）财务信息。财务信息指标可以分为四个子指标，分别是获利能力、运营能力、偿债能力、发展能力，见表 8-1。

表 8-1 财务信息指标体系

一级指标	二级指标	一级指标	二级指标
获利能力	销售利润率 成本费用利润率 总资产报酬率 净资产收益率	偿债能力	资产负债率 流动比率 速动比率 利息保障倍数
运营能力	总资产周转率 流动资产周转率 存货周转率 应收账款周转率	发展能力	销售收入增长率 总资产增长率 营利利润增长率

获利能力是指企业一定时间内获取利润的能力，体现企业综合成果，关系企业能否按时偿还当期本金和利息，与企业信用密切相关，其细分指标有销售利润率、成本费用利润率、总资产报酬率和净资产收益率。

运营能力是指企业资产转换的能力，表明企业在各项经济活动中的资产利用效率及周转速度，能较好地衡量企业生产能力和活力，可细分为总资产周转率、流动资产周转率、存货周转率和应收账款周转率。

偿债能力表明企业的债务偿还能力，可反映企业的整体信贷和融资能力，是企业能否健康持续发展的关键因素，对企业信用产生重要影响，其细分指标为资产负债率、流动比率、速动比率和利息保障倍数。

发展能力衡量企业未来成长性，一般而言，企业发展能力越强，信用会更好，可细分为销售收入增长率、总资产增长率和营业利润增长率。

2）跨境经营情况信息。跨境经营情况信息主要是从企业基础信息以及企业内外部情况对跨境电商企业信用做出相关评估，可细分为基础情况、内部管理状况和同行业跨境市场状况，见表 8-2。

表 8-2 跨境经营情况信息指标体系

一级指标	二级指标	三级指标
基础情况	基本信息	营业执照注册号 组织形式 经营范围 经营场所 注册资本 企业联系方式 注册日期 经营跨境电商年限 跨境电商网站备案信息 行政许可资质信息
	企业规模	资产总额 跨境交易的年销售额 从事跨境业务的员工数

（续）

一级指标	二级指标	三级指标
内部管理状况	企业治理	组织结构 企业文化 跨境电商管理制度 员工文化素质
	企业成长能力	企业战略规划及实施情况 行业发展前景 政策对跨境电商的支持力度
同行业跨境市场状况	跨境产品	跨境贸易产品价格 跨境贸易产品质量 跨境贸易产品创新投入 跨境产品销往的国家（或地区）
	跨境服务	售前售后服务 跨境网络服务营销能力

跨境电商企业基础情况主要涵盖基本信息和企业规模。前者包括企业营业执照注册号、组织形式、经营范围和场所、注册资本、企业联系方式、注册日期、经营跨境电商年限、跨境电商网站备案信息、行政许可资质信息等多个指标，从合法合规角度评价该企业当前基本情况。后者主要包括资产总额、跨境交易的年销售额、从事跨境业务的员工数等，主要反映企业从事跨境业务的实力。

跨境电商企业内部管理状况主要体现为企业治理和企业成长能力两方面。企业治理由组织结构、企业文化、跨境电商管理制度及员工文化素质等指标构成，而企业成长能力则由企业战略规划及实施情况、行业发展前景、政策对跨境电商的支持力度等指标构成。这些指标在一定程度上体现出跨境电商企业的信用。

跨境电商同行业跨境市场状况主要针对同行业中跨境电商交易市场，表现在向境外出售的产品及对应服务上。依境外消费者角度视角，这两方面也是体现一个跨境电商企业信誉和信用的关键。

3）跨境交易动态信用信息。跨境交易动态信用信息主要分为跨境交易信息指标、跨境服务质量指标和跨境交易安全指标，见表 8-3。

表 8-3　跨境交易动态信用信息指标体系

一级指标	二级指标	三级指标
跨境交易信息	跨境产品信息	产品种类 产品认证 产品价格及数量
	跨境交易合同信息	合同金额 合同违约条款
	跨境交易基本信息	跨境交易方式 跨境交易频率 跨境交易成功率 累计跨境交易金额 境外新客户增长率 境外老客户回头率

（续）

一级指标	二级指标	三级指标
跨境服务质量	线上沟通情况	答复客户时间 使用的语言 订单处理时间 订单履行情况
	线上投诉情况	投诉次数 投诉处理时间 投诉处理结果
	跨境物流服务信息	物流公司的选择 物流配送的方式 订单的物流追踪情况
	跨境保险服务信息	跨境保险服务供应商 退换货补偿措施 损坏损失赔偿方法
跨境交易安全	跨境交易信息安全	跨境交易平台信息注册 跨境交易平台信息认证 用户信息泄露情况 用户隐私政策
	跨境交易支付安全	支付方式 跨境支付服务提供商 跨境支付技术支持

跨境交易信息指标是指交易过程中产品、交易合同和交易基本信息，含：产品种类、产品认证、产品价格及数量，合同金额、合同违约条款，跨境交易方式、跨境交易频率、跨境交易成功率、累计跨境交易金额、境外新客户增长率及境外老客户回头率等因素。这些因素以动态方式呈现出企业跨境交易情况，有利于及时发现交易信用问题。

跨境服务质量指标是指在交易过程中卖方企业向买方提供的各种服务，线上服务包括网站沟通情况、投诉处理情况等，线下服务包括物流和保险服务情况等。具体可细分为：答复客户时间、使用的语言、订单处理时间、订单履行情况，投诉次数、投诉处理时间、投诉处理结果，物流公司的选择、物流配送的方式、订单的物流追踪情况，跨境保险服务提供商、退换货补偿措施和损坏损失赔偿方法等多项指标。

跨境交易安全指标涉及信息安全和支付安全。

4）以往信用情况信息。跨境电商企业以往信用情况信息主要由相关机关部门、社会相关机构记录来体现。这些信用信息提供者涉及法院、质检部门、市场监管部门、税务部门、海关及一些公共事业单位、社会保障机构、银行和第三方商业评级机构，通过这些单位和部门的相关记录，可提炼出准确信息，用于信用评价，见表 8-4。

表 8-4　以往信用情况信息指标体系

一级指标	二级指标	三级指标
政府部门信用记录指标	法院记录情况	企业组织机构代码 企业管理者涉案情况 企业管理者诉讼地位 判决结果

（续）

一级指标	二级指标	三级指标
政府部门信用记录指标	质检信用指标	跨境产品质量检查结果 处罚记录 质检信用等级
	市场监管信用指标	异常信息指标 处罚记录 工商年检结果 工商信用等级
	税务信用指标	偷税、漏税、欠税记录 税务信用等级
	海关信用指标	处罚记录 海关信用等级
社会相关机构信用记录	公共事业单位记录情况	电费欠费记录 水费欠费记录 电信欠费记录 其他欠费记录
	社会保障记录情况	企业员工社保情况记录 拖欠员工薪资情况
	银行记录情况	企业 / 管理者违约情况记录 企业 / 管理者抵押担保情况记录 企业 / 管理者银行信用等级
	第三方商业机构记录情况	信用评级机构 信用评级时间 信用评级结果

（3）跨境电商企业信用评价等级

企业信用评级一般采用四等十级制或三等九级制。中国互联网协会《关于开展互联网企业信用等级评价工作的通知》采用三等九级制。具体等级划分标准见表 8-5。

表 8-5　电商企业信用等级划分标准

信用等级	分数区间	信用状况	含　义
AAA	91 ～ 100	信用极好	信用程度高、债务风险小。评级对象具有优秀的信用记录，经营状况好，盈利能力强，发展前景广阔，不确定因素对其经营和发展的影响极小
AA	81 ～ 90	信用优良	信用程度较高，债务风险较小。评级对象具有优良的信用记录，经营状况较好，盈利能力较强，发展前景较广阔，不确定因素对其经营和发展的影响很小
A	71 ～ 80	信用较好	信用程度良好，在正常情况下，偿还债务没有问题。评级对象具有良好的信用记录，经营处于良性循环状态中，但可能存在一些影响其未来经营发展的不确定因素，进而影响其盈利能力和偿债能力
BBB	61 ～ 70	信用一般	信用程度一般、偿债能力一般。评级对象信用记录正常，但其经营状况、盈利能力以及未来的发展易受不确定因素影响，偿债能力有波动

（续）

信用等级	分数区间	信用状况	含　义
BB	51～60	信用欠佳	信用程度差，偿债能力不足。评价对象拥有较多的不良信用记录，未来发展前景不明朗，含有较多的投机因素
B	41～50	信用较差	信用程度差，偿债能力较弱
CCC	31～40	信用很差	信用程度很差，几乎没有偿债能力
CC	21～30	信用极差	信用极差，没有偿债能力
C	0～20	没有信用	无信用

三、跨境电商信用的监管与奖惩

跨境电商交易不可避免地会出现一些信用缺失、信用欺诈问题，既要从信用信息搜集、处理与信用评级等方面规避信用风险，还应从监管与奖惩上加强约束与激励。

1．跨境电商信用预警机制

信用预警机制是在跨境电商交易主体决策前为其预控风险，规避发生信用风险，最大限度地降低信用风险造成的损失。首先，对多次出现信用纠纷的交易主体，跨境电商信用信息系统应及时发布警告、加强监管、规范其交易行为；将其信用状况反馈至其贸易伙伴，提醒其交易伙伴注意风险防控，及早采取措施规避风险。其次，加强信用“黑名单”数据库建设。跨境电商信用系统监管部门与政府部门、行业协会、跨境电商平台、银行、金融机构等各相关方加强联动，促进相互间信用信息传递与共享，共同丰富跨境电商信用“黑名单”数据库。在跨境电商交易中，对短时间内连续多次出现信用缺失、恶意欺诈、信用纠纷的交易主体，经核实无误后，将其加入“黑名单”。及时更新信用“黑名单”数据，定期在系统网络平台内发布信用“黑名单”信息，方便跨境电商参与者及时进行风险防控。

2．信用奖惩措施

（1）信用奖励措施

积极选取多种切实有效的奖励措施，鼓励交易者积极主动地提高自身信用。

1）跨境电商信用信息系统应更人性化和个性化。当交易一方信用获得对方肯定与褒奖时，系统可给予其一定的精神或物质奖励，从而更好地调动交易者的积极性。

2）系统监管部门可在自身平台中设立优先推荐名额，在跨境电商交易中信用等级较高的参与主体将会获得优先推荐名额，在跨境同业竞争中，交易主体信用优势在增强其竞争力的同时，还能为其带来更多机会。

3）对长期信用记录良好的交易主体，系统监管部门可与海关部门合作，通过部分交易品免检免审或提供某些审查手续的价格优惠来回馈它们。

4）奖励时效须有限，有效期过后应重新评选，并随交易规模的扩大而不断增加名额，如此既能防止跨境电商参与者消极懈怠、不重信用，又能激励它们不断加强自身信用管理。

(2) 信用惩罚措施

在跨境电商信用信息系统中，仅有鼓励机制远远不够，还需一定的惩戒措施加以约束，只有奖惩并行，跨境电商交易信用才能真正从根本上得到完善。所谓信用惩罚机制，即指通过信用信息共享与传播，借助法律与社会道德，惩罚跨境电商交易中的背信者，从而提高失信行为的成本，降低信用风险。

1）对跨境电商失信者的背信行为，系统应及时予以曝光，并公开通报批评，同时将失信方信息反馈给政府部门、行业协会、跨境电商平台、银行、金融机构等各方，并在其网络平台上予以发布。

2）为惩罚跨境电商交易背信者，系统信用评级应及时下调其信用等级，并提升其信用评估频率。对跨境电商交易主体而言，信用等级降低可削弱其未来交易能力，降低其期望收益率。当交易主体失信行为所带来的效益低于失信成本时，交易主体必然选择守信策略。因此系统可通过下调其信用等级，达到约束其失信行为、提高其信用水平的目的。

3）系统监管部门、政府部门、行业协会、跨境电商平台、银行、其他金融机构等其他各相关方应相互配合，共同压制跨境电商交易中的失信行为。跨境电商平台依据交易主体失信行为的严重性，适当限制其跨境电商交易活动，失信行为情节严重者追究其法律责任；在通关检验过程中，海关部门应将其列为重点盘查对象；行业协会可在行业内部定期通报其信用信息，严格监督其信用状况；银行等金融机构可根据其信用等级高低，采借贷业务停止、结算手续延办等惩罚手段。

3．信用申诉机制

跨境电商交易中信用纠纷较为常见，跨境电商信用系统需要构建一定的申诉机制。当跨境电商交易主体对信用纠纷存在异议时，可利用申诉机制自我辩护，经信用纠纷处理部门审查取证后，做出公平裁决。信用纠纷处理部门在处理信用申诉时，应充分兼顾效率与公平，切不可片面追求审查工作的效率轻率定论，导致裁决不公；亦不可懒散拖沓，增加申诉成本。同时，信用纠纷处理部门应统一申诉标准，谨防跨境电商参与者投机。此外，在统一标准基础上，行业协会可依行业实情调整申诉流程与时序，做到标准统一、差别兼顾。⊖

扩展阅读

[1] 上海社会科学院经济研究所课题组．中国跨境电子商务发展及政府监管问题研究——以小额跨境网购为例 [J]. 上海经济研究，2014(9)：3-18.

[2] 佚名．加强跨境电子商务市场监管的思考 [N]. 中国工商报，2014-08-19(3).

[3] 杨允赟．我国跨境电子商务税收问题研究 [J]. 国际商务财会，2016(11)：69-71.

[4] 何炜．国外跨境电子商务税收发展经验对我国的启示 [J]. 中国市场，2016(36)：140-141.

[5] 张建国．海关视角下跨境电子商务的税收政策选择 [J]. 海关与经贸研究，2014 (1):

⊖ 叶悦青：《跨境电子商务信用评价体系构建研究》，浙江大学 2015 年硕士学位论文。

107-115.

[6] 刘一展．欧盟网上争议解决（ODR）机制：规则与启示 [J]. 改革与战略，2016 (2)：146-150.

[7] 薛源．跨境电子商务交易全球性网上争议解决体系的构建 [J]. 国际商务（对外经济贸易大学学报），2014(4)：140-141.

[8] 陈剑玲．论消费者跨境电子商务争议的解决 [J]. 首都师范大学学报，2012(2)：154-156.

[9] 刘爽．跨境电子商务信用信息系统构建研究 [D]. 杭州：浙江大学，2016.

[10] 叶悦青．跨境电子商务信用评价体系构建研究 [D]. 杭州：浙江大学，2015.

【课后实践】

运用跨境电商信用评价体系，评估某一跨境电商企业的信用等级。

习　题

一、填空题

1.《中华人民共和国电子商务法》第二十六条要求电商经营者从事跨境电商，应遵守 ____________ 的法律、行政法规和国家有关规定。

2. 对超过保质期或有效期、商品或包装损毁、不符合我国有关监管政策等 ____________，以及海关责令退运的跨境电商零售进口商品，按有关规定 ____________ 或者销毁。

3. 经营跨境邮件快件寄递服务的企业应建立健全并有效实施安全管理制度，认真落实 ________、________、________“三项制度”，严格遵守禁止寄递或限制寄递物品的有关规定。

4. 依财关税〔2018〕49 号文件，跨境电商零售进口商品的单次交易限值为人民币 _______ 元，年度交易限值为人民币 _______ 元。

5. 中国国际贸易促进委员会和中国国际商会于 2009 年采用《中国国际贸易经济仲裁委员会网上仲裁规则》，大多适用于 ______________。

二、选择题

1. 在跨境电商监管中，应突出规范为主的原则，坚持依法管网、以网管网、信用管网、（　　）。

A．以适用网　　B．协同用网　　C．协同管网　　D．信用用网

2.“单一窗口”平台为实现跨境电商（　　）“三流合一”提供数据技术支撑。

A．信息流　　B．数据流　　C．资金流　　D．物流

3. 跨境电商作为一种新型的商业贸易方式，具有国际化、（　　）、虚拟化等特点。

A．无纸化　　B．便捷化　　C．安全化　　D．通用化

4．参与跨境电商 B2B 出口业务的境内企业主要包括（　　）。

A．跨境电商企业　　B．跨境电商平台企业

C．物流企业　　D．海外仓企业

5．按“（　　）各负其责”的原则，明确各方责任，对跨境电商零售进口实施有效监管。

A．政府部门　　B．跨境电商企业　　C．跨境电商平台

D．境内服务商　　E．消费者

三、判断题

1．传统国际贸易由于货物所有权已转移给国内进口商，在产品质量、消费维权等方面完全可按中国的法律来落实中间商的主体责任。而对国外卖家，在身份识别、产品溯源等方面难以运用中国法律进行规范。（　　）

2．跨境电商多是境内消费者向境外企业或自然人购买商品，由于批量小、随机性强，买卖双方可通过合同方式对产品溯源做出规定。（　　）

3．电商企业虚假宣传、侵犯知识产权、销售假冒伪劣商品及其他欺诈行为时有发生，不利于电商跨境交易的成长与长远发展。究其原因，主要囿于电商经营者信用体系不完善，市场秩序比较混乱，跨境电子支付存在渠道及安全问题。（　　）

4．跨国诉讼机制适合消费者跨境电商争议的解决。（　　）

5．在跨境电商信用信息系统中，既要有鼓励机制，还要有惩戒措施，奖惩并行，才能真正从根本上改善跨境电商交易信用状况。（　　）

四、简答题

1．当前跨境电商市场里，侵犯知识产权等违法行为时有发生，海外消费投诉较多，我们应该采取哪些具体措施来实现跨境电商监管？

2．跨境电商对我国税收的冲击有哪些？

3．简述跨境电商综合试验区内的跨境电商零售出口货物有关税收政策。

4．跨境电商零售进口商品应符合哪些条件？

5．简述国内跨境电商税收政策调整的原因。

6．简述跨境电商信用评价体系。

第九章　从跨境电商到数字贸易

引　例

2017年4月敦煌网创始人CEO王树彤做客央视财经频道《对话——未来商业的N种可能》时提到，跨境电商模式必然发展到数字贸易，未来没有纯粹的电商企业，也没有纯粹的线下实体，而是跨境电商与传统外贸、线上与线下的高度融合；同时，随着消费互联网向产业互联网的转型，一般贸易线上化、交易服务平台化也成为未来的发展方向。

1. 从“相杀”到“相爱”，线上线下“跨界”融合

数字化给未来商业带来了颠覆性的变革和重构，数字贸易是经济增长的新引擎、驱动力。因此，线上线下融合是必然发展趋势，未来没有纯粹的互联网企业，也没有纯粹的传统企业。未来5～10年，传统企业将快速地走到线上，而互联网企业也不断下沉到线下，人们不再强调做线上、还是做线下，线上线下将没有界限，会是你中有我、我中有你，达到根本上的圆融统一。这样的深层融合会让每个行业出现新的冠军，整个行业生态体系也将被重塑。

2. 数字贸易生态圈赋能未来商业无限可能

全球正在掀起一场数字贸易、产业互联的深远变革，数字化为传统企业转型升级、品牌“出海”提供了机遇和动力。传统企业的触网、互联网企业的下沉，新的行业被衍生和孕育，产业链条的版图正在被重构。以数字贸易平台为核心，在上下游整合了包括商家、海关、服务商、政府、金融机构、产业带、买家、海外渠道、行业联盟等在内的新的庞大的数字贸易生态圈，这个生态圈还在不断向更广阔的领域扩展。

本章学习目标

（1）了解数字贸易的定义、分类与特征。
（2）熟悉几种常见的数字内容产品贸易。
（3）了解数字经济的内涵以及数字贸易与数字经济的关系。
（4）理解从跨境电商到数字贸易是企业转型与贸易增长的新机遇。

第一节　数字贸易概述

一、数字贸易的定义

数字贸易作为一种新型的贸易模式，目前还很少有国家将其从传统贸易中分离出来单独加以统计和研究。虽然诸多国家、组织和学者从不同角度对数字贸易进行了界定，但是其在国内外学术界还尚未形成一个公认的标准定义。

数字贸易最早起源于美国，Weber（2010）将数字贸易定义为通过互联网等电子化手段，传输有价值产品和服务的商业活动，数字产品和服务的内容是数字贸易的核心。2013年，美国国际贸易委员会（USITC）在《美国和全球经济中的数字贸易Ⅰ》中将数字贸易定义为通过网络传输而实现的产品和服务的交换活动。该定义主要强调数字贸易产品和服务必须通过互联网实现交付，排除了大部分借助互联网实现交易的实物产品。2014年USITC发布的《美国和全球经济中的数字贸易Ⅱ》中对数字贸易的内涵进行了扩充和延伸。该报告认为，数字贸易既包括服务也涉及货物，其中互联网和基于互联网的技术在产品订购、生产和交付中发挥重要作用。2017年美国贸易代表办公室在《数字贸易的主要障碍》中指出，数字贸易是一个比较宽泛的概念，它既包括在互联网上的产品销售和线上服务的提供，又包括能够实现全球价值链的数据流、实现智能制造的服务等。Deardorff（2017）认为数字贸易是一种涉及多国的贸易活动，其中所包含的某些贸易产品本身就是数字产品，或者贸易产品的订购、交付、支付或服务中的任何一个步骤或环节是通过互联网技术或数字技术来实现的。

国内方面，熊励等人（2010）认为，数字贸易是指依托互联网平台、以数字技术为主要手段，为供求双方提供交易所需的数字化电子信息的创新型商业模式。马述忠等人（2018）将其定义为通过信息通信技术（ICT）的有效使用以实现传统有形货物、新型数字产品与服务、数字化知识与信息的高效交换，进而推动消费互联网向产业互联网转型并最终实现制造业智能化的新型贸易活动，是传统贸易在数字经济时代的拓展与延伸。

本书采用熊励（2020）的定义，认为数字贸易是依托互联网为基础，以数字交换技术为手段，通过平台达成交易并实现全球数字内容产品、软件和信息服务、跨境电商等高效交换的新型贸易活动，是数字经济时代的主要贸易方式。

数字贸易是显著区别于传统贸易的新一代贸易模式，互联网基础设施和网络是全球数字贸易的重要组成部分，强调互联网、信息通信技术等数字技术在贸易中的应用，这极大地拓宽了数字贸易的边界，将所有产品和服务纳入数字贸易的范畴中，使其内涵变得更加完善且符合实际。

2019年11月，中共中央、国务院《关于推进贸易高质量发展的指导意见》正式提出要加快数字贸易发展，提升贸易数字化水平，推进文化、数字服务、中医药服务等领域特色服务出口基地建设。伴随着全球贸易数字化发展，人类社会正迈入以数字贸易为突出特征的第四次全球化浪潮，对全球供应链、产业链、价值链产生了巨大影响，国家间经济分工、贸易利益分配面临巨大挑战，新的国际规则、国际治理挑战正在到来。深入研究数字贸易发展规律、发展影响、治理模式对我国中长期经济增长、国家竞争力提升有着重大意义。

商务部：积极推动加快数字贸易发展

在2020年9月10日商务部举行的新闻发布会上，新闻发言人高峰表示，2020年以来，商务部会同相关部门研究数字贸易制度框架，提出数字贸易工作计划，积极推动加快数字贸易发展。

高峰介绍，作为新兴贸易形态，商务部将会同有关部门，就数字贸易政策问题开展深入研究，设计好政策框架和具体举措，为数字贸易发展创造良好的政策环境。2020年年初，商务部会同中央网信办、工业和信息化部，根据综合评估遴选了首批12家数字服务出口基地，支持和指导这些基地先行先试，在数字贸易实践中推动完善数字贸易政策和制度。

高峰表示，下一步，商务部将会同中央网信办等部门，继续推进全面深化服务贸易创新发展试点工作，把数字贸易作为新一轮试点的重要内容，指导有关试点地区积极开展探索，不断优化数字资源配置，激发我国数字经济和贸易发展潜力。

（资料来源：央视新闻，2020-09-10）

二、数字贸易的分类

1．数字内容产品贸易

数字内容产品是对现代信息技术文字、图像、声音、影像等内容进行整合的产品或服务，涉及大众生活、娱乐、教育、文化等各个方面。数字内容产品贸易是指依托各类营销渠道向用户提供数字内容产品的贸易，是数字产品贸易中最具活力和最具创造性的新兴业态。数字内容产品包括数字音乐、数字游戏、数字视频、数字出版等。数字内容产品贸易的主要方式有品牌授权、衍生开发和衍生销售。例如，动漫衍生产品就包括带有动漫形象标志的服饰、学习用品等。

数字内容产品的核心是基于内容的产品数字化和服务数字化，并涉及终端、内容、渠道和技术等。其中：终端包括计算机、手机、电视、平板电脑及其他智能终端；内容包括文字、软件、图像、音乐、视频等；渠道包括互联网、有线电视、无线电视、卫星通信、数字广播、移动通信等；技术则涵盖内容制作、格式化、特效处理、版权交易、内容分发管理、授权交易以及衍生开发等。下面介绍几种典型数字内容产品的贸易。

(1) 数字音乐

数字音乐主要是指用数字格式存储，可以通过网络来传输的音乐，并且无论被下载、复制、播放多少遍，其品质都不会发生变化，具有技术性、准确性、拓展性、便捷性等特点。数字音乐的跨境贸易主要采用购买音乐曲库和音乐版权的形式，用户可以在线上购买付费音乐或购买实体专辑，如录制的歌曲、音乐会等。近年来随着互联网的不断渗透，我国数字音乐用户不断增长。《2021年中国数字音乐行业分析报告》显示，截至2020年3月，我国网络音乐用户规模达6.35亿名，占网民整体的70.3%；手机网络音乐用户规模达6.33亿名，占手机网民的70.5%。2019年我国数字音乐市场规模为664亿元，2021年达到800亿元以上。

(2) 数字游戏

数字游戏即以数字技术为手段设计开发，并以数字化设备为平台实施的各种游戏。

数字游戏的跨境贸易形式主要是售卖游戏版权，包括互联网提供的格式完整的游戏、附加内容的下载和订阅，游戏涉及移动应用游戏、社交网络游戏、其他在线和基于云的游戏以及电子运动。数字游戏相对于传统游戏，具有跨媒介特性和历史发展性等优势，无论游戏发展到何种境地，只要继续采用数字化的手段，就可称之为数字游戏。其中的视频游戏是指通过终端屏幕呈现出文字或图像画面的游戏方式，将游戏限定于凭借视频画面进行展示的类别。随着技术的发展，数字游戏将逐渐超越视频的范畴，朝更为广阔的现实物理空间和赛博空间（cyberspace）发展。

赛博空间

赛博空间（cyberspace）是哲学和计算机领域中的一个抽象概念，是指在计算机以及计算机网络里的虚拟现实。“赛博空间”一词是控制论（cybernetics）和空间（space）两个词的组合，是由居住在加拿大的科幻小说作家威廉•吉布森（William Gilbson）在1982年发表于 *omni* 杂志的短篇小说《全息玫瑰碎片》*Burning Chrome* 中首次创造出来，并在后来的小说《神经漫游者》中被普及。

如今赛博空间已经不再是计算机领域中的一个抽象概念，随着互联网的普及，生活中到处都可以看到它的影子，其中最有代表性的就是网络游戏。美国有一款非常流行的网络游戏叫作《第二人生》，游戏里有和真实世界几乎一样的社会体系，各种司法机构、服务设施和商业组织应有尽有，它们的功能就和真实世界的一样。在很多人眼里，游戏中的世界就是另一个真实的世界。就像它的名字一样，这款游戏正在成为很多人的“第二人生”。

(3) 数字视频

数字视频就是先用摄像机之类的视频捕捉设备，将外界影像的颜色和亮度信息转变为电信号，再记录到储存介质（如录像带）所形成的数字文件。数字视频的跨境贸易主要采用跨境直播、电影和电视剧相关版权的交易等形式。数字视频简单地说就是以数字形式记录的视频，领先的在线视频提供商能够将其内容（包括来自广播电视、有线电视、电影、体育赛事、音乐、视频和用户生成的短片视频等内容）的服务范围扩展到不断增多的跨境用户群体，也能够通过社交媒体渠道来满足移动受众的需求。

(4) 数字出版

数字出版是指利用数字技术进行内容编辑加工，并通过网络传播数字内容产品的一种新型出版方式。目前数字出版产品形态主要包括电子图书、数字报纸、数字期刊、网络原创文学、网络教育出版物、网络地图、网络动漫、数据库出版物、手机出版物（彩信、彩铃、手机报纸、手机期刊、手机小说、手机游戏）等。数字出版产品的传播途径主要包括有线互联网、无线通信网和卫星网络等。其中电子图书是数字出版的主要形式，除了纯文本格式外，也提供FB2、HTML、CHM、PDF、EPUB、MOBI等其他形式，用户在电子图书网站上购买即可。

2．软件和信息服务贸易

软件和信息服务贸易包括软件贸易，以及搜索引擎、社交媒体、云计算、通信服务等信息服务贸易。

(1) 软件贸易

软件贸易是指软件的进出口，主要包括软件产品进出口和信息技术外包两大类。软件的跨境贸易形式主要是专利、商标、专有技术和相关服务的交易，其中专有技术是软件贸易的重要内容。软件产品进出口主要是软件通过光盘等载体进行贸易，或者通过互联网下载客户端，并经过授权获得使用权。常见的信息技术外包涉及信息技术设备的引进和维护、通信网络的管理、数据中心的运作、信息系统的开发和维护、备份和灾难恢复、信息技术培训等，目前，数字技术的应用以及软件开发模式的改变对软件贸易产生了较大影响，出现了许多新形式、新业态。

(2) 搜索引擎

搜索引擎是根据用户需求与一定的算法，运用特定策略从互联网检索出定制信息并反馈给用户的一门检索技术。搜索引擎服务通过为用户提供免费服务来获取用户量，在拥有一定用户规模的基础上再通过各种形式的广告来获取收益。一些搜索引擎还通过竞价排名服务来获取收益。搜索引擎依托于多种技术，如网络爬虫技术、检索排序技术、网页处理技术、大数据处理技术、自然语言处理技术等，搜索引擎技术的核心模块一般包括爬虫、索引、检索和排序等，同时可添加其他一系列辅助模块，以为用户创造更好的网络使用环境。

(3) 社交媒体

社交媒体是指互联网上基于用户关系的内容生产与交换平台。社交媒体是人们彼此之间用来分享意见、见解、经验和观点的工具和平台，现阶段主要包括社交网站、微博、微信、博客、论坛、播客等。社交媒体主要通过平台服务、广告收入以及品牌服务的增值服务来获取收益。社交媒体平台以及移动设备的日益普及已经改变了用户接受信息的方式，社交媒体具有提升产品质量、提供优秀的客服渠道、创造消费者真正需要的产品、消费者可自主控制社交关系、免费接触大型企业、大型企业可借社交媒体提供有趣的资讯、用户主宰内容和互动等优势。

(4) 云计算

云计算是分布式计算的一种，指的是通过网络云将巨大的数据计算处理程序分解成无数个小程序，然后，通过多部服务器组成的系统处理和分析这些小程序得到结果并返回给用户。现阶段所说的云服务已经不单单是一种分布式计算，而是分布式计算、效用计算、负载均衡、并行计算、网络存储、热备份冗杂和虚拟化等计算机技术混合演进并跃升的结果。云计算服务的主要类型有三类，即基础设施即服务（IaaS）、平台即服务（PaaS）和软件即服务（SaaS）。与传统的网络应用模式相比，云计算具有高灵活性、可扩展性和高性比等特点。

(5) 通信服务

通信服务使得消费者可以远程访问数字贸易的产品和服务。通信服务产业是建立在完整的通信网络的基础上，通信网络的建设往往需要耗费大量的投资，这使通信产业初始固定成本很高，而一次通信服务增加的边际成本却很低，这就要求通信服务企业的规模足够大，才能实现规模经济、降低成本。随着向终端用户提供的通信服务的复杂化程度日益增加，用户访问这些服务所需的连接设备的数量迅速增多，各种新型的互联网连接设备也不断被推出，使得数字贸易涉及的领域越来越广泛。

3．跨境电商

与数字内容产品贸易以及软件和信息服务贸易不同的是，跨境电商的重点在实物贸易。数字贸易与跨境电商的关系主要体现在以下两个方面：

1）作为数字贸易的有机组成部分，跨境电商会助推数字贸易时代的早日到来。电商特别是跨境电商作为数字贸易的重要组成部分，已经逐渐展现其旺盛的生命力。未来，随着云计算、大数据等数字技术的广泛应用，跨境电商的分析、预测、运营能力将得到大幅提升。原来以货物交易活动为主的跨境电商，将不断拓展其商务活动半径，整合传统产业链，推动生产、贸易活动的数字化、智能化转型。

2）作为新型贸易活动，数字贸易是跨境电商未来发展的高级形态。现阶段的跨境电商仍然处于数字贸易的初级阶段，产业的垂直整合力度不够。而数字贸易并不只是简单的货物交易活动，它突出强调数字技术与传统产业的融合发展，将实现制造业的智能化升级作为最终目标。因而，数字贸易是跨境电商未来发展的更高目标。

三、数字贸易的特征

1．数字贸易的内在属性

1）虚拟化。数字贸易的虚拟化属性具体表现在三个方面：①生产过程中使用数字化知识与信息，即要素虚拟化；②交易在虚拟化的互联网平台上进行，使用虚拟化的电子支付方式，即交易虚拟化；③数字产品与服务的传输以虚拟化的方式进行，即传输虚拟化。

2）平台化。在数字贸易中，互联网平台成为协调和配置资源的基本经济组织，不仅是汇聚各方数据的中枢，更是实现价值创造的核心。平台化运营已经成为互联网企业的主要商业模式，越来越多的传统企业致力于通过平台化转型提升竞争力。

3）集约化。数字贸易能够依托数字技术实现劳动、资本、技术等生产要素的集约化投入，促进研发设计、材料采购、产品生产、市场营销等各环节的集约化管理。一些企业纷纷将智能化作为重点发力对象，建立“互联网+”平台，以准确反映市场需求变化，实现按需生产的集约化生产模式。

4）普惠化。在传统贸易中处于弱势地位的群体，在数字贸易中能够积极、有效地参与到贸易中并且从中获利。数字技术的广泛应用大大降低了贸易门槛，中小企业、个体商户和自然人都可以通过互联网平台面向全国乃至全世界的消费者。

5）个性化。随着个人消费者越来越多地参与到数字贸易中，个性化的需求也越来越受到重视。商家很难再依靠标准化的产品与服务获利，根据消费者的个性化需求提供定制化产品与服务成为商家提升竞争力的关键。如今消费者的选择非常多样化，长尾选品（原来不受重视的销量小但种类多的产品或服务）的销量增长明显。

6）生态化。数字贸易背景下，平台、商家、支付、物流、政府部门等有关各方遵循共同的契约精神，平等协商，沟通合作，共享数据资源，共同实现价值的创造，形成了一个互利共赢的生态体系。

2．数字贸易的突出特征

（1）贸易方式的数字化

贸易方式的数字化是指信息技术与传统贸易开展过程中各个环节深入融合、渗透，如电子商务、线上广告、数字海关、智慧物流等赋能贸易，从而带来贸易效率的提升和成本的降低，表现为传统贸易方式的数字化升级。

（2）贸易对象的数字化

贸易对象的数字化是指数据和以数据形式存在的产品和服务贸易，一是研发、生产和消费等基础数据，二是图书、影音、软件等数字产品，三是线上提供的教育、医疗、社交媒体、云计算、人工智能等数字服务，表现为贸易内容的数字化拓展。

数字贸易的突出特征如图 9-1 所示。

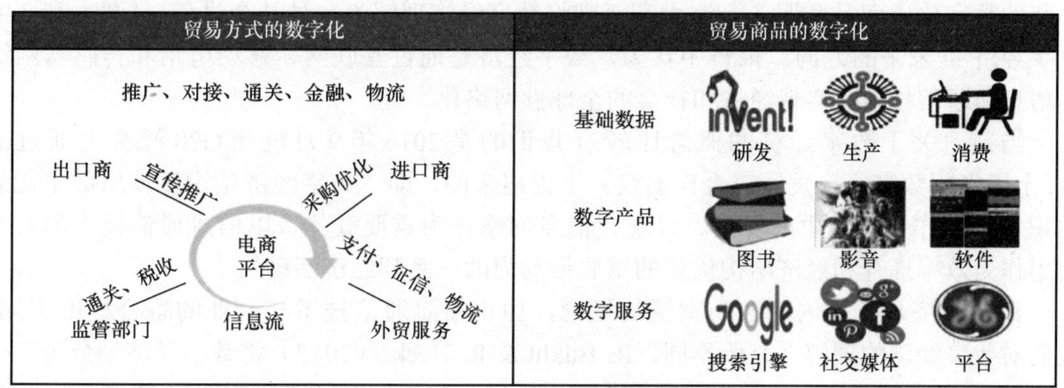

图 9-1　数字贸易的突出特征

（资料来源：中国信息通信研究院，2019）

第二节　数字经济与数字贸易

一、数字经济的内涵

1．数字经济的概念

数字经济（digital economy）的概念是伴随互联网和信息数字化的出现而出现的。在我国，数字经济首次写入2017年《政府工作报告》，党的《十九大报告》提出“供给侧结构性改革深入推进，经济结构不断优化，数字经济等新兴产业蓬勃发展”。2019年、2020年数字经济连续两年被写入《政府工作报告》。

国际上，数字经济最早由美国IT咨询专家唐•泰普斯科特（Don Tapscott）在其1996年出版的《数字经济：网络智能时代的希望和危险》一书中提出，他认为，在传统经济中，信息流是以实体方式呈现的，在新经济中，信息以数字方式呈现，因此数字经济基本等同于新经济或知识经济。自从数字经济概念出现后，各国政府为促进数字经济发展，开始对数字经济概念进行界定。1997年5月，日本通产省在相关报告中将数字经济定义为具备如下四种特征的经济形态：没有人员、物体和资金的物理移动的经济是可能的；合同的签订、价值转移和资产积累可用电子手段完成；作为经济基础的信息技术将高速发展；电子商务将广泛拓展，数字化将渗透人类生活的各个方面。日本政府基本将数字经济描述为广义的电子商务。

1999年6月，美国商务部发表了《新兴数字经济》报告，报告中把电子商务以及使电子商务成为可能的信息技术产业看成是数字经济的两个方面。美国对于数字经济的概念侧重于将数字经济视作可测量的电子商务与信息技术产业之和。英国则侧重从产出的角度理解数字经济。英国研究委员会认为数字经济是通过人、过程和技术发生复杂关系而创造社会经济效益。英国经济社会研究院认为数字经济是指各类数字化投入带来的全部经济产出。数字化投入包括数字技能、数字设备（软硬件和通信设备）以及用于生产环节的数字化中间品和服务。澳大利亚则将数字经济理解为一种社会进程。《澳大利亚的数字经济：未来的方向》报告中认为，数字经济是通过互联网、移动电话和传感器网络等信息和通信技术，实现经济和社会的全球性网络化。

当前，关于数字经济的概念比较有共识的是2016年9月杭州G20峰会上通过的《二十国集团数字经济发展与合作倡议》上提出来的，即“数字经济是指以使用数字化的知识和信息作为关键生产要素、以现代信息网络作为重要载体、以信息通信技术的有效使用作为效率提升和经济结构优化的重要推动力的一系列经济活动”。

数字经济是一个内涵较为宽泛的概念，由于信息通信技术与产业的融合程度不同，人们对数字经济的理解亦有所不同。R. Bukht & R. Heeks（2017）将数字经济划分为三个层次：第一层是核心层，称之为（IT/ICT）领域，包括硬件制造、软件和IT咨询、信息服务、电信；第二层是窄口径，称之为数字经济，包括电子业务、数字服务、平台经济；第三层是宽口径，称之为数字化经济，包括电子商务、工业4.0、精准农业、算法经济。分享经济和零工经济介于窄口径和宽口径的数字经济之间。

中国信息通信研究院（2017）指出，在我国，多把数字经济划分为数字产业化即狭义的数字经济与产业数字化即广义的数字经济两种类型。数字产业化等同于传统的信息产业，包括国民经济行业分类中的电子及通信设备制造业，电信、广播电视和卫星传输服务业，互联网和相关服务业，软件和信息技术服务业。由于信息技术与国民经济其他产业部门的融合不断加深，在传统产业产生数字经济活动，这部分就是产业数字化或数字经济融合部分。

与R. Bukht & R. Heeks的划分相比，数字产业化大致相当于数字经济的核心层，产业数字化大致相当于窄口径的数字经济与宽口径的数字经济之和。不同国家、不同国际组织、不同机构在其研究或国民经济统计中会采取不同的口径，由于 IT 或 ICT 产业具有更清晰的边界，因而核心层的数字经济或数字产业化的范畴应用更为普遍。

2．数字经济的基本特征

随着以大数据、云计算、物联网、移动互联网、人工智能为代表的新一代信息技术的成熟和产业化，数字经济重新进入高速增长的轨道，新产品（服务）、新业态、新模式不断涌现。数字经济受到三大定律的支配。第一个定律是梅特卡夫定律：网络的价值等于其节点数的平方。所以网络上联网的计算机越多，每台计算机的价值就越大，“增值”呈指数形式变大。第二个定律是摩尔定律：计算机硅芯片的处理能力每 18 个月就翻一番，而价格以减半数下降。第三个定律是达维多定律：进入市场的第一代产品能够自动获得 50% 的市场份额，所以任何企业在本产业中必须第一个淘汰自己的产品。达维多定律体现的是网络经济中的马太效应。这三大定律决定了数字经济具有以下基本特征：

1）快捷性。首先，互联网突破了传统的国家、地区界限，被网络连为一体，使整个世界紧密联系起来，把地球变成一个“村落”。其次，突破了时间的约束，人们的信息传输、经济往来可以在更小的时间跨度上进行。最后，数字经济是一种速度型经济。现代信息网络可用光速传输信息，数字经济以接近于实时的速度收集、处理和应用信息，节奏大大加快了。

2）高渗透性。迅速发展的信息技术、网络技术，具有极高的渗透性功能，使得信息服务业迅速地向第一、第二产业扩张，使三大产业之间的界限模糊，出现了第一、第二和第三产业相互融合的趋势。

3）自我膨胀性。数字经济的价值等于网络节点数的平方，这说明网络产生和带来的效益将随着网络用户的增加而呈指数形式增长。在数字经济中，由于人们的心理反应和行为惯性，在一定条件下，优势或劣势一旦出现并达到一定程度，就会不断加剧而自行强化，出现“强者更强，弱者更弱”的“赢家通吃”的垄断局面。

4）边际效益递增性。这主要表现为：一是数字经济边际成本递减；二是数字经济具有累积增值性。

5）外部经济性。网络的外部性是指每个用户从使用某产品中得到的效用与用户的总数量有关。用户人数越多，每个用户得到的效用就越大。

6）可持续性。数字经济在很大程度上能有效杜绝传统工业生产对有形资源、能源的过度消耗，避免造成环境污染、生态恶化等危害，实现社会经济的可持续发展。

7）直接性。由于网络的发展，经济组织结构趋向扁平化，处于网络端点的生产者与消费者可直接联系，而降低了传统的中间商层次存在的必要性，从而显著降低了交易成本，提高了经济效益。

3．数字经济的关键要素

数字经济是继农业经济、工业经济之后的一种新的经济社会发展形态，已成为转型升级的重要驱动力，也是全球新一轮产业竞争的制高点。数字经济以数据作为关键生产要素、以信息网络作为重要载体，通过网络和信息技术的有效应用，推动各领域数字转型，实现价值增值和效率提升。

数字经济更容易实现规模经济和范围经济，日益成为全球经济发展的新动能。与农业经济、工业经济一样，数字经济活动也需要土地、劳动、资本、技术等生产要素和相应的基础设施与之配套。与以往不同的是，其中很多要素都需要数字化，且会产生数据这一新的生产要素。

(1) 数据成为驱动经济增长的核心生产要素

大数据和云计算等的融合推动了物联网的迅速发展，实现了人与人、人与物、物与物的互联互通，导致数据量呈现爆发式增长。全球数据增速符合“大数据摩尔定律”，大约每两年翻一番。庞大的数据量及其处理和应用需求催生了大数据概念，数据日益成为重要的战略资产。美国政府认为，大数据是“未来的新石油”，是“陆权、海权、空权之外的另一种国家核心资产”。数据甚至被认为已经超过石油的价值，成为数字经济中的“货币”。

数据如同农业时代的土地、劳动力，如同工业时代的技术、资本，已成为数字经济时代的生产要素，而且是最核心的生产要素。数据驱动型创新正在向经济社会、科技研发等各个领域扩展，成为国家创新发展的关键形式和重要方向。

(2) 数字基础设施成为新基础设施

在工业经济时代，经济活动架构在以铁路、公路和机场为代表的物理基础设施之上。数字技术出现后，网络和云计算成为必要的信息基础设施。随着数字经济的发展，数字基础设施的概念更广泛，既包括了信息基础设施，也包括了对物理基础设施的数字化改造。简单来讲，数字基础设施是指至少有一个部分包含信息技术的基础设施，一般包括两种：混合型和专用型。混合型数字基础设施是指增加了数字化组件的传统实体基础设施。例如，安装了传感器的自来水总管、数字化停车系统、数字化交通系统等。专用型数字基础设施是指本质就是数字化的基础设施，如宽带、无线网络等。这两类基础设施共同为各领域数字经济的发展提供了必要的基础设施条件。

(3) 数字素养成为对劳动者和消费者的新要求

在农业经济和工业经济时代，对消费者的文化素养基本没有要求，对劳动者的文化素养虽然有一定要求，且往往也是局限于某些职业、岗位。但是，在数字经济条件下，数字素养成为劳动者和消费者都应具备的重要能力。

随着数字技术向各领域渗透，劳动者越来越需要具有“双重”技能——数字技能和专业技能。但是，各国普遍存在数字技术人才不足的现象，40% 的公司表示难以找到它们需要的数据分析人才。所以，具有较高的数字素养成为劳动者在就业市场胜出的重要因素。

对消费者而言，若不具备基本的数字素养，将无法正确地运用信息和数字化产品、服务，成为数字时代的“文盲”，所以数字素养被联合国认为是数字时代的基本人权，是与听、说、读、写同等重要的基本能力。所以，提高数字素养既有利于数字消费，也有利于数字生产，是数字经济发展的关键要素和重要基础之一。

二、数字经济与数字贸易的关系

1. 数字经济是数字贸易发展的基础

数字经济注重通过数字化基础设施与设备以及能改造数字化生态系统的技术来实现数字的转化。数字化基础设施与可数字化技术是核心，二者作用于数字经济后，促进互联网平台的发展与数字贸易的产生。按照美国国际贸易委员会（USITC，2014）的观点，数字经济本身就包括了以电子商务形式存在的贸易方式，而且数字化信息的网络传输本身只要涉及交易，就已经属于数字贸易的内容了。

数字贸易之所以兴起，根本原因是技术创新所引发的生产组织形态变革。这一变革的典型体现在通信技术与互联网技术上，这些技术日益推广并深刻影响与改变着传统经济范式下的生产与生活方式，包括大数据、云计算和AI等在内的数字技术从制造业扩散到服务业，乃至社会生活的各个领域，为传统贸易向数字贸易转变奠定了坚实的基础。数字经济是土壤，以此为基础，衍生出数字贸易。

2. 数字经济与数字贸易都是生产性现代服务业

数字经济和数字贸易并不是一种独立的经济形式，它们依然是为传统三大产业生产率提升服务的，离开了对三大产业的生产性服务，数字经济和数字贸易本身就成了无源之水、无本之木。这意味着不论是数字经济还是数字贸易，都是以经济活动的效率提升和结构优化为目的的生产性现代服务业。毫无疑问，体育、娱乐等大量非生产性服务业尽管也具有交易价值，也是现代经济中的重要产业分支，甚至具有更适合数字经济时代信息数字化网络传播的特点，但却不是我们在这里所强调的数字经济和数字贸易的核心内容。数字经济和数字贸易之所以是生产性的，是因为它们被当作生产过程的中间投入品而计入生产成本并最终在销售收入中得到补偿；而它们之所以是现代服务业，则是因为它们与传统服务业明显不同，是有形的服务过程，在这个过程中生产和消费是可以分离的，是可以存储的，因而也是可以贸易的，所有权还是可以转移的（江小娟，2011）。

三、数字经济在国民经济中的地位

国家工业信息安全发展研究中心发布的《2020—2021年度数字经济形势分析》认为，2020年，面对突如其来的新冠肺炎疫情，数字经济展现出强大的发展韧性，实现逆势增长，为世界经济复苏、增长注入重要动力。其数字经济的活力表现在：数字基础设施高速泛在化，天地空一体化网络融合发展；数据要素的价值日益凸显，数据开发利用水平不断加深；数字产业化保持快速增长，疫情推动在线服务加速普及；产业数字化发展全面提速，各领域数字化转型加快推进；数字政府发展向纵深推进，政府数字化领导力日益提升；数字治理规则侧重规范化，部分领域已达成全球性共识；国际合作联盟化趋势凸显，双循环新发展格局正在形成。据《中国互联网发展报告2020》，2019年我国数字经济增加值规模达35.8万亿元，占GDP总量达到了36.2%，已稳居世界第二位，受益于数字技术，企业极大地提高了生产力并且降低了成本，数字贸易在国内创造的经济效益已达3.2万亿元。如果充分利用数字贸易，到2030年我国数字贸易出口价值预计将增长

207%，达到 5 万亿元。

浙江省将数字经济列为“一号工程”，提出大力发展以数字经济为核心的新经济，加快构建现代化经济体系。2020 年 12 月 24 日，浙江省率先公布了全国第一部《浙江省数字经济促进条例》，并于 2021 年 3 月 1 日开始实施。2021 年 1 月，《上海市国民经济和社会发展第十四个五年规划和二〇三五年远景目标纲要》中明确提出，2025 年上海数字经济增加值占全市生产总值（GDP）比重预期将超过 60%。

随着数字经济的加速发展，互联网企业日益壮大，属于数字经济范畴的企业在所有企业中所占的比重越来越大，数字经济在国民经济中的地位不断提升。2007 年第四季度的世界 10 家市值最大的公司中，只有微软 1 家是数字经济企业，到 2017 年第四季度则有苹果、Alphabet（谷歌的母公司）、微软、亚马逊、脸书、腾讯、阿里巴巴七家公司是数字经济企业。世界市值最大的前 10 家公司变化见表 9-1。

表 9-1 世界市值最大的前 10 家公司变化

排名	2007 年第四季度		2017 年第四季度	
	公司	市值（百万美元）	公司	市值（百万美元）
1	中国石油	723 952	苹果	868 880
2	埃克森美孚	511 887	Alphabet	727 040
3	通用电气	374 637	微软	659 910
4	中国移动	354 120	亚马逊	563 540
5	中国工商银行	338 989	脸书	512 760
6	微软	333 054	腾讯	493 340
7	俄气（Gazprom）	329 591	伯克希尔·哈撒韦	489 490
8	皇家壳牌	269 544	阿里巴巴	440 712
9	AT&T	252 051	强生	375 360
10	中国石化	249 645	摩根大通	371 050

（资料来源：Wikipedia 词条“List of public corporations by market capitalization”）

另根据普华永道发布的《2020 全球市值 100 强上市公司排行榜》，全球市值最高的 10 家公司分别是沙特阿美、微软、苹果、亚马逊、Alphabet、阿里巴巴、脸书、腾讯、伯克希尔·哈撒韦、强生。这里除了排第一位的沙特阿美是石油和天然气企业，排在第 2 ～ 9 位的均为数字经济企业，数字经济企业的竞争力进一步提升。

阅读材料

浙江省数字经济促进条例（节选）

——2020 年 12 月 24 日浙江省第十三届人民代表大会常务委员会第二十六次会议通过

全文共分九章，第一章总则，第二章数字基础设施，第三章数据资源，第四章数字产业化，第五章产业数字化，第六章治理数字化，第七章激励和保障措施，第八章法律责任，第九章附则。下面选编第四章数字产业化和第五章产业数字化的内容。

第四章 数字产业化

第二十三条 本条例所称数字产业化，是指现代信息技术通过市场化应用，形成电子信息制造业、软件和信息技术服务业、电信广播卫星传输服务业和互联网服务业等数字产业。

第二十四条　省人民政府应当根据全球数字经济的技术、产业发展趋势，结合本省数字产业发展水平和各地区经济禀赋差异，统筹规划全省数字产业发展，通过提升产业链、保障供应链安全、培育产业集群等方式，促进产业协同创新和供应保障，提高数字产业整体竞争力。

第二十五条　县级以上人民政府及其有关部门应当按照全省数字产业发展要求，结合本地区实际，通过规划引导、政策支持、市场主体培育等方式，重点推动集成电路、高端软件、数字安防、网络通信、智能计算、新型显示、新型元器件及材料、网络安全等产业发展，促进云计算、大数据、物联网、人工智能等技术与各产业深度融合，培育区块链、量子信息、柔性电子、虚拟现实等产业发展。

第二十六条　省人民政府及其有关部门应当推动国家和省实验室、重点实验室、技术创新中心、制造业创新中心、企业技术中心等科技创新平台和大型科技基础设施建设，支持科研机构、高等院校、企业参与建设有关平台和设施。

利用财政性资金或者国有资本购置、建设大型科学仪器设施的，应当在保障安全规范的前提下，为科研机构、高等院校、企业等开展创新活动提供共享服务。省科技主管部门应当建立大型科学仪器开放共享平台，为仪器设施共享提供信息发布、使用预约等服务。

鼓励、支持企业加强信息技术和产品研发，加大资金投入，加强人才引进和储备，培育研发机构，提升研发能力。

县级以上人民政府及其科技等部门应当培育和发展数字产业技术交易市场，促进技术转让、创新成果转化和产业化。

市场监督管理部门、司法机关等应当完善知识产权领域的区域和部门协作机制，建立健全知识产权快速维权体系，提供境内外知识产权维权援助。

第二十七条　县级以上人民政府及其有关部门应当采取措施，培育多层次、递进式的数字产业企业梯队，形成大中小微企业协同共生的数字经济产业生态。

鼓励和支持企业、科研机构、高等院校及其他单位或者个人创建数字经济领域科技企业孵化器、大学科技园和众创空间等线上线下创新创业平台。

鼓励提供数字产业化服务的第三方机构，为数字产业相关企业引进落地、融资增资、股改上市、平台化转型、跨境并购和合作等提供服务，推动数字产业发展。

第五章　产业数字化

第二十八条　本条例所称产业数字化，是指利用现代信息技术对工业、农业、服务业等产业进行全方位、全角度、全链条改造，提高全要素生产率，实现工业、农业、服务业等产业的数字化、网络化、智能化。

第二十九条　县级以上人民政府经济和信息化主管部门应当推动企业实施制造装备、生产线、车间、工厂的智能化改造和产品智能化升级，推进网络化协同、个性化定制、柔性化生产、共享制造等智能制造和服务型制造。

县级以上人民政府应当通过服务指导、试点示范、政策支持等方式，加大对工业互联网发展的支持力度，推进行业级、产业链级、区域级、企业级等工业互联网平台建设及应用，推动工业技术软件化，促进大型企业开展研发设计、生产加工、经营管理、销售服务等集成创新，降低中小企业使用工业互联网成本，推动中小企业普及应用工业互联网。

鼓励和支持企业主动上云、深度用云，提升生产和管理效能。

第三十条　县级以上人民政府及其有关部门应当推进旅游、健康、家庭、养老、教育等生活性服务业数字化，推动数字技术和生活性服务业深度融合，丰富服务产品供给，促进生活消费方式升级。

县级以上人民政府及其有关部门应当通过培育服务业数字化转型试点等方式，推进研发设计、现代物流、检验检测服务、法律服务、商务咨询、人力资源服务等生产性服务业数字化，提升生产性服务业智能化、网络化、专业化水平。

县级以上人民政府及其有关部门应当通过建设数字文化创意产业试验区等方式，推进网络视听、数字影视、数字动漫、网络游戏、数字广告、互动新媒体等数字文化创意产业发展。

第三十一条　县级以上人民政府及其有关部门应当通过示范带动、技术指导、政策支持等方式，推广农业物联网应用，加快农业生产、农产品加工、农产品流通领域大数据基础和应用平台建设，加大农村仓储、物流、冷链设施建设支持力度，提升农业农村数字化、网络化、智能化改造和应用水平。

第三十二条　县级以上人民政府及其有关部门应当推进移动支付在全省域范围内的普及应用，有关国家机关、企事业单位、社会组织履行公共管理和公共服务职能时，应当推广应用移动支付，并鼓励市场主体应用移动支付。

省地方金融监督管理部门应当会同中国人民银行、银保监会、证监会等有关机构制定相关政策，引导和支持现代信息技术在支付结算、信贷融资、保险业务、征信服务等金融领域融合应用，推动金融业数字化发展。

第三十三条　县级以上人民政府及其有关部门应当制定相关政策，引导和支持电子商务发展，促进跨境电商综合试验区建设，提升跨境电商普及应用水平，推广新零售，发展电子商务新业态新模式，推进数字生活新服务。

第三十四条　县级以上人民政府及其有关部门应当通过政策支持、市场主体培育等方式，促进互联网平台经济发展，推动建设产业互联网平台，完善工业、农业、服务业等互联网平台经济支撑体系，促进产业优化升级。

鼓励和支持工业信息工程企业、科研机构、高等院校及其他主体提供产业数字化转型第三方服务，加强对产业数字化转型的技术支撑保障，推动产业数字化转型。

鼓励互联网平台、提供产业数字化转型服务机构与中小微企业建立对接机制，针对不同行业的中小微企业需求场景提供数字化解决方案。

第三十五条　县级以上人民政府及其有关部门应当完善开发区（高新区）、小微企业园、农业产业园等各类园区的数字基础设施，提升园区数字化管理服务功能，加强现代信息技术在园区的融合应用，支撑园区内企业数字化转型和数字产业集聚发展。

第三节 从跨境电商到数字贸易：企业转型与贸易增长的新机遇

一、数字贸易是跨境电商发展的数字化趋势

1．企业跨境贸易方式的数字化

信息技术对传统国际贸易最直接的影响就是信息传输方式的改变，外贸企业间信息传输效率和质量大幅提升。从信息获取角度看，网络搜索引擎、数字广告已经成为外贸企业获取国际市场信息的重要渠道。传统模式下，企业新进入某一个国家的市场或与新的客户开展贸易需要提前进行市场调研，以便充分了解市场行情、政策波动、客户资信等信息，降低外贸风险。信息技术的发展，使得企业能通过网络获取海外全方位的资讯，“走出去”的信息搜索成本大幅降低。从信息输出角度看，网络为企业提供了更廉价和高效的市场宣传方式，外贸企业纷纷投放线上广告和开设虚拟网店，打造通往国际市场的跳板。物理时空的空间到场硬约束与固定时间规制硬约束被打破，买卖双方不再需要在规定时间、规定现实地点完成交易，国际贸易出现无限可能。

2．跨境电商综合服务的数字化

贸易方式数字化的关键在于资金流、物流与信息流的有机结合。物流是跨境电商发展的前提基础。不同于国内物流，跨境物流距离远、时间长、成本高，还涉及目的国清关（办理出关手续）等相关手续，这中间的种种难题令众多卖家伤透了脑筋，各种花样繁复的物流方式也让卖家云里雾里。随着跨境电商的发展，物流模式逐步形成。目前，国际小包仍是主要的跨境电商零售（B2C）物流方式，据不完全统计，中国出口跨境电商70%的包裹是通过邮政系统投递。邮政网络基本覆盖全球，物流渠道广泛，主要得益于万国邮政联盟和卡哈拉邮政组织。资金流是跨境电商发展的重要支撑。跨境电子支付业务发生的外汇资金流动，必然涉及资金结售汇与收付汇。从支付业务发展情况看，我国跨境电子支付结算的方式主要有网上支付（包括电子账户支付和国际信用卡支付，适合小额的跨境零售）和银行汇款（适合大金额的跨境交易）。

3．跨境电商政务监管的数字化

为适应贸易方式的数字化，政府部门简政放权、优化外贸政府服务，为跨境电商发展提供坚实的基础。截至2020年年底，中国累计建设105个国家级跨境电商综合试验区。综合试验区通过构建信息共享体系、金融服务体系、智能物流体系、电商诚信体系、统计监测体系和风险防控体系，以及“线上综合服务平台”平台和“线下综合园区”平台等“六体系两平台”。其中，政府部门扮演重要角色，包括建立跨境电商新型监管制度，建立“线上综合服务平台”综合监管服务平台，建立跨境电商统计监测体系等，极大地推动了“关”“税”“汇”“检”“商”“物”“融”一体化，实现跨境电商自由化、便利化、规范化发展。

二、跨境电商与数字贸易发展目标相同

1. 跨境电商与数字贸易在融合中发展

跨境电商出现之初，更多强调商品交易主体通过互联网实现跨境商品交易活动，随着数字技术与传统产业的融合发展，跨境电商逐渐打上数字贸易的诸多烙印，且数字化特征越发显著。数字贸易出现初期的表现形式也可以视为跨境电商范畴，随着自身的发展与演变，其内涵与外延均超出了跨境电商。跨境电商与数字贸易都衍生于数字化基础，数字化基础又依托互联网、信息和通信技术。跨境电商强调通过互联网实现跨境商品交易，数字贸易则强调数字形态的跨境商品交易。

跨境电商与数字贸易同样在电子商务腾飞、传统国际贸易方式疲软的双重作用下出现与发展起来，最终目标都是推动经济与社会发展与进步。跨境电商与数字贸易依托信息技术，都受新兴技术影响。近几年，物联网、大数据、云计算、移动互联网、人工智能、区块链等新兴技术不断涌现，这些新兴技术的完善与融合发展促进了跨境电商与数字贸易的升级。跨境电商与数字贸易都需要这些新兴技术，将其有效地应用到自身实践中，成为跨境电商与数字贸易发展战略的重要组成。

2. 跨境电商与数字贸易具有相同的发展目标

跨境电商产生于互联网经济发展与传统国际贸易方式增长乏力的背景下，更强调商品交易活动从线下转移到线上，通过互联网平台实现商品的跨境交易活动。跨境电商属于电子商务与国际商务的结合体，涉及商品种类多种多样，但并非所有商品都适合跨境电商交易模式，跨境电商属于一个微观的商品经济交易范畴。数字贸易关注贸易经济范式，是一个偏中观的经济范畴。数字贸易强调通过数字化的经济范式实现商品贸易活动，既包括国内商品贸易，也包括国际商品贸易。数字贸易并不将国内商品数字贸易与国际商品数字贸易割裂来看，而是将国内商品数字贸易与国际商品数字贸易作为整体来谈论。更显性地看，数字贸易更加突出数字化的国际商品贸易活动，所涉及的商品类型范畴更加广阔，并不存在类似跨境电商的商品类型限制，数字贸易能够涵盖可以数字化的所有商品交易类型。

三、数字贸易是企业转型与贸易增长的新机遇

1. 数字贸易有利于国际贸易弱势群体广泛参与

国际贸易弱势群体指的是相对于规模庞大的企业而言，在传统国际贸易中容易被忽视的贸易群体，如中小企业。目前，尽管部分贸易弱势群体的产品和服务质量很高，但却因信息不对称、贸易成本过高等问题难以进入国际市场。数字贸易的发展则为贸易弱势群体进入国际市场开辟了新渠道。数字贸易能有效弱化信息不对称，降低贸易弱势群体进入国际市场的门槛，进而使得各国贸易弱势群体能够广泛地参与国际贸易并从中获利。

2. 数字贸易有利于拓展对外贸易的组织形态

目前，数字贸易已培育出多种贸易新业态和新模式：一方面，数字贸易背景下，碎片化的订单、个性化的需求使得跨境电商这种贸易新业态蓬勃发展；另一方面，数字贸

易促进了多种产业深度融合，催生了包括采购、仓储、加工、配送和信息服务在内的一体化供应链管理模式。数字贸易对培育贸易新业态新模式具有重要意义，在未来，对外贸易的业态和模式将朝着更开放、更融合的方向发展。

3．数字贸易为发展中国家带来新的发展机遇

数字贸易源于国际贸易，经历了货物贸易到服务贸易再到数字贸易的发展阶段。传统贸易由区域型发展到全球型，主要驱动力来自于运输工具的创新和通信技术的革命，由此带来投资全球化。数字贸易将推动全球化向更高阶段发展，降低贸易门槛、带来新的分工、创造新的发展机会，发展中国家也可能从中获益。

1）为发展中国家中小企业融入全球市场提供机会。贸易方式数字化使得国际贸易的开展更为便利、高效，降低了贸易的成本，发展中国家中小企业将有更多的机会将其商品出口到国际市场，这些国家参与全球化的程度将进一步加强。

2）为发展中国家经济社会数字化转型助力。数字贸易发展有助于发展中国家引进全球范围内的优质数字服务，加快本国数字化转型进程，提升产业的国际竞争力。

3）为发展中国家提供参与数字化分工的机会。随着微笑曲线变得更陡峭，价值链前后端的数字服务将产生更多的分工机会，发展中国家有望更广泛地参与数字服务的全球分工，实现经济增长。

4）为发展中国家“换道超车”提供了新的可能。当前，5G、大数据、云计算、人工智能等关键数字技术和服务方兴未艾，对经济社会各领域的影响不断加大。发展中国家大力发展数字经济、加强关键技术领域研发创新，同样有可能在新的领域中取得一定优势。

4．数字贸易是企业转型与贸易增长的新机遇

数字贸易的产生源于数字经济的发展和全球化分工。新一代信息通信技术（ICT）的发展使得不同经济主体间紧密联系，形成更高效、更频繁的分工、协同和共享关系。物理商品交易变得更加高效、有序、广泛，传统企业特别是中小企业获得了更多参与贸易的机会；数字商品的可贸易程度大幅提升，催生出一系列新模式和新业态。信息技术、互动关系、商品流动如图 9-2 所示。

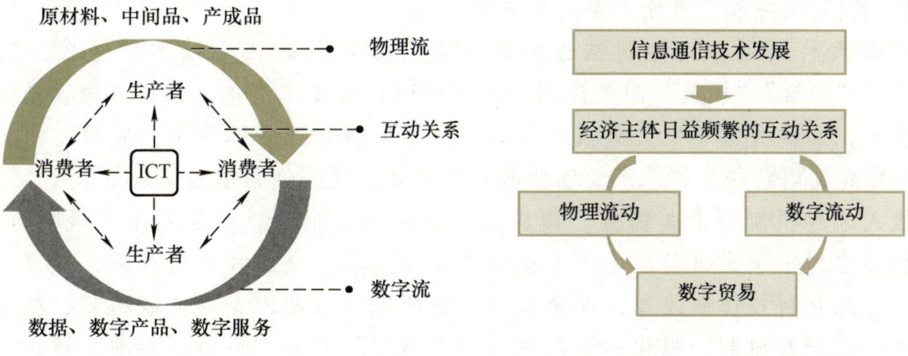

图 9-2　信息技术、互动关系、商品流动

（资料来源：中国信息通信研究院，2019）

数字贸易所反映的全球传统贸易的转型，可以理解为跨境电商，具体反映在普惠贸易、贸易碎片化、市场细分，以及中小企业、消费者参与全球贸易。数字贸易有利于推动传统外贸企业战略转变，将核心业务转移至跨境电商，推动传统外贸企业市场方向转变，外贸企业应当果断调整市场方向，努力开拓新的市场，以“一带一路”倡议为契机，积极拓展以非洲、东盟为代表的新兴市场。支持企业拓展海外业务布局，增设海外机构和业务网点，鼓励企业在科技资源密集的国家和地区设立海外研发中心，加快融入国际创新体系。

阅读材料

从跨境电商到数字贸易的升级，浙江是如何打造全球数字变革高地的？

浙江省2020年生产总值达64 613亿元，增长3.6%，人均生产总值超过10.5万元，城乡居民人均可支配收入分别为62 699元、31 930元，增长4.2%和6.9%，城乡居民收入比缩小到1.96 ∶ 1。“十三五”规划主要目标指标进展顺利，全省经济实力、科技实力、综合实力、人民生活水平跃上新台阶。

步入2021年，浙江省提出，要在“十四五”时期，争创社会主义现代化先行省。到2035年，基本实现高水平现代化，成为新时代全面展示中国特色社会主义制度优越性的重要窗口。为了实现这一目标，进一步推动科技创新和打造数字变革高地，将成为浙江引领未来发展的第一动力。浙江省委书记袁家军接受《人民日报》、央广网、《经济日报》等多家媒体专访时，也表达了浙江践行“八八战略”，奋力打造“重要窗口”，开启争创社会主义现代化先行省新征程的决心，并就“浙江打造全球数字变革高地”相关目标和举措进行了解读。

袁家军提出，浙江省将深入实施人才强省、创新强省首位战略，深化探索新型举国体制浙江路径，加快建设“互联网+”、生命健康、新材料三大科创高地。

聚焦重大科创平台，加快建设创新策源地。以杭州城西科创大走廊为主平台建设创新策源地，谋划打造综合性国家科学中心和区域性创新高地。全力支持之江实验室、西湖实验室建设国家实验室，争创国家重点实验室，加快组建甬江、瓯江等一批省实验室，构建新型实验室体系。提高高校创新能力，支持浙江大学、西湖大学打造国家重大战略科技力量。制定实施基础研究十年行动方案。

聚焦重大科创项目，协同推进科研攻关。打好关键核心技术攻坚战，实施“尖峰”“尖兵”“领雁”“领航”四大计划，迭代梳理科研攻关清单，推行“揭榜挂帅”等科研攻关模式，加快突破一批关键核心技术。更好发挥企业主体作用，完善技术创新中心体系，大力建设创新联合体、产业创新服务综合体，提高创新链整体效能。

聚焦人才和机制两个关键点，集成政策优化创新生态。深化实施“鲲鹏行动”、青年英才和万名博士集聚行动，为人才提供全生命周期、全过程优质服务，建设全球人才“蓄水池”。深化科技体制改革，健全鼓励基础研究和原始创新的体制机制，构建绩效导向的科技资源配置机制，强化知识产权全链条保护。开展“科技创新鼎”评选，激励各地“比学赶超”抓科技创新。

袁家军还指出，这些年，浙江大力实施数字经济“一号工程”取得明显成效、主要指标全国领先，“最多跑一次”改革和政府数字化转型走在前列。

下一步，浙江将建立主要领导亲自抓的强有力工作机制，推进治理体系和治理能力现代化，形成“重要窗口”标志性成果，成为全球数字变革高地。数字变革不仅会对生产方式产生革命性的变化，也会对生活方式，对社会的治理，特别对政府本身的执政方式、行政方式带来大的变革，所以浙江今年提出要打造数字变革高地，推动数字化改革，在这个领域能够率先探索新的路子。

浙江要打造全球数字变革高地，下一步将如何推进？

袁家军表示，这些年，浙江大力实施数字经济“一号工程”取得明显成效，主要指标全国领先，“最多跑一次”改革和政府数字化转型走在前列，打造全球数字变革高地具有坚实基础。在目标定位上，推进治理体系和治理能力现代化，形成“重要窗口”标志性成果，成为全球数字变革高地。在主要任务上，深入推进数字政府建设，加快实施数字经济“一号工程”2.0版，加快推进数字法治。在工作机制上，将建立主要领导亲自抓的强有力工作机制，迭代完善目标体系、工作体系、政策体系、评价体系。

最后，袁家军介绍：“第一，从一般的以数字技术应用为主，要转到数字创新的策源为主，更大地加强基础性投入，形成原创性的产业、技术和产品。第二，要从消费互联网向工业互联网迭代升级，需要工业大脑再加未来工厂的模式。第三，要进一步推动企业上云，推动数字化向智能化的方向为主。第四，从原有的跨境电商向数字贸易中心这样一个更高层次的方面去转变，它不仅仅是做贸易，包括制度规则的制定。第五，由原来少数大企业引领到越来越多大企业构建数字化创新联合体。”

（资料来源：汇编自新闻联播、《经济日报》、城市大数据运营等）

习　题

一、填空题

1. 数字贸易是依托互联网为基础，以 ＿＿＿＿＿＿ 为手段，通过平台达成交易并实现全球数字内容产品、软件和信息服务、＿＿＿＿＿＿ 等高效交换的新型贸易活动。

2. 数字内容产品贸易是指依托各类 ＿＿＿＿＿ 向用户提供 ＿＿＿＿＿ 的贸易，是数字产品贸易中最具活力和最具创造性的新兴业态。

3. 数字内容产品的核心是基于内容的产品数字化和服务数字化，并涉及终端、内容、渠道和技术等。数字音乐、＿＿＿＿＿、数字游戏和 ＿＿＿＿＿ 是几种典型数字内容产品的贸易。

4. 数字经济是指以使用数字化的 ＿＿＿＿＿ 作为关键生产要素、以 ＿＿＿＿＿＿ 作为重要载体、以信息通信技术的有效使用作为效率提升和经济结构优化的重要推动力的一系列经济活动。

5. 数字贸易所反映的全球 ＿＿＿＿＿ 的转型，将有利于推动传统外贸企业战略转变，将核心业务转移至 ＿＿＿＿＿。

二、选择题

1．数字内容产品不包括（　　）。

A．数字音乐　　B．搜索引擎　　C．数字游戏　　D．数字出版

2．（　　）指出计算机硅芯片的处理能力每18个月就翻一番，而价格以减半数下降。

A．梅特卡夫法则　　B．达维多定律　　C．吉尔德定律　　D．摩尔定律

3．2020全球市值100强上市公司排行榜中，全球市值最高的公司是（　　）。

A．微软　　B．沙特阿美　　C．苹果　　D．亚马逊

4．关于数字经济的概念比较有共识的是（　　）年9月G20杭州峰会上通过的《二十国集团数字经济发展与合作倡议》上提出来的。

A．2015　　B．2016　　C．2017　　D．2018

5．（　　）率先公布了全国第一部数字经济促进条例。

A．浙江省　　B．上海市　　C．广东省　　D．北京市

三、判断题

1．数字内容产品包括数字音乐、数字游戏、数字视频、数字出版等。数字内容产品贸易的主要方式有品牌授权、衍生开发和衍生销售。（　　）

2．贸易方式的数字化是指数据和以数据形式存在的产品和服务贸易。（　　）

3．随着数字技术与传统产业的融合发展，跨境电商逐渐打上数字贸易的诸多烙印，且数字化特征越发显著，但跨境电商与数字贸易发展目标不尽相同。（　　）

4．数据如同农业时代的土地、劳动，工业时代的技术、资本一样，已成为数字经济时代最核心的生产要素。（　　）

5．数字经济是数字贸易发展的基础，数字经济与数字贸易都是生产性现代服务业。（　　）

四、简答题

1．简述数字贸易的虚拟化、平台化及集约化属性。

2．简述数字贸易的突出特征。

3．如何理解数据成为驱动经济增长的核心生产要素？

4．为什么说跨境电商与数字贸易具有相同的发展目标？

5．如何理解数字贸易是企业转型与贸易增长的新机遇？

第十章　跨境电商案例分析

案例一　跨境电商助力“中国制造”走向“中国品牌”

乐歌人体工学科技股份有限公司（以下简称乐歌）是一家以线性驱动为核心技术，围绕健康办公、智慧家居领域，为全球用户提供更加健康、舒适、安全、高效的整体智能解决方案的高新技术企业，主要产品以智能升降桌、电动升降学习桌、升降电动床、智慧升降台、运动椅为主。公司起步于 2002 年，经过 20 年的发展，已成为集市场调研、产品企划、研发设计、供应链管理、生产制造、渠道建设、品牌营销和售后服务于一体的全价值链业务模式的平台型、创新型企业，在国内、国外双循环发展格局下，积极践行高质量发展道路。

乐歌拥有 10 年跨境电商、8 年海外仓的运营经验，境外线上销售规模领先同行业公司，亚马逊等电商平台销量保持优势地位，公司独立站“flexispot.com”在全球线性驱动应用产品垂直类独立电商网站中处于第一梯队。截至 2021 年上半年，乐歌在中国、美国、德国、日本拥有全资子公司 19 家；在全球拥有 14 个海外仓，总面积达 16.16 万 m^2；在我国的宁波、广西以及越南设立制造基地；同时分别在宁波、深圳设立了两个技术研究院。目前，乐歌在国内线性驱动健康消费品市场占有率第一，是全国制造业单项冠军企业。

一、坚持自主研发，在设计贴牌（ODM）中形成生产与供应链优势

乐歌创始人早年对全球宏观形势和外部环境进行了分析和研判，整合供应链，实现了国内核心制造、海外外围制造的模式。多年来，乐歌坚持研发新产品、新工艺、新技术、新应用，形成技术储备的同时不断推陈出新。在关键领域的技术上补短板，先后研发了高速精密传动线性驱动技术、无接触式心率测控技术、地形自适应调平、遇阻回退、敲击控制、语音控制等，其中多项技术全球首创。随着各国健康消费理念的深入普及，人体工学家居行业发展迅速。以线性驱动智慧办公和居家升降系统为代表的健康消费产品在智慧城市、智能工厂、医疗、金融、IT、电竞等专业领域被广泛应用。

随着 ODM 规模的扩大，乐歌先后在我国的宁波、广西和越南布局建设了三大制造中心，现已具备世界最大的线性驱动核心部件产能，并持续进行数字工厂的改造，以实现产能的扩大和生产效率的提升，满足柔性生产需要。乐歌建立和完善了供应链管理，在保持线性驱动核心技术处于行业领先地位的同时，不断强化生产和供应链优势。在质量得到市场的广泛认可后，乐歌借助亚马逊等第三方平台，市场占有率不断提升。

二、借助独立站和海外仓，创建多元化营销网络，持续提升自有品牌经营（OBM）占比

凭借多年来在ODM中所积累的研发设计、生产制造方面的优势，2013年乐歌的跨境电商事业开始切换到发展自主品牌的道路上来，其特有的运营模式是自建海外仓和独立站，延长和完善了跨境电商产业链。海外仓可以有效解决配送效率低的问题，发展独立站，可以帮助企业更加贴近客户，了解需求，发挥直接面对消费者（DTC）的优势，有助于数据化用户画像和应用场景分析，深化用户洞察能力。乐歌逐渐形成了以独立站为主、第三方平台为辅，2C为主、2B为辅的跨境电商模式，不断提升自主品牌销售占比，获取全价值链的利润。

公司依托极强的产品需求挖掘和开发能力，不断推陈出新，以更优的产品为品牌赋能，使公司的产品始终处于行业前列，提升公司健康办公、智慧家居产品品牌在消费人群中的认知度和美誉度，实现业务收入的持续增长。

目前，乐歌的自主品牌在第三方平台上同品类的搜索中排列靠前，品牌黏性持续增强，并有了良好的溢价能力，乐歌自主品牌业务持续提升，截至2021年上半年，乐歌自主品牌销售收入占比为64.88%。

1. 线上直营与分销

线上销售实现主要通过自运营B2C网站和大型电商平台如亚马逊、亿贝等双管齐下。根据不同电商平台的经营特点，公司线上销售以M2C直营模式为主，分销模式为辅。M2C直营模式下，公司作为产品制造商通过电商平台直接面向最终消费者，减少了中间环节，通过纵向一体化既实现了公司效益最大化，也提升了消费者购买及售后体验。公司在亚马逊等平台均以M2C直营模式为主。公司线上M2C直营模式销售流程主要包括：客户通过平台下单购买，并通过网络支付手段进行支付，公司在确认支付后向客户寄送商品并提供售后服务。公司电商平台及其他线上分销商之间的合作以分销模式为主，即主要由公司将产品销售给分销商，再由其通过自身平台销售给最终消费者，并负责向消费者寄送商品。

2. 自有品牌与线下贴牌

公司积极尝试境外自主品牌产品的多渠道销售模式，主要通过独立站广告营销、新媒体KOL推广、参加展销会或主动联络的方式向境外现有及潜在客户进行产品及设计研发、生产制造能力的展示，由客户认可、挑选后进行下单。公司针对不同细分目标客户群体拓展销售渠道，推出多种个性化产品，提升品牌的知名度。此外，公司与全球优秀的品牌商、零售商、批发商合作，产品已通过相关检验，进入家乐福等大型连锁超市进行销售。线下销售客户主要为长期合作的品牌商、大型连锁零售商、批发商，采用ODM销售为主，销售市场主要为北美及欧洲。

三、乐歌的经验启示：乐歌由ODM到OBM的发展路径

乐歌在ODM阶段，持续提高自身研发设计与制造能力，并逐步发展自主品牌，实现

向价值链高端迈进。为深入培植自主品牌优势，乐歌从渠道、品牌、产品等多方面提供支撑。

乐歌强化渠道建设，线上线下有效融合。除了借助第三方电商平台，乐歌较早地运营了独立站，充分发挥DTC优势，深化用户洞察能力，不断创新基于线性驱动的新品类应用，凸显产品创新优势，提高自己的定价权与利润率。

从品牌知晓度和美誉度上，乐歌在推广自主品牌初期，重金塑造了品牌形象，深入消费者心中，快速打开知晓度。产品和服务更是作为走自主品牌道路的核心，乐歌对多年所积累的研发设计优势、生产制造优势等进行了有效转化。此外，乐歌自建海外仓，有效解决配送效率低的问题，提升了客户体验。

案例二　传统外贸企业在微笑曲线上的占位与跃升——宁波豪雅集团外贸转型升级路径

宁波豪雅集团（以下简称豪雅集团）借助互联网时代的触网经济，从销售渠道的占位开始，沿着海外仓储物流基地建设、线上营销渠道开拓、供应链整合、全球客户体验提升、产品研发和设计、自主品牌树立和推广的转型升级路径，在微笑曲线上不断攀升，成为传统外贸企业转型升级为大型跨境电商外贸企业的典型案例。

一、豪雅集团简介

豪雅集团于1998年由吴威先生在宁波创立，是以跨境B2C电商为核心，以创新科技为驱动的互联网零售企业。公司以“为全球消费者提供高性价比的产品和服务”为使命，在传统外贸领域深耕20余年，并于2011年在海外全面布局跨境电商零售业务。目前，豪雅集团已在北美洲、大洋洲、西欧和东欧等地区自主投资建立海外仓，并拥有海内外员工1000余人。

豪雅集团是浙江省电子商务促进会副会长单位，同时也是宁波市跨境电子商务协会常务副会长单位。近些年，伴随着跨境电商产业的迅速发展，公司每年的销售业绩一直保持着快速增长。豪雅集团现已成为宁波跨境电商行业的领军企业。

出色的业绩和对跨境电商行业的贡献，让豪雅集团先后获得了“商务部国家级优秀海外仓”“浙江省跨境电商百强企业”“浙江省重点跨境电子商务服务企业”“宁波市跨境电商优秀海外仓”“宁波市跨境电商标杆企业——最具影响力跨境电商企业”等荣誉称号。

二、豪雅集团的转型升级路径

豪雅集团成立初期，立足于日用品出口业务的开发。经过将近10年的稳健发展，公司的业绩与规模逐步提升。2008年，金融危机席卷全球。由于国外客户把控着销售渠道和定价权，一定程度上造成了公司订单减少、货款支付延误。为了破除贸易桎梏，豪雅把传统外贸平台前移，积极地在海外建立本地化销售团队，租赁海外物流仓库，实现本地化的批发渠道的开发。但这些举措仍然受到了许多客观市场因素的制约，如当地国家进口货物清关问题、货币贬值问题、市场秩序不规范问题，以及当地人的信誉问题等，同时中国品牌的知名度专业渠道的推广比较难，认知度还比较低，这些因素造成“中国产品和品牌”的输出不是一蹴而就的事情，需要企业进一步进行市场推广和长期的投入。

转型升级的困难并没有使豪雅人停下脚步。2008年—2011年，在把传统外贸平台前移的过程中，公司也接触到了众多从事跨境电商零售业务的客户。这些客户的业绩增加十分快速，其发展历程让豪雅人认识到跨境电商零售的潜力。经过大量的海外市场调研和科学的战略规划，豪雅集团于2011年开始“触网”，步入跨境电商时代。

1．豪雅集团转型升级的起点：占位销售渠道

事件：

2011年开始，豪雅集团依托B2B2C模式，在采购、运营、仓储、发货等关键环节加大投入力度，通过进驻亚马逊、亿贝、Wish等知名第三方网络零售平台和公司自建站进行产品零售。同时，公司积极开发高性价比产品，提高线上线下服务质量，加快物流快递速度，这些战略举措让公司运营的网络店铺成为跨境网络零售平台上的明星店铺。公司的自建站也凭借着更优的视觉设计、更贴近当地人生活需求等优势，在北美、西欧等地区获得了首批“忠实客户”，这让集团的多渠道发展战略走得更加坚定。

未来几年，豪雅集团将通过持续的资本投入对自建站（自主销售平台）进行推广，并在平台上进行全球招商。公司拥有的专业化电商运营团队、位于世界各地的智能仓储物流基地、快速便捷的配送服务等优势资源，能够更好地帮助企业实现对平台入驻商的一站式服务。

评述：

豪雅集团依托B2B2C战略模式，从2011年起布局跨境电商，通过第三方网络零售平台与自建平台，进行渠道占位；并通过提升服务质量、加快智能物流仓储基地建设等举措来助力营销能力提升。

作为传统外贸企业，豪雅集团正逐步摆脱国际渠道商对产品销售的控制。多渠道销售的战略部署让豪雅集团把经营领域前移至终端客户，并向着“无界零售”又迈近了一步，这也是豪雅集团转型升级的关键切入点。

2．豪雅集团转型升级的基础：提升客户体验

事件：

从2012年开始，豪雅集团积极打造出一支精通多国语言的客服团队。团队中既有来自全国各大知名高校的外语类人才，又有熟悉当地消费习惯的外国人才。豪雅集团的“贴心顾问们”全年365天、全天16小时在线，把消费者的每一次问询都当作知心朋友间的倾诉，全力解决消费者在线购物环节中遇到的不同问题。

借助公司自主研发的ERP、WMS、CRM等信息化管理系统，来自世界各地的客户订单被快速分配到公司的海外仓储物流中心。整个过程反应快速、运转精准。同时，豪雅集团与众多国际知名快件物流公司达成了战略合作，不断优化配送服务，让“最后一公里”不再是服务难题。这些先进且全面的IT系统也让集团可以满足不同消费者的个性化需求。

目前，豪雅集团的海外仓储物流中心已覆盖北美、西欧等地区，公司的配送服务也已经实现全年365天无休。这些提升客户体验的举措是豪雅集团转型升级的基础。

评述：

豪雅集团推行的设立海外仓、布局海外配送市场、本地化经营等举措，有效提升了消费者的购物体验，增强了线上销售渠道的客户黏性。同时，客服团队不仅提升了客户的满意度，还能深入了解客户需求，为销售渠道后端生产厂商以及自己品牌产品的设计提供实时、第一手的用户需求信息。

3．豪雅集团转型升级的核心：整合供应链

事件：

豪雅集团在2006年引入信息化管理系统，依托自主培养的专业IT研发团队，逐步打通了产品设计、生产、出运、报关、仓储、销售、配送和售后等各个环节，实施产品流、物流、单证流、资金流和信息流“五流合一”的高效管理模式，实现了整体供应链可视化、管理信息化、仓储物流智能化，极大地降低了成本，提高了效率，提升了用户体验。

公司通过全球供应链生态体系的基础设施、无界零售网络平台、大数据服务以及专业的运营团队，为客户提供一站式海外电子商务运营服务。目前，豪雅集团已经能够帮助工厂把其优势产品快速地推向市场，并且利用销售人员反馈的信息帮助工厂改进产品。未来，集团将孵化更多的中国企业“出海”，助力全球零售行业成长。

评述：

豪雅集团通过供应链整合，打通了产品从厂家到销售终端的通道；并利用消费者市场的第一手资料信息反馈，提高了产品二次研发和畅销产品升级打造的水平。制造厂家可以通过豪雅集团的供应链系统，提升自身的竞争力。同时，豪雅集团的自建零售平台也将获得更多优质的品牌产品，双方将成为稳定的利益共同体。

4．豪雅集团转型升级的跃升：产品研发设计与品牌化

事件：

从2014年开始，集团引进国内外产品研发和创新设计人才，设立产品研发总部，并对海外市场主流销售产品进行科学细分，结合零售市场消费者的需求信息反馈，大力开发畅销产品。

数据分析团队和产品研发团队通过关注海外流行趋势，以前瞻性视角和科学的数据反馈为依据，结合商品特色，指定组合商品策略、提升商品视觉感知、加速商品在线周期运转，最终实现品牌和销售业绩的双赢。目前，豪雅集团在海外注册的商标已达12个。在集团所有的销售产品中，自主品牌产品占比超过80%。

评述：

2011年以前，豪雅集团作为传统的外贸企业，由于国际销售商掌握着销售渠道和定价权，一直走“贴牌”之路。2011年之后，布局跨境电商使豪雅集团拥有了自己的销售渠道与营销推广，并能获取第一手的市场信息，有机会推广自己的品牌和产品设计，实现在转型升级之路上的跃升。

三、豪雅集团转型升级的启示

1．占位销售渠道是传统外贸企业转型升级的切入点

作为传统外贸商，在渠道、客户、产品、营销、品牌等方面都没有话语权，缺乏议价能力。跨境电商为传统外贸商提供了与国际渠道商同台竞争的机会，而渠道的占位既可行，又能为传统外贸商提供前端客户信息，打通与后端生产厂商的链接。

2．供应链整合是传统外贸企业转型升级的基础

借助信息化管理，传统外贸商把生产厂商与渠道、终端客户连接起来。供应链的可视化销售与管理，提升了各个环节的运转效率，同时也促进产品进行升级和改进。精准的市场信息反过来又让生产厂商可以信心十足地提供稳定货源。二者成为不可分割的利益共同体。

3．产品自主设计与自主品牌是传统外贸企业转型升级的跃升

占位销售渠道、打通客户端与生产端，使传统外贸商在产品销售上有了一定的议价能力，解决了外贸企业的生存危机。但外贸企业要获取更高的利润，就需要跃升到产品的研发设计与品牌的经营。外贸企业的跨境电商渠道占位、网络营销与终端客户的连接，为传统外贸企业转型升级到微笑曲线的顶端提供了机会与可能。

案例三　以跨国企业的标准打磨自己——遨森如何在欧美立足

一、遨森电子商务股份有限公司简介

遨森（Aosom）电子商务股份有限公司（以下简称遨森）成立于2013年，是一家主营家居用品、户外用品、运动健康用品、宠物用品等产品的跨境出口电商企业。

作为早期进入欧美市场的跨境出口电商之一，遨森积极布局海外，业务覆盖多个欧美国家。截至2020年年底，遨森已在美国、加拿大、英国、德国、法国、意大利和西班牙七个国家设立子公司，自建20余个自营海外仓，面积超过50万m^2，拥有完善的全球营销、仓储物流和客服体系，全球员工总数超过1000余人。

长期以来，遨森秉持客户至上、团队合作、开放创新、激情进取、诚信敬业的核心价值观，不断进行内部革新，凭借产品、服务和独立站技术等方面的优势，创建了完善的全球销售服务网络，可及时响应市场需求、缩短商品配送时间，实时为客户提供优质的产品和服务。

公司业务覆盖众多欧美主流电子商务平台，除公司自营的 aosom.com 独立站外，还涉及亚马逊、亿贝等多个第三方国际化平台及当地本土化平台。通过设立海外子公司、自建海外仓、建立本地化 B2C 专业运营团队及全渠道销售的模式，遨森成功将中国制造的优质产品带给全球消费者，共享高品质的美好生活。

遨森注重品牌战略，从成立开始就致力于建设自有品牌。公司持有的核心品牌 Aosom，被评为“Outrun Brand 2019 中国跨境电商出海品牌最具价值 30 强”之一，并在“2020 宁波品牌百强”评选活动中被评为“‘225’外贸最具竞争力品牌”；主要品牌 Outsunny 被评为“2020 年度宁波出口名牌”之一。

2018 年 11 月，遨森电商成功挂牌新三板，正式走上资本市场之路。2020 年实现全球营业收入 34.57 亿元，在 2020 年宁波市外贸出口 200 强企业中位居第 39 位。

未来，遨森将借力资本市场，继续加快和加强海外布局，同时，遨森持续加大对自有平台 aosom.com 的技术投入，引入国内优质供应商，致力于让 aosom.com 成为全球首选跨境电商平台，做中国制造和海外消费者之间的连接管道，为全球消费者提供便利的跨境交易平台和快捷的全球物流保障体系。

二、本土化

遨森从成立之初就是一家“跨国”的企业，各个海外子公司虽然规模还小，但“麻雀虽小，五脏俱全”，搭建了完善的财务、人力资源、营销、客服、仓储、物流等组织。遨森一直以跨国企业的标准打磨自己，其主要特点是本土化、专注、合规。本土化才能不断接近消费者，让顾客价值最大化；专注才能在消费者心中留下印象，进而形成品牌知名度；合规才能在当地市场长久运作，并享受当地网络零售规模高速增长的红利。

1．市场在哪里，营销部就在哪里

遨森海外子公司最重要的部门是市场部，市场部承担了制定营销策略从而使其符合当地市场的职责。海外团队负责销售渠道的拓展和维护，特别是当地电商平台；促销方面，海外团队根据当地节假日及消费习惯制定促销策略。

2．市场在哪里，发货仓库就在哪里

遨森海外子公司对顾客价值最大的是仓库。跨境电商物流解决方式有中国直发、FBA 等第三方仓库发货、自营海外仓发货三种。遨森采用的都是自营海外仓发货的模式，把货卖到某个国家或地区之前先建设海外仓并备足货物，让顾客能在最短的时间内收到货；遨森通过大数据分析选择海外仓地址，最大限度地缩短与顾客的物理距离，从而降低快递成本。由于海外子公司和当地快递公司的长期战略合作伙伴关系，遨森的海外仓经受住了新冠肺炎疫情的考验，在运力严重不足的今天能做到比第三方仓库发货更快，确保了业绩的高速增长。

3．市场在哪里，客户服务就在哪里

遨森海外子公司中提升客户满意度最需要的部门是客服部。跨境电商各个环节中最难的是本土化的客户服务。由于东西方文化的差异，很难准确地理解欧美消费者的服务诉求，所以让当地人服务当地人至关重要，也是消费者感知到遨森是当地企业的最重要环节。由于遨森是自营海外仓，因此它在客户服务产品相关方面也能更灵活地满足消费者的个性化诉求。

三、专注

1．品类固定

遨森采用一个商标绑定一个品类的方式，通过同类产品的不断刺激让商标和品类产生关联和联想，从而形成品牌效应。

2．深入拓展

由于品牌和品类绑定了，所以深入拓展品类下的产品种类就是延伸了品牌的产品线。

3．长期坚守

跨境电商选品有短期和长期两种。短期就是什么好卖卖什么，什么火跟什么，什么行业利润高就做什么行业；长期则是选择一个品类后深耕，不跟风，不换行；遨森也选择了长期的模式，开拓一个品类，绑定一个商标，以打造品牌为目的，耐心培育、长期坚守。

四、合规

伴随跨境电商的发展，行业将会逐步规范转变，遨森恪守各类平台规则及市场所在国家的质量、知识产权、税务等各类法规，坚持做长期主义者，坚持以美好的客户体验赢得顾客，合规才能长久运作。

1．产品标准

区别于传统外贸，跨境电商直接面对消费者，需要承担相应的安全风险，所以产品通过当地行业标准的认证就非常重要。遨森采用的是有标准就去认证的策略，不管是不是需要强制认证。

2．平台规则

跨境电商一般是通过自营平台或第三方平台进行线上零售，遨森采用了两种方式同步发展的策略，但不管是自营平台的各类引流渠道（谷歌、脸书等）还是第三方平台（亚马逊、亿贝等）都有相应的平台规则。

案例四　小家电企业“集聚”“出海”的平台

ICX 慈溪家电馆以实体制造为根基，发展出口贸易，借助“互联网 +”打造互联网服务平台，集聚小家电企业，引领智能制造与创新发展；多渠道、多模式搭建销售网络，设立海外仓，拓展众创空间，做优做强慈溪小家电产业。

一、ICX 慈溪家电馆概况

ICX 慈溪家电馆位于中国三大家电生产基地之一的慈溪市，是摸索“尝试制造业 + 互联网”的最早行动者，由时任宁波加乐多电子商务有限公司董事长的余雪辉创建。目前，ICX 慈溪家电馆设立有电子商务部、跨境部、客服部、美工部、工业设计部、采购部、后勤部、财务部、外贸部、跟单部等部门，员工 100 多人，还与外部的物流、视觉设计等公司合作合资，成立独立运营的子公司。ICX 慈溪家电馆设立之前，余雪辉执掌其父创办的实体制造企业浙江佳星电器有限公司，2008 年 9 月成立宁波霍姆利德（Home leader）国际贸易有限公司，把制造与出口贸易分业经营，2011 年设立加乐多综合连锁商贸公司，打造内销渠道，2013 年实施“慈溪家电馆”项目。ICX 慈溪家电馆主打厨房类和生活类家电，以“让中国传统制造更有价值、得到更多尊重”为使命，搭建互联网服务平台，助推慈溪小家电企业转型升级，引领小家电智能化与创新设计发展，打造慈溪小家电产业的自主品牌、产业品牌和全球品牌。

二、慈溪家电馆运行模式

1. 集聚制造型小家电企业，全网营销，打造产业大品牌

家电产业是慈溪市四大主导产业之一，其发展经历从仿制到自主研制、从单一品种到多品种、从以小家电为特色的产品结构向大家电和健康智能护理家电拓展。目前，慈溪家电产业拥有 2000 家小家电整机工厂，近 1 万家零配件配套工厂，已经形成了从零配件生产到整机制造的庞大的产业链、品牌家电和智能新型家电特色产业集群，产品涵盖电冰箱、洗衣机、取暖器、电熨斗等 20 多个系列，拥有 7 个中国名牌、2 个出口名牌和 37 个省级出口名牌。慈溪饮水机、电熨斗、欧式插座产量分别占世界的 62%、55% 和欧洲市场的 70%，是世界最大的饮水机、电熨斗、欧式插座生产基地之一，双桶洗衣机、取暖器的产量占全国的 60%、52%，也是中国双桶洗衣机、取暖器的最大生产基地之一。

然而，慈溪家电企业虽具有先进的生产制造工艺，以 OEM 模式为国外客商提供制成品，但缺乏品牌和创新设计，一直处于产品价值链的低端。“互联网 +”国家战略的实施，为慈溪小家电企业转型升级带来了新的机遇。慈溪家电馆抓住这一机遇，在政府的推动下，整合资源，抱团发展线上渠道，打造区域产业品牌，做强自主品牌，做响全球品牌。在具体做法如下：

1）为入驻“慈溪家电馆”的慈溪品牌家电企业，提供统一物流、统一售后服务，以及集中品牌提报、商品审核等流程性工作，提供从采购、监测到入库、运营、仓储物流、售后服务等“一站式”服务。

2）对慈溪家电馆进行了整体包装和策划，在整体形象和区域品牌上进行宣传，并引入工业设计、认证检测等战略合作伙伴以帮助入驻的企业，打通营销与研发两端，实现品牌和销量同步发展的目标。

3）进驻知名电商平台，营销与打造慈溪家电区域品牌。

2013 年起，慈溪家电馆开始进驻各大电商平台，慈溪家电在 1 号店、浙江卫视好易购频道、京东商城等平台上以整体区域品牌的形式展示并销售，提升慈溪家电品牌知名度和产品销量。2013 年 7 月 18 日，好易购慈溪家电精品馆正式开馆。2013 年 11 月 28 日，慈溪淘宝专供 16 款产品集体亮相在淘宝首焦、聚划算、天天特价、免费试用、“双 12”分会场、麦麦等淘宝主流平台。2013 年 12 月，慈溪家电馆在京东上线。2014 年 1 月 8 日，启动苏宁慈溪家电馆，拓展 1 号店、亚马逊（亚马逊中国和亚马逊全球）、国美在线、唯品会、央视商城、天猫、易迅等平台，实现慈溪家电馆全网营销。2015 年，借助阿里巴巴淘宝“中国质造”项目，与阿里巴巴合作运营“‘中国质造’慈溪产业带商盟”，此项目带动卓立、伊美家、3A、惠康、华芝、Homeleader、美善美心、伯乐马等 20 多个自主品牌入选进驻“中国质造”慈溪家电馆，以“中国质造”打响慈溪品牌。

截至 2018 年上半年，慈溪家电馆入驻全球 44 个电商平台，约慈溪家电品牌 80 个，实现了全网、全媒、全渠道营销，至 8 月慈溪家电馆覆盖大小家电产品 SKU（产品品种）数近 600 百个，销售超亿元。

4）拓展国际市场，品牌全球化发展，集聚打造由境内到境外的跨境电商产业链。慈溪家电馆通过产业集聚抱团，联合入驻国内外知名电商企业平台，实行全网营销。最初，慈溪家电馆借助亚马逊、全球速卖通平台发展 B2C 跨境电商业务，但因商品重量、运输等问题制约 B2C 模式的发展。为此，慈溪家电馆开始探索布局海外仓，发展 B2B2C，搭建海外营销网络，实现小家电产品的全球销售。目前，它已经在英国、法国、美国、德国、俄罗斯设立海外仓，初步形成了由慈溪到这些国家的跨境电商产业链，缩短了货运时间，货运时间由原本一个月左右缩短至一星期以内，提升了利润率，将传统外贸期间 5% 的利润率提升了近 4 倍，甚至可达 40%。ICX 慈溪家电馆合作的电商平台见表 10-1。

表 10-1 ICX 慈溪家电馆合作的电商平台

B2B 平台	阿里巴巴 1688、巨商汇、敦煌网等
B2C 平台	京东商城、苏宁易购、当当网、天猫、国美、亚马逊、Cdiscount、全球速卖通、唯品会（VIP）、飞牛网、慧聪网、中国移动积分商城、卷皮网、沃尔玛、淘宝、亿贝、Wish、拍拍网、折 800 等
电视购物平台	好易购、CCTV 中视购物、东方购物等
移动电商平台	云集、有赞、微店等

2．搭建电商服务平台，集聚碎片资源，赋能家电小企业

ICX 慈溪家电馆主营业务主要有五个模块：国内电商、跨境电商、传统外贸、生产工厂、物流服务。其中，国内电商、跨境电商两个模块是平台。通过搭建平台，小家电企业抱团进驻电商销售平台，然后又拓展研发设计、智能硬件、视觉服务、人才培训、众创众筹等业务，以合作共赢、赋能服务的理念搭建多维度互联网服务平台，尝试开放型经济新体制下慈溪小家电企业集聚抱团发展的新模式。

目前，慈溪家电馆正在重点搭建小家电创新孵化器，实施中国质造——慈溪好家电 /V 品 100 项目；实施技术协同、研发创新模块，实施与庆科、ablecloud、氦氪、中国家电研究院以及洛可可、凸凹、大业、中国美院等的合作项目；同时，启动用户交互模块——小家电生活图谱项目，启动大数据对接模块——数梦工场、奥维云网等。此外，作为淘宝大学与地方合作的专业人才培训服务机构，慈溪家电馆还立足慈溪，集中全国优秀讲师和专业课程体系，根据慈溪本土企业和市场需求设置本地化和专业化的培训课程，重点支持“中国质造”项目入驻企业，助推“中国质造——慈溪好家电”活动更好、更快发展，同时，慈溪家电馆引入和筹建了智能物流，建立仓储管理，订单处理及快递、快运（零担）、平台送仓、云仓等一站式服务的仓储物流体系，到2018年上半年，已达到日平均7000单。

3．渠道创新，模式创新，不断延伸商品链

慈溪家电馆在为企业提供服务的过程中，为了更好地将慈溪家电产品推向国内外市场，并打造品牌，一直不断创新服务的内容和方式。

在与京东、1号店等电商合作成功后，在跨境电商迅速发展之际，慈溪家电馆还与多个跨境电商平台合作，将慈溪家电品牌向国际推广。例如与亚马逊、亿贝、全球速卖通、京东国际深度合作，并建设运营慈溪市首个跨境电商公共服务平台ECX跨境通，探索、实施“产业带＋跨境电商＋海外仓＋自主品牌”的新模式，搭建海外分销渠道，实现跨境B2B分销。此外，随着微商销售的迅速发展，慈溪家电馆尝试利用微商销售渠道，并将视频直播、网红等互联网新元素与产品销售相结合。慈溪家电馆还是慈溪家电和研发创新机构联系的桥梁，特别是新产品的开发和营销。在产品研发和创新设计方面，它与多家机构合作，如洛可可、凸凹、大业、辉柏、云客设计等。为了更加有效地进行精准营销，它与零点互动、数梦工场、奥维云网等合作，加强家电行业大数据服务能力，实现用户交互，更好地推出新产品。目前，慈溪家电馆正与宁波摩根合作推出电动牙刷、电热饭盒等，和洛可可合作推出随行果汁杯、旅行充电器等。

4．紧跟消费群体的主流需求，着力打造智能化、个性化产品

当前，小家电产品的核心消费者是“80后”“90后”，市场调研、客户反馈、大数据反馈的结果表明，这类消费主体偏好智能化、个性化的高颜值产品。在产品设计与选品方面，慈溪家电馆秉承“互联网＋制造”、个性化设计的理念，加大与海外智力资源、研发机构、高校研究院所合作，聚合全球资源，对接制造企业，拓宽思路，开发智能化多颜色个性化小家电，如智能遥控木质饮水柜、智能遥控暖炉等智能产品，及具有遥感和仪表设计的多款颜色的水果碰碰机的开发，引领慈溪家电企业抢占新一轮的智能小家电发展商机。

三、经验与启示

1．“领头羊”的引领是小企业集聚与抱团的关键

在慈溪小家电产业发展及慈溪家电馆的形成与发展中，余雪辉的作用好比是行业发展的“领头羊”。他凭借着敏锐的商业意识、灵活的经营理念、10多年创新经验和要干实事的执着，将慈溪家电馆逐渐发展成为一个国内全网全媒全渠道营销、境外全球化销售的小家电企业集聚区。

2．由制造到销售、线上销售到跨境电商，突显出稳步和渐进的特点

在余雪辉的经商历程中，从实体制造“佳星”，到国际电商“霍姆利德”，再转型创建国内渠道销售平台“加乐多”、实施慈溪家电馆项目、发展海外仓等，都体现出渐进式的成长路径，即成功一个项目之后，再实施另一项目。

3．合作联盟、互利共赢是做优做强的基础

70 多家企业入驻慈溪家电馆本身就是合作联盟，通过合作加盟获得收益。海外仓的建设也是建立在战略联盟的基础上。在美国，与合丰集团战略合作，利用合丰集团在全美 30 多个仓库网点，实现全美物流本地化配送，最大限度地降低物流成本，提高产品竞争力；在英国，与阿里合作，借助阿里海外仓，深度优化物流方案；在中欧、东欧，与大龙网合作，布局波兰海外仓；在法国，与 Easysent 深度合作，通过本地化运营塑造法国家电行业新品牌。因此，慈溪家电馆的发展壮大过程正是“互联网 +”下合作共赢的成果。

4．紧跟消费主体需求变化的节拍，是持续发展的保证

借助市场调研与数据分析，关注顾客群体及其需求的变化，开发适合“80 后”“90 后”需求的多功能多颜色的智能化产品，满足现代新型消费者的主导需求，引导产业发展方向，增加产品附加值，这是企业持续稳健发展的根源。

四、慈溪家电馆的升级版

慈溪家电馆目前已升级为慈溪优品馆（慈溪产业带直播基地）。慈溪优品馆（慈溪产业带直播基地）位于慈溪市商品市场园区，面积约 $5700m^2$，设置慈溪优品馆（$1500m^2$）、联合直播间、培训教室、服务商联合办公区、品牌直播间等功能区，于 2021 年 2 月 3 日正式运营。

目前，慈溪优品馆已入驻厂商 200 余家，入馆产品近 700 款；于 3 月 21 日上线慈溪优品馆 PC 版、微信小程序，已上架 300 余款入馆产品，可实现 C 端 +B 端交易，包括跨境现货分销功能，正在持续升级优化，已升级一次系统。同时，建立慈溪优品馆抖音推广矩阵，累计影响 140 万人次。

项目运营以来，已举办各类资源对接、平台招商（抖音直播 / 短视频培训、小红书直播培训、天猫出海 / 淘宝直播招商会、缺“芯”解决方案招商会等）活动 20 余场；与淘宝直播、快手直播完成产业带直播基地签约；与抖音直播完成产业带服务商签约；与国内 12 家多频道网络（MCN）机构建立合作关系；正在推进“央视 + 抖音官方 + 慈溪产业带”联合直播活动。另外，搭建慈溪家电生态圈，汇集家电产业上下游厂商 3500 多家，建成 8 个微信生态圈交流大群，定期编印《家电厂商名录》及《服务商名录》，累计发放 4000 余册。

基地已累计接待 700 余批次客商，筛选登记 350 家客商资料，促成入驻厂商和采购商直接对接 200 多批次，达成订单交易 20 余单，累计金额约 500 万美元；基地运营方实现自营销售超 1000 万元人民币；成为宁波直播电商创新示范基地、上海财经大学商学院实习实践基地、慈溪市大学生实习基地、锦堂师范实习基地。

案例五 “泛供应链、泛渠道、泛营销”模式助力通拓科技跨境全球

深圳市通拓科技有限公司（以下简称通拓科技）作为专注跨境电商十余年的企业，公司已初步形成了“跨平台”“跨品类”“跨语种”等多维度、全方位的立体式业务布局，首创“泛供应链、泛渠道、泛营销”商业模式，从事进出口双向跨境电商贸易。通拓科技连续六年获得了亿贝大中华区销售铜奖，在竞争已趋白热化的B2C第三方平台上保持如此强劲的生命力，它有什么独门秘籍能傲立潮头、乘风破浪呢？

一、通拓科技简介

通拓科技成立于2004年，总部位于深圳，靠着华强北海量的消费电子产品，在易趣网上做着小打小闹的电商生意，2006年正式涉水亿贝，开始外贸电商的征程，属于国内早期涉足B2C跨境电商大卖家中硕果仅存的了，把通拓科技称为跨境电商的先行者和开拓者，一点儿都不为过。通拓科技是一家依托中国优质供应链产品，以电商为手段，为世界各国终端消费者供应优质商品的跨境电商企业，具体通过亿贝、亚马逊、全球速卖通、Wish、TOMTOP自有网站等多种电商平台，采用买断式自营的方式将中国优质商品直接销售给海外终端消费者，2017年销售额近40亿元人民币。

2018年3月，中国证监会正式批准了义乌华鼎股份公司（A股代码：601113）以29亿元收购通拓科技，这是跨境电商领域通过并购方式登陆A股的第二家公司，也是跨境电商圈内声名赫赫的以第三方平台为主要阵地的超级大卖家。

二、通拓科技的“泛供应链、泛渠道、泛营销”模式

一般来说，企业与企业之间、企业的部门之间，乃至企业与顾客之间、与渠道之间都存在各种各样的交易关系和连接方式，称为商业模式。对于这么多关系和连接，企业要做的无非就是处理好供应链、渠道和营销之间的关系，针对跨境电商覆盖国别多、品类繁杂、推广投入高等特点，通拓科技根据十多年的行业经验，提出了“泛供应链、泛渠道、泛营销”模式。

像沃尔玛这样的零售巨头，它的供应链管理是世界一流的，商品来自全世界的成千上的供应商，但它的渠道是单一的，就在自家的商场里卖，凭借着“帮顾客节省每一分钱”的宗旨和“一站式购物”体验，占据着“全球线下零售老大”的地位。

对于众多的品牌生产商来说，其供应链是单一的，就是自身的产出，但是其渠道是多元的，任何卖场都可以销售它们的商品，如小米、格力等（需要说明的是，上游原材料的供应链体系不包括在内）。

还有一种类型，如苹果和戴尔，它们的供应链是单一的，它们的渠道也是单一的，说得通俗点就是自产自销，它们不需要借助其他流通渠道销售自己的产品，自己的产能

通过自己的渠道足够消化掉。

对于通拓科技这样的跨境电商企业来说，从一个单一平台亿贝开始第一个店铺，到如今在亚马逊、全球速卖通、Wish 等世界大大小小的主要第三方平台以及自有平台 TOMTOP 上销售商品 SKU 数超过 40 万量级，品类包括手机及配件、遥控模型、相机及摄影器材、户外运动、影音、家居园林、美容保健、仪器仪表、汽摩配件、安防照明等 16 个大类，所要面对的供应链管理不亚于任何一家大型的线下零售商，甚至在铺货逻辑和长尾效应上有过之而无不及，这就是“泛供应链”的字面意思。

在义乌华鼎股份公司回应证监会关于并购问询函的 400 多页报告里，关于通拓科技有这样的描述：“以无关联第三方或公司员工设立的法人主体名义开设的网店数量为 41 家”，这是公司主营的亿贝、亚马逊、全球速卖通、Wish 等平台店铺的数量，可见，多平台多店铺经营是通拓科技进行销售的主要方法。

通拓科技的供应链管理如图 10-1 所示。

图 10-1 通拓科技的供应链管理

移动互联网时代，营销方式已经发生了颠覆性的改变，以纸媒为代表的传统媒体逐渐淡出人们的视线，手机屏牢牢占据了人们越来越多的业余时间甚至工作时间。跨境电商的流量大战，已经从 PC 端延伸到手机端，SEO、SEM、EDM 已经不稀奇，社交媒体脸书、Instagram、Pinterest、Snapchat、WhatsApp 的营销大战如火如荼，世界各地的网红经济催生出一个专门的营销类别，叫作红人营销，还有各式各样的折扣站点、网络论坛。要做好移动互联网时代的营销，还真是要“十八般武艺，样样精通”。

通拓科技拥有全球 8 万多个红人资源、500 多万名自营社交渠道粉丝、8000 多万条用户邮箱资源、5 万余家全球联盟商渠道，并且是 30 余家全球知名科技媒体站外推广的合作方，在此基础上，独创人工智能算法大数据追踪技术、虚拟化技术，运用蚂蚁营销系统实时抓取用户分析数据，从而支持自有平台与所有第三方营销平台进行无缝对接，设计出广告主需求创建、红人营销管理和自建渠道营销的三大模块，实现对邮件营销、视频营销、红人营销等的系统化管理，推动跨境电商生态营销升级，打造一条专属于跨境电商营销的“绿色通道”。通拓科技的营销优势如图 10-2 所示。

之所有用到“字面意思”四个字，是因为这些打法看起来人人都会一点儿，个个都涉及一些，然而要在一家公司里将所有的概念集合起来并形成自己的竞争力、创造出经济效益，这就不只是“字面意思”那么简单。通拓科技就是首次提出“泛供应链、泛渠道、泛营销”这样的概念整合并科学践行的企业，十几年的跨境电商实践得到了充分证明。

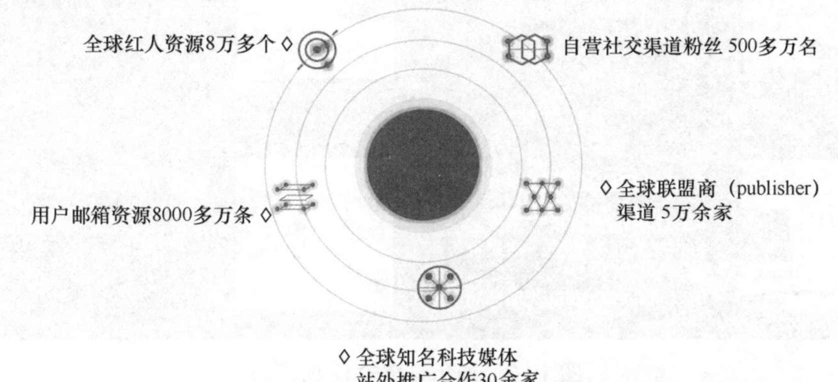

图 10-2　通拓科技的营销优势

一言以蔽之，通拓科技通过互联网思维、模块化管理、IT 大数据技术、进出口双向贸易、全媒体覆盖等多种方法匹配组合，较好地解决了多品类、多供应商、多平台、多仓库、多物流、多国家、多语言的复杂关系，打造了全球一体化的营销渠道，获得跨境电商运营最佳范式，这就是通拓科技的“泛供应链、泛渠道、泛营销”模式。

三、通拓科技“泛供应链、泛渠道、泛营销”的经验启示

通拓科技从 2008 年起自主研发 ERP，集供应链、仓储、物流、财务、营销、销售、绩效考核、企业文化为一体，支撑业务团队及海外团队间高效协同运营、快速响应，将多供应商产品、多仓库库存、多渠道的订单等信息集成并同步管理。

1．“泛供应链”采购，“泛渠道”铺货，精耕细作是关键

40 万个以上的 SKU 对普通卖家来说是天文数字，想都不敢想，手动上架？根本不可能！ Excel 表格导入？估计系统会卡死。这还只是数据端传传文字和图片信息。一旦动销，每个 SKU 就对应着仓储管理中的每个具体库位，更不用说大大小小的国内仓、国外仓甚至 FBA 仓。通拓科技的 IT 创新如图 10-3 所示。

2．“泛营销”符合媒体社交化的时代特征

通拓科技有自己的营销中心，人员配置超过百人，并根据不同的营销手段进行分组，服务于独立网站和各个第三方平台。2018 年，通拓科技以全民分销模式建立的跨境出口分销平台（quarkscm.com），除提供海量货源、全球一件代发服务外，更提供了专业化的图片及产品描述、高效完善的物流仓储服务体系，免除库存风险，降低人力及仓储成本，使广大分销卖家只需聚焦营销核心环节，致力于部署全链条跨境生态网。通拓科技夸克（Quark）分销平台如图 10-4 所示。

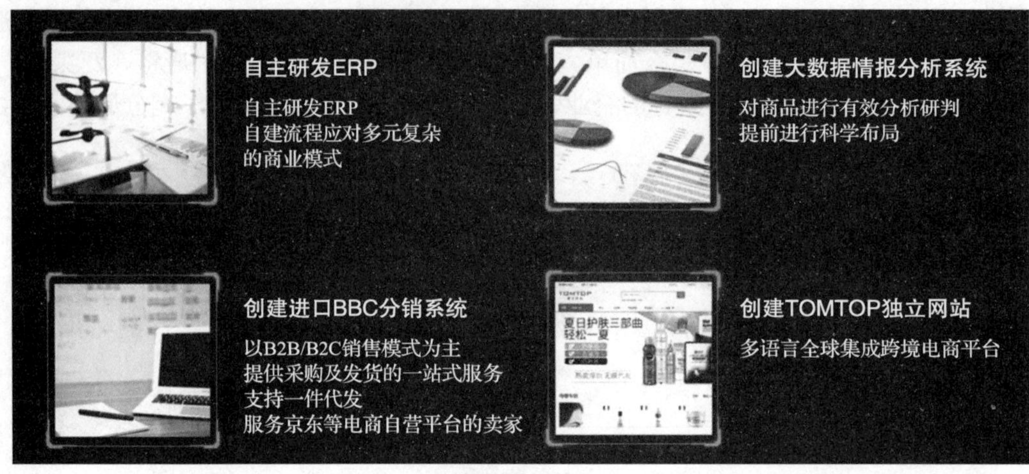

图 10-3 通拓科技的 IT 创新

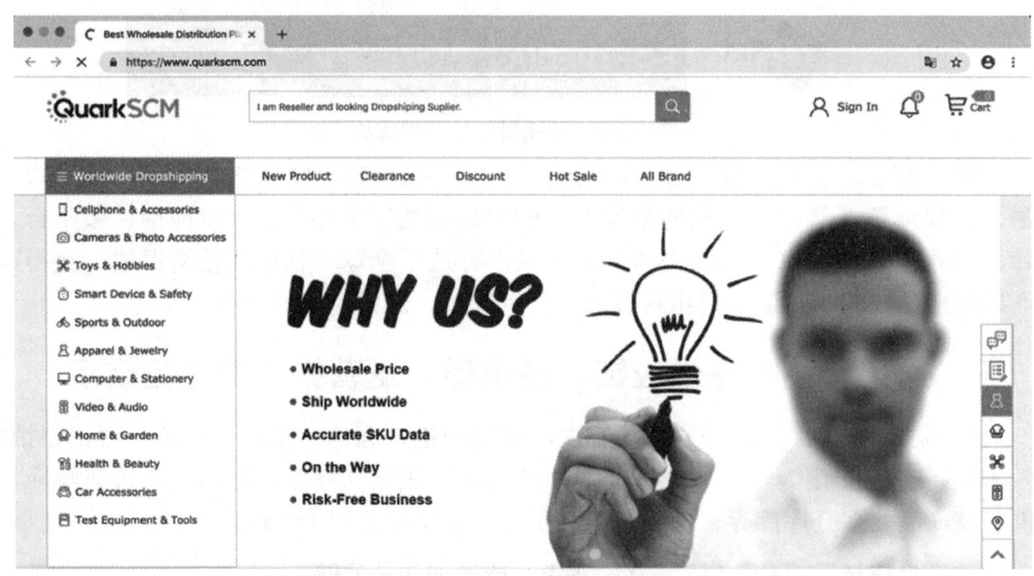

图 10-4 通拓科技夸克分销平台

案例六 打造以海外仓为中心的跨境物流价值网 ——宁波发现国际物流有限公司的物流“出海”

在传统货代时代，UPS、DHL 等国外跨境物流品牌公司进入中国市场，许多国内物流企业扮演的是代理角色。随着跨境电商物流产业在中国迅速成长，传统货代企业如何不再代理别人的服务，整合行业全链路的资源，打造自己的渠道产品，提高客户体验，创造自己的跨境物流服务呢？宁波发现国际物流有限公司以海外仓为中心，借助自主研发的海外仓系统，无缝链接跨境物流价值链上的主体，打造了跨境物流价值网，为传统货代企业转型成为跨境电商供应链服务企业，实现物流“出海”，提供了一条值得借鉴的路径。

一、公司简介

宁波发现国际物流有限公司坚持以“创新、专业、致在发现”为企业的经营哲学，坚定执行“守信用，优服务”的路线，用大数据、云端系统和公共海外仓为跨境电商企业服务。公司在美国西部、东部、南部以及英国、德国建立了适合B2B和B2C以及FBA退货业务形态的仓储中心，共计150 000余m^2，日处理订单能力达5万单。公司充分利用自身平台发展的优势，通过专业的国际运输、口岸清关等优势，根据不同企业的业务形态，各大平台上的交易状况，制定物流方案，实现定制化服务。公司获得“浙江省跨境电子商务重点服务企业”“浙江省第五批省级公共海外仓”“浙江省电子商务百强企业”“亚马逊官方推荐物流服务商（SPN）”“宁波市跨境电商优秀海外仓”“年度十大信赖海外仓企业”等称号。

二、打造跨境物流价值网

公司自主研发的一款跨境智慧物流管理系统，包含海外仓的仓储、配送、退件收货、一件代发、FBA转运、退件增值、整柜散货卸货等服务内容。该系统以海外仓为中心，并将仓库管理系统（WMS）和订单管理系统（OMS）进行对接，配合客户的ERP系统，形成一个完整的物流管理系统。WMS通过API对接客户的ERP系统，可快速响应并处理订单。电商平台与物流管理系统对接，与公司完备的服务体系相结合，方便公司物流信息管理的同时，为客户带来更加优质的服务。从功能上来说，系统为客户提供从货物预报、入库、上架到出库、售后等一系列在线物流仓配服务。未来这款跨境智慧物流系统会通过大数据分析，为众多跨境卖家提供选品、消费者购买力等分析，希望能为跨境电商企业的跨境之路“添砖加瓦”。

目前系统已和亚马逊销售平台、Wish销售平台、亿贝销售平台对接，支持独立站、自建站API对接，保障数据安全，实现客户销售平台订单数据化。同时也与优秀的ERP系统进行对接，实现数据化管理，如通途以及客户的WMS。在配送渠道上，公司和美国主流快递渠道如UPS、FeDex以及DHL等进行对接，实现快递面单号的实时回执及同步到客户ERP系统（见图10-5）。

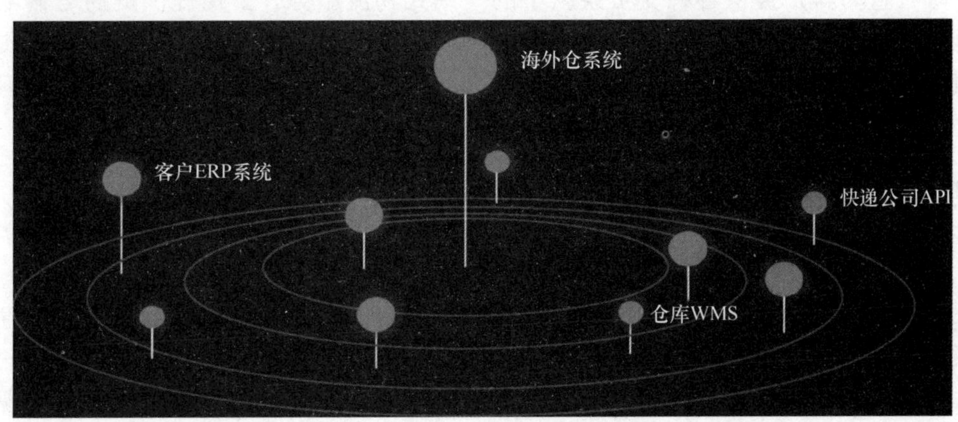

图10-5　宁波发现国际物流有限公司跨境物流价值网

三、跨境物流价值网上的公司业务

跨境物流价值网以海外仓系统为中心，采取集中运输模式，突破了商品重量、体积限制，降低了整体供应链的物流成本，提高了发货速度，提供了多元化配送。在跨境物流价值网上，公司为客户提供以下服务：

1．海外仓服务

公司在美国西部、东部、南部以及英国、德国设有现代化、性能完备的仓库，能够为广大客户提供一件代发、FBA 转运及退货、打托贴标、包装加工、货物分拣以及其他定制化服务。海外仓不仅能够帮助中国卖家实现海外本土化销售，降低物流运营成本，还能进行实时的库存管理与监测，缩短到货时间，提高买家满意度。海外仓已经吸引部分跨国公司和国际贸易商社的进入。

2．国际海运服务

公司一直致力于提供一系列进出口海运服务，协助客户精简其运输环节，节省成本，增加经济效益。公司与 COSCO、MAERSK、YML 、EMC、APL 等国内外公司多年合作并建立起了良好关系；为客户设定物流方案，结合海运进出口的各个节点，如订舱、报关报验、即时提货、保税仓储、货物分拨运输等，根据顾客需求定制专属服务，全面配合客户整体业务发展，帮助客户增加经济效益。

3．国际空运服务

公司与多家国内外航空公司签订长期合作协议，享有优先订舱和协议运价等诸多方面的航空运输优势。依托网络和规模经营优势，公司具有较强的资源整合能力，为客户提供以国际空运为主体的多元化、一站式、高质量运输服务；依据客户需求，量身定制服务，选择最快捷最经济的航班，并提供业务：海陆空多式联运，大宗杂货及海关监管运输，国内空运，代理报关、报检、DGM 检验，货运保险等。

4．全球门点服务

公司一直为客户提供各种交货条款下的一站式物流服务。公司提供货物运输全程的无间断跟踪服务：通过航空公司网站、船公司的网站等随时查询货物运输过程中的进展；服务网络遍布全球各个角落，拥有当地强有力的合作伙伴，为客户的海空运进出口、仓储、配送等综合服务需求提供有竞争力的解决方案。

四、跨境物流出海的启示

1．做跨境物流价值网上的链接者

宁波发现国际物流有限公司智慧物流管理系统以海外仓为中心，借助 API 将客户 ERP 系统、仓库 WMS、快递公司、跨境电商平台进行全面的对接，实现数据化统一可视平台。打造的跨境物流价值网为网上客户创造了低成本、高效率的物流服务，实现了跨境物流代理到跨境物流“出海”的转变。

2．做跨境物流增值服务的提供者

宁波发现国际物流有限公司以跨境物流价值网为依托，提供 FBA 配送服务、一件代发务、退换货服务、中转仓服务、海外仓打托贴标、货物分拣服务以及其他定制化服务，解决了客户物流需求中的痛点。

案例七 打造跨境电商合伙人制，搭建新型组织生态——浙江盈世控股有限公司的“阿米巴”经营模式

在国家政策推动下，大量的传统贸易商、品牌商、制造商纷纷转型，向跨境电商进军，但各类跨境电商企业面对一个共同的难题：如何招聘到高素质、复合型跨境电商人才？如何留住优秀的跨境电商人才？如何激发并保持跨境电商人才的工作激情？浙江盈世控股有限公司（Winwoo Holding）实行“阿米巴”经营模式，打造集团内部跨境电商合伙人制，搭建新型组织生态，为解决跨境电商人才短缺、企业发展，提供了一种新型的解决方案。

一、浙江盈世控股有限公司简介

浙江盈世控股有限公司是一家专注跨境出口 B2C 的电商贸易有限公司，总部设立于宁波，现拥有总办公面积 4.3 万 m^2，其中包括华东、华南 2.7 万 m^2 的现代化仓储物流中心。在美国、欧洲等多地同时设立国际海外仓。集团目前设立了 40 家分公司、30 个事业部，于深圳、武汉、苏州、南京、合肥、石家庄等地设立了 10 余家运营分部，涵盖 Wish、亚马逊、Shopee 等众多销售平台，实行品牌化运营，自主设计开发近 2000 个品牌产品。2013 年，浙江盈世控股有限公司第一家子公司宁波市爱凯国际贸易有限公司成立，2016 年宁波市爱凯国际贸易有限公司加入“宁波电商经济创新园区”；2018 年浙江盈世控股有限公司不断裂变独立运营体；2019 年上半年浙江盈世控股有限公司进行架构调整，下设宁波市爱凯国际贸易有限公司、浙江米锶米科技有限公司及跨境电商学院等 10 个子公司，年销售额保持 100% 以上的同比增长率，在宁波跨境电商行业位居翘首，在华东跨境电商领域居于前列。

二、浙江盈世控股有限公司的“阿米巴”经营模式

“阿米巴”（Amoeba）在拉丁语中是原生动物变形虫，虫体赤裸而柔软，身体可以向各个方向伸出伪足，能够不断地进行自我调整来适应所面临的生存环境，在地球上存在了几十亿年，是地球上最古老、最具生命力和延续性的生物体。“阿米巴”经营模式就是将整个公司分割成许多个被称为“阿米巴”的小型组织，以各个“阿米巴”的领导者为核心，让其自行制订各自的计划，并依靠全体成员的智慧和努力来实现目标。通过这样

一种做法，让第一线的每一位员工都能成为主角，主动参与经营，使每个小型组织随着外部环境变化而不断“变形”，成为适应市场变化的灵活组织。跨境电商企业面对的运营环境复杂多变，最为关键的是跨境电商人才引进、保留、激励的难题，浙江盈世控股有限公司就是通过“阿米巴”经营模式适应了复杂环境，成为跨境电商企业经营管理的典型案例。其经营模式主要体现在以下几方面：

1．成立跨境电商人员培训和交流的“阿米巴”小型组织：盈世电商学院和233跨境俱乐部

2019年，浙江盈世控股有限公司成立盈世电商学院，学院以公司内部培训为核心业务，包括新员工入职培训、管理层培训、主题培训等内容，搭建内部讲师团队，形成以平台实操、管理技能为核心的培训体系，并建立外聘讲师团队，不断引进外部优质资源，设计覆盖全员的学习路径。聘请跨境电商平台官方认证的资深运营人员担任培训讲师，并与宁波财经学院、宁波大学科技学院、浙江越秀外国语学院、浙江万里学院等多所高等院校达成深度合作，通过自主培训打造适用于跨境电商的专门人才，引导更多学生加入跨境电商行业，解决专项人才稀缺问题。盈世电商学院依托卖家，搭建趋于完善的跨境电商培训体系，并且以平台、岗位、职能、等级为划分依据，深耕相关课程，联合官方平台，促进产业发展。

浙江盈世控股有限公司的“233跨境俱乐部”，是跨境电商企业社交平台，聚集头部卖家效应，打造一个有效、常态、积极的跨境电商交流圈，形成正面影响和准入门槛：跨境电商卖家企业负责人，对运营、品牌、供应链等环节有独特见解的资深行业人士，以线上电商论坛及线下活动为主，每两个月举办一次电商沙龙会，只分享不对外公开的运营干货及政策。

浙江盈世控股有限公司通过校企合作、内部培训方式，提高跨境电商人员适应复杂环境的职业技能。

2．成立跨境电商领军人才孵化的“阿米巴”小型组织：昤昽创业基地

浙江盈世控股有限公司于2019年10月25日正式启动“宁波前洋跨境生态园”，逐步完善软硬件配套服务，孵化传统外贸转型企业，扶持优秀初级创业者，帮助遇到瓶颈的中级卖家，提供创业辅导、办公场地、行业培训、供应链资源、IT大数据、运营管理等一系列服务，从孵化项目到孵化人才，实现人才深度培养，打造专业化的电商孵化基地，推进传统企业快速转型为跨境电商，为现有跨境电商企业补齐短板。浙江盈世控股有限公司的“添翼联合”，是以大卖经验专注联合运营，提供品牌定位、视觉设计包装、品牌推广策划、营销战略、运营质量报告等代运营服务，并配备专业化仓储物流系统，根据企业情况量身定制运营方案，帮助传统企业进行电商业务的良好规划，辅助传统企业及线下品牌重新定位线上客户群体、优化产品供应链结构、确定长期电商发展战略目标，只分享利润、不收取服务费，创新“利润共赢”模式，以资深团队进行专业运营，共担风险，共享收入。

浙江盈世控股有限公司依托昤昽创业基地，在孵化跨境电商创业项目的过程中选拔公司跨境电商运营方面的领军人物。

3．成立跨境电商人才激励的“阿米巴”小型组织：合伙人制分公司

浙江盈世控股有限公司通过人才的选拔及培养，选举具有发展潜力的中层领导人员成为合伙人，实行分公司的快速裂变计划。自集团实行合伙人制分公司项目以来，不断分裂新的运营体，快速培养合伙人，为每一位员工创造科学、合理、完善的发展晋升途径，从而培养出许多具有经营者意识的领导者，领导者在经营管理上具有较强的自主性。短短两年共成立合伙人制分公司40家，并打造出4家月销售额达百万美元的分公司。同时，集团设立亚马逊、Wish、全球速卖通及独立站等30个事业部，事业部以小而精的集中化运营模式，深入店铺打造及类目深耕，实行独立核算，纯利斐然。除集团总部设立的事业部，各分公司也在快速裂变为不同平台的事业部。

浙江盈世控股有限公司充分授权跨境电商一线员工，鼓励其自行解决问题，适应跨境电商面临的复杂多变环境。同时，采用合伙人制分公司，对人员进行综合培训，充分调动跨境电商人才的工作积极性、创造力和创业激情，也解决了跨境电商企业留不住人才的难题。

4．成立跨境电商服务的“阿米巴”小型组织：新型组织业态

合伙人制分公司是浙江盈世控股有限公司的前线战斗单元，前线战斗单元成长为提供服务的“阿米巴”小型组织。各组织从人才引进、绩效管理、财务核算、风险控制、供应链整合、备货及发货等方面全力配合集团业务的推进及订单的处理。“阿米巴”小型组织主要有以下几类：

(1) 供应链服务的“阿米巴”组织

莱茵供应链管理利用跨境电商区块链方案，增强供应链的可信度、透明度和追溯性，电商多方供应链都参与其中，先以宁波市内产业带为主，逐步开发省内乃至省外各城市产业带，构建丰富强大的供应链集合，形成资源整合、技术研发、成本压缩、品牌塑造等规模效应，并以产品为核心，让跨境电商企业从供应链大数据与智能供应中获益。

(2) 物流服务的“阿米巴”组织

栉风国际物流衔接专业物流渠道，将丰富的国际空海运服务、海外仓服务、强大的硬件设施、先进的电子信息系统等资源通过大数据进行系统性整合优化，达到降低配送成本、提升配送时效、优化配送服务三大标准，利用头部卖家影响力输血至中小卖家，不断完善高水准的国际物流服务，击破跨境电商企业家的物流痛点。

(3) 视角设计服务的“阿米巴”组织

视觉壹号基地深谙品牌的视觉表达技巧，专注于摄影本质的工匠精神，以高端视觉作品提升品牌形象，将影像美学及营销功能完美结合，创作出富有冲击力的视觉效果，以图片拍摄、场景租用、模特经纪、品类拍摄指导、视觉外包等业务为主要方向，打造宁波前沿摄影基地、电商产业视觉系统知名提供商。

(4) 平台数据分析服务的“阿米巴”组织

跨境魔盒（Magic Box）依托卖家核心、搭建跨境电商培训体系，以平台、岗位、职能、等级进行划分，针对性配置专业化课程内容，联合官方平台，促进产业发展。跨境魔盒立足宁波核心卖家圈，辐射中小卖家群体，形成跨境电商生态圈。跨境魔盒通过与高校专业共建、教材研发、人才基地等模式，开创跨境电商企业人才培育新模式；依托宁波区位优势，建立生态联盟，进行平台互动、卖家运营孵化、行业交流、产业带数据深挖资源融合。

(5) 金融服务的“阿米巴”组织

海沛投资搭建以中小企业需求为主的金融、投资服务平台，提供灵活多变、安全便捷的资金管理服务，设置专项资金池，拓展小微企业融资渠道，解决小微企业发展初期的资金周转困难，扶持被融资难、融资贵制约发展的潜力卖家，海沛投资致力于为企业定制“专项融资解决方案”，秉承“开放、平等、协作、分享”的精髓，助力小微企业发展。

(6) 技术服务的“阿米巴”组织

爱米网络科技以互联网平台运营、ERP应用开发、软件开发、大数据分析、移动互联网通信技术、云计算、营销推广、技术培训等为核心，主要以技术研发创新为主导，通过大数据搜索产品定位、关键词指引等核心技术，有针对性地开发出适应于不同应用场景的支撑系统，尤其擅长跨境电商企业大数据资源挖掘、ERP定制开发、企业内网系统开发等服务。

浙江盈世控股有限公司借助“运营IT化”，使各个“阿米巴”组织的工作成果一目了然，便于公司的绩效管理与财务核算，促使全体员工积极参与经营，形成了支撑跨境电商的生态系统，也搭建了以“阿米巴”组织为代表的新型组织生态。

三、浙江盈世控股有限公司“阿米巴”经营模式的启示

秉持“持勤创盈，谦诚立世”的运营理念，在“阿米巴”经营模式下，公司团队朝气蓬勃，尽职尽责地投入跨境电商运营中，可以看出：

1. 跨境电商的雇佣制企业转型为跨境电商的合伙人制企业

采用合伙人制不仅留住了跨境电商人才，还激发了跨境电商人才的创业激情。合伙人制不仅调动了全体员工的工作热情，还打造成了生分合弃的动态型组织，进一步适应跨境电商环境的变化。

2. 跨境电商的企业家企业转型为企业家打造企业的平台

跨境电商企业采用“阿米巴”运营模式，为支持合伙人制分公司更好地运行，需要为企业各个“阿米巴”组织提供服务，建立包含视觉设计系统（摄影基地）、供应链、物流、投资金融、培训学院及创业孵化等模块的跨境电商生态圈，跨境电商企业就成为一个提供各种服务的平台型企业。

案例八　练就跨境电商供应链内力，增强企业市场风险免疫力
——宁波井贝电子商务有限公司产业“生态链”经营模式

2020年，新冠肺炎疫情使跨境电商行业受到了资金、物流、购买力等方面的影响。如何能够在逆境中存活、生长？跨境电商企业如何提升自身免疫能力？宁波井贝电子商务有限公司坚持跨境电商全产业“生态链”经营模式，在集团内部打造一站式跨境供应链综合服务平台，构建会员化新零售模式，搭建电商生态云支持系统，积极承担企业社会责任，为解决跨境电商企业应对市场不确定因素，保持企业持续、健康成长，提供了一种有效的解决方案。

一、宁波井贝电子商务有限公司简介

宁波井贝电子商务有限公司（以下简称井贝）于2014年成立，是国家发改委和海关总署联合审批通过的国内首批跨境电商试点单位，是一家集国际贸易、电商、仓储物流、渠道分销、品牌运营、新零售、系统集成和供应链金融等于一体的集团化公司，主要为跨境电商领域上下游企业提供高品质一站式解决方案。目前公司总部设立在中国宁波，在东京、大阪、首尔、墨尔本等地均设有分支机构。

井贝响应国家的经济发展规划以及整体互联网电商产业发展的需求。积极探索多元化发展，将业务拆分为五大业务板块，力求资源多重配置，合理规划跨境电商产业链内作业流程，优化资源调派、产能输出和业务协调的整体配置。同时通过数字化平台，将仓配服务、供应链金融、海关报关报检、分销直销等业务模块融合。

二、井贝产业“生态链”经营模式

“生态链”的概念20世纪70年代被广泛引入到社会、经济等领域，在经济活动中，狭义的生态链可以理解为产业链，广义的生态链是企业在一个大的产业、社会、经济环境中的生存发展状态。跨境电商企业只有充分认识到自身在跨境电商产业生态链中的作用和位置，理解产业生态链作为整体的互动关系，才能制定有效的企业发展战略，通过“生态链”模式的设计和有效执行形成企业核心价值和能力，沿着产业链寻找发展空间，通过技术赋能提升产业链运转效能，在市场逆境中保持活力。井贝站在“生态链”的战略视角构建自身业务体系，适应了市场变化的冲击，在危机中发现了机遇，实现了效益的持续增长。其经营模式主要体现在以下几个方面：

1．瞄准跨境电商产业生态链关键环节，打造一站式跨境供应链综合服务平台，增强核心竞争力

井贝旗下的万通安达公司成立于2015年9月，是宁波梅山保税区引进的第一批专注

跨境电商供应链的综合服务商。井贝在全国多个城市逐步设立保税仓和国内仓，并在日本东京、韩国仁川等建立海外仓，形成了商品高效备案、国际货运全方位代理服务、跨境报关报检“一条龙”服务，以及仓储精益库内管理、订单高效生产、多渠道物流配送的一站式供应链服务能力。井贝一站式跨境电商供应链服务体系如图 10-6 所示。

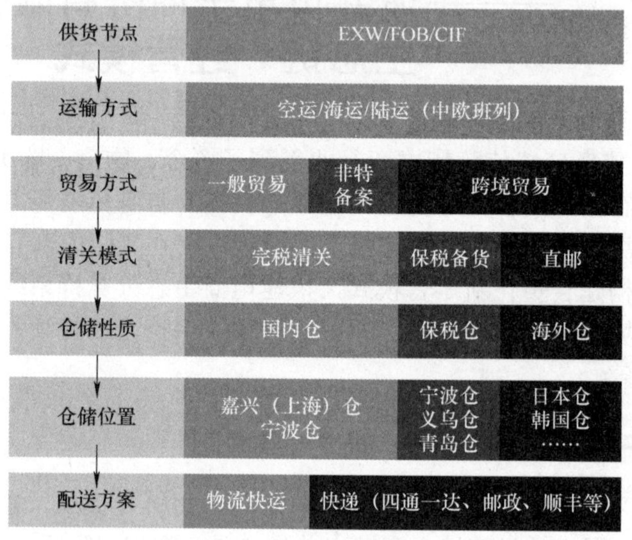

图 10-6 井贝一站式跨境电商供应链服务体系

2018 年，井贝依托义乌得天独厚的货源和物流优势，成立义乌久晟电子商务有限公司，凭借自身供应链服务优势及义乌市政府的大力支持，全面布局义乌跨境贸易和一般贸易市场，致力于为第三方企业提供供应链解决方案，优化流通环节，提高运营效率，节约人工、管理、仓储、时间等成本。

井贝抓住跨境电商生态链中关键的供应链环节，经过 5 年时间，专注打磨并形成了一站式跨境电商供应链服务体系和平台，成了保证企业在市场环境变动中快速、持续、稳定发展的“定海神针”。

2．拓展跨境电商产业生态链价值链条，构建会员中心化的电商新零售商业模式

2015 年，井贝旗下杭州魅购电子商务有限公司建立了跨境购物商城嘻呗网和跨境帮，定位为多商户跨境购物平台，支持 B2B、B2B2C、S2B2C 和 O2O 等各种形式的交易，实现跨境商品销售线上、线下的全渠道覆盖，支持综合类平台、垂直平台、社交（电商）平台、O2O 平台等多种第三方平台接入，与国内 30 余家主流渠道平台进行战略合作，包括云集、天猫、京东、蜜芽、唯品会等。井贝以会员为中心的新零售模式如图 10-7 所示。

2017 年，井贝联合宁波空港物流发展有限公司共同注资打造宁波贝嘉环球供应链管理有限公司，开始向产业链下游寻求业务突破和价值提升。贝嘉环球供应链管理有限公司旗下品牌熙悦甄选 SEAYO 以互联网为依托，围绕线下线上紧密结合的商业体系，探索在消费场景不断重构的情况下，依托供应链能力，面向 C 端客户，打造“一区一店、一店一场景，一店多社群、社群全覆盖”的跨境电商新零售模式，探索会员服务，形成高质量的 C 端客户群体，贴近新零售场景，打造爆品，提高企业的利润率。

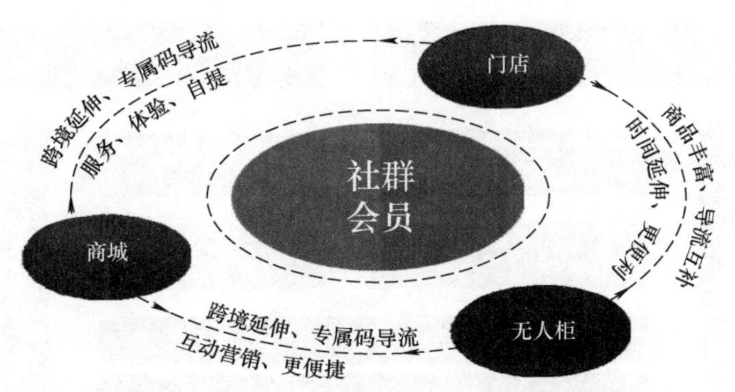

图 10-7 井贝以会员为中心的新零售模式

同时，井贝将企业内部实体店、线上商城、无人柜等多种形式融合，打通数据和用户，通过运用大数据、人工智能等先进技术手段，对商品的生产、流通与销售过程进行升级改造，打破了传统零售“流量为王”的商业模式，打造出一套独有的“以会员为中心”的新商业模式，运用大数据分析对不同商品定位，对不同消费场景进行重塑。

井贝沿着跨境电商产业链，由供应链服务延伸到 C 端的新零售业务，既融合了传统电商线上线下的各类模式，又在模式融合的过程中探索出一条“以会员为中心”的新零售模式，找到了一套跨境电商盈利“组合拳”。

3．打造跨境电商产业生态链云支持系统，为跨境电商业务提升效能、解决问题

井贝在业务开展过程中认识到智慧化系统平台对业务开展的重要性，投入了大量的人力、财力开发跨境云支持系统，组建独立的技术支持团队，保持业务和技术平台同步发展。

井贝的跨境电商产业云平台支持系统由三层架构组成：①底层为大数据开放平台和智能分析决策工具。②中间层为跨境业务平台，采用模块化的结构设计，包括运输管理系统、云仓储管理系统、订单管理系统、采购管理系统、供应商管理系统和云电商 ERP 系统等基础应用平台，同时开发了跨境供应链金融平台、“跨境链”区块链平台、智能数据交换平台等全新应用支持平台。③应用层主要对接不同类型的电商商家（平台电商、社交电商、内容电商），提供供应链接入服务，积极探索为新零售商家提供多平台、全平台的供应链无缝接入，支持其多渠道业务开展需求；同时平台接入海量品牌供应商，为供应商连接市场、降低库存、实现高周转提供完整的解决方案。这套完整的云支持系统对企业持续业务的扩大和效率的提升起到了良好的作用。井贝跨境电商产业云平台支持系统架构如图 10-8 所示。

基于跨境电商产业云平台，井贝还着力解决了跨境产品的保真问题，2018 年井贝联手持云公司、数贸公司和域乎公司，四个技术核心团队集结在一起，利用区块链去中心化分布式存储的信息打造闭环式无人为控制的跨境链溯源系统，现已完成研发并投入测试。

井贝对跨境电商产业云平台的开发基于业务开展和行业痛点，提供了有效的解决方案，实现了为自身业务发展的赋能，打造了企业在市场中竞争的科技“护城河”。

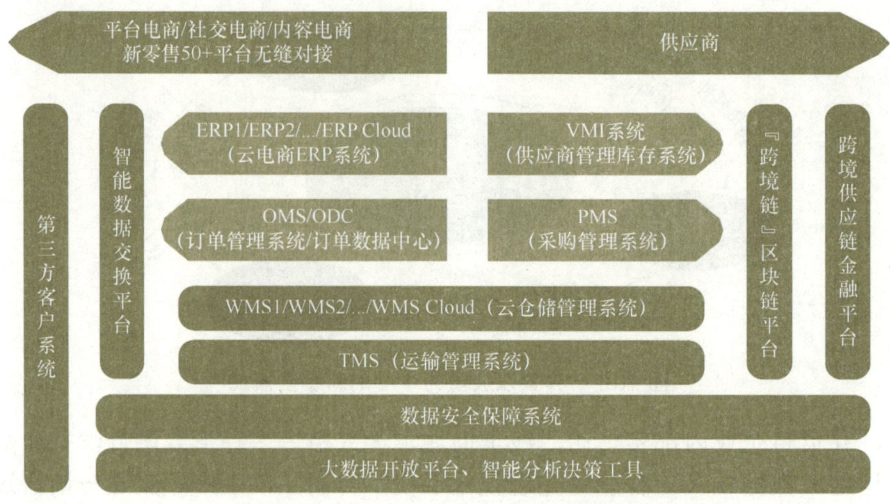

图 10-8 井贝跨境电商产业云平台支持系统架构

4．发挥跨境电商专业能力优势，勇于承担社会责任，维护跨境电商产业生态链稳定

井贝在成长过程中十分注意企业的社会责任。2019 年以来井贝积极响国家产业扶贫、消费扶贫的政策号召，采用“直采＋仓配＋冷链＋分销”的模式，积极扶持偏远贫困地区。

1）通过直采发挥扶持地区果蔬原产地价格、品质的优势，积极探索通过电商、品牌为产地果蔬赋能的方法，2019 年主要推广项目为“赤焰”石榴，该石榴以引进突尼斯软籽石榴为基础，在四川大凉山和云南会理两地建造水果基地，实现总价值为 2 亿元的石榴采购订单，在云南当地建设水果冷冻仓储服务，实现农户采果直接入冷库。

2）通过井贝高效的供应链和分销渠道，解决发达地区市场衔接问题，用户下订单、仓储直接发货到消费者手上，提升消费者采购水果的好评率。同时，借助江苏卫视《好享购物》等栏目，采用线上、线下以及新零售等多方渠道。

3）积极拓展跨境电商产业园产业多元化，成立新的功能化模块跨境产业园，协助政府扶持地区小微果商快速铺设线下分销渠道，助力小微企业创业。

2020 年新冠肺炎疫情发生以来，井贝积极响应宁波市政府号召，全力确保口罩、防护服等医疗防护用品，在极短的时间内，通过供应链渠道多方协调和努力，从韩国进口大量防护用品，为宁波的战疫贡献了自己的力量。同时井贝也与多个城市合作，分担更多的社会责任，通过成立新的功能化模块跨境产业园，协助政府复工复产，稳住就业，同时，助力小微企业创业，努力为解决疫情带来的就业压力提供协助。

产业生态链是社会经济活动，不可能脱离国家、社会的母体，井贝积极利用跨境电商企业的专业优势承担社会责任，主动站在产业生态的高度为跨境电商产业链运行提供“润滑剂”。

三、井贝的产业生态链经营模式的启示

1）做深、做强跨境电商企业供应链管理的核心能力，同时基于核心能力做多、做实电商产业链上下游的业务，创新商业模式。一方面核心能力的强大为业务的延伸提供了

有力支持，另一方面多元化商业模式反过来拉动了企业核心能力的进一步提升，形成了良性循环，充分利用了产业链的长度和弹性。

2）井贝在业务发展中注重云平台技术对业务的支持作用，始终保持业务和技术同步并进，基于自身发展需求开发系统，构建云服务平台，同时向产业链企业开放技术、服务，充分发挥了技术的赋能作用。

3）井贝在发展过程中深刻认识到，企业作为社会的一员，从社会中获取成长养分，也需要以自身能力积极回馈社会，形成社会和企业的良性循环。企业维护产业的生态链运行，维护社会生态稳定，才能促进企业的持续健康发展，有利于产业、社会的进步，这充分展示了井贝的社会责任和企业价值。

案例九　全链条、全覆盖的创新型跨境电商保险服务平台——宁波跨境堡科技有限公司创新案例

宁波跨境堡科技有限公司通过架设跨境电商保险服务平台，用科技为保险赋能。在短短几年时间里，通过大数据分析，与保险公司共同创新开发并推出一系列适合跨境电商物流企业和卖家需求的保险产品，填补了市场空白，真正意义上做到从出仓开始到终端消费者终结的全链条、全覆盖的运输保险服务，将涉及跨境电商行业的“出海”风险大大降低，大大减少交易纠纷，为我国跨境电商企业安全“出海”保驾护航。截至2021年4月30日，宁波跨境堡科技有限公司活跃的企业客户总数约2000家，其中主要集中在华南的深圳、广州、东莞，以及华东的宁波、上海、义乌；累计承保金额近400亿元，月承保金额连续3个月突破20亿元，同比增长4倍多。

一、宁波跨境堡科技有限公司简介

宁波跨境堡科技有限公司（以下简称跨境堡）是一家专注服务于中国跨境出口电商、提供金融保险综合型数字服务平台的金融科技公司，目前主要业务是为跨境电商相关业态提供各种场景化的创新保险服务，以创新保险服务为切入口，聚焦在跨境物流、跨境电商、信用支付领域的金融保险服务的创新，并通过与云计算、大数据、区块链、人工智能技术，让跨境电商相关的金融保险服务更加普惠化、便捷化。

2018年5月，跨境堡从杭州引入宁波，以宁波保税区金融科技大厦的跨境堡公司为总部基地，服务宁波跨境电商企业，服务跨境电商制高点深圳，然后辐射全国。目前，跨境堡总部位于宁波保税区金融科技大厦，在深圳设有控股子公司，入选了2018年宁波市“3315系列计划”的金融保险重点项目。

跨境堡的愿景是与金融保险机构紧密合作，为跨境电商客户先提供助保助赔服务，进而提供助贷服务，解决行业痛点，为跨境电商行业赋能，促进行业又快又稳地健康发展。

二、跨境堡业务简介

跨境堡直接服务对象是跨境出口电商的卖家和物流服务商，包括头程物流服务商与海外仓企业等。跨境堡提供的服务类型主要有：

1）各类跨境电商保险产品的持续定制研发和创新。

2）跨境电商保险产品的助保服务和助赔服务。

3）保险助贷服务等。

目前跨境堡为行业提供的跨境电商出口保险解决方案主要针对的是跨境出口至全球各地的货物运输问题，承保范围从物流商国内仓出仓开始一直到亚马逊 / 海外仓上架或私人地址签收的全程的货物丢失、破损、暴乱哄抢，包括：从国内发送至海外仓运输段的物流运输风险和从海外仓派送至消费者的物流段的运输风险；出口跨境和国内信用保险定制服务；出口至海外的产品类责任保险服务。

三、跨境堡的服务核心

跨境堡成立于2018年，在业务发展上坚持“走得快不如走得稳”的原则，积极响应国家最新监管要求，坚持与政府主管部门、监管部门进行主动、积极沟通，坚持与银行、保险公司等金融机构联合，进行技术创新、产品创新，以提高市场竞争力。

1．保险科技合规

跨境堡从正式启动运营至今，与中安联合保险经纪股份有限公司进行第三方网络平台合作备案，从根本上保证了经营业务的规范和合规。

评述：跨境电商行业从无到有，从小到大，从无序到有序，不断走向合规，这个行业长期以来一直给外界一种在探索中发展的印象。在行业飞速发展的进程中，我们也看到行业的很多领域在进行更加细化的行业分工与合作。保险在传统物流行业中是一个密不可分的组成部分，它的存在对于物流企业来说就是一道安全的“生命线”。

相对于传统物流行业来说，跨境物流单票承运量少，但是票数体量巨大，同时跨境卖家又不像传统国际贸易商对于物流运输有较深刻的风险意识。这样的差距造成的后果就是一些物流企业没有按照传统物流方式提供应有的保险服务给到卖家，或者跨境电商卖家不了解保险的作用与自己应有的权利，导致物流商与卖家在风险出现时都无法逃避而被迫自行承担的局面。

跨境堡虽然是服务于跨境电商领域，但却从一开始就遵循保险监管机制，办理好全套业务合规手续，在保证发展的同时又保证了规范性。跨境堡从诞生之日开始就能够在飞速发展的跨境电商行业中以一个符合监管要求、合规的姿态出现，并不断自我更新，用金融保险服务的方式为跨境电商行业“保驾护航”。

2．持续发展技术创新

基于腾讯云的TDSQL等大数据服务和TBaaS区块链服务及人工智能等各种云服务，跨境堡自主研发了基于跨境电商业态的客户自助投保平台，可集成各种API和便捷的文件解析功能，提供基于物流企业客户实际业务操作场景的动态文件解析和导入的便捷技术工具，提升了客户体验。跨境堡自主研发了自动投保审核和场景化的多条件配置的理赔管理系统，平台可以根据实际理赔场景动态变化配置，并且将其应用在人保和阳光两个保险公司共保的联盟链区块链创新应用平台。

评述：兵马未动、粮草先行。跨境电商行业虽然是商贸之地，但是背后的支撑框架却是亿万级的系统投入和大量的互联网人才。在看似简单的每一笔交易背后都有着无数条相关数据交换。跨境堡虽然是以保险的形式出现于整个跨境服务链条中，但是贯穿其中最主要的还是数据。有了数据接口的对接、沉淀、解析，才能够将物流链条中的各个环节明晰化，才能为保险提供事实依据，才能将风险调整到可接受范围内。跨境堡在不断丰富投保数据的同时，还利用数据中所提炼的内容推陈出新，不断推出新的适用于行业的保险产品，在过往的几年里，跨境堡所推出的“产品上架险”，“哄抢、暴动险”“卖家专属险”等多个险种都是行业内的首创，而且还在一直持续引领行业内保险新品的推出。这些保险产品的创造，无一不是依赖于其强大的 IT 技术团队及不断完善的信息系统。

3. 保险服务类型多样化

跨境堡根据跨境电商的实际业务场景创新了各种保险服务，分别按照货物种类、货物运输方式、派送方式、货物储存地点等不同条件、不同场景设计了多样化的保险产品。同时为了便于客户理解投保和理赔流程，还专门为客户配备了相应的服务专员，以保证客户可以在最短的时间里得到最好的体验。

评述：跨境电商保险服务虽然属于保险行业，但与传统保险相比，其特殊性又非比寻常。特殊的地方主要源于其定制性要大大强于传统保险：传统保险只是提供港到港或者仓到仓的规范保险模板，除此外没有任何其他不同，因此无论是投保或者理赔都相对容易很多。相比之下，跨境堡提供的跨境电商保险就完全不是一个量级的。跨境堡的产品提供给投保人的选择空间包括距离的不同、节点的不同、适用范围的不同等。多样化的投保形式和投保范围虽然在最大化程度上为客户带来了保险保障，却为跨境堡自己带来了大量的服务配合需求。为此，跨境堡也创新性地打造了一支经验丰富的助保和助赔队伍。这支几十人的专业技术队伍在 IT 系统的赋能下以 1.4 个 /min 的速度不断处理着系统中层出不穷的新出险案件。

四、跨境堡的发展启示

结合传统行业，以科技手段为基础，配合现代服务业，在新的领域开创一片天空，这一直是跨境行业发展的主基调，跨境堡也不例外。虽然是服务于新的领域，但是跨境堡已经用几年的发展证明了自己的价值。虽然和其他行业一样，跨境堡成功的发展模式也引来了诸多跟随与效仿，但保险不比其他行业，在“稳”和“合规”的前提下，跨境保险还需要像其所处的行业一样，不断推陈出新，打造出新的产品，不断提升服务质量。

在全球新冠肺炎疫情持续的情况下，2020 年史无前例的多起海上运输意外，以及 2021 年苏伊士运河的塞船事件，无一不在提醒着跨境电商从业者对保险的关注。同时，也在敲打着每个保险机构：风险无处不在，要增强自己的实力，以应对未知的新环境。

跨境堡以毋庸置疑的实力、积极的态度响应党和政府“全面支持跨境电商健康发展”

的政策，聚焦跨境出口业务，为跨境电商行业赋能，促进行业又快又稳地健康发展。

案例十　开拓外贸服务多样化新局面，成就宁波外贸战线“排头兵”

——宁波世贸通，让外贸更轻松

一、宁波世贸通外贸综合服务平台简介

宁波世贸通外贸综合服务平台（以下简称世贸通）成立于 2011 年，是长三角地区首家以外贸综合服务平台为运营体系的进出口服务企业，世贸通利用先进的互联网技术，将电商与服务外包的理念灵活运用于外贸服务行业，为中小外贸企业提供信息、物流、通关、金融等一体化、全程化、透明化的专业服务，是国家级一站式外贸综合服务平台，也是长三角地区唯一入围的国家级平台。

世贸通秉承“服务国内外客商，让外贸更轻松”的企业使命，并将“立足宁波港、面向长三角、世贸全球通”作为短、中、长三期发展战略规划。从客户性质来说，世贸通的服务对象是宁波、长三角乃至全国的国内外贸易企业；从客户规模来说，世贸通服务的主要是中小型企业，通过世贸通，中小型外贸企业可以主要发展其核心业务，将服务环节外包，同时可以形成规模效应，降低成本，提高效率；从服务内容来说，世贸通提供的是一站式综合外贸服务，为企业提供以进出口代理为主的全流程外贸业务，并通过电商平台，实现全程互联网在线服务。

二、世贸通的服务模式分析

企业的服务模式决定了企业的竞争能力和盈利能力。世贸通作为一站式外贸服务站，提供全流程的外贸综合服务。世贸通的服务模式分为基础服务、金融服务、特色服务和衍生服务四种，如图 10-9 所示。

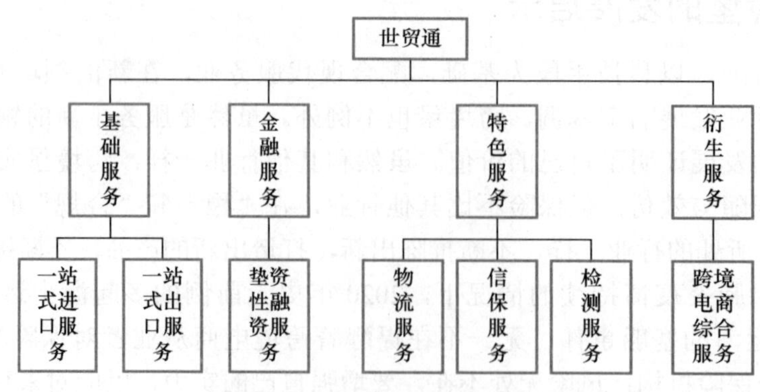

图 10-9　宁波世贸通服务模式

1．基础服务

世贸通的基础服务是以外贸综合服务为主要特征的企业服务模式。这种基础性服务主要是在优化外贸代理管控的基础上，围绕进出口流程进行设计，将外贸企业进出口流程更加规范化、标准化和互联网化。世贸通依托其股东公司——全国外贸百强企业宁波海田控股集团有限公司，为中小外贸企业提供全面一站式进出口管家服务，支持全程在线操作和出口订单的全流程可视化跟踪。世贸通的一站式外贸服务让传统外贸活动生产和贸易分离，满足了宁波市中小外贸企业在进出口贸易方面的需求，使企业专心从事生产性活动，极大地节省了时间成本和人力成本，实现了服务的集约化和专业化，提升了宁波贸易产业优势。

2．金融服务

金融服务是指外贸综合服务企业基于对外贸易背景的融资性服务，是一种外综服务企业提前垫资性行为。世贸通具有丰富的配套金融体系，与中国银行构建平台、银行、中小微企业三方联动的监管体系，并推出在线订单融资服务，可以无抵押融资；与招商银行推出联名一卡通，可以根据平台交易记录，享受银行融资服务；与浙商银行建设了外汇子账号体系，使平台中的众多中小企业可以精准、快速识别收汇资金；并推出了远期外汇结售汇、出口赊销融资、进出口信用证押汇、进出口退税融资、进口开证等产品。世贸通多样化的金融产品解决了外贸企业融资难的问题，融资方式便捷，摆脱了传统外贸活动中企业申请出口退税周期过长而导致的资金周转困难的问题；同时利用平台优势掌握大量交易数据，以平台信用为背书，将信用转换成财富，拓展了企业的融资渠道，融资速度快，缓解了中小企业的融资难、融资慢等问题。

3．特色服务

特色服务是外贸综合服务平台公司依托其股东背景或者其自身资源优势为客户所提供的优势类服务，是差异化竞争的关键。世贸通的特色服务有物流服务、信保服务和检测服务（见表 10-2）。

表 10-2　世贸通特色服务一览表

服务类型	依托资源	业务内容	服务优势
物流服务	宁波海田控股集团有限公司、宁波世贸通国际物流有限公司	主要承办宁波、上海及其他口岸的内、外贸海运、空运和铁路国际联运进出口货物的国际运输业务	海运费用优惠、24h 仓库服务、专业报关人员、物流可视化追踪
信保服务	中国出口信用保险公司	主要提供出口信用保险业务、海外投资（租赁）保险业务，以及与对外贸易、对外投资和合作相关的担保业务等	小额投保免费、一般投保费率优惠、电子数据交换（EDI）全面对接以实现服务在线化
检测服务	必维国际检验集团	主要提供验厂服务、商品检测、验货服务三种	检测报告含金量高，价格有优势，提供专属绿色通道、个性化的配套服务和有针对性的咨询指导

通过这些特色服务，世贸通在满足企业传统外贸服务的同时，可以为特殊需要的企业提供更多差异化的增值服务。物流服务为中小企业以优惠的方式拿到通常只有大型企业才能拿到的价格优势，通过规模效应，改变了中小企业的弱势地位；信保服务充分发挥了稳定外需、促进出口成交的杠杆作用，解决了企业"有单不敢接，有单不能接"的问题；检测服务可以监察产品是否符合质量要求，提升企业形象，帮助企业进行风险控制。

4. 衍生服务

衍生服务是指外贸综合服务根据市场需求变化和自身特点所发展出的增值服务。世贸通的主要衍生服务是根据市场发展所开设的跨境电商综合服务平台。世贸通利用国内外的开放型电商平台，为国内中小型制造业企业特色产品的销售和交付，提供所有相关环节的综合服务，其具体模式如图10-10所示。

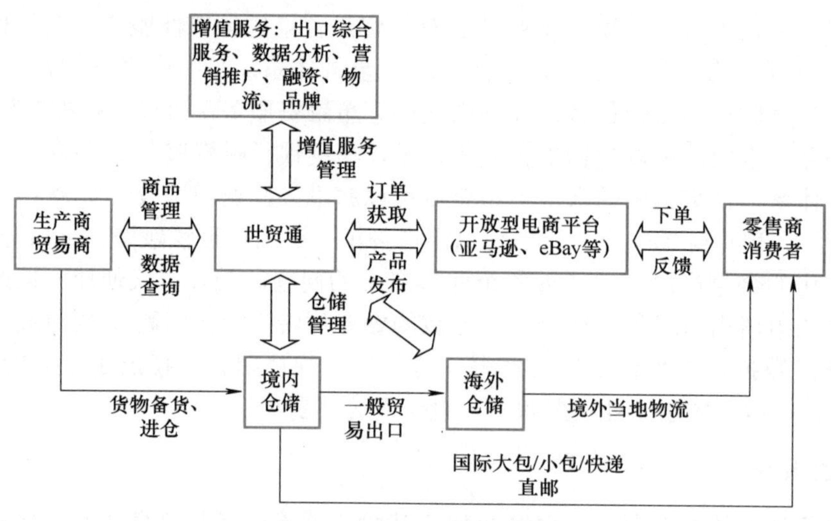

图10-10 世贸通模型分析

跨境电商综合服务平台为传统制造业外贸企业提供了全新的选择，可以帮助促进传统企业开展跨境电商。跨境电商综合服务平台帮助企业增加对跨境电商的了解，帮助企业进行跨境电商运营，减轻企业的运营成本，提升企业的整体竞争力。

三、世贸通服务模式给我们的启示

1. 加快业务模式创新，提升市场快速响应能力

企业业务能力的增长离不开创新，世贸通在传统外综服务的基础上，根据市场变化进行快速响应，成功打造了如进口服务、跨境电商综合服务等新的业务模式创新，以新的业务模式快速抢占市场，成功地进一步拓展了世贸通业务网络。

2. 打造企业核心竞争平台，稳步输出互联网运营理念

世贸通在创业初期就树立起平台发展的战略性思维，在创业起步和成长期，下大力气开发、打造符合创业特色、运营需求和客户需要的核心业务服务平台，并通过互联网的扩散带动，形成独一无二的服务平台，进而不断扩大企业营运的客户覆盖面。

3．整合内外供应链资源，优化平台服务

世贸通依托“互联网 +”和港口资源优势，创新引入“强强联合”发展新模式，通过与大型企业集团和行业优势企业合作，不断优化企业服务数量与质量。通过输出自身平台技术，共同建立无锡世贸通、天津港世贸通等，扩大公司服务网络；通过联合宁波海田控股集团有限公司、必维国际检验集团、中国出口信用保险公司等行业优质资源，成功优化平台服务质量。

参 考 文 献

[1] 熊励，许肇然，李医群 . 跨境电子商务 [M]. 北京：高等教育出版社，2020.

[2] 张夏恒 . 跨境电子商务概论 [M]. 北京：机械工业出版社，2020.

[3] 孙韬 . 跨境电商与国际物流：机遇、模式及运作 [M]. 北京：电子工业出版社，2017.

[4] 柯丽敏，王怀周 . 跨境电商基础、策略与实战 [M]. 北京：电子工业出版社，2016.

[5] 李鹏博 . 揭秘跨境电商 [M]. 北京：电子工业出版社，2015.

[6] 许晓辉 . 一个人的电商：运营策略与实操手记 [M]. 北京：电子工业出版社，2015.

[7] 王跃进，武亮 . 一本书搞懂跨境电商：图解版 [M]. 北京：化学工业出版社，2016.

[8] 艾瑞咨询 . 2020—2021 年中国跨境出口 B2C 电商年度发展报告 [EB/OL]. [2021-12-24]. https://m.thepaper.cn/newsDetail_forward_12416406.

[9] 肖旭 . 跨境电商实务 [M]. 北京：中国人民大学出版社，2015.

[10] 雨果网 . 2015 跨境进口电商平台大事件盘点：蜜芽　上 [EB/OL]. [2021-12-24]. https:// www. cifnews.com/ article/17468.

[11] 梁天祥 . 蜜芽刘楠的纸尿布革命之路 [EB/OL].（2016-07-12）[2021-12-24]. https:// www.cifnews.com/article/21294.

[12] 李铎，孙麒翔 . 进口跨境母婴电商蜜芽急于摆脱母婴光环 [N]. 北京商报，2015-07-15（3）.

[13] 雨果网 . 亚马逊运营攻略：打造精品 [EB/OL]. https://www.cifnews.com/article/10589.

[14] 木秀林 . 亚马逊与阿里对决跨境购物谁将胜出？ [EB/OL]. [2021-12-24]. https:// www.ebrun.com/20140901/109093.shtml.

[15] RE/CODE，瑞雪 . 亚马逊在华十年征战无功，或转战印度市场 [EB/OL]. [2021-12-31]. https:// www.cifnews.com/article/13522.

[16] 任泽平 . 中美贸易战原因、影响、展望及应对 [EB/OL]. [2021-12-31]. https://finance.ifeng.com/a/20180324/16044203_0.shtml.

[17] 严行方 . 跨境电商业务一本通 [M]. 北京：人民邮电出版社，2016.

[18] 专业 FBA 海外仓 ALLEN. 美国 FBA 海外仓介绍 [EB/OL]. [2021-12-30]. http://blog. sina.com.cn/u/5952924731.

[19] 上海社会科学院经济研究所课题组 . 中国跨境电子商务发展及政府监管问题研究：以小额跨境网购为例 [J]. 上海经济研究，2014（9）：3-18.

[20] 佚名 . 加强跨境电子商务市场监管的思考 [N]. 中国工商报，2014-08-19（6）.

[21] 佚名 . Facebook 营销的 6 个技巧 [EB/OL]. [2021-12-24]. https://www.simcf.cc/4060.html.

[22] 跨洋传媒 . 如何让你的 Instagram 营销更完美？ [EB/OL]. [2021-12-24]. https://global. lianlianpay.com/article_train/16-7744.html.

[23] 亿业科技 . 做好邮件营销需重视的四大原则 [EB/OL]. [2021-12-24].http://www.easeye. com.cn/news/2626.html.

[24] 亿恩 . 跨境电商邮件营销需要警惕的七大误区 [EB/OL]. [2021-12-24]. http://www.ebrun. com/20150716/141023.shtml.

[25] 马述忠，卢传胜，丁红朝，等 . 跨境电商理论与实务 [M]. 杭州：浙江大学出版社，2018.

[26] 朱秋城 . 跨境电商 3.0 时代 [M]. 北京：中国海关出版社，2016.

[27] 黄嘉蔚 . 浅析跨境电商资金管理和使用问题及对策研究 [J]. 中国商论，2017（6）：14-16.

[28] 冯志强 . 跨境电商外汇管理问题及对策分析 [N]. 金融时报，2018-10-16（6）.

[29] 深圳市行云跨境电商研究院 . 2020 中国跨境电商市场发展报告 [R]. 深圳 ：深圳市行云跨境电商研究院，2021.
[30] 速卖通大学 . 跨境电商：阿里巴巴速卖通宝典 [M]. 北京：电子工业出版社，2015.
[31] 速卖通大学 . 跨境电商物流：阿里巴巴速卖通宝典 [M]. 北京：电子工业出版社，2016.
[32] 中国信息通信研究院 . 数字贸易发展与影响白皮书 [R]. 北京：中国信息通信研究院，2020.
[33] 金焕，欧阳双喜 . 国际贸易概论 [M]. 北京：电子工业出版社，2019.
[34] 冯晓宁 . 跨境电商：阿里巴巴速卖通实操全攻略 [M]. 北京：人民邮电出版社，2016.
[35] 朱廷君 . 国际贸易 [M]. 3 版 . 北京：北京大学出版社，2016.
[36] 李瑞青，周雅娟 . 跨境电商之小红书的新型营销模式探究 [J]. 商场现代化，2020（5）：55-56.
[37] 孙杰 . 从数字经济到数字贸易：内涵、特征、规则与影响 [J]. 国际经贸探索，2020（5）：87-98.
[38] 张夏恒，李豆豆 . 数字经济、跨境电商与数字贸易耦合发展研究 ：兼论区块链技术在三者中的应用 [J]. 理论探讨，2020（1）：115-121.
[39] 马述忠，房超，梁银锋 . 数字贸易及其时代价值与研究展望 [J]. 国际贸易问题，2018（10）：176.
[40] 刘洪愧 . 数字贸易发展的经济效应与推进方略 [J]. 改革，2020（3）：40-52.
[41] 王琛 . 跨境电子商务外汇监管难点及建议 [J]. 中国商论，2020（4）：99-100.
[42] 李毓芳 . 跨境电子商务外汇监管难点及建议 [J]. 现代商业，2019（21）：30-32.